国家社科基金
GUOJIA SHEKE JIJIN HOUQI ZIZHU XIANGMU
后期资助项目

延安时期从严治党及其当代启示研究

欧 健 著

学习出版社

图书在版编目（CIP）数据

延安时期从严治党及其当代启示研究 / 欧健著．
北京 ：学习出版社，2024．8（2025．6重印）．
ISBN 978-7-5147-1270-4
Ⅰ．D26
中国国家版本馆 CIP 数据核字第 2024T7J963 号

延安时期从严治党及其当代启示研究
YAN'AN SHIQI CONGYAN ZHIDANG JIQI DANGDAI QISHI YANJIU
欧　健　著

责任编辑：李　岩
技术编辑：贾　茹
封面设计：杨　洪

出版发行：学习出版社
北京市崇外大街11号新成文化大厦B座11层（100062）
010-66063020　010-66061634　010-66061646
网　　址：http://www.xuexiph.cn
经　　销：新华书店
印　　刷：固安县铭成印刷有限公司

开　　本：710毫米×1000毫米　1/16
印　　张：21
字　　数：355千字
版次印次：2024年8月第1版　2025年6月第2次印刷

书　　号：ISBN 978-7-5147-1270-4
定　　价：45.00元

国家社科基金后期资助项目

出版说明

后期资助项目是国家社科基金设立的一类重要项目，旨在鼓励广大社科研究者潜心治学，支持基础研究多出优秀成果。它是经过严格评审，从接近完成的科研成果中遴选立项的。为扩大后期资助项目的影响，更好地推动学术发展，促进成果转化，全国哲学社会科学工作办公室按照“统一设计、统一标识、统一版式、形成系列”的总体要求，组织出版国家社科基金后期资助项目成果。

全国哲学社会科学工作办公室

目　录

Contents

导 论

党的二十大报告指出："全面建设社会主义现代化国家、全面推进中华民族伟大复兴，关键在党。我们党作为世界上最大的马克思主义执政党，要始终赢得人民拥护、巩固长期执政地位，必须时刻保持解决大党独有难题的清醒和坚定。"[①] 那么，如何能时刻保持大党的清醒和坚定？从自己的历史中汲取智慧和经验，或许是最好的选择。历史是最好的清醒剂，也是最好的教科书。党在延安时期的 13 年，在革命性锻造中更加坚强有力，保持了自身的先进性和纯洁性，赢得了人民群众的广泛支持，巩固了复杂斗争环境中的局部执政地位。从一定意义上说，延安时期党取得的伟大成就，是中国共产党从严管党治党的必然结果。延安时期虽然渐行渐远，但它留下的从严治党的智慧和经验永不过时。延安时期从严治党的经验启示，对于新时代新征程中的中国共产党保持大党的清醒和坚定，完成艰巨的使命任务，大有裨益。

一、何谓从严治党

新时代，在中国特色社会主义建设实践中，坚持全面推进"五位一体"总体布局和协调推进"四个全面"战略布局齐头并进，两大布局纵横交错、相互促进，取得良好的实践成效。全面从严治党是"四个全面"战略布局的一个重要组成部分，在中国特色社会主义建设实践中起到立梁架柱的重要作用。历史地看，从严治党是中国共产党一以贯之的传统，也是党的一大政治优势。但如果单纯从概念使用来看，则比较晚。"全面从严

① 习近平：《高举中国特色社会主义伟大旗帜　为全面建设社会主义现代化国家而团结奋斗——在中国共产党第二十次全国代表大会上的报告》，北京，人民出版社 2022 年版，第 63 页。

治党”这一提法是党的十八大以后才正式使用的，而“从严治党”这一概念的正式使用尽管相对较早，但也是改革开放以后才正式提出的。

1985 年 11 月 24 日，中共中央整党工作指导委员会发出的《关于农村整党工作部署的通知》中提出：“要从严治党，坚决反对那种讲面子不讲真理，讲人情不讲原则，讲派性不惜牺牲党性的腐朽作风。”[①] 这是中央文件中首次正式提出“从严治党”的概念。“从严治党”首次出现在党代会政治报告中，始于党的十三大。党的十三大报告提出：“对经不起考验的党员，首先要满腔热情地进行教育。但经验证明，仅仅靠教育并不能完全解决问题，必须从严治党，严肃执行党的纪律。”[②]1992 年，党的十四大通过的《中国共产党章程（修正案）》，将“从严治党”写进党章。

中国共产党提出“从严治党”概念虽然是在改革开放后，但是，众所周知，作为马克思主义政党的中国共产党自成立之日起，就一直强调从严治党，从严治党理念和从严治党实践一直伴随着中国共产党的发展历程。

中国共产党在新民主主义革命时期就提出过很多从严治党的要求，比如，“自中央机关以至小团体的基本组织要有严密系统才免得乌合的状态；要有集权精神与铁似的纪律，才免得安那其的状态……无论何时何地，个个党员的言论，必须是党的言论；个个党员的活动，必须是党的活动”，[③]“党内要严，党外要宽”，[④]“严格地执行纪律，废止对纪律的敷衍现象”，[⑤]“严格党的纪律是全体党员及全体党部最初的最重要的义务，党部机关之决议，应当敏捷的与正确的执行之”，[⑥]“严格的遵守党纪为所有党员及各级党部之最高责任”，[⑦]“对于党内一切非无产阶级意识的反映，要从工作中斗争中加以严厉的纠正与防止”，[⑧]“地方党必须严格执行中央的

① 中共中央文献研究室、国务院发展研究中心：《新时期农业和农村工作重要文献选编》，北京，中央文献出版社 1992 年版，第 367 页。

② 张静如等主编：《中国共产党通志》第 2 卷，北京，中央文献出版社 2001 年版，第 550 页。

③ 张静如等主编：《中国共产党通志》第 2 卷，北京，中央文献出版社 2001 年版，第 52 页。

④ 中共中央文献研究室、中央档案馆：《建党以来重要文献选编（1921—1949）》第 17 册，北京，中央文献出版社 2011 年版，第 395 页。

⑤ 中共中央文献研究室：《毛泽东著作专题摘编》下册，北京，中央文献出版社 2003 年版，第 2019 页。

⑥ 中共中央文献研究室、中央档案馆：《建党以来重要文献选编（1921—1949）》第 4 册，北京，中央文献出版社 2011 年版，第 275 页。

⑦ 中共中央文献研究室、中央档案馆：《建党以来重要文献选编（1921—1949）》第 5 册，北京，中央文献出版社 2011 年版，第 480 页。

⑧ 中共中央文献研究室、中央档案馆：《建党以来重要文献选编（1921—1949）》第 6 册，北京，中央文献出版社 2011 年版，第 50 页。

政治路线、决议与决定”，[①]要“厉行廉洁政治，严惩公务人员之贪污行为，禁止任何公务人员假公济私之行为，共产党员有犯法者从重治罪”，[②]“党员的数量不求如何扩大，而质量则必须如此严格”，[③]“严紧党的纪律，反对官僚腐化现象”，[④]“中国共产党必须经常注意清除自己队伍中破坏党的纲领和党章、党纪而不能改正的人出党”。[⑤]正是在这些思想、要求和做法的基础上，党中央总结历史经验正式提出了“从严治党”的概念。

从严治党主要包含两层含义：即“从严”和“治党”，其中“从严”是要求，“治党”是目的。“从严”就是在党的建设各个方面和全过程中，要坚持从严设计、从严推进、从严考核。“从严”主要是严在政治，维护党中央权威和集中统一领导，坚持正确的政治方向，时时刻刻与党中央保持一致；严在思想，坚定对马克思主义的信仰，注重对共产党人的理想信念教育，用无产阶级思想克服非无产阶级思想；严在作风，强化共产党人优良作风的培育和弘扬，严肃治理党内的各种不正之风；严在管理，强化党内监督和人民监督，严管党员干部尤其是领导干部这一“关键少数”；严在规范制度和规矩，“扎紧制度的笼子”；严在纪律约束，以铁的纪律约束党员干部的行为；严在惩腐治吏，坚持以“零容忍”态度惩治腐败，从严治吏。“治党”是目的，是根本，“就是以高标准严要求全面保持和发展党的先进性、纯洁性，全面提高党的领导水平和执政能力，全面增强党的自我净化、自我完善、自我革新、自我提高能力，确保党始终成为中国特色社会主义事业的坚强领导核心。”[⑥]此外，从严治党的内涵还包括从严治党的主体与客体，即谁来从严治党？从严治党主要是针对谁？我们党将从严治党定性为自我革命，这意味着从严治党的主体与客体都是中国共产党自身，正所谓“打铁必须自身硬”。从主体的角度讲，从严治党是在党的各级组织的领导下开展的，这意味着从严治党的主体是从中央到地方的

① 中共中央文献研究室、中央档案馆：《建党以来重要文献选编（1921—1949）》第15册，北京，中央文献出版社2011年版，第703页。

② 《毛泽东文集》第2卷，北京，人民出版社1993年版，第335页。

③ 中共中央文献研究室、中央档案馆：《建党以来重要文献选编（1921—1949）》第5册，北京，中央文献出版社2011年版，第663页。

④ 中共中央文献研究室、中央档案馆：《建党以来重要文献选编（1921—1949）》第8册，北京，中央文献出版社2011年版，第635页。

⑤ 中共中央文献研究室、中央档案馆：《建党以来重要文献选编（1921—1949）》第22册，北京，中央文献出版社2011年版，第535页。

⑥ 虞云耀：《把握全面从严治党的特点和规律》，《人民日报》2015年5月20日。

各级党组织，这其中，党中央及其领导下的纪委、监委是最重要的主体；从客体的角度讲，从严治党的对象是针对所有党员，没有任何一个党员可以例外，这其中，党员领导干部这一“关键少数”是重点对象。

二、为何要研究延安时期从严治党

亨廷顿认为，一个强大的政党对一个发展中国家实现现代化至关重要，“因为一个没有政党的国家也就没有产生持久变革和化解变革所带来的冲击的制度化手段，其在推行政治、经济、社会现代化方面的能力也就受到极大的限制”。[①] 中国共产党是中国革命、建设和改革事业的领导核心，我们党的事业能够取得多大的成就，在一定意义上，取决于党的自身建设情况。中国共产党为什么能够从一个起初只有 50 多人的弱小政党发展成为有 9800 多万名党员的执政党？中国共产党为什么能？其根本奥秘在于党高度重视自身建设，一贯坚持从严治党，勇于自我革命。从一定意义上讲，中国共产党的百年奋斗史就是一部从严治党史。本书选择延安时期从严治党作为研究对象，主要基于如下考量。

（一）从严治党是决定党的事业兴衰成败的关键

关于党的建设重要性，我们从中国共产党百年来的伟大历程中能够看得真真切切。我们党能够从小到大、从弱到强，在挫折中奋起、在困难中成熟，一条基本经验就是高度重视并不断加强党的自身建设。1939 年 10 月，毛泽东在《〈共产党人〉发刊词》中总结中国共产党成立以来 18 年的斗争经验时，把党的建设比作一项伟大工程，并且将党的建设和武装斗争、统一战线视为中国新民主主义革命胜利的“三大法宝”。邓小平在领导中国改革开放的伟大实践中，也不断强调一个道理：办好中国的事情，关键在党，关键在人。1980 年邓小平在党的十一届五中全会上的讲话中就提出“执政党应该是一个什么样的党，执政党的党员应该怎样才合格，党怎样才叫善于领导”[②] 的问题。为了进一步抓好党的建设这一伟大工程，邓小平推动了多项改革措施，通过领导体制改革和制度建设来加强党的建

① 〔美〕塞缪尔·亨廷顿：《变化社会中的政治秩序》，王冠华等译，上海，上海人民出版社 2008 年版，第 337 页。

② 《邓小平文选》第 2 卷，北京，人民出版社 1994 年版，第 276 页。

设，取得了巨大成效。中国共产党是一个始终具有忧患意识的政党，这一特点使得我们党能够在困境中保持清醒，在成就面前居安思危。改革开放以来，我们在取得伟大成就的同时，党的自身建设也面临着各种各样的考验和危险。2001 年 6 月，江泽民在庆祝中国共产党成立 80 周年大会上的讲话中指出："治国必先治党，治党必须从严。要深刻认识和吸取世界上一些长期执政的共产党丧失政权的教训。党执政的时间越长，越要抓紧自身建设，越要从严要求党员、干部。"①2011 年 7 月 1 日，在建党 90 周年纪念大会上，胡锦涛指出，我们党目前面临着执政考验、改革开放考验、市场经济考验、外部环境考验这"四大考验"，同时还面临着精神懈怠、能力不足、脱离群众、消极腐败这"四大危险"。

党的十八大以来，中国特色社会主义进入新时代。经过改革开放以来几十年的高速发展，我国的综合国力有了很大的提升，城乡居民生活显著改善，教育科学文化事业有了巨大进步，我国经济结构持续优化，基础设施建设突飞猛进，对外开放步伐不断加快，民生福祉不断改善，可以说，这些成就都是在中国共产党正确领导之下取得的。但是，我们党也清醒地认识到，尽管成绩伟大，但是党的建设所面临的风险和挑战依然严峻。从外部环境看，西方发达国家在 2008 年国际金融危机后普遍面临发展困境和治理困境，经济增长复苏乏力，逆全球化和贸易保护盛行，世界面临百年未有之大变局。为转嫁危机，遏制中国快速发展，西方国家对我国加紧进行意识形态渗透，并且方式更加隐蔽。从国内环境看，改革开放以来，部分党员干部出现了理想信念动摇、道德滑坡、贪污腐化等严重问题。同时，中国改革开放步入深水区，各种社会矛盾多而复杂，中国共产党能不能化解危机，迎接挑战，再铸辉煌，在很大程度上取决于管党治党的成效。所以，党的十八大以来，习近平总书记一直强调：历史反复证明，办好中国的事情，关键在党。党的领导是中国特色社会主义最本质的特征、中国特色社会主义制度的最大优势。2012 年 11 月，习近平履任中共中央总书记后第一次与中外媒体的记者见面时就承诺"打铁还需自身硬"，要"坚持党要管党、从严治党，切实解决自身存在的突出问题，切实改进工作作风，密切联系群众，使我们党始终成为中国特色社会主义事业的坚强领导核心"。② 在此后的治国理政实践中，习近平总书记始终高

---

① 《江泽民文选》第 3 卷，北京，人民出版社 2006 年版，第 290 页。

② 《习近平谈治国理政》第 1 卷，北京，外文出版社 2018 年版，第 4~5 页。

度重视从严治党，2014 年 10 月 8 日，在党的群众路线教育实践活动总结大会上，习近平总书记首次提出“要全面推进从严治党”；2014 年 12 月，在江苏调研时，习近平总书记第一次将“全面从严治党”同全面建成小康社会、全面深化改革、全面推进依法治国并列提出，形成中国特色社会主义建设“四个全面”战略布局。2016 年在党的十八届六中全会上习近平总书记再次强调：办好中国的事情，关键在党，关键在党要管党、从严治党。党的十八大以来，中国共产党通过全面推进从严治党，着力解决人民群众反映最强烈、对党的执政基础威胁最大的突出问题，“四风问题”得到遏制，反腐败斗争形成压倒性态势，党内政治生态焕然一新，党自我净化、自我完善、自我革新、自我提高能力显著提高，这是新时代中国特色社会主义事业在国际和国内存在诸多不利因素的条件下依然取得重大成就的根本原因。2021 年 7 月 1 日，习近平总书记在庆祝中国共产党成立 100 周年大会上的讲话中概括了 100 年来中国共产党“以史为鉴、开创未来”的 9 条基本经验，其中第九条经验是：以史为鉴、开创未来，必须不断推进党的建设新的伟大工程。勇于自我革命是中国共产党区别于其他政党的显著标志。我们党历经千锤百炼而朝气蓬勃，一个很重要的原因就是我们始终坚持党要管党、全面从严治党，不断应对好自身在各个历史时期面临的风险考验，确保我们党在世界形势深刻变化的历史进程中始终走在时代前列，在应对国内外各种风险挑战的历史进程中始终成为全国人民的主心骨！[①]2021 年 11 月 11 日，党的十九届六中全会审议通过的《中共中央关于党的百年奋斗重大成就和历史经验的决议》中将“坚持自我革命”概括为中国共产党百年奋斗的 10 条基本经验之一。决议指出：先进的马克思主义政党不是天生的，而是在不断自我革命中淬炼而成的。党历经百年沧桑更加充满活力，其奥秘就在于始终坚持真理、修正错误。[②]可见，从严治党之于中国共产党而言，有着无比重要的价值意义。

（二）延安时期从严治党在中国共产党建设史上具有十分重要的历史地位

延安时期是指中共中央在陕北的 13 年，具体指 1935 年 10 月 19 日，

① 习近平：《在庆祝中国共产党成立 100 周年大会上的讲话》，北京，人民出版社 2021 年版，第 19 页。

② 《中共中央关于党的百年奋斗重大成就和历史经验的决议》，北京，人民出版社 2021 年版，第 70 页。

中共中央随中央红军长征到达陕北吴起镇，落户陕北，到 1948 年 3 月 23 日，因革命形势的需要，中共中央在毛泽东、周恩来、任弼时等率领下在陕北吴堡县东渡黄河，撤离延安，向西柏坡进军，迎接革命的新胜利，这期间近 13 年时间被学界泛称为“延安时期”。

中国共产党在延安的 13 年是极不平凡的 13 年。延安时期，中国共产党由小到大、由弱到强、由挫折走向成功。中国共产党党员人数由 2.5 万多名发展到 120 多万名，军队由几万人增加到几百万人，这在中外革命斗争史上都堪称奇迹。延安时期中国共产党靠什么战胜强敌、取得胜利？中国人民为什么选择中国共产党而没有选择其他政党？中国共产党何以能吸引社会各界的大批进步人士突破国民党的重重封锁争相奔赴延安？这固然可以从很多视角进行分析研判，但延安时期中国共产党从严治党，营造了良好的政治生态，形成了宝贵的延安精神，或许是最为重要的分析视角。正如邓小平所言，延安时期党创造了奇迹，原因在于“我们建立了这么一个好的党”。[①]

延安时期是革命战争年代中国共产党发展史上的“黄金时期”，这一时期，中国共产党有了相对稳定的发展环境，成立了边区政府，开辟了多个抗日根据地，开始了局部执政。党在领导陕甘宁边区建设和社会动员的实践中，坚持把马克思主义理论与中国革命的具体实践相结合，在经济建设、政治建设、社会改造、文化繁荣、军事建设和对外关系等各个方面都取得了重要成就，其中最为关键的做法就是把党的自身建设置于极为重要的位置。在延安时期，中国共产党坚持从严管党、从严治党，使中国共产党从一个思想方法上主观、组织领导上分散、政策策略上教条、理论建设上幼稚的政党转变为一个实事求是、政治成熟、集中统一、理论完备、作风优良的无产阶级政党。也正是由于中国共产党坚持从严治党，使党的事业在逆境中保持蒸蒸日上的势头，使延安成为众多有志之士心目中的红色圣地。曾于 1946 年 9 月去延安采访的美国记者斯蒂尔就曾发出感慨：“到了延安使我对中国问题的认识深化了。”“我体味到共产党常常说的‘为人民服务’，在延安所亲见的各种具体事实，我认为这是货真价实的。”“我要是在延安住上十一天，那我一定也将变成为一个共产主义者！”[②]

---

① 《邓小平文选》第 2 卷，北京，人民出版社 1994 年版，第 44 页。

② 崔智林、谭虎娃：《党在延安时期建设了“一个好的政治生态”》，《红旗文稿》2015 年第 16 期。

（三）延安时期从严治党已形成体系，对新时代推动全面从严治党向纵深发展具有十分重要的启示意义

中国共产党在管党治党方面一些好的经验和做法，有很多是从延安时期开始的，党的很多优良传统和作风是在延安时期形成的。可以说，延安时期，中国共产党从严治党思想已经基本形成，初成体系，在管党治党实践中发挥了重要的作用。在政治建设方面，始终坚持维护党中央权威和集中统一领导，严明政治纪律和政治规矩，严肃认真开展党内政治生活。党的六届六中全会通过了《关于中央委员会工作规则与纪律的决定》，以党内法规的形式明确了党中央是全党的最高领导。1941 年 7 月 1 日，中共中央政治局首次通过《中央关于增强党性的决定》，针对党内存在的政治上自由行动，决定在党内开展反对“分散主义”“独立主义”“个人主义”的斗争，此后又建立党内报告制度，严肃党的政治纪律和政治规矩。此外，延安时期还形成了既严肃规范又生动活泼的党内政治生活制度，党员干部的党性得到很好的锻炼。在思想建设方面，坚持“着重从思想上建设党”，注重党员的学习教育，开展学习运动，提高党员干部的马克思主义理论水平，用“整风”方法解决思想和作风上的突出问题，创造了在党内非工人成分占绝大多数情况下建设工人阶级先锋队的成功经验，实现了毛泽东提出的“建设一个全国范围的、广大群众性的、思想上政治上组织上完全巩固的布尔什维克化的中国共产党”[①] 的目标。在组织建设方面，确立了正确的干部路线，坚持“五湖四海，任人唯贤”原则，选拔德才兼备的领导干部，始终坚持抓领导干部这个重点。从严治党关键在从严治吏，这一管党治党理念在延安时期就已形成并付诸实施。延安时期，党中央始终坚持把领导干部，特别是中高级干部作为重点对象严格教育、严格监督、严格管理。延安整风虽然是全党范围内的整风运动，但“主要与首先的对象是高中两级干部，特别是高级干部”。[②] 在廉政建设方面，厉行廉洁政治，建设廉洁政府，防范腐败现象侵蚀政权肌体。对共产党员中的犯法者从重治罪，从枪毙黄克功，到严惩肖玉璧，都充分体现了中国共产党从严治党的理念。

延安时期从严治党的这些经验和做法、优良传统和作风虽然发端于革

① 《毛泽东选集》第 2 卷，北京，人民出版社 1991 年版，第 602 页。

② 中共中央文献研究室：《毛泽东思想年编（1921—1975）》，北京，中央文献出版社 2011 年版，第 328 页。

命战争年代，形成于我们党局部执政时期，但在社会主义建设和改革开放新时期，在中国特色社会主义新时代，它们依然焕发出真理的光芒，仍然有极强的现实指导意义，对于新时代推动全面从严治党向纵深发展而言，无疑是一笔宝贵的精神财富。延安时期中共以“严”为基础、“治”为关键开展从严治党，达到了良好的效果。当前，中国共产党全面从严治党面临的背景虽然和延安时期不同，但从严治党的任务比延安时期重得多。现实中的问题往往也能从历史中寻找到答案，这或许就是历史研究和理论研究的魅力。

深化延安时期从严治党的研究，挖掘其深刻的理论与实践价值，学习和借鉴这一时期的基本经验，对于新时代推进全面从严治党纵深发展、确保党的领导核心地位具有重要的意义。

三、延安时期从严治党的研究现状

（一）国内研究现状

中国共产党自成立之日起即以管党治党从严而著称，这是我们党能够成就伟大事业的一个重要的内在因素，也是我们党自身的最大政治优势。中国共产党百年的从严治党历程可以粗分为 4 个大的阶段，即新民主主义革命时期、社会主义革命和社会主义建设时期、改革开放新时期和中国特色社会主义新时代。新民主主义革命时期从严治党的重要性在于这一时期奠定了从严治党的思想理论基础、统一了从严治党的认识、形成了从严治党的制度、积累了从严治党的许多好的经验。中国共产党在延安时期的 13 年，是民主革命时期中国共产党最为重要的成长阶段，这个时期也是从严治党理论与实践的重要发展阶段，延安时期中国共产党从严治党的基本理论、历史经验、重大举措，对新时代全面从严治党都有重要的借鉴意义。也正是基于此，学界对于延安时期党的建设关注得比较多，研究成果也比较丰富。以从严治党的视角来审视，主要集中于如下几个方面。

一是关于从严治党深刻内涵的理解。虞云耀（2015）认为，“从严”是指手段和方式，“治党”是指目的和归宿。“从严”体现在思想教育、作风要求、干部管理、制度规矩、执纪监督、责任担当等方面，“治党”体现在保持党的先进性、纯洁性，提高党的领导水平和执政能力等方面。[①]刘红凛（2014）认为，所谓“从严治党”，就是党要管党、严肃党纪、严格管理、严惩腐败与不正之风。[②]张荣臣（2015）认为，“从严”强调的是党的建设制度的严密性和科学性，“严”不光是手段和措施的严，更主要是制度的严；“治党”之目的在于把党锻造成为中国特色社会主义事业的坚强领导核心。[③]李海平（2015）认为，从严治党，核心问题是始终保持党同人民群众的血肉联系；重点是从严治吏、正风反腐、严明党纪，目标是确保党始终成为中国特色社会主义事业的坚强领导核心。[④]李双清、刘建平、王昕伟（2016）认为，全面从严治党关键在于“严”，要做到思想教育从严，干部管理从严，党内政治生活从严，纪律约束从严，作风要求从严，制度建设从严。[⑤]韩强（2017）认为，从严治党的“治”就是各级党委要担负起主体责任，各级纪委要担负起监督责任，敢于执纪问责。[⑥]周敏凯、周勇（2017）也认为，从严治党的“治”应从制度治党入手，以党内法规与制度制约“关键少数”的权力，还要把纪律建设摆在更加突出位置。[⑦]邓如辛、董一潼（2015）在《理论与构建：中国共产党“从严治党”的理性思考》一文中，从治党态度、引领和示范功能、治党与治吏的关系、关键环节、根本目的5个方面概括了从严治党的综合含义。[⑧]也有学者如郭广银（2021）从伦理学角度阐释从严治党的内涵，认为从严治党的伦理信念、从严治党的伦理实践、从严治党的伦理主体构成了从严治党的伦理学内涵。[⑨]

二是关于延安时期从严治党理论基础的研究。学界普遍认为，马克思恩格斯无产阶级政党建党学说、列宁从严治党思想是延安时期中国共产党

① 虞云耀：《把握全面从严治党的特点和规律》，《人民日报》2015年5月20日，第7版。

② 刘红凛：《科学治党与从严治党的当代契合与有机统一》，《理论探讨》2014年第5期。

③ 张荣臣：《关于全面从严治党内涵及对策的思考》，《人民论坛》2015年第21期。

④ 李海平：《深刻把握全面从严治党的时代意义与丰富内涵》，《军队政工理论研究》2015年第2期。

⑤ 李双清、刘建平、王昕伟：《全面从严治党与地方政府廉政文化建设》，《湘潭大学学报（哲学社会科学版）》2016年第6期。

⑥ 韩强：《论全面从严治党的社会动力机制构建》，《理论探讨》2017年第1期。

⑦ 周敏凯、周勇：《关于全面从严治党思想内涵与基本关系的辩证思考》，《思想理论教育》2017年第1期。

⑧ 邓如辛、董一潼：《理论与构建：中国共产党“从严治党”的理性思考》，《黑龙江社会科学》2015年第2期。

⑨ 郭广银：《全面从严治党的伦理意蕴》，《广西大学学报（哲学社会科学版）》2021年第6期。

从严治党的思想渊源。首先，马克思恩格斯无产阶级政党建党学说是延安时期中国共产党从严治党的理论基础。这方面代表性的成果有：刘宁宁、汪海燕（2015）《论“全面从严治党”思想的理论与实践》，他们认为，从严治党始终是马克思主义政党的建党原则，无产阶级政党要取得革命的胜利，必须在思想上、政治上和组织上加强自身建设，强调树立党的权威，凝聚无产阶级力量。[①] 雷蕾、雷厚礼（2016）《中国共产党管党治党理论的源流与根脉》，他们认为，尽管马克思、恩格斯都没有使用过“从严治党”这一术语，但在他们的执政党建设思想中蕴含了“从严治党”的要求。[②] 白清平、任晓伟（2018）认为，作为马克思主义政党，从严治党是中国共产党与生俱来的根本要求。[③] 李成林（2021）认为，中国共产党作为马克思主义政党，其从严治党思想从理论渊源来说，是对马克思主义经典作家自我革命思想的继承。[④] 其次，列宁从严治党思想是延安时期中国共产党从严治党的理论基础。这方面的代表性成果有：徐锦洪（1990）《列宁从严治党思想和措施》、徐隆彬（2003）《列宁从严治党的几项重大举措》、王亚明（2006）《列宁从严治党思想及其启示》、张国安（2007）《论列宁的从严治党思想及其当代价值》、杨小冬（2011）《从严治党：列宁的探索与启示》、韦定广（2012）《居安思危　从严治党——列宁的“执政风险”思想及其治党实例与原则》、张华（2016）《论列宁的从严治党思想》、李同辉（2017）《试析列宁从严治党思想及其当代启示》、吴成林（2017）《列宁从严治党的思想实践及其现实启示》、王辉（2018）《列宁从严治党思想及启示》、吴润楠（2018）《列宁关于从严治党的思想及其当代价值》、龙献忠等（2018）《列宁从严治党思想的历史审视及其当代昭示》、郁志龙（2019）《列宁从严治党思想及当代意义》、徐新彦（2022）《汲取列宁从严治党思想养分推进全面从严治党向纵深方向发展》等等，这些学者主要的研究视域是列宁从严治党思想及其实践，他们不仅对列宁从严治党思想进行了分析与评价，更主要的是挖掘与阐释列宁从严治党思想对中国共产党从严治党的理论价值与实践指导作用，从中找出中

① 刘宁宁、汪海燕：《论“全面从严治党”思想的理论与实践》，《马克思主义研究》2015 年第 7 期。

② 雷蕾、雷厚礼：《中国共产党管党治党理论的源流与根脉》，《中国井冈山干部学院学报》2016 年第 2 期。

③ 白清平、任晓伟：《论全面从严治党的历史逻辑》，《学校党建与思想教育》2018 年第 19 期。

④ 李成林：《延安时期中国共产党自我革命的理论与实践》，《大连干部学刊》2021 年第 11 期。

国共产党从严治党的理论来源。

三是关于延安时期从严治党实践的研究。这方面的研究成果分为3类，第一类，从总体上研究延安时期从严治党，这类研究成果较少，尤其是研究延安时期从严治党的学术专著至今尚未见到，编著类的著作至今仅见张建儒编著《铸魂——延安时期从严治党》这一部。这方面的学术论文也比较少，已有研究成果中，刘国成（2017）认为，延安时期从严治党实践主要体现在通过党员学习教育从严要求党员干部，通过制定一系列切合实际的制度规范党员干部行为，制定了一套比较成熟的监督体制严格监督党员干部，严惩违法犯罪分子以严肃党纪法律。[①] 逄先知（2015）认为，延安时期从严治党的主要做法有，第一，把思想建党放到第一位；第二，保持思想上、政治上、组织上的一致，建立一个集中统一的党；第三，共产党员始终不渝地保持艰苦奋斗的精神；第四，用整风的方法，不断推进党的进步。[②] 王万江（2017）从从严加强思想建设、从严加强干部队伍建设、突出党的作风建设、厉行廉洁政治和探索制度治党5个方面总结了延安时期从严治党的实践。[③] 冯志宏、苗文录（2021）从全面系统地进行马列主义教育、纠治党员作风、从严惩治腐败、完善监督体系和制度化管党治党5个方面概括了延安时期从严治党的有效措施。[④] 刘红曼（2022）从思想建设从严、组织建设从严、党纪法规从严、民主监督从严、领导干部率先垂范5个方面研究延安时期从严治党。[⑤] 第二类，研究延安时期党的建设。这方面的研究成果相对多一些，能够为研究延安时期从严治党提供丰富的文献支持。代表性的著作有：延安干部学院编撰的《延安时期党的建设研究》，研究了延安时期党自身建设的一些积极做法和经验。陈燕楠主编的《延安时期党的建设的经验启示》对延安时期党建工作的主要内容和历史经验进行了专门研究。代表性的论文有：高尚斌（2001）《延安时期中国共产党建设的历史经验及启示》、付建成（2011）《延安时期党的建设的历史贡献》、张蕾蕾（2014）《延安时期中国共产党建设特点的历史分析》、白清平（2018）《延安时期加强党的建设的基本经验及启示》，

① 刘国成：《延安时期从严治党的实践》，《学习时报》2017年11月27日。

② 逄先知：《汲取延安时期的建党经验》，《光明日报》2015年10月31日。

③ 王万江：《延安时期中国共产党从严治党的实践及启示》，《理论观察》2017年第3期。

④ 冯志宏、苗文录：《延安时期从严治党的实践与新时代军队廉政建设》，《延安大学学报（社会科学版）》2021年第1期。

⑤ 刘红曼：《延安时期中国共产党这样从严治党》，《党史文汇》2022年第4期。

这些成果主要聚焦于延安时期党的建设的主要做法、基本经验和当代启示等方面。第三类是研究延安时期从严治党的某一方面，如对延安时期党风廉政建设的研究，李忠全主编的《中国共产党延安时期廉政建设史论》、陈文胜（2013）的专著《延安时期中国共产党反腐倡廉建设研究》、刘国成（2015）的论文《延安时期陕甘宁边区廉政建设研究》等，都具有较高的学术价值。对延安时期党的作风建设相关研究，李忠全（2001）《延安时期党的建设的基本经验与启示》、张艳梅等（2009）《延安时期党的作风建设的意义》、王彦军（2010）《延安时期党的作风建设及其时代价值》、康民（2014）《延安整风运动对党的纯洁性建设的历史贡献》等成果研究了延安时期党的优良作风的丰富内涵，强调了新时期弘扬党的优良传统和作风的紧迫性和现实性。关于延安时期党的组织建设与干部教育的相关研究，陈福荣、刘健德（2008）《延安时期中国共产党培养和造就干部的基本经验》，欧阳军喜（2011）《论延安时期学习运动对马克思主义中国化进程的影响》，张喜德、关晓颖（2012）《延安时期党的组织建设的重大突破与马克思主义中国化》，李若辰（2015）《论中国共产党在延安时期的干部工作》、王卫（2017）《延安时期党中央组织制度建设与一元化领导体制的确立》等成果，研究了延安时期党的组织建设的重大突破，形成了以毛泽东为核心的中共中央领导集体，注重党员干部学习教育，注重基层干部队伍建设，着力培养和造就高级领导干部，延安时期党成就的辉煌事业与扎实的组织建设和干部工作密不可分。

四是关于延安时期党的领导人物从严治党思想研究。这方面的研究主要集中在毛泽东、刘少奇、陈云等领导人的从严治党思想研究。代表性的成果有：陈永胜（2014）《延安时期毛泽东廉政建设理论与实践》，彭庆红、潘春玲（2015）《毛泽东从严治党思想及其重大意义》，周建明（2016）《延安时期毛泽东领导党的建设的历史经验及其启示》，李永春、张新洲（2017）《论毛泽东的从严治党思想及其当代价值》，吕健和原甜甜（2021）《延安时期毛泽东从严治党思想及其现实启示》等，这些成果展现了延安时期毛泽东从严治党和从严治吏思想的内容、方法手段以及当代价值。张宏辉和汪涵（2007）《试论延安时期刘少奇对党的建设理论的杰出贡献》、汤池（2011）《论延安时期刘少奇的党内民主思想》、张守淇（2016）《延安时期刘少奇关于党内权力制约的思考》等，通过对刘少奇《论共产党员的修养》《论党内斗争》《论党》等重要文献的研究阐释了延安时期刘少奇对党的思想建设、组织建设和作风建设等方面的贡献及其对当前从严治党的现实启示。于昆和王炳林（2011）《试论延安时期陈云关于扩大党的群众基础思想》、白鹤（2012）《延安时期陈云对干部队伍建设科学化的初步探索》、梁建东（2013）《延安时期陈云党的组织纯洁性建设思想探究》，柴奕（2017）《延安时期陈云的群众路线思想与党内政治生活建设》，张淳和魏继昆（2018）《延安时期陈云关于党的纪律建设思想论析》，刘建民（2019）《延安时期陈云从严治党思想探析》等成果，挖掘了延安时期陈云对党的组织建设、纪律建设、党群关系、反腐倡廉等方面的思想理论贡献。

五是关于延安时期党的建设经验和启示的研究。高尚斌（2001）在《延安时期中国共产党建设的历史经验及启示》一文中提出，中国共产党创造了在党内非工人成分占绝大多数情况下建设工人阶级先锋队的成功经验，这些经验主要有“着重从思想上建设党”并用“整风”方法解决思想和作风上的突出问题，竭尽心力培养“才德兼备的领导干部”，大力发展民主政治，强化廉政建设。陈燕楠（2011）《延安时期党的建设研究》一书中总结了延安时期党的建设基本经验：把思想建设放在更加突出的位置，把党的执政能力和先进性建设作为党的建设的主线，始终保持同人民群众的血肉联系，管党治党要从严，充分发扬党内民主，这些经验对新时期从严治党具有重要的价值和意义。白清平（2018）在《延安时期加强党的建设的基本经验及启示》一文中主要从着重从思想上建党以及注重从制度上治党两个方面总结了延安时期党的建设的重要经验及其当代启示。王佳、鲁宽民（2022）在《延安时期党的建设的历史经验与深刻启示》一文中分别从思想建设要不断推进马克思主义中国化与时代化、坚持思想路线的先进性与科学性，政治建设要保证党中央领导的权威性与团结性、推进党规党纪的系统性与完整性，精神文明建设要强调认知和践行的平衡与统一、重视党员精神文明教育的多样性和有效性，形象建设要兼顾内在提升与对外宣传、争夺世界舆论场域的主动权和话语权 4 个方面研究延安时期党的建设经验。①

（二）国外研究现状

国外学者对延安时期党的建设研究起步较早，始于 20 世纪 30—40 年

① 王佳、鲁宽民：《延安时期党的建设的历史经验与深刻启示》，《学校党建与思想教育》2022 年第 7 期。

代，正值中国共产党在延安创造辉煌的年代，可以说是中国共产党的成功引起了西方学者的关注，尽管西方学者没有以延安时期中国共产党从严治党作为直接的研究对象，但他们的研究成果中不乏延安时期从严治党的内容。

国外学者研究延安时期的中国共产党，主要有两种类型，第一种类型是将他们来华的经历和感受、在延安的见闻以日记、访谈记录或者备忘录等形式加以留存，代表性的有埃德加·斯诺的《红星照耀中国》、威尔斯的《西行访问记》、谢伟思的《1944—1945 延安备忘录》、彼得·弗拉基米洛夫的《延安日记》等等。其中埃德加·斯诺的《红星照耀中国》一书中，对延安时期中国共产党的自身建设的很多做法、经验都有记录和评价，这部举世公认的、史诗般的经典巨著，已然成为新闻学、历史学、中共党史、党建研究的重要文本，[①] 对研究延安时期从严治党具有很高的学术价值。史沫特莱的《中国的战歌》一书，是以和平解决西安事变和统一战线的形成为背景，通过对毛泽东、周恩来等人在延安经历的记叙，也能为研究延安时期党的领导人管党治党思想提供素材。第二种类型是以收集到的素材为依据，研究中国共产党在延安时期取得重大成就的原因。如安娜·路易斯·斯特朗的《中国人征服中国》一书，通过对延安等几个解放区进行采访而得到的素材，从党建、军事、经济、文化、社会等方面研究了延安时期中国共产党取得巨大成功的原因。美国学者马克·塞尔登所著《革命中的中国：延安道路》一书的主要内容是研究中共在延安时期如何成功地动员和塑造农民，但研究内容也涉及延安时期中共在党的建设方面的探索，同时也把延安时期从严治党和中国革命取得胜利联系在一起。

（三）国内外研究现状评价

总体上看，国内学术界对延安时期中国共产党自身建设问题进行了较为充分的研究，成果也很丰富，为研究延安时期从严治党提供了理论支撑。西方学者没有对延安时期中共从严治党问题进行过专门研究，对延安时期中共自身建设方面的专门性成果也极为少见，但是，在他们以延安时期的中国共产党、中国工农红军、陕甘宁边区政府以及边区政治经济文化为研究对象的研究成果中，不乏对中国共产党在延安时期生存、发展、壮

① 胡步芬、陈勇：《〈红星照耀中国〉的对外传播途径与影响研究》，《东华理工大学学报（社会科学版）》2017 年第 3 期。

大的独到见解，对延安时期管党治党的做法和经验也作了评析。尽管国外学者的一些观点和看法还有待商榷，但总体而言，他们的研究内容对于现在学界关于延安时期中国共产党从严治党的研究还是具有借鉴价值的。

学界对延安时期从严治党这一重要问题的专门化研究还很欠缺，所涉往往是零星地散见于延安时期党的建设的研究成果中，至今仍然缺乏系统和全面的研究，研究内容的碎片化、研究视角的单一化等问题比较突出，尤其是没有专门从“严”和“治”的角度进行研究。当下，中央提出推进全面从严治党向纵深发展的目标任务，学界对新时代全面从严治党的研究逐渐形成热潮，然而，通过对现有研究成果的梳理发现，当前从严治党的研究主要集中于对改革开放以来尤其是党的十八大以来全面从严治党的研究，即便是关涉延安时期党的建设问题，也还没有深入挖掘出延安时期从严治党的当代价值，还需要在这方面开展深入研究。这正是本书研究的价值所在。

第一章　延安时期从严治党的理论溯源

从理论层面看，延安时期从严治党是中国共产党人把马克思主义经典作家的从严治党思想与延安时期中国共产党的革命实践相结合的产物。研究延安时期从严治党问题，一定要回到理论原点，追寻和发掘从严治党的理论源头。延安时期从严治党能够取得重大成就，离不开马克思、恩格斯、列宁等革命导师党建思想的指导，他们虽然没有专门提出过从严治党理论，但事实上，在马克思主义经典作家的党建思想中所蕴含的从严治党思想，无疑为延安时期中国共产党从严治党实践提供了重要的理论指导。

第一节　马克思恩格斯从严治党思想

马克思恩格斯在指导世界无产阶级革命运动的过程中创立了无产阶级政党学说，1848年《共产党宣言》的发表标志着无产阶级政党建设理论的初步形成。作为无产阶级政党第一个“周详的理论和实践的党纲”，[①]《共产党宣言》对建立无产阶级政党的必要性、党的性质、指导思想、党的纲领、斗争策略、党员条件、组织原则等问题，作了科学的阐释和规定，初步奠定了党的建设的理论基础。19世纪50年代，马克思恩格斯撰写了《1848年至1850年的法兰西阶级斗争》《关于工人阶级的政治行动》《共产主义者同盟中央委员会告同盟书》等著作，19世纪60年代，马克思恩格斯撰写了《国际工人协会成立宣言》《国际工人协会共同章程》《普鲁士军事问题和德国工人政党》等著作，19世纪70年代，马克思恩格斯撰写了《法兰西内战》《关于海牙代表大会》等著作，同时

① 《马克思恩格斯全集》第18卷，北京，人民出版社1964年版，第104页。

还发表了一系列演说，他们的这些著作和演说蕴含着丰富的无产阶级政党学说，也蕴含着丰富的从严治党思想。

一、无产阶级政党是先进政党，共产党人要有高度的行为自觉

马克思恩格斯并不否认资产阶级对人类历史发展曾经起到巨大的推动作用，但是随着资本主义生产方式的进一步发展，其内在的、固有的矛盾也一览无余地展现在世人面前，经济危机频繁发生、贫富差距拉大、资本家想方设法从工人身上榨取更多剩余价值、破坏性的社会犯罪、战争、瘟疫等等，这一切都证明了资本主义并不是一种理想的社会，资产阶级也绝非先进阶级。在马克思恩格斯看来，资本主义的历史是“生产者的苦难史”。但资本主义历史不会长久地延续下去，因为担负着改造旧社会任务的无产阶级已经登上了历史舞台，马克思恩格斯在《共产党宣言》中断言：“资产阶级的灭亡和无产阶级的胜利是同样不可避免的。”[①] 无产阶级之所以必然胜利，是因为它是与社会化大生产联系在一起的，代表的是先进生产力，是一切被剥削阶级中最先进的阶级。马克思恩格斯认为，“在当前同资产阶级对立的一切阶级中，只有无产阶级是真正革命的阶级。其余的阶级都随着大工业的发展而日趋没落和灭亡”。[②] 当然，无产阶级要想实现自己的政治目标，还有一个重要条件不可或缺，即组建自己的政党。1848 年欧洲革命失败后，马克思恩格斯总结经验教训时，主要谈到了两个方面，一则没有建立一个巩固的工农联盟，二则各国无产阶级都没有建立自己独立的政党。1871 年巴黎公社起义失败后，马克思恩格斯再次强调建立独立的无产阶级政党的必要性，他们指出：“为保证社会革命获得胜利和实现革命的最高目标——消灭阶级，无产阶级这样组织成为政党是必要的。”[③] 这一点，恩格斯直到晚年还在强调，他指出，“无产阶级要在决定关头强大到足以取得胜利，就必须（马克思和我从 1847 年以来就坚持这种立场）组成一个不同于其他所有政党并与它们对立的特殊政党，一个自觉的阶级政党”。[④]

关于共产党的性质，马克思恩格斯在《共产党宣言》中已经做了深刻的分析，他们认为，现代无产阶级是共产党产生的阶级基础。一方面，无

① 《马克思恩格斯选集》第 1 卷，北京，人民出版社 2012 年版，第 413 页。
② 《马克思恩格斯选集》第 1 卷，北京，人民出版社 2012 年版，第 410~411 页。
③ 《马克思恩格斯选集》第 3 卷，北京，人民出版社 2012 年版，第 173~174 页。
④ 《马克思恩格斯选集》第 4 卷，北京，人民出版社 2012 年版，第 592 页。

产阶级反对资产阶级的斗争迫切需要由无产阶级的先锋队组织——共产党进行领导；另一方面，共产党又集中体现了工人阶级的意志和利益，体现了无产阶级的优良品质和作风。共产党除了代表整个无产阶级的利益之外，“他们没有任何同整个无产阶级的利益不同的利益”，“他们不提出任何特殊的原则，用以塑造无产阶级的运动”。[①] 马克思恩格斯在《共产党宣言》中还指出，共产党不是同其他工人政党相对立的特殊政党，但共产党与其他工人政党还是有区别的，主要表现在：其一，共产党代表的是整个无产阶级的利益，而不是局部的、民族的、行业的、宗派的无产者利益。其二，共产党人是在工人运动的整个过程中，而不是在工人运动的某一个阶段，代表着无产阶级的利益。[②]

马克思恩格斯还认为，共产党是无产阶级的先锋队组织，共产党人必须要有高度行为自觉。不是所有的工人阶级都能成为共产党员，只是工人阶级中最有觉悟、最有组织性和纪律性的先进分子才能加入这个组织。“因此，在实践方面，共产党人是各国工人政党中最坚决的、始终起推动作用的部分”。[③] 为了确保这个组织的先进性，马克思恩格斯起草的世界上第一个共产党党章——《共产主义者同盟章程》第二条严格规定了入党条件，强调参加党的每个成员，要具有革命毅力，要在行为方面严格要求自己，起到先锋模范作用。共产党员必须时刻牢记党的阶级性，始终保持先进性。

二、共产党是科学理论武装的政党，共产党人要有高度的理论自觉

共产党人之所以能够保持先进性，还在于它有科学的世界观作为思想基础，这个科学世界观就是辩证唯物主义和历史唯物主义。恩格斯在《卡尔·马克思〈政治经济学批判第一分册〉》中指出，“我们党有个很大的优点，就是有一个新的科学的世界观作为理论的基础”。[④] 也正因为有了科学的世界观和方法论，共产党人能够正确地分析当前革命运动实践，科学地判断革命的未来发展趋势，进而制定正确的纲领和政策。马克思恩格斯在《共产党宣言》中指出：“在理论方面，他们胜过其余无产阶级群众的地方

① 《马克思恩格斯选集》第1卷，北京，人民出版社2012年版，第413页。

② 李新杰、屠凤莲：《党建理论的历程：从马克思恩格斯到江泽民》，北京，中国物价出版社2003年版，第13~14页。

③ 《马克思恩格斯选集》第1卷，北京，人民出版社2012年版，第413页。

④ 《马克思恩格斯文集》第2卷，北京，人民出版社2009年版，第599页。

在于他们了解无产阶级运动的条件、进程和一般结果。”[①]

马克思恩格斯一贯重视无产阶级政党的思想理论建设，强调共产党人应始终坚持科学理论的指导地位，他们认为，“批判的武器当然不能代替武器的批判，物质力量只能用物质力量来摧毁；但是理论一经掌握群众，也会变成物质力量”。[②]也正是在这个意义上，马克思恩格斯认为，要想保持无产阶级政党的先进性和战斗力，必须确保党员思想的纯洁性，始终以唯物史观和科学社会主义理论武装头脑。共产党为了事业发展的需要，在扩大自己队伍时可以从其他阶级中吸纳成员，但前提条件是“首先就要求他们不要把资产阶级、小资产阶级等等的偏见的任何残余带进来，而要无条件地掌握无产阶级世界观”。[③]换言之，要用无产阶级先进分子的科学理论来影响和改造其他阶级的非无产阶级思想，而决不能让其他阶级的思想影响共产党人的思想纯洁。

共产党是科学理论武装起来的政党，共产党人要有高度的理论自觉，保持理论上的清醒，自觉抵制错误思潮的侵蚀，勇于进行思想斗争，捍卫理论纯洁。为了确保马克思主义科学理论在无产阶级运动中的指导地位，马克思恩格斯高度重视思想批判，坚持用科学社会主义的思想武器武装党员，坚决批判各种错误思潮，在实践中不断发展党建理论。

首先，同各种非无产阶级思想进行尖锐的斗争。1864年，国际工人联合会（即第一国际）成立，作为主要创始人的马克思起草了《国际工人协会成立宣言》和《国际工人协会共同章程》，在这两个第一国际纲领性文件中，明确地规定了第一国际的性质和任务，但在当时特定的历史背景下，第一国际实际上就是各国各派工人的大联合，第一国际内部在一些重要的问题上还没有达成一致共识，各种非社会主义的流派和思潮在第一国际内部影响还非常大。蒲鲁东主义者在取代资本主义制度方式和途径的问题上，坚持改良主义的观点，他们极力反对工人罢工、反对组织工会、反对暴力革命，主张通过和平的方式取代资本主义。马克思对此进行了尖锐的批判，他认为，进行政治斗争是工人阶级获得彻底解放的唯一途径，“工人的社会解放同他们的政治解放是不可分割的”。[④]在所有制问题上，蒲鲁东主义者是站在小资产阶级立场之上的，反对生产资料公有制，

① 《马克思恩格斯选集》第1卷，北京，人民出版社2012年版，第413页。

② 《马克思恩格斯选集》第1卷，北京，人民出版社2012年版，第9页。

③ 《马克思恩格斯选集》第3卷，北京，人民出版社2012年版，第739页。

④ 《马克思恩格斯全集》第17卷，北京，人民出版社1963年版，第455页。

主张保留小生产者的私有制，主张土地归个人所有，这是“幸福和进步的重要的前提”。众所周知，马克思恩格斯在《共产党宣言》中早就提出，“共产党人可以把自己的理论概括为一句话：消灭私有制”，[①] 在 1868 年召开的第一国际第三次代表大会上，蒲鲁东主义者却诬蔑这一主张是“粗暴的共产主义”，对蒲鲁东主义者的错误思潮，马克思恩格斯进行了尖锐的批判和斗争，取得了决定性胜利。马克思恩格斯还对工联主义和拉萨尔主义的错误思潮进行了斗争。工联主义者也反对政治斗争，不主张推翻资本主义制度，提出“做一天公平的工作，得一天公平的工资”的口号，主张进行经济斗争，甚至反对工人的罢工运动。针对这样的谬论，马克思在《工资、价格和利润》报告中，痛斥了工联主义者的狭隘思想，号召工人要摒弃这些错误的思想，“要在自己的旗帜上写上革命的口号：‘消灭雇佣劳动制度！’”[②] 拉萨尔主义者也认为工人阶级只能进行合法斗争，反对暴力革命，主张通过和平选举的方式赢得胜利，在此基础上建立自己的政权。还有 19 世纪 60 年代后期形成的巴枯宁主义思潮，否定一切形式的国家政权，将资本主义制度罪恶的根源归咎于国家制度，认为只要消灭了国家，资本主义制度自然会随之消灭，主张无政府主义，既反对资产阶级国家，也反对无产阶级专政。对于这些非无产阶级思想，马克思恩格斯进行了深刻的批判，撰写了《临时中央委员会就若干问题给代表的指示》《总委员会关于继承权的报告》《法兰西内战》《论权威》《机密通知》等论著，对非无产阶级思想、不科学的社会主义理论予以严厉的批判，积极倡导科学社会主义思想，以确保国际工人运动的正确方向。恩格斯后来总结道：马克思和我“一生中对冒牌社会主义者所作的斗争比对其他任何人所作的斗争都多（因为我们把资产阶级只当做一个阶级来看待，几乎从来没有去和资产者个人交锋）”。[③]

其次，对各种反马克思主义思想进行批判和澄清。19 世纪中后期，欧美各国相继建立了社会主义工人政党，马克思恩格斯根据工人运动发展的需要，撰写和出版了一些重要著作，如《论住宅问题》、《反杜林论》、《资本论》第 1 卷、《社会主义从空想到科学的发展》等，与此同时，欧美各国也涌现出一批工人运动的领袖和马克思主义理论的宣传家。辩证地看，欧美各国建党高潮既壮大了国际工人运动的队伍，同时也给各国工人

① 《马克思恩格斯选集》第 1 卷，北京，人民出版社 2012 年版，第 414 页。
② 《马克思恩格斯选集》第 2 卷，北京，人民出版社 2012 年版，第 69 页。
③ 《马克思恩格斯选集》第 4 卷，北京，人民出版社 2012 年版，第 554 页。

政党的思想统一带来一定困难，教条主义、宗派主义、小资产阶级思想一度泛滥，杜林等人甚至公开挑战马克思恩格斯的科学社会主义理论，企图改变工人阶级政党性质。对此，马克思恩格斯要求工人阶级政党要有高度的理论自觉，时刻保持理论上的清醒，正确认识和开展党内斗争。马克思认为，对于一个不断发展壮大的工人阶级政党来说，个别党员难免会受一些非无产阶级思想的影响，恩格斯认为，“每一个党的生存和发展通常伴随着党内较为温和的派别和较为极端的派别的发展和相互斗争”。[①] 所以，开展党内斗争是保持党的理论纯洁的重要方法和手段，但党内斗争决不能“拿原则做交易”（1875 年德国爱森纳赫派和拉萨尔派合并就是“拿原则做交易”），决不能向错误思潮投降。马克思恩格斯一再强调，对于一切加入无产阶级政党的成员，必须无条件地掌握无产阶级世界观，决不能同坚持资产阶级世界观的人一道走，否则要毫不留情地将他们清除出党。

三、从严加强组织建设，提高党的凝聚力和战斗力

无产阶级政党要保持自身的先进性和纯洁性，提高党的凝聚力和战斗力，必须从严加强组织建设。

一是严格党员标准，及时将不符合党员标准的分子清除出党。党的组织纯洁性和党员加入组织的“入口关”是否严守有着直接的关系。1847 年 12 月，马克思恩格斯在起草《共产主义者同盟章程》时就对盟员的条件提出了严格要求：包括（1）生活方式和活动必须符合同盟的目的；（2）具有革命毅力并努力进行宣传工作；（3）承认共产主义；（4）不得参加任何反共产主义的（政治的或民族的）团体并且必须把参加某团体的情况报告有关的领导机关；（5）服从同盟的一切决议；（6）保守同盟的一切机密；（7）必须获得一致通过，才能被接收入某一支部。[②] 后来，随着工人阶级政党队伍的不断扩大，难免会有一些成员将资产阶级或小资产阶级的恶习带入到党的队伍中，“以前的中间等级的下层，即小工业家、小商人和小食利者，手工业者和农民——所有这些阶级都降落到无产阶级的队伍里来了”，[③] 难免会影响党的思想纯洁。为此，马克思恩格斯要求坚持更为严格的入党条件。1864 年 9 月，在第一国际成立时，马克思要求党的每一支部都要对所吸纳党员的品质纯洁性负责。恩格斯认为加入党组织的

① 《马克思恩格斯选集》第 4 卷，北京，人民出版社 2012 年版，第 595 页。
② 本书编写组：《国际共产主义运动史》第 1 卷，北京，人民出版社 1977 年版，第 70 页。
③ 《马克思恩格斯选集》第 1 卷，北京，人民出版社 2012 年版，第 408 页。

成员应该是无产阶级队伍中“不知疲倦的、无所畏惧的和忠实可靠的先进战士”。[①]1879 年 9 月，马克思恩格斯在给奥·倍倍尔、威·李卜克内西、威·白拉克等人的信中，对于非工人阶级出身者加入工人阶级政党，提出了两个方面的条件限制，以保证党员的质量。对于不符合要求的党员，要畅通出口。在共产主义者同盟成立初期，马克思恩格斯就立下了规矩：如果党内存在非共产主义者，必须要让他们退出，同盟内部只能有共产主义者。马克思恩格斯要求，《共产主义者同盟章程》第 2 条中规定的 7 个条件，如果盟员不能认真遵守，视情节轻重或暂令离盟或开除出盟。对于那些犯了错误而又不肯接受批评教育的顽固分子，或者一些混进党内的投机分子、危害党的事业的背叛分子，应从组织上坚决清除，以纯洁党的组织。他们认为，无产阶级政党中，只能有共产主义者。对于混进党内的资产阶级，“如果有理由暂时还容忍他们，那么我们就应当仅限于容忍他们，而不要让他们影响党的领导，并且要清楚地知道，和他们分裂只是一个时间问题”[②]。恩格斯明确指出：“一个健康的党随着时间的推移必定会把废物排泄掉。”[③]当然，恩格斯还同时指出，处理党内犯错误的党员，应该非常慎重，有批评教育余地的，还可以留在党内，“如果非开除不可，那只有举出昭然若揭、证据确凿的卑鄙行为和叛变行为的事实（明显的行为），才能开除”[④]。

二是严格纪律要求，维护党的团结统一。相比其他非无产阶级政党而言，无产阶级政党从建立之日起，就一直注重纪律建设，一直以纪律严明而著称。马克思恩格斯认为，无产阶级要完成自身解放进而实现全人类解放的伟大目标任务，必须有严格的纪律保障。马克思恩格斯在制定《共产主义者同盟章程》时就规定，凡加入同盟者，必须服从同盟的一切决议，这实际上就是在强调对盟员的纪律要求。1859 年 5 月 18 日，马克思在给恩格斯的信中写道：“我们现在必须绝对保持党的纪律，否则将一事无成。”[⑤]没有铁一般的纪律，就没有统一的、一致的行动步调，那么党的队伍将像一盘散沙一样，缺乏战斗力。恩格斯也指出：“胜利的首要条件是严格遵守纪律，而一切革命的高调和喧嚷都不可避免地会导致失败。

---

① 《马克思恩格斯全集》第 10 卷，北京，人民出版社 1998 年版，第 94 页。
② 《马克思恩格斯文集》第 3 卷，北京，人民出版社 2009 年版，第 484 页。
③ 《马克思恩格斯全集》第 34 卷，北京，人民出版社 1972 年版，第 264 页。
④ 《马克思恩格斯全集》第 37 卷，北京，人民出版社 1971 年版，第 441 页。
⑤ 《马克思恩格斯全集》第 29 卷，北京，人民出版社 1972 年版，第 413 页。

这种纪律是一个有成效的和坚强的组织的首要条件，是资产阶级最害怕的。"[①] 巴枯宁主义在第一国际时期曾经有着极大的影响，巴枯宁主义者认为自由是个人的绝对权利，是道德的唯一基础，他们否定任何权威，否定党的纪律的重要性，恩格斯对此进行了尖锐的批判，他指出："没有任何服从纪律的支部！没有任何党的纪律，没有任何力量在一点的集中，没有任何斗争的武器！那末未来社会的原型会变成什么呢？简而言之，我们采用这种新的组织会得到什么呢？会得到一个早期基督教徒那样的畏缩胆怯的而又阿谀奉承的组织。"[②]

三是充分发扬党内民主，增强党的凝聚力。马克思恩格斯对无产阶级建党原则的一个重要贡献是把民主制的原则引入党内生活中。事实上，早在1843年马克思就在《黑格尔法哲学批判》中提出了"真正的民主制"的理想。1845年，恩格斯在其著作中也一再强调，"民主在今天就是共产主义""民主已经成了无产阶级的原则，群众的原则"。[③]1847年，马克思恩格斯改造正义者同盟的一个十分重要的举措就是"从盟章中删除了所有以前密谋活动和宗派活动时期遗留下来的东西，其中也删去了接收盟员的所有复杂的、半神秘主义的仪式"[④]。改组后新成立的共产主义者同盟，完全体现了民主制的要求，坚持盟员平等原则、权利和义务相统一的原则、民主与集中相统一的原则，实行选举制、集体领导制、代表会议制、重大问题全体盟员讨论议决制、工作报告制等，初步形成了无产阶级政党党内民主制度体系。对此，恩格斯晚年评价说，"组织本身是完全民主的，它的各委员会由选举产生并随时可以罢免，仅这一点就已堵塞了任何要求独裁的密谋狂的道路……现在一切都按这样的民主制度进行"。[⑤]马克思恩格斯还对国际共产主义运动中一度存在的不民主做法进行了深刻的批判。1863年全德工人联合会成立，该组织主要发起人是拉萨尔，在领导全德工人联合会期间，拉萨尔实行主席独裁制，不仅不按时召开代表大会，甚至连一次理事会也没开过，一切均按照拉萨尔的命令行事。1875年，拉萨尔派与爱森纳赫派合并，这种独断专行的不民主作风对德国社

① 《马克思恩格斯全集》第36卷，北京，人民出版社1975年版，第540页。

② 《马克思恩格斯全集》第17卷，北京，人民出版社1963年版，第519页。

③ 《马克思恩格斯全集》第2卷，北京，人民出版社1957年版，第664页。

④ 〔苏〕米·伊·米哈伊洛夫：《共产主义者同盟》，汤润千译，北京，生活·读书·新知三联书店1976年版，第33页。

⑤ 《马克思恩格斯选集》第4卷，北京，人民出版社2012年版，第207页。

会主义工人党产生很大的不良影响。事实上，在两派合并之前，在党内民主的问题上就有过不同的看法，引发了一些争论。1868 年 10 月 13 日，马克思在给施韦泽的信中对此现象进行了批评，明确表态赞成民主制，并重申了党内民主制度的重要意义。第一国际在成立之初，就确立了党内民主原则，第一国际组织章程规定，“每一个支部，不论其成员多少，均有权派遣一名代表参加代表大会”，“成员在 500 人以上的支部或小组，每超过 500 人即有权增派代表一名”，且“每一个代表在代表大会上只有一票表决权。”① 第一国际存在了 12 年时间，由于无产阶级运动形势的发展变化，这 12 年中第一国际的真正活跃期是 8—10 年，这期间一共召开了 6 次代表大会，虽然没有达到每年召开一次代表大会的制度预期，但在当时的情势下已经是非常不容易了。第一国际组织章程还规定，“对有关原则问题的一切决议，均须举行记名投票”，② 表决的原则是少数服从多数，但对于少数人的意见也要尊重。他们认为，应当在无产阶级政党内营造一种民主、平等的氛围，使每一个人都可以充分发表自己的意见和看法，“任何一个身居高位的人，都无权要求别人对自己采取与众不同的温顺态度”③。马克思恩格斯关于党内民主的思想并非只停留在理论层面，更重要的是落实在实践层面，通过合理的制度设计对权力进行合理配置与有效制约。共产主义者同盟和国际工人协会的章程都规定，代表大会是组织的最高权力机关，中央委员会是党的执行机关，“受托领导党的日常事务”，“负责执行党代表大会的决议”。④ 此外，还设置党的中央监察委员会，作为党的监督机关。

四、从严加强作风建设，密切与群众的联系

马克思主义政党理论认为，“政党作为一种历史现象，从一开始就是作为特定阶级、阶层或社会集团的利益实现工具而孕育和产生的，任何一个政党都要正确处理好与其代表的阶级、阶层或社会集团的利益”。⑤ 无产阶级政党是为无产阶级和广大人民群众服务的政党，必须打造优良的作

① 《马克思恩格斯全集》第 17 卷，北京，人民出版社 1963 年版，第 478 页。

② 《马克思恩格斯全集》第 17 卷，北京，人民出版社 1963 年版，第 479 页。

③ 《马克思恩格斯全集》第 38 卷，北京，人民出版社 1972 年版，第 72~73 页。

④ 高宝琴：《马克思恩格斯党内民主思想及其启示——权力配置和制约的视角》，《中国特色社会主义研究》2013 年第 3 期，第 98 页。

⑤ 蒯正明：《马克思恩格斯关于密切党群关系的思想与现实启示》，《求是》2014 年第 3 期，第 4 页。

风，才能更好地为无产阶级和人民大众服务。党的作风是党的性质、品格的体现，也是党的追求和行为准则的体现，判断一个政党是否先进，是否有吸引力和战斗力，它的作风是一个重要的判断标准。资产阶级政党代表资产阶级某一群体的利益，一般通过议会斗争、通过竞选来达到自己的目的，所以，资产阶级政党普遍存在尔虞我诈、互相倾轧、哗众取宠、华而不实的作风。无产阶级政党旨在实现共产主义和人类的解放，要造福于人民，忠实地代表广大人民群众的利益，因而在思想方面要理想信念坚定，不三心二意；在政治方面要为政清廉，不以权谋私；在工作方面要踏实勤恳，认真负责，不官僚、不敷衍；在个人生活方面要艰苦朴素，不铺张浪费。在马克思主义政党的建设理论发展过程中，最早使用“作风”一词的是恩格斯，他在谈及党的建设的一些书信中使用了“作风”一词，对无产阶级政党队伍中个别党员身上存在的阿谀奉承、溜须拍马、华而不实的不良风气进行了批判。马克思恩格斯虽然没有明确使用党的“作风建设”这样的概念，但在他们的党建思想体系中，已经包含了丰富的作风建设思想。

一是始终坚持为广大人民群众谋利益。马克思恩格斯认为，在资本主义国家，资产阶级政党代表的是少数人的利益，维护的是有利于资产阶级统治的政治秩序，实现的是有利于资产阶级的社会利益分配。以英国两大政党为例，马克思指出，托利党是“旧式贵族的党”，辉格党则是“工商业中间阶级的贵族代表”。[①] 恩格斯也曾指出，在美国，“轮流执政的两大政党中的每一个政党，又是由这样一些人操纵的，这些人把政治变成一种生意，拿联邦国会和各州议会的议席来投机牟利”。[②] 而无产阶级政党则完全不同，它是以实现全人类解放为最终目的，这样的使命决定了无产阶级政党从成立之日起就是站在最广大工人群众立场之上的。马克思恩格斯指出：“过去的一切运动都是少数人的，或者为少数人谋利益的运动。无产阶级的运动是绝大多数人的，为绝大多数人谋利益的独立的运动。”[③] 这意味着无产阶级的根本利益与最广大工人和群众的根本利益是完全一致的。在《共产党宣言》中，马克思恩格斯就指出，共产党人“没有任何同整个无产阶级的利益不同的利益”[④]。马克思在《法兰西内战》中总结巴

① 《马克思恩格斯全集》第 11 卷，北京，人民出版社 1995 年版，第 418 页。
② 《马克思恩格斯选集》第 3 卷，北京，人民出版社 2012 年版，第 54 页。
③ 《马克思恩格斯选集》第 1 卷，北京，人民出版社 2012 年版，第 411 页。
④ 《马克思恩格斯选集》第 1 卷，北京，人民出版社 2012 年版，第 413 页。

黎公社革命和欧美其他无产阶级政党革命的特点时指出，无产阶级革命都是“以人民群众的名义，并且是公开为着人民群众即生产者群众的利益而进行”，[①] 所以，马克思恩格斯认为，无产阶级革命胜利取得政权之后，要及时转移工作重心，大力发展社会生产力，“把一切生产工具集中在国家即组织成为统治阶级的无产阶级手里，并且尽可能快地增加生产力的总量。”[②] 创造更多的社会财富，更好满足最广大人民群众的需求。

二是始终坚持为人民服务，防止“公仆”变“主人”。马克思恩格斯认为，在资本主义制度下，国家和社会的公共权力越来越成为压榨劳动人民的工具，公共权力的拥有者成为压在人民头上的“主人”“老爷”，这是资本主义社会基本矛盾的外在表现。广大人民群众要彻底摆脱这种境遇，必须组织起来，进行暴力革命，摧毁资本主义的国家机器，“如果不炸毁构成官方社会的整个上层，就不能抬起头来，挺起胸来”[③]，“只有在这一使命激励下的无产者才能够把国家这个阶级统治的工具，也就是把集权化的、组织起来的、窃据社会主人地位而不是为社会做公仆的政府权力打碎”[④]。而在无产阶级政党取得政权以后，必须始终坚持为人民服务，当好社会公仆。无产阶级的政府是新型政府，公职人员的身份是人民的服务者，“服务于组织在公社里的人民”，[⑤] 马克思恩格斯在总结巴黎公社原则时，对巴黎公社政权的公仆性质给予了高度的赞誉，他们认为，巴黎公社打碎了“窃据社会主人地位而不是为社会做公仆的政府权力”，[⑥] 是“新的真正民主的国家政权”。[⑦] 因此，巴黎公社不是腐败的官僚机构，而是廉洁政府，公社公职人员不是“骑在人民头上作威作福的老爷们”，[⑧] 而是人民的勤务员。不过，尽管无产阶级革命胜利后建立了新型政府，但是，剥削阶级的一些旧思想、旧观念不会立即消失，官僚主义思想、当官做老爷思想还会对新政权的公职人员产生不良影响。恩格斯在19世纪60年代末就不无担心地指出，无产阶级运动的规律显然是到处都有一部分工人领袖必然要蜕化，如何避免这种事情的发生是马克思恩格斯深感忧虑并极力想

① 《马克思恩格斯选集》第3卷，北京，人民出版社2012年版，第152页。
② 《马克思恩格斯选集》第1卷，北京，人民出版社2012年版，第421页。
③ 《马克思恩格斯选集》第1卷，北京，人民出版社2012年版，第411~412页。
④ 《马克思恩格斯选集》第3卷，北京，人民出版社2012年版，第139页。
⑤ 《马克思恩格斯选集》第3卷，北京，人民出版社2012年版，第100页。
⑥ 《马克思恩格斯文集》第3卷，北京，人民出版社2009年版，第194页。
⑦ 《马克思恩格斯文集》第3卷，北京，人民出版社2009年版，第111页。
⑧ 《马克思恩格斯文集》第3卷，北京，人民出版社2009年版，第196页。

解决的重大问题。在后来的巴黎公社实践中，为了防止公职人员由人民公仆蜕变成人民主人，巴黎公社进行了卓有成效的探索，马克思恩格斯将其做法总结为两个方面：一方面把行政、司法和国民教育方面的一切职位交给由普选选出的人担任，而且规定选举者可以随时撤换被选举者。马克思盛赞它是“公社的首倡”和“楷模”。公社公职人员由巴黎各区全民投票选举出来，其中大多数是工人或者是公认的工人阶级代表，能充分代表人民意志，反映工人阶级本色，这一做法使得巴黎公社发生了奇迹般的变化，第二帝国时期那种荒淫无度、挥霍浪费、欺上瞒下的巴黎公职人员消失得无影无踪。另一方面对所有公职人员，不论职位高低，都只付给跟其他工人同样的工资。这样，“从前国家的高官显宦所享有的一切特权以及公务津贴，都随着这些人物本身的消失而消失了”①。这就充分体现了社会主义公有制的优越性以及真正平等的制度特色。

三是提高党员质量，密切党群关系。马克思恩格斯在领导无产阶级运动的过程中，越来越深刻地认识到，作为无产阶级的先进分子，无产阶级政党必须加强自身建设，不断提升各方面素质，才能得到群众的认可，才能密切党与群众的关系。提高党员质量，首先是思想理论方面的提高，因为思想是行动的先导。马克思恩格斯之所以不遗余力地宣扬科学社会主义思想，不断地同各种错误思潮做斗争，正是因为他们深刻认识到了思想的力量。1875年4月到5月初，马克思抱病写下了《哥达纲领批判》，因为他知道两派合并后的德国工人党纲领是一个偏离了科学社会主义理论的纲领，这是很危险的事情，党的纲领是“一面公开树立起来的旗帜，而外界就是根据它来判断这个党”。② 对于共产党人来说，必须在理想信念方面要毫不动摇地信仰科学社会主义理论，在世界观上要真正确立无产阶级世界观，才能真正做到相信群众，尊重群众的首创精神。提高党员质量，还要不断地开展批评和自我批评。马克思恩格斯非常注重运用批评和自我批评这一武器，他们认为这既能使党保持纯洁性，也能不断提高党员自身素质，使得自己不断进步和提高。1875年，对于马克思写的《哥达纲领批判》一文能否在党报上公开发表，德国党领导人是有思想顾虑的，对此，马克思当时就提出了批评，恩格斯也及时地指出，有无自我批评的勇气是无产阶级政党区别于其他政党的重要特征，对于无产阶级政党的这一优

---

① 《马克思恩格斯选集》第3卷，北京，人民出版社2012年版，第99页。

② 《马克思恩格斯选集》第3卷，北京，人民出版社2012年版，第350页。

良作风，恩格斯很是感到自豪，他曾说："哪里还有另外一个政党敢于这样做呢?"[①] 恩格斯还认为，党内应该形成一种风气，每个党员都可以坦诚地指出和批评某些领导人的缺点，这样可以使党少犯错误，他认为："一个政党宁愿容忍任何一个蠢货在党内肆意地作威作福，而不敢公开拒绝承认他，这样的党是没有前途的。"[②] 开展党内批评是增强党内团结的重要措施，这是因为，经过批评与自我批评，把矛盾和问题都摆出来了，也就有了解决的办法，矛盾和问题解决了，就达到了和谐和统一的目的，那种认为批评与自我批评会激化矛盾的认识是十分愚蠢的。恩格斯说："没有这种批评就不可能达到团结。没有批评就不能互相了解，因而也就谈不到团结。"[③] 批评和自我批评还是党员密切联系群众，防止个人崇拜的重要途径。马克思恩格斯注重对无产阶级的思想教育，却反对各国工人阶级对马克思主义的盲目迷信，也反对各国工人阶级对自己的盲目崇拜，他们一再强调，工人阶级领袖和普通的党员群众是平等的，"在我们党内，每个人都应该从普通一兵做起……最后还必须自愿地把自己列入战士的行列中"。[④] 马克思恩格斯在各国工人中虽然有很高的声誉，但他们始终警惕各国工人对他们的个人崇拜。马克思说，对于那些来自各国的歌功颂德的东西"我从来也不予答复，偶尔答复，也只是加以斥责"。[⑤]1894 年 5 月，恩格斯在写给普列汉诺夫的信中明确反对普列汉诺夫称他为"导师"。马克思恩格斯对党员提高自身素质和修养方面的一些思想以及他们身体力行的做法，对无产阶级政党密切与群众的联系，起到了重要的指导作用和榜样作用。

第二节　列宁从严治党思想

列宁是无产阶级革命运动的伟大导师，是俄国布尔什维克党的创始人。俄国布尔什维克党是列宁根据马克思主义政党学说和建党思想建立起来的新型无产阶级政党。列宁在领导俄共（布）以及共产国际的革命斗争

① 《马克思恩格斯文集》第 10 卷，北京，人民出版社 2009 年版，第 602 页。
② 《马克思恩格斯全集》第 34 卷，北京，人民出版社 1972 年版，第 90 页。
③ 《马克思恩格斯全集》第 4 卷，北京，人民出版社 1958 年版，第 423 页。
④ 《马克思恩格斯选集》第 4 卷，北京，人民出版社 2012 年版，第 281 页。
⑤ 《马克思恩格斯文集》第 10 卷，北京，人民出版社 2009 年版，第 422~423 页。

和国家建设的过程中，在继承和发展马克思恩格斯的从严治党思想的基础上，面对复杂多变的国内外形势的严峻挑战以及俄共（布）自身状况发生新的变化的情况下，对如何从严管党治党进行了深入思考和卓有成效的探索，形成了从严治党的思想体系，为无产阶级政党建设留下了一笔极为宝贵的精神遗产。这一精神财富对各国无产阶级政党如何保持先进性、纯洁性、战斗性、团结性和统一性提供了重要的理论支持。中国共产党成立以来，在如何加强自身建设方面的一些思想和实践，很多都是直接来自列宁的从严治党思想。

一、强化理论武装，打牢从严治党的思想基础

从根本上说，一个政党的先进性取决于这个组织的指导思想。马克思主义理论源于欧洲，是在与小资产阶级社会主义、无政府主义等形形色色的非科学社会主义思想的长期斗争中形成的。事实上，俄国思想界自19世纪40年代开始，一直在寻求科学的革命理论，对欧美国家的革命及其理论成果极为关注。俄国布尔什维克党最终选择以马克思主义理论作为自己的指导思想，之前的俄国革命者在寻求革命理论方面经历了探索、经历了失败，最终才获得了成功。1920年列宁在《共产主义运动中的“左派”幼稚病》一书中写道：“俄国在半个世纪里，经受了闻所未闻的痛苦和牺牲，表现了空前未有的革命英雄气概，以难以置信的毅力和舍身忘我的精神去探索、学习和实验，经受了失望，进行了验证，参照了欧洲的经验，真是饱经苦难才找到了马克思主义这个唯一正确的革命理论。”[①] 既然找到了科学的革命理论，就要坚定不移地坚持这一指导思想，捍卫它的地位，以科学的理论来武装全党。列宁深知，“没有革命的理论，就不会有革命的运动”，“只有以先进理论为指南的党，才能实现先进战士的作用。”[②]

列宁建立新型无产阶级政党的基本逻辑是：先进的革命理论——新型的无产阶级政党——彻底的革命运动——最终的奋斗目标。正是基于这样的逻辑认识，列宁对布尔什维克党的思想建设一直是从严要求。十月革命的胜利极大地提升了俄国布尔什维克党的号召力，有大批新党员加入这个组织中，列宁一方面感到欣喜，因为大量新党员的加入壮大了党的队伍；另一方面也有深深的担忧，他指出：“我们党员现在达到的巨大数字

---

① 《列宁选集》第4卷，北京，人民出版社1995年版，第136~137页。

② 《列宁全集》第6卷，北京，人民出版社1986年版，第23~24页。

（同前几次代表大会相比），使人有些担心，而且这里存在着很现实的危险：我们党在迅速发展，而我们教育这些党员去完成党的当前任务这项工作却不能随时跟上。”[①] 在列宁看来，党的战斗力主要取决于指导思想的科学性、党员的思想教育、党内的团结统一，而不是取决于党员的数量，在党员数量和党员质量这两个方面，列宁更看重的是后者。1921 年，俄共（布）十大通过《关于党的建设问题》的决议指出，“党内总的任务不是在数量上扩充党的队伍，而是改善它的质量，提高全体党员的觉悟，加强他们的共产主义教育。”[②] 在新经济政策时期，俄共（布）中央充分利用广播、报纸、书刊、电影等媒介，对党员进行马克思主义理论教育以及革命优良传统教育，使党员自觉树立马克思主义的世界观、人生观、价值观。此外，列宁加强对党员干部进行马克思主义理论教育的另一重要途径是通过党校来培养和教育党员干部。俄共（布）的十大和十一大对于加强党校教育都作出过相应的决议，主要的措施是要大力增加党校的数量，扩大党校的分布网点，在列宁的领导下，到 1922 年，俄共（布）一共建了 242 所各级党校，在校学员有 2.2 万多人，在党员的学习教育方面发挥了巨大的作用。中国共产党后来也承袭了俄共（布）的做法，通过党校培养党员干部，加强党员干部思想政治教育。

列宁不仅强调要从严加强对党员的马克思主义理论教育，而且注重同非马克思主义的思想做坚决斗争。俄国社会民主党成立之初，受民粹主义思想影响较大，民粹主义认为资本是一种衰落、退步，进而十分肯定俄国的村社制度，1894 年，列宁在《什么是“人民之友”以及他们如何攻击社会民主党人?》一书中，深刻揭露了民粹主义冒充“人民之友”之名，其实是人民之敌的真面目，批判了民粹主义否定资本主义的历史进步性的观点。在批判民粹主义的同时，列宁还批判了以司徒卢威为代表的合法的马克思主义者的错误思想，认为这种思想的实质是站在资产阶级立场上的反马克思主义思想。第二国际后期，伯恩施坦修正主义思想对无产阶级政党建设以及国际共产主义运动造成很大的思想混乱，列宁对伯恩施坦修正主义思想进行了尖锐的批判，捍卫了马克思主义阶级斗争和无产阶级专政思想，对国际共产主义运动中“左”派的幼稚病也进行了公开的批判，捍卫了马克思主义的战略和策略。俄共（布）十大前后，围绕工会的地位和

① 《列宁全集》第 38 卷，北京，人民出版社 2017 年版，第 318~319 页。

② 郑东艳：《列宁文化观研究》，北京，人民出版社 2017 年版，第 208 页。

作用问题，列宁、托洛茨基、布哈林等党内高层之间思想认识存在很大分歧，党内出现了工团主义和无政府主义的错误思潮，严重威胁了党的领导和党的团结统一，对此，列宁明确指出："这种主张以及许多诸如此类的主张所依据的思想在理论上是根本错误的，是同马克思主义和共产主义背道而驰的，也是同一切半无产阶级革命和目前的无产阶级革命的实际经验的总结背道而驰的。"[①] 对于党内的派别问题，列宁态度非常明确：党内决不容许任何派别活动，一旦有这种情况出现，必须进行坚决斗争。为彻底解决党内的思想不统一问题，俄共（布）十大专门通过了由列宁起草的《关于党的统一的决议》和《关于我们党内的工团主义和无政府主义倾向的决议》，统一了全党的思想认识，捍卫了马克思主义指导思想，维护了党内团结。

二、严格党员标准，严把党员质量关

众所周知，苏联共产党在只有20万名党员的时候，取得了十月革命的胜利；在有200万名左右党员的时候，取得了卫国战争的胜利；但在有近2000万名党员的时候，却亡党亡国了。苏共的历史充分证明列宁在党建工作中更为注重党员质量的正确性。事实上，列宁在创建布尔什维克党的初期就明确了抓党员质量在从严治党中的重要地位，他形象地说："宁要好梨一个，不要烂梨一筐。积极肯干和忠心耿耿的人即使只有两三个，也比十个暮气沉沉的人强。"[②] 在十月革命前，列宁就郑重地指出："我们应当努力把党员的称号和作用提高，提高，再提高。"[③] 十月革命胜利后，俄共（布）成为执政党，列宁深知，执政的考验比革命的考验更为严峻，因而，对执政后的党员质量的要求更严、标准更高。列宁指出："徒有其名的党员，就是白给，我们也不要。世界上只有我们这样的执政党，即革命工人阶级的党，才不追求党员数量的增加，而注意党员质量的提高和清洗'混进党里来的人'。"[④] 为了保证党员质量，列宁采取了很多有效的措施。

在"入口"方面，严把党员的"入口关"，对党员条件和入党程序都做了严格的规定。一是注重对发展对象的考察，要保证考察时间不能少于3个月，同时更要保证考察的全面性，特别是要注重听取被考察对象的所

① 《列宁全集》第41卷，北京，人民出版社2017年版，第85页。
② 《列宁全集》第34卷，北京，人民出版社1959年版，第129页。
③ 《列宁全集》第7卷，北京，人民出版社1986年版，第272页。
④ 《列宁全集》第37卷，北京，人民出版社2017年版，第217页。

在单位、家庭所在地管理部门以及党外人士的看法和认识。二是延长新党员的预备期，以便对新党员进行更充分的考察，使预备期真正起到作用，而不是流于形式。原党章规定的党员预备期一般为 6 个月到 2 年，1922 年 3 月 24 日，列宁致电莫洛托夫，通过莫洛托夫将他对新党员延长预备期的建议提交中央委员会，列宁谈道，“我们党现在有 30–40 万党员，这个数目已过大，因为所有材料都表明现在的一些党员的修养水平很差。所以我极力主张必须延长预备期”。[①] 因此，延长新党员的预备期是极端重要的。列宁建议，在大工业企业工作 10 年以上的工人，预备期可以为半年，其他工人为 1 年半，农民和红军士兵为 2 年，其他各种人为 3 年。通过延长预备期来考察他们的入党动机到底纯不纯。1922 年 3 月 26 日，列宁再次致信莫洛托夫，在党员预备期和接收新党员方面提出了 5 点要求：（1）延长各种预备期；（2）特别详细地规定，应当怎样使预备期真正起到作用，应当有哪些具体的切实的考查条件来保证预备期真正起到作用而不致流于形式；（3）在处理接收新党员问题的机关中必须规定一个法定的多数；（4）接收新党员不仅必须受省委决定的制约，而且必须受监察委员会决定的制约；（5）还应制定一些办法，使党易于除去那些根本够不上十分自觉地贯彻无产阶级政策的共产主义者的党员。[②] 三是严格规定入党介绍人的资格与责任。列宁提出，入党介绍人至少有 3 年党龄才能介绍工人入党，至少有 4 年党龄才能介绍农民和红军战士入党，至少有 5 年党龄才能介绍其他人入党。并且，介绍人还要对党员入党后表现负一定责任，“如果新党员有违反党纪等等情况，介绍人应受纪律处分，如果他们在介绍新党员时一再采取不谨慎的和轻率的态度，就要受开除党籍的处分”[③]。

要畅通“出口”，及时把不合格党员清除，纯洁党的队伍。列宁指出：“在共产党员可以合法进行工作的国家里，共产党应该定期清洗（重新登记）党组织的成员，以便不断清除那些难免混入党内的小资产阶级分子。”[④] 因此，列宁高度重视党内清查运动，1919 年 5 月至 10 月，俄共（布）中央开展了一次全党范围内的党员重新登记活动，进行彻底的党内清查，根据俄共（布）八大决议的规定，凡被检举揭发有贪污腐败、假公济私、权钱交易等行为的党员将不予登记，本次清党活动中有一半的不合

① 《列宁全集》第 43 卷，北京，人民出版社 1987 年版，第 17~18 页。

② 《列宁全集》第 43 卷，北京，人民出版社 1987 年版，第 19~20 页。

③ 肖光荣：《列宁的政党观》，北京，解放军出版社 2014 年版，第 171 页。

④ 《列宁全集》第 39 卷，北京，人民出版社 1986 年版，第 202 页。

格党员被清除。1921 年 3 月召开的俄共（布）十大在纯洁党的队伍方面又提出了新的要求："必须把欺骗分子、官僚化分子、不忠诚分子和不坚定的共产党员以及虽然'改头换面'但心里依然故我的孟什维克从党内清除出去。"[①] 根据俄共（布）十大的精神，1921 年 8 月至 1922 年 3 月，俄共（布）中央再次进行清党运动，这次清党活动，俄共（布）有 159355 人被清出党的队伍，占党员总数 24.1%。列宁说："我们曾不止一次地重新登记党员，以便把这种'混进党里来的人'驱除出去，只让有觉悟的真正忠于共产主义的人留在党内。"[②] 列宁还特别强调，在清党活动中一定要"不留情面"，毫不手软，同时也要防止有人在清党活动中趁机打击报复、诬陷好人。通过几次大规模重新登记党员的清党活动，有效地纯洁了党的肌体，党员的质量得到大幅度提升，党在人民群众中的威望也越来越高。

1921 年 6 月，列宁对纯洁党的队伍提出了新的要求，对 4 类共产党员要逐个进行特别审查，包括：（1）十月革命之后从其他党派转过来的共产党员；（2）在旧政府里担任过公职的共产党员；（3）拥有某种特权的共产党员；（4）在苏维埃国家机关工作的共产党员。对审查不合格、不过关的同志要先清除出党。

除了对党员进行重新登记以及重点审查 4 类党员干部外，列宁还创新了其他保持党的纯洁性的方式，比如列宁要求通过"共产主义星期六义务劳动"的措施来开展清党工作，1919 年 5 月，莫斯科—喀山铁路莫斯科调车站的共产党员和工人发起了共产主义星期六义务劳动，利用休息时间抢修机车，列宁称赞这是共产党员和工人的"伟大的创造"，同时列宁还认为，可以通过共产党员和工人对待义务劳动的态度以及他们在义务劳动中的表现，来清除不合格分子以及考验想要加入党组织的积极分子，对那些不愿意参加义务劳动或者是在义务劳动中偷奸耍滑、投机取巧的党员，应当给予一定的纪律处分。再如，利用动员党员和老百姓上前线的时机来考察党员和想要入党的人，这就使得有些想混进党内的投机分子没有可乘之机。列宁指出："动员共产党员去作战这件事帮助了我们——胆小鬼和坏蛋逃到党外去了。让他们滚开吧！党员数量上的这种减少意味着党的力量和作用的大大增加。"[③] 据统计，俄共（布）仅在 1919 年的清党中，就有约 10 万人被清除出党。

---

① 《列宁选集》第 4 卷，北京，人民出版社 1995 年版，第 562 页。
② 《列宁选集》第 4 卷，北京，人民出版社 1995 年版，第 51 页。
③ 《列宁全集》第 37 卷，北京，人民出版社 1986 年版，第 24 页。

三、严肃党的纪律，统一党的政治行动

无产阶级政党必须有严格的纪律约束，这是无产阶级政党区别于资产阶级政党的一个重要特征，也是无产阶级政党的优势所在，还是无产阶级取得反对封建主义和资本主义胜利的基本条件。没有铁的纪律，无产阶级政党难以完成自身的伟大历史使命。事实上，在俄国社会民主工党建党之前，列宁就意识到了工人组织纪律的重要性，他指出："不加强和发展革命的纪律、组织和秘密活动，就不可能同政府进行斗争。"①关于无产阶级政党纪律，列宁最为看重的是它能保证无产阶级政治行动的一致性。十月革命胜利后，帝国主义国家联手镇压新生的苏维埃政权，他们勾结苏俄境内的反动势力，一方面进行武力干涉；另一方面也试图用小资产阶级的个人主义、自由主义等思想来腐蚀无产阶级，妄图将新生政权扼杀在摇篮之中。为了保卫新生政权，列宁采取的对策是实行战时共产主义政策，举全国之力进行抵抗，加强共产党的纪律建设，确保行动一致。他强调，要打退敌人的疯狂进攻，"就必须实行极严格的集中和极严格的纪律"②。在俄共（布）的正确领导下，打退了帝国主义的武装干涉，保住了胜利果实。这场战争让列宁进一步认识到无产阶级政党严明纪律的重要性，他总结道："没有纪律，没有集中，我们决不能完成这个任务。"③在 1919 年俄共（布）八大通过的党章中专门增加了"党的纪律"一章，并且规定：一切党组织和全体党员都必须严格遵守党的纪律，这是党员的首要义务。实行新经济政策，俄共（布）面临的首要任务是迅速恢复被战争破坏殆尽的国民经济，进行社会主义建设，列宁认为，完成这样的任务比取得国内政权保卫战胜利的任务更艰巨，同样需要严格的纪律做保障。1920 年在俄共（布）九大上，列宁指出："现在的任务是要把无产阶级所能集中的一切力量，把无产阶级的绝对统一的力量都投到经济建设这一和平任务上去，都投到恢复被破坏了的生产这一任务上去。这里需要有铁一般的纪律，铁一般的组织，否则，我们不仅支持不了两年多，甚至连两个月也支持不了。"④

---

① 《列宁专题文集：论无产阶级政党》，北京，人民出版社 2009 年版，第 44 页。

② 《列宁选集》第 4 卷，北京，人民出版社 1995 年版，第 154 页。

③ 《列宁选集》第 4 卷，北京，人民出版社 1995 年版，第 113 页。

④ 《列宁选集》第 4 卷，北京，人民出版社 1995 年版，第 121 页。

严肃党的纪律是保证“党的政治行动必须一致”[①]的需要。列宁指出：“我们已经不止一次从原则上明确地谈了我们对工人政党的纪律的意义和纪律的概念的看法。行动一致，讨论和批评自由——这就是我们明确的看法。”[②]这里所指的行动一致是指党员与党组织、地方与中央要步调一致，行动一致，全党都要服从中央的领导与指挥。当然，列宁强调的党的纪律是政治行动一致和讨论批评自由的统一，二者是辩证的关系。不能以讨论和批评自由为借口否定政治行动一致性，讨论和批评自由是为了更好发扬民主，保障党员的权利，但这种自由不能被滥用，而是要以更有利于党的事业发展为原则。因而，列宁强调：“民主集中制和地方机关自治的原则所表明的正是充分的普遍的批评自由，只要不因此而破坏已经确定的行动的一致，——它也表明不容许有任何破坏或者妨害党既定行动的一致的批评。”[③]讨论和批评自由不是无边界的，而是有一定限度的。首先，讨论和批评自由不能违背党的纲领和原则。其次，讨论和批评自由决不能破坏党的行动一致性，对此，列宁专门指出：“不论在广大群众性的集会上，不论在党的会议上或者在党的报刊上，发出任何破坏已经确定的行动一致的‘号召’都是不能容许的。”[④]最后，讨论和批评自由要实事求是，决不能故意借此搬弄是非。

严肃党的纪律也是反对党内派别活动、维护党的团结统一的需要。历史地看，俄国社会民主党内的派别活动在各个时期都不同程度地存在着，尤其是1921年孟什维克被开除出党之前，俄国党内派别活动非常严重，给党的团结统一带来极大的危害。十月革命后，俄共（布）内部在一些重大问题上意见不一，争论激烈，甚至出现反对派别。自1920年年底开始，就工会与政党在无产阶级专政国家政治体系中的地位和作用问题，列宁、布哈林、托洛茨基、施洛普尼柯夫等人展开了激烈的争论，在争论中形成了工人反对派等派别。工人反对派以施洛普尼柯夫、柯伦泰、梅德维捷夫、米雅斯尼柯夫等为代表，他们认为工人阶级的最高组织形式不是党，而是工会，主张把整个国民经济的工作和管理机关及其人事权，交给工会来行使。工人反对派具有明显的工团主义、无政府主义和“马哈伊斯基主义”（一种排斥和反对知识分子的反动思潮）倾向，其政治主张严重破坏

① 《列宁全集》第13卷，北京，人民出版社1987年版，第129页。
② 《列宁全集》第14卷，北京，人民出版社1988年版，第121页。
③ 《列宁专题文集：论无产阶级政党》，北京，人民出版社2009年版，第346页。
④ 《列宁全集》第13卷，北京，人民出版社1987年版，第129页。

了党的统一，对党的领导造成威胁，对此，列宁进行了严厉的批判。1921年3月，俄共（布）十大通过了由列宁起草的《关于党的统一的决议》，规定：绝不容许党内存在任何派别和派别活动，对于任何错误的主张和破坏党的统一的派别活动，都必须进行坚决的斗争。《关于党的统一的决议》还规定，“为了在党内和整个苏维埃工作中执行严格的纪律，并取缔一切派别活动以求得最高程度的统一，代表大会授权中央委员会，在遇到违反纪律、恢复或进行派别活动的情况发生时，可以采取党内一切处分办法，直到开除出党；而对中央委员就把他降为候补中央委员，甚至采取极端措施，把他开除出党。”①

四、严防官僚主义，保持党同人民群众密切联系

共产党是以马克思主义为指导思想的无产阶级政党，是否坚持马克思主义的根本立场、观点和方法，是无产阶级政党区别于其他政党的重要标准。马克思主义政党的根本立场就是人民立场，始终坚持人民群众是实践的主体，是社会发展的根本推动力量。无产阶级实现自身解放的力量来自人民群众，这一点，列宁非常清楚，他指出：“劳动群众拥护我们。我们的力量就在这里。”② 对于那些看不到人民群众力量的共产党员，列宁批评道：“只靠共产党员的双手来建立共产主义社会，这是幼稚的、十分幼稚的想法。共产党员不过是沧海一粟，不过是人民大海中的一粟而已。”③ 不仅无产阶级政党不能脱离人民，革命政府也必须紧紧依靠人民群众，1905年，列宁在《论临时政府》一文中认为：“革命政府务必要依靠人民的下层，依靠广大的工人阶级和农民，——不这样，革命政府就不能支持，没有人民的革命主动性，革命政府就等于零，甚至更坏。”④

十月革命胜利后，俄国共产党由革命党转变成为执政党，有些党员干部在工作和生活中逐渐滋生出骄傲自大、刚愎自用的情绪，偏离了共产党员的根本立场，高高在上，看不起人民群众进而脱离群众，官僚主义作风逐步滋长，破坏了党的形象，淡化了党同人民群众的血肉关系，列宁对此现象高度警惕、痛心疾首。他指出，“对于一个作为工人阶级的先锋队来

① 《苏联共产党代表大会、代表会议和中央全会决议汇编》第2分册，北京，人民出版社1964年版，第65~66页。

② 《列宁选集》第4卷，北京，人民出版社1995年版，第53页。

③ 《列宁全集》第43卷，北京，人民出版社1987年版，第96页。

④ 《列宁全集》第8卷，北京，人民出版社1959年版，第532页。

领导一个大国在暂时没有得到较先进国家的直接援助的情况下向社会主义过渡的共产党来说，最严重最可怕的危险之一，就是脱离群众”。[①] 早在1919年年初，列宁就意识到党内官僚主义危害的严重性，并将其视为“敌人”。1921年俄共（布）十大上，列宁进而指出：“官僚主义的脓疮无疑是存在的，这是大家公认的，必须同它作有效的斗争。”[②]

为了解决党内的官僚主义问题，密切党同人民群众的血肉联系，列宁对全党提出了以下几个方面的要求：一是密切联系群众，始终同群众打成一片。共产党员是无产阶级的先锋队，但并不是特殊分子，“先锋队只有当它不脱离自己领导的群众并真正引导全体群众前进时，才能完成其先锋队的任务”，[③] 也正是基于这一原因，列宁要求全体党员“要随时随地仔细客观地检查：是否同群众保持着联系，联系是否密切”。[④] 要与人民群众同甘共苦，时时刻刻和他们打成一片，哪里有群众，就到哪里去做工作。通过深入群众，了解他们的疾苦，了解他们的困难，了解他们的需求，从而有针对性地为群众解决问题。列宁要求党组织要经常派干部下到工厂、企业和农村等基层单位去做工作。二是坚决防止骄傲自大情绪的滋生。列宁认为，一旦党内普遍出现骄傲自大情绪，是非常严重的事情，“往往就是失败和衰落的前奏”，因此“我们无论如何不要使我们党落到骄傲自大的党的地步”。[⑤] 三是坚决反对官僚主义。官僚主义源远流长、根深蒂固，从古至今，在许多国家的政权场域中普遍存在，影响极坏。列宁认为，无产阶级政党作为新型政党，应当彻底克服官僚主义旧习气，全体党员干部应当坚决同官僚主义作斗争。官僚主义不克服，就有可能带来葬送党的事业的政治风险。列宁曾说过：“共产党员成了官僚主义者。如果说有什么东西会把我们毁掉的话，那就是这个。”[⑥] 对于如何克服官僚主义习气，列宁从思想、政治、经济、文化等方面提出了很多具体措施，比如通过思想教育提高干部的公仆意识，通过精减机构消除官僚主义，通过发展社会主义民主抵御官僚主义，等等。针对党员干部严重的官僚主义行为，必须加以严惩。1922年4月，列宁在《关于副主席（人民委员会和劳动国防

① 《列宁选集》第4卷，北京，人民出版社1995年版，第626页。
② 《列宁全集》第41卷，北京，人民出版社1986年版，第25页。
③ 《列宁全集》第43卷，北京，人民出版社1987年版，第23页。
④ 《列宁全集》第24卷，北京，人民出版社1990年版，第41页。
⑤ 《列宁全集》第30卷，北京，人民出版社1957年版，第486页。
⑥ 《列宁全集》第52卷，北京，人民出版社1988年版，第300页。

委员会副主席）工作的决定》中明确要求："对犯有官僚主义、拖拉作风、不尽职、疏忽大意等过错的人给以行政处分，情节严重者必须撤职，并送交法院审办，由司法人民委员部进行公审。"[①] 四是坚决反对特权，反对干部搞特殊化。干部搞特殊化，是脱离群众、高高在上的明显表现，这将导致党群关系紧张，难以赢得人民群众的支持。因此，俄共（布）八大通过的《关于组织问题》中强调："参加俄国共产党并不给予任何特权，而只是使党员担负更严重的责任。"[②] 俄共（布）十一大再次重申："党不能够也不应当为自己的每个成员要求特权。"[③] 列宁要求党员干部不搞特权，不搞特殊化，他自己总是率先垂范，他在担任最高领导人期间，从来不以革命领袖的身份自居，从不享受任何特权，从不搞特殊化。

五、严惩腐败分子，营造廉洁政治生态

马克思恩格斯创立的科学社会主义理论为无产阶级革命胜利之后的历史使命做出了科学论述，但是他们的思想较为宏观，对于社会主义建设的每一个具体领域的要求和措施论述得较少。关于无产阶级专政的国家政权建设，马克思恩格斯在总结巴黎公社经验中提出了要防止社会公仆变成社会主人，建立"廉洁政府"的设想。总体上看，马克思恩格斯主要是从理论上论证社会主义的科学性和必然性，而列宁面对的则是社会主义建设的实践。由于进入社会主义的历史起点与马克思、恩格斯在理论上建构的社会主义存在很大的差距，因而，在实践中建设廉洁政府存在诸多难题与挑战。由于新生的苏维埃国家机关是在旧沙皇政府废墟上建立起来的，因而，不免会带有旧政权的不良习气，比如官僚主义、人浮于事、铺张浪费、贪污腐败等。列宁曾说，我们的国家机关，除外交人民委员部外，其他一些国家机构"在很大程度上是很少经过比较认真的改变的旧机关的残余"。[④] 这些问题，尤其是腐败问题，如果不解决好，将会带来灾难性后果。这一点，列宁非常清楚，他说："如果不进行有系统的和顽强的斗争来改善国家机关，那我们一定会在社会主义的基础还没建成以前灭

① 《列宁全集》第33卷，北京，人民出版社1957年版，第303页。

② 肖光荣：《列宁的政党观》，北京，解放军出版社2014年版，第184页。

③ 《苏联共产党代表大会、代表会议和中央全会决议汇编》第2分册，北京，人民出版社1964年版，第180页。

④ 《列宁全集》第33卷，北京，人民出版社1957年版，第436页。

亡。”[①]列宁将贪污腐败视为摆在党员干部面前的一大敌人，要求各级党组织和各级国家机关都要把反腐败的斗争作为一项重要工作来抓。

对于如何治理腐败问题，列宁提出了一些有效措施。一是加强对党员干部和公职人员的思想政治教育。列宁认为，腐败产生的根源除了来自旧社会的影响、资产阶级思想的侵蚀，还源于俄国文化落后，文盲、半文盲占绝大多数的国情。理论上说，苏维埃政权是无产阶级民主政权，但是，在文盲和半文盲占绝大多数的国家，是难以建立高度民主政权的，列宁曾经遗憾地说：“文盲是站在政治之外的……不识字就不能有政治，不识字只能有流言蜚语、传闻偏见，而没有政治。”[②]这样的国情使得苏维埃政权不得不留用有文化的旧政权中的官吏，而这势必也会将官僚主义和贪污腐化带进党内来。正是在这个意义上，列宁认为，“贪污受贿行为”是“靠文盲这块土壤滋养的”，[③]因而，要从根子上解决腐败问题，必须提高人们的文化水平，加强思想政治教育，进行“文化革命”，提升党员干部的思想觉悟，思想政治觉悟高的人是不会搞贪污腐败的。铲除腐败“这种毒疮不能用军事上的胜利和政治上的改造来医治，它只能用提高文化来医治。所以这个任务应该由政治教育局担负”。[④]

二是加强反腐败法制建设，用严刑峻法严惩腐败分子。腐败是一种滥用公共权力的寻租行为，消除腐败行为单靠对党员干部和公职人员的思想政治教育是不够的，还要辅之以严刑峻法，用法律制度来严惩腐败分子，以起到震慑作用。列宁认为，“在遵纪守法方面，执政党党员同普通群众一样，不能有丝毫特殊。而且，党员更应该成为遵纪守法的模范”。[⑤]应该用法律来规范和约束党员干部的行为。所以，列宁高度重视反腐败的立法和执法工作。1918 年 5 月 2 日，列宁在致司法人民委员德·伊·库尔斯基的信中提出明确要求，要尽快制定法律，以便对公职人员行贿和受贿的行为进行严厉制裁。在列宁的建议和推动下，1918 年 5 月 8 日，人民委员会通过了《关于惩治受贿的法令》，该法令规定：国家公职人员利用职权收受贿赂而犯罪者，应判处不少于 5 年的徒刑，服刑期间强迫劳动

① 《列宁全集》第 32 卷，北京，人民出版社 1958 年版，第 311 页。
② 《列宁全集》第 33 卷，北京，人民出版社 1957 年版，第 59 页。
③ 《列宁选集》第 4 卷，北京，人民出版社 1995 年版，第 591 页。
④ 《列宁全集》第 33 卷，北京，人民出版社 1957 年版，第 57 页。
⑤ 王进芬：《列宁关于俄共（布）在执政条件下如何保持自身先进性的理论与实践》，《求实》2005 年第 9 期，第 10 页。

（并没收其全部财产）。[1] 后来，在列宁的建议和推动下，人民委员会相继通过了一系列法律和法令，比如《关于贿赂行为》《关于肃清贿赂行为》《关于消灭拖拉现象》等。这些法令的制定和实施，对防止和遏制腐败现象的发生起到极大的震慑作用，同时也给依法惩处腐败分子提供了充足的法律依据。不仅如此，对公职人员腐败行为的惩处还上升到国家基本法律层面，1922 年颁布实施的《苏俄刑法典》规定：凡公职人员贪污受贿等，视其情节轻重，给予免职处分或判处一定的徒刑。

当然，仅仅制定反腐败的法律和制度是不够的，那只是解决了“有法可依”的问题，如果制定出来的法律得不到有效的执行，那自然是起不到应有的作用。对待法律如果敷衍了事、不认真执行，则“很可能完全变成儿戏而得到完全相反的结果”。[2] 为确保这些法律和法令都能得到有效落实，列宁要求，“必须遵守极严格的革命秩序，必须恪守苏维埃政权的法律和命令，并监督所有的人来执行。”[3] 不论是国家机关工作人员，还是一般的党员干部，只要贪污受贿，触犯了刑律，都要坚决惩处。因为这些腐败分子是“人民的敌人”、是“社会主义的敌人”，“只要他们稍一违背社会主义社会的规章和法律，就要无情地予以惩治。在这方面任何软弱、任何动摇、任何怜悯，都是对社会主义的极大犯罪。”[4]

列宁对共产党员犯罪的惩处提出了更严格的标准，他认为，共产党员作为无产阶级的先进分子，理应起到模范带头作用，他们如果犯了罪，应该受到更严厉的惩处，他曾说过：“对共产党员的惩办应比对非党人员加倍严厉，这同样是起码常识……”[5]1918 年，莫斯科侦察委员会有 4 名工作人员利用职务之便贪污受贿，莫斯科革命法庭对此案的判决较轻，列宁得知此事后大发雷霆，立即给俄共（布）中央写信，要求中央委员会把这个案件列入议程，“因为他们对案情属实、本人供认不讳的受贿者只判了半年监禁。不枪毙这样的受贿者，而判以轻得令人发笑的刑罚，这对共产党员和革命者来说是可耻的行为”。[6] 在列宁的坚持下，这个案件进行了重审，有 3 名被告各自被判处 10 年有期徒刑。1922 年 3 月，莫斯科委员

---

① 《列宁全集》第 60 卷，北京，人民出版社 1990 年版，第 227 页。

② 《列宁选集》第 4 卷，北京，人民出版社 1995 年版，第 86 页。

③ 《列宁全集》第 37 卷，北京，人民出版社 1986 年版，第 148 页。

④ 《列宁全集》第 33 卷，北京，人民出版社 1985 年版，第 207 页。

⑤ 《列宁选集》第 4 卷，北京，人民出版社 1995 年版，第 633 页。

⑥ 《列宁全集》第 34 卷，北京，人民出版社 1985 年版，第 263 页。

会在处理莫斯科苏维埃中央房产局营私舞弊案中包庇一些党员的违法违纪行为，列宁就此事给俄共（布）中央政治局写信，要求给莫斯科委员会严重警告处分，并且向各省委员会重申，“凡试图对法庭‘施加影响’以‘减轻’共产党员罪责的人，中央都将把他们开除出党”，再一次明确要求“法庭对共产党员的惩处必须严于非党员”。[①] 正是在列宁和俄共（布）中央的领导下，苏维埃国家司法部门对贪污受贿、营私舞弊的腐败分子进行了严厉的制裁。仅 1925 年 3 月至 9 月间，莫斯科省法厅就受理了 786 个关于盗用公款的案件。1925 年 7 月 1 日，在俄罗斯联邦 48 个省和州主持了对 20773 件职务犯罪的司法案件的审判。1925 年 11 月，在 42 个省和自治州的法庭审理案件中，涉及合作社管理者贪污的案件共 10387 件。

六、严密监督体系，确保党员干部正确行使权力

俄共（布）执政后，由于应对国内革命战争以及推动社会主义建设的实际需要，建立起权力高度集中的领导体制，这种体制尽管有其存在的历史合理性，但如果没有有效的监督制度体系相配合，则比较容易出现权力不受监督、滥用权力的现象，对此，列宁也采取了一系列有效的应对措施，严密监督体系，为党员干部正确行使权力保驾护航。

一是充分发扬党内民主。民主集中制是列宁主义的一项重要内容，列宁强调：“党的一切组织是按民主集中制原则建立起来的。”[②] 因而，列宁主张，党的所有机关都要经过选举产生，一切重要问题都要经过充分的讨论，然后才能形成决议。要实行集体领导制，中央委员会不能由少数几个人说了算，要实行集体领导和集体决策。“党内实行少数服从多数”“部分服从整体”[③] 等原则，这些原则是为了保证党中央权威和集中统一领导。列宁明确指出：“共产党只有按照高度集中的方式组织起来，在党内实行近似军事纪律那样的铁的纪律，党的中央机关成为拥有广泛的权力、得到党员普遍信任的权威性机构，只有这样，党才能履行自己的职责。”[④] 为了更好体现这一原则，列宁曾建议过大幅度增加中央委员会人数。俄共（布）八大通过的《关于组织问题》的决议规定：“中央委员会

---

① 《列宁全集》第 43 卷，北京，人民出版社 1987 年版，第 53 页。

② 《苏联共产党代表大会、代表会议和中央全会决议汇编》第 1 分册，北京，人民出版社 1964 年版，第 165 页。

③ 《列宁全集》第 11 卷，北京，人民出版社 1987 年版，第 154 页。

④ 《列宁选集》第 4 卷，北京，人民出版社 1995 年版，第 254 页。

至少每月在事先确定的日子召开两次全体会议，把一切非亟须解决的最重要的政治和组织问题交中央委员会的全体会议讨论。”[①] 这些原则性规定有效地避免了独断专行和个人崇拜。列宁本人既是党内民主的提倡者，又是践行党内民主的典范。在列宁执政时期，他本人从来都是按照党章的要求来行事，从来不搞一言堂，党的各项决议都是经过热烈讨论的，而往往党内会议并不是走过场，争论有时很激烈。托洛茨基回忆，列宁时期，党内没有哪一次会议是停留在欢呼、鼓掌一致通过上，更没有把党的会议变成一言堂。

二是加强党内监督制度建设。十月革命之前，俄共（布）中央没有专门组建监察委员会，十月革命胜利后的最初几年，俄共（布）主要工作重心在于应对国内战争，也不具备成立监察委员会的条件。但随着时间的推移和形势的发展，组建党的监察委员会的任务被提上了议事日程。1920年9月，列宁在俄共（布）九大上的讲话中指出，当国家处在危急中，当高尔察克打到伏尔加河，邓尼金打到奥廖尔，在这样的时刻，是不可能有任何自由的。在这种情况下，不必为此而惋惜。就是现在，军事形势也并不好，我们都看到，战争的局势是多么变幻莫测。我们必须把这个问题（即组建党的监察委员会）提到日程上来。但是，不能保证我们在战争危急的时刻，不采用另外的做法……这个问题是委员会提出的，但是，多数人把它否决了……我觉得，不应该否决，即使不立即通过，起码也应该先好好考虑考虑。[②] 事实上，从当时的形势发展看，俄国国内战争出现了一些转机（处于对波兰的战争和消灭叛匪弗兰格尔战争的间歇中），此外，党内也确实需要这样一个机构来专门处理各种申诉。当时，中央组织局里存放着很多份申诉，组织局担负着繁重的工作，每个成员都身兼数职，工作非常繁忙，因此，指望中央组织局来处理这些申诉是不切实际的。在这种情况下，列宁提议考虑设立党的监察委员会。在俄共（布）九大《关于党的建设的当前任务的决议草案》中，列宁明确提出：“有必要成立一个同中央委员会平行的监察委员会，由受党的培养最多、最有经验、最大公无私并最能严格执行党的监督的同志组成。”[③] 列宁还对这些同志的工作提出了具体要求，要求他们“每天在监察委员会工作不少于3小时，以使监

---

① 肖光荣：《列宁的政党观》，北京，解放军出版社2014年版，第140页。
② 《列宁全集》第39卷，北京，人民出版社1986年版，第284页。
③ 《列宁全集》第39卷，北京，人民出版社1986年版，第288页。

察委员会确实成为真正体现党和无产阶级良知的机构”。[①] 此外，为确保监察委员会能有效开展工作，这一机构必须保持独立性，能独立行使对同级党委的检查权、质询权和查处权。如果是中央委员兼任中央监察委员会成员，则“中央委员在其监察委员会的工作中，不受中央委员会决定的约束”。[②] 俄共（布）十大的决议明确地作出规定：监察委员会作出的决议，本级的党委会无权撤销而有责任认真执行。这样的规定有利于监察委员会独立开展工作。

三是充分发挥人民群众监督和舆论监督作用。马克思主义政党代表的是工人阶级和广大人民群众的利益，因此，党委及其领导下的政府的权力运行必须接受人民群众的监督，惟其如此，才能有效避免出现“公仆变主人”的现象。列宁指出：国家各级政权的领导者是人民群众选出来的，所以，“群众应当有权了解和检查他们活动的每一个细节”，[③] 为了能够更好地监督政府，“应当使工人进入一切国家机关，让他们监督整个国家机构”。[④] 列宁晚年在病榻上口授的《我们怎样改组工农检查院》一文中建议：从工人和农民中选出 75 名至 100 名新的中央监察委员，让他们有权参加党的政治局会议，审查政治局的一切文件。为方便人民群众监督政府，列宁提出要疏通信访渠道，“每个苏维埃机关，都要张贴接待群众来访日期和时间的告示……接待室必须设在可以自由出入、根本不需要什么出入证的地方。每个苏维埃机关都要设登记簿，要有简要的记载，记下来访者的姓名、申诉要点、交谁办理。”[⑤] 列宁还要求要发挥好舆论监督的作用，十月革命胜利之初，列宁就提出：“我们希望政府时刻受到本国舆论的监督。”[⑥] 俄共（布）八大通过明确规定：党和苏维埃的报刊的最重要任务之一，是揭发各种负责人员和机关的犯法行为，指出苏维埃组织和党组织的错误和缺点。

---

① 《列宁全集》第 39 卷，北京，人民出版社 1986 年版，第 391 页。
② 《列宁全集》第 39 卷，北京，人民出版社 1986 年版，第 289 页。
③ 《列宁全集》第 34 卷，北京，人民出版社 1985 年版，第 143~144 页。
④ 《列宁全集》第 38 卷，北京，人民出版社 1986 年版，第 140 页。
⑤ 《列宁全集》第 35 卷，北京，人民出版社 1985 年版，第 360 页。
⑥ 《列宁全集》第 33 卷，北京，人民出版社 1985 年版，第 14 页。

第二章　延安时期从严治党的历史境遇

从理论的角度看，中国共产党从严治党是马克思主义政党的内在要求。从实践的角度看，从严治党是党实现革命和建设任务的现实需求。中国共产党在不同的历史时期有着不同的使命和任务，相应地，不同的时代背景会对从严治党工作提出不同的要求。延安时期是中国共产党历史上一段非常重要而又极其特殊的历史时期。这一时期，处在民族革命与民主革命相互交织的历史境遇中，国内的主要矛盾开始发生重大转折，党主动适应形势发展需要积极开展第二次国共合作。这样的革命形势要求中国共产党必须不断加强自身建设，坚持从严治党，方能成功担负起党在这一时期的重要历史使命。

第一节　延安时期从严治党的历史方位

研究任何理论问题，必须把握好历史方位，回归当时的历史情境，这样才能得出符合客观实际的结论，这是马克思主义的根本观点。延安时期，一般指的是中国共产党在陕北局部执政的 13 年，这一时期在中国共产党近百年的历史过程中具有十分特殊的地位。在这一时期，中国共产党自身建设取得了重大成效，党的队伍迅速发展壮大的同时，党的先进性和纯洁性并没有弱化，而是得到加强，这得益于延安时期从严管党治党，打造了一支具有超强战斗力的党员干部队伍。延安时期的从严治党，有着特定的历史方位，一是随着国内主要矛盾发生重大转折，民主革命和民族革命相互交织；二是在国共合作背景下党在局部地区相对稳定地执政；三是经历了前期较长时间的革命斗争，中国共产党已经有了两次胜利和两次失败的经验教训。这些鲜明的时代特点都为党在延安时期从严治党标定了特殊的历史方位。

一、民主革命和民族革命相互交织背景下的从严治党

认清中国社会性质和社会主要矛盾，乃是解决中国一切问题的关键。1840年以来，中国社会逐步沦为半殖民地半封建社会，由于帝国主义的入侵，使得近代以来中国社会主要矛盾更加复杂化，表现为双重矛盾的交织，对此，毛泽东在《中国革命与中国共产党》一文中作了精准的分析，他认为："帝国主义和中华民族的矛盾，封建主义和人民大众的矛盾，这些就是近代中国社会的主要矛盾。当然还有别的矛盾，例如资产阶级和无产阶级的矛盾，反动统治阶级内部的矛盾。而帝国主义和中华民族的矛盾，乃是各种矛盾中的最主要的矛盾。"①

近代以来，为挽救中华民族于危局，历代志士仁人为之不懈奋斗，历经洋务运动、义和团运动、戊戌变法、清末新政、辛亥革命、新文化运动等奋斗过程，仍未能完成救亡图存之任务，中国共产党即是在这样的民族危难背景下诞生的。中国共产党是使命型政党，近代中国社会主要矛盾双重交织，决定了党成立以来，便身兼实现民族独立和人民解放的双重任务，要领导"对外推翻帝国主义压迫的民族革命和对内推翻封建地主压迫的民主革命"。② 近代中国民族民主革命的双重任务决定了革命对象的多元化，即帝国主义、封建主义和官僚资本主义；同时，革命的力量也是多元化的，既包括无产阶级、小资产阶级、农民阶级，在一定历史时期还包括地主阶级和大资产阶级。而近代中国革命对象、革命力量又有着复杂的、千丝万缕的关联，从而决定了中国共产党所领导的双重革命也有着复杂的关联，毛泽东在《中国革命与中国共产党》中对此也作了深刻的分析："中国革命的两大任务，是互相关联的。如果不推翻帝国主义的统治，就不能消灭封建地主阶级的统治，因为帝国主义是封建地主阶级的主要支持者。反之，因为封建地主阶级是帝国主义统治中国的主要社会基础，而农民则是中国革命的主力军，如果不帮助农民推翻封建地主阶级，就不能组成中国革命的强大的队伍而推翻帝国主义的统治。所以，民族革命和民主革命这样两个基本任务，是互相区别，又是互相统一的。"③ 因此，与世界上其他国家的无产阶级政党相比，中国共产党一经成立，所面临的国情就是特殊的，所面临的任务就是复杂的。

---

① 《毛泽东选集》第2卷，北京，人民出版社1991年版，第631页。
② 《毛泽东选集》第2卷，北京，人民出版社1991年版，第637页。
③ 《毛泽东选集》第2卷，北京，人民出版社1991年版，第637页。

中国共产党所要完成的双重革命任务，对党的自身建设提出了更高的要求，并且，在这种复杂的国情和特殊的斗争环境中进行党的建设，在无产阶级政党建设史上也无成功的经验可以借鉴。从理论上看，马克思、恩格斯所创立的无产阶级建党学说没有涉及这样复杂的革命形势，他们论证了共产主义取代资本主义的历史必然性，而作为资产阶级掘墓人的无产阶级要组建自己的政党，进行暴力革命，推翻资产阶级统治，建立无产阶级专政的国家政权。他们创立科学社会主义理论的实践前提是基于这样的逻辑：资本主义充分发展——资本主义生产关系与生产力之间的矛盾日益尖锐——资产阶级与无产阶级矛盾日益激化——无产阶级组织起来——进行暴力革命——建立无产阶级政权——实现全人类解放。从实践角度看，俄国是第一个完成社会主义革命的国家，而俄共（布）当时面临的国内主要矛盾是无产阶级和资产阶级的矛盾，且俄国革命的领导力量和依靠力量远没有中国革命复杂，更没有经过漫长的革命斗争过程。因此，处在特殊历史境遇中的中国共产党如何从严管党治党，把自己打造成完成双重革命任务的强大队伍，无论从理论上，还是在实践中，都找不到现成答案，是一个需要进行不断探索的全新课题。

近代以来，中国社会两大主要矛盾并非平行发展的，在某一个历史时期，民族矛盾最为激烈，上升为第一位；在某一个特殊阶段，阶级矛盾表现更为突出一些。1931 年华北事变之后，日本加快了侵华步伐，中日矛盾日益加深。党中央到达陕北前后，中国正处于政治大变动的前夜。一方面，民族危机空前深重，日本侵略者利用国民党统治者的不抵抗政策，制造华北事变，控制了华北的大部分地区；另一方面，在日本帝国主义已经显示出“他们要占领全中国”的形势下，国内各阶级发生了深刻的变化。在此背景下，我国社会主要矛盾发生重大变化，民族矛盾上升为第一位的、主要的矛盾，阶级矛盾下降为次要的和服从地位的矛盾。此时，除中国共产党之外，中国的其他一切阶级和政治派别都不能回答“怎么办”的问题。中国共产党本着对国家和民族高度负责的态度，从大局出发，于 1935 年 8 月 1 日发表了《为抗日救国告全体同胞书》（即著名的《八一宣言》），深刻揭露了日本帝国主义的罪行和国民党内战政策所造成的民族危机，并呼吁：“今当我亡国灭种大祸迫在眉睫之时，共产党和苏维埃政府再一次向全体同胞呼吁……大家都应当有‘兄弟阋于墙外御其侮’的真诚觉悟，首先大家都应当停止内战，以便集中一切国力（人力、物力、财力、武力等）去为抗日救国的神圣事业而奋斗。苏维埃政府和共产党将再一次郑重宣言：只要国民党军队停止进攻苏区行动，只要任何部队实行对日抗战，不管过去和现在他们与红军之间任何旧仇宿怨，不管他们与红军之间在对内问题上有何分歧，红军不仅立刻对之停止敌对行为，而且愿意与之亲密携手共同救国。"[①]

1935 年 12 月 17 日，党中央在瓦窑堡召开了政治局扩大会议，着重讨论全国政治形势和党的策略路线、军事战略等问题，通过了《中共中央关于目前政治形势与党的任务的决议》，会议决议认为，当前，日本加快了吞并中国的步伐，把全中国从各帝国主义的半殖民地变为日本的殖民地，这是目前时局的基本的特点。根据这一特点，"党的策略路线，是在发动、团结与组织全中国全民族一切革命力量去反对当前主要的敌人：日本帝国主义与卖国贼头子蒋介石。不论什么人，什么派别，什么武装队伍，什么阶级，只要是反对日本帝国主义与卖国贼蒋介石的，都应该联合起来，开展神圣的民族革命战争，驱逐日本帝国主义出中国，打倒日本帝国主义的走狗在中国的统治，取得中华民族的彻底解放，保持中国的独立与领土的完整……全国人民有力出力，有钱出钱，有枪出枪，有知识出知识，不使一个爱国的中国人，不参加到反日的战线上去。这就是党的最广泛的民族统一战线策略的总路线"。[②]瓦窑堡会议亦是中国共产党历史上的一个重要转折，它标志着党的斗争战略目标转化，瓦窑堡会议后，中国革命由土地革命战争逐步转向抗日战争。

抗日战争的来临，对党自身的定位提出了新的要求，在瓦窑堡会议的决议中，对中国共产党的性质作出新的定位，即"中国共产党是中国无产阶级的先锋队"，同时"中国共产党又是全民族的先锋队"。[③]这一提法具有重要的创新意义，它意味着中国共产党不仅仅纯粹是一个工人阶级的先锋队，还应是整个中华民族的先锋队，不仅要代表工人阶级的利益，还要代表和维护广大人民的利益，不仅要完成无产阶级解放的任务，更要首先完成民族解放的任务。两大革命任务的交织是中国共产党提出"两个先锋队"的客观背景，中国共产党科学判断中国革命的特殊国情和特殊革命任务，在此基础上对马克思主义党建理论进行创造性的发展，进而探寻在特殊背景下如何管党治党，在完成民族革命的任务中推进民主革命任务的实现。

---

① 《一二九运动资料》第 1 辑，北京，人民出版社 1981 年版，第 4 页。

② 中共中央文献研究室、中央档案馆：《建党以来重要文献选编（1921—1949）》第 12 册，北京，中央文献出版社 2011 年版，第 536 页。

③ 《张闻天文集》第 2 卷，北京，中共党史出版社 1993 年版，第 59 页。

首先，在民族革命与民主革命相互交织的历史境遇中，中国共产党的工人阶级先锋队性质不能淡化。中国共产党在延安时期提出的“两个先锋队”的新定位，是对马克思主义无产阶级政党理论的创新，而绝不是对这一理论的否定。马克思主义政党理论认为，任何政党都是有阶级性的。共产党是工人阶级利益的忠实代表者，是工人阶级的先锋队组织。马克思、恩格斯在《共产党宣言》中指出：“在实践方面，共产党人是各国工人政党中最坚决的、始终起推动作用的部分；在理论方面，他们胜过其余无产阶级群众的地方在于他们了解无产阶级运动的条件、进程和一般结果。”[①] 共产党人不是以资产阶级和空想社会主义者的“最高救世主”的身份存在，而是为解放而斗争的工人阶级的先锋队，她不是要代替工人阶级或超越工人阶级的行动，而是要引导工人阶级走向自我解放。马克思、恩格斯断言：无产阶级是“掌握着未来的阶级”，“其余的阶级都随着大工业的发展而日趋没落和灭亡，无产阶级却是大工业本身的产物”。[②] 近代以来，我国由封建社会沦为半殖民地半封建社会，帝国主义的入侵没有带来中国资本主义经济的大发展，这就使得中国工人阶级在数量上始终没有大规模发展，到五四运动前后，中国产业工人队伍大约有 200 万人，虽然绝对数量可观，但相比较于中国社会其他各阶级、阶层，其所占的比例是很低的，相对数量非常少。尽管如此，中国工人阶级仍具有十分鲜明的特色：一是他们也是近代中国社会化大生产的产物，代表着中国先进生产力；二是他们分布较为集中，从地区上看主要集中于上海、广州、武汉、天津等大城市，从行业上看主要集中于纺织、面粉、铁路、采矿等行业，便于组织，便于形成革命力量；三是他们有严格的组织性、纪律性和革命的坚定性等品格；四是他们受剥削和受压迫的程度深，深受帝国主义、封建主义和官僚资本主义的三重压迫，有强烈的革命要求。中国工人阶级的这些特点决定了它的先进性，使其能够担负起实现中国民族解放和人民解放的重任。20 世纪以来，随着马克思主义思想在中国的传播，工人运动开始活跃起来，以五四运动为标志，中国工人阶级开始由自在阶级转变为自为阶级，走上历史舞台。在风潮涌动的工人运动中，中国共产党的早期雏形——共产主义小组，在各地纷纷建立，随之，中国共产党诞生。需要指出的是，中国共产党建党初期，不仅党员数量少，而且他们中大部分人

① 《马克思恩格斯文集》第 2 卷，北京，人民出版社 2009 年版，第 44 页。

② 《马克思恩格斯文集》第 2 卷，北京，人民出版社 2009 年版，第 41 页。

是由小资产阶级知识分子转化而来的共产主义战士，而并非来自无产阶级的优秀分子，不过党的一大已经考虑到这一问题，所以强调："鉴于我们的党至今几乎完全由知识分子组成，所以代表大会决定要特别注意组织工人，以共产主义精神教育他们。"[①] 由此观之，中国共产党一经成立，就以工人阶级先锋队姿态登上历史舞台，从此中国革命呈现出全新的面貌，进入新民主主义革命阶段。华北事变后，民族矛盾加深，中国多种政治力量纷纷加入民族民主革命的队列，但在这些革命力量中，最先进的力量仍然是中国共产党这一工人阶级先锋队组织，它有先进的理论为指导，能够担负中国革命之重任，无论中国革命情况发生怎样的变化，党的工人阶级先锋队性质是不能改变的，这就要求中国共产党要主动适应中国革命客观情况的变化，探索民族民主革命相交织的状况下从严治党的规律，把党锻造成能在复杂斗争环境中保持先进性的、能胜任领导中国革命任务的强大组织。

其次，中国共产党作为中国工人阶级先锋队的同时，还要成为全民族的先锋队，对中国共产党管党治党而言，又有新的要求。处在民族民主革命斗争历史旋涡中的中国共产党，还要代表最广大人民的利益，成为中华民族的先锋队。瓦窑堡会议决议指出："中国共产党是中国无产阶级的先锋队。他应该大量吸收先进的工人雇农入党，造成党内的工人骨干。同时中国共产党又是全民族的先锋队，因此一切愿意为着共产党的主张而奋斗的人，不问他们的阶级出身如何，都可以加入共产党。一切在民族革命与土地革命中的英勇战士，都应该吸收入党，担负党在各方面的工作。"[②] 这个表述和中共建党初期的党纲和党章的表述有着重要变化。党的一大党纲规定，共产党"应始终站在完全独立的立场上，只维护无产阶级的利益，不同其他党派建立任何关系"。[③] 党的二大至四大时期，虽然提出了工农联盟和国共合作问题，但在实践中还存在很多问题，比如没有注重去发动农民，在与国民党合作时没有注重争取革命领导权。大革命失败后，党内一度存在着"左"倾关门主义倾向以及"唯成分论"。瓦窑堡会议对党的

① 中共中央文献研究室、中央档案馆：《建党以来重要文献选编（1921—1949）》第1册，北京，中央文献出版社2011年版，第24页。

② 中共中央文献研究室、中央档案馆：《建党以来重要文献选编（1921—1949）》第12册，北京，中央文献出版社2011年版，第549页。

③ 中共中央文献研究室、中央档案馆：《建党以来重要文献选编（1921—1949）》第1册，北京，中央文献出版社2011年版，第6页。

性质进行新定位，就是为了解决困扰党的组织发展的错误倾向问题，从巩固党的群众基础的角度，提出党还要成为中华民族的先锋队，当好全民族利益的代表者。中国共产党之所以是“两个先锋队”，一方面，工人阶级的利益与中国人民和中华民族的利益是一致的；另一方面，实现民族独立和人民解放，是全国各族人民的共同事业，需要举全国之力，中国共产党要走在前列，当好他们的先锋队，宣传、发动、领导全国各族人民，完成宏伟大业。“两个先锋队”对党的自身建设提出了更高的要求。近代中国是一个农民和小资产阶级占绝大多数的国家，这两大阶级人数虽然众多，但以自然经济为主体的经济基础以及他们身上固有的一些缺陷，使得农民和小生产者不可能建立自己的政党组织，但他们又是完成中国社会革命不可或缺的重要力量，中国共产党如何以自身的先进性将他们吸引到自己的周围，获得他们的支持，是党的建设必须要解决好的问题。

延安时期，我们党在“两个先锋队”的战略定位基础上，一方面克服“左”倾关门主义，大力发展党的组织，按照“只要愿意为着共产党的主张而奋斗的人都可以加入中国共产党”的新标准，从不同阶层中积极发展党员，“把党变成伟大的群众党”。[①]瓦窑堡会议决议指出：“民族革命与土地革命的伟大战斗，已经涌现出和正在涌出无数的积极的分子与群众领袖，党的组织应以热烈欢迎的态度，向他们开门……党不惧怕非无产阶级党员政治水平的不一致，党用共产主义教育去保证提高他们到先锋队地位。”[②]另一方面，提出建立抗日民族统一战线的政治主张，实现第二次国共合作，为抗日战争的胜利作出了重大贡献。

在大量吸纳社会各阶层人员入党以及建立广泛的抗日民族统一战线的情况下，如何保持先进性，如何领导中国革命取得不断胜利，这是中国共产党自身建设面临的新课题，从严治党是解决这一新课题的根本措施。一是通过对党员进行马克思主义理论教育，提高党员的思想理论水平和政治觉悟，坚定党员的理想信念。二是严肃党的纪律，强化“四个服从”（即个人服从组织、少数服从多数、下级服从上级、全党服从中央），确保党的行动统一。三是加强干部队伍建设。毛泽东认为，“政治路线确定之后，干部就是决定的因素”。[③]延安时期，党制定了“任人唯贤”的干部

① 《张闻天选集》，北京，人民出版社1985年版，第79页。

② 中共中央文献研究室、中央档案馆：《建党以来重要文献选编（1921—1949）》第12册，北京，中央文献出版社2011年版，第549页。

③ 《毛泽东选集》第2卷，北京，人民出版社1991年版，第526页。

路线和德才兼备的干部任用标准，选拔和培养了一支强大的干部队伍。四是扩大党内民主，构建和谐党内关系。毛泽东指出，扩大党内民主，“是使党在伟大斗争中生动活跃，胜任愉快，生长新的力量，突破战争难关的一个重要的武器”。[①] 通过扩大党内民主，发挥全党的积极性、主动性和创造性。五是开展整风运动，在思想认识和组织行为上统一全党，改进党的作风。六是充分发挥党员的模范带头作用，在实际工作中让广大民众切实认识到党的先进性不是抽象的，而是具体的、实实在在的。七是严厉惩处违纪违法的党员干部，用真实发生的案例来警示教育广大党员干部。

二、相对稳定的根据地环境为从严治党提供了客观条件

延安时期，根据地虽然也会受到日本军队、伪军和土匪的不时侵犯，但在中国共产党人的领导下，通过充分团结国民党共同抗日、积极协调各阶层和阶级的利益、广泛争取海外人士的支持等，使根据地有了相对稳定的局部环境，也为延安时期的从严治党提供了客观条件。

第一，团结国民党共同抗日，使得从严治党有一个相对稳定的环境。1935 年 12 月，瓦窑堡会议确立建立抗日民族统一战线的方针。中国共产党逐步开始争取国民党方面联合抗日的工作。至 1936 年上半年，在西北已经形成了红军、东北军、西北军“三位一体”的团结局面。1937 年 7 月，卢沟桥事变爆发。8 月 13 日，日军向上海发动大规模进攻，战火燃烧到南京政府统治的心脏地区。全国性抗战的帷幕全面拉开。迫于形势，国民党不得不放弃在国共第二次合作中对中国共产党以及红军的无理要求，9 月 22 日，国民党中央通讯社正式发表《中国共产党为公布国共合作宣言》，同时蒋介石发表谈话，事实上承认了中国共产党的合法地位。合作宣言以及蒋介石发表的谈话，标志着抗日民族统一战线正式建立，国共开始了第二次合作。1937 年 10 月 12 日，国民政府行政院第 333 次会议通过决议（未正式公布），承认了边区政府的合法地位，[②] 使中共在全国政治舞台上获得了合法活动的资格。同时，在军事方面，八路军积极同新疆方向的盛世才部，边区西北方向的朱绍良、马步芳、马鸿逵等部，正北方向的邓宝珊部，东北方向的卫立煌部，南边的蒋鼎文部等周边国民党军队实现了和解，极大改善了根据地的周边环境。与国民党的第二次合作以

① 《毛泽东选集》第 2 卷，北京，人民出版社 1991 年版，第 529 页。

② 刘东社、刘全娥：《陕甘宁边区政府史话》，北京，社会科学文献出版社 2011 年版，第 13 页。

及根据地周边环境的改善，使得党的建设有了一个相对好、较为稳定的外部环境。中国共产党能够充分利用这样的有利时机，解决党的发展过程中在理想信念、理论水平、思想认识、政治路线、组织纪律、党性修养、廉洁奉公、制度建设等方面存在的问题，维护党的先进性与纯洁性，促进党的团结统一。1942 年 2 月开始至 1945 年春，中国共产党开展的延安整风运动，就是充分利用了这个有利时机，全方位开展从严治党，取得了非常好的实践效果。但同时，由于国民党是在民族危机加深，国内各界民众要求国共两党停止内战、一致对外的情况下被迫承认共产党与边区政府的合法性，同意与共产党合作的。事实上，对于与共产党的合作，国民党终究是心存芥蒂的。为防止共产党发展壮大，国民党在抗战期间制定了"防共、溶共和限共"政策，不断制造反共摩擦，企图在战争期间彻底消除共产党。中国共产党如何在抗日战争的艰苦环境中，在同国民党建立统一战线的特殊情况下，从严管党治党，加强自身建设，是一大难题。延安时期，中国共产党将武装斗争、统一战线和党的建设三者有机统一起来，成功解决了这一难题。1939 年，毛泽东在《〈共产党人〉发刊词》一文中指出："党的失败和胜利，党的后退和前进，党的缩小和扩大，党的发展和巩固，都不能不联系于党同资产阶级的关系和党同武装斗争的关系。"①以毛泽东为主要代表的中国共产党人清楚地认识到，抗日战争要想取得胜利，统一战线决不能破裂，否则，就是帮了日本帝国主义的忙。毛泽东指出："抗日战争胜利的基本条件，是抗日统一战线的扩大和巩固。"②在抗日民族统一战线中，为扩大和巩固统一战线，中国共产党对资产阶级采取了又联合又斗争的策略。统一战线中的资产阶级分为民族资产阶级和大资产阶级两部分，民族资产阶级在一定时期和一定程度上具有革命性，大资产阶级具有买办性，但在反对帝国主义侵略的斗争条件下，也可以"同这样的大资产阶级集团建立可能的统一战线，并在有利于革命的一定条件下尽可能地保持之"。③延安时期，在武装斗争和统一战线背景下的党的建设，集中解决好几个根本性问题：一是保持党对中国革命的领导权。毛泽东曾多次强调，中国反帝反封建的民主革命，"不能经过资产阶级的领导，而必须经过无产阶级的领导，才能够完成"。④在抗战全面爆发前，

① 《毛泽东选集》第 2 卷，北京，人民出版社 1991 年版，第 605 页。
② 《毛泽东选集》第 2 卷，北京，人民出版社 1991 年版，第 745 页。
③ 《毛泽东选集》第 2 卷，北京，人民出版社 1991 年版，第 607 页。
④ 《毛泽东选集》第 1 卷，北京，人民出版社 1991 年版，第 261 页。

周恩来在《新的形势下党的组织任务》的报告中提出了党的组织建设要解决的几个组织原则问题，其中排在第一位的是："无产阶级要在各种群众斗争中取得领导权。"[①] 历史已经证明，"当资产阶级追随着无产阶级的政治领导的时候，革命是如何地前进了；及至无产阶级（由共产党负责）在政治上变成了资产阶级的尾巴的时候，革命又是如何地遭到了失败"[②]。关于如何实现党对中国革命的领导，毛泽东提出了十分具体的措施和要求：首先，党要根据中国革命发展的进程，提出基本的政治口号，依此作为统一全国人民行动的具体目标；其次，共产党员要发挥好先锋队的作用，做实现这些具体目标的模范；再次，在既定的政治目标下，建立与同盟者适当的关系；最后，共产党队伍要发展、思想要统一、纪律要严格。[③] 二是保持党在统一战线中的独立自主性。在这个原则性问题上，党内是有错误认识的，尤其是王明从苏联回国后，反对中共中央在统一战线领导权问题上的正确主张，提出"一切经过统一战线，一切服从统一战线"的错误观点，中共中央和毛泽东对王明的错误主张进行坚决抵制和批判，维护了党在统一战线中的独立性。三是扩大党的群众基础。延安时期，在一个相对稳定的环境中，党不但大力发展壮大自己的组织，还要放手发动群众，扩大群众基础，赢得更多的支持。

第二，协调各阶层和阶级的利益，为党的局部执政打牢社会基础。延安时期，中国共产党成功地协调好各阶级、阶层利益，赢得了广泛的社会支持。1941 年 5 月 1 日颁布的《陕甘宁边区施政纲领》规定：边区政府保证一切抗日人民人权、政权、财权的权利。"人民"包括拥护抗日的地主、资本家、农民、工人等不同阶级和阶层的人们，这就在很大程度上扩大了党在根据地局部执政的社会基础。中国共产党落脚陕北之初，就已经认识到扩大执政阶级基础的重要性。在过去的革命历程中，党内曾经出现过"左"的关门主义错误，不但把一些社会中间势力排除在政权之外，甚至把农民和城市小资产阶级也排除在外，这对于党的革命事业是十分不利的。近代中国社会是一个"两头小、中间大"的社会，无产阶级和大地主、大资产阶级都占少数，而人民群众作为广大的中间力量，实际上对党的事业的成败起到十分关键的作用。社会中间力量又可以分为两类，一

---

① 中共中央文献研究室：《周恩来年谱（1898—1949）》，北京，中央文献出版社 1998 年版，第 303 页。

② 《毛泽东选集》第 1 卷，北京，人民出版社 1991 年版，第 262 页。

③ 《毛泽东选集》第 1 卷，北京，人民出版社 1991 年版，第 262~263 页。

类是农民和小资产阶级，一类是中等资产阶级、开明绅士和地方实力派。前者人数众多，是中国革命的主要依靠力量，后者人数虽少，但对中国革命的影响也比较大。毛泽东曾批判关门主义错误，“在实际上帮助了敌人，而使革命停滞、孤立、缩小、降落，甚至走到失败的道路上去”①。对中间势力，如果我们党不去争取，就有可能被敌人争取过去。延安时期，党经过对大革命时期一些失败的教训的深刻总结，认识到争取广大中间力量的重要性，制定了“发展进步势力、争取中间势力、反对顽固势力的策略”，②做了大量艰苦而细致的工作，团结了一切可以团结的朋友，为中共局部执政打下坚实的社会基础。延安时期，中间势力总的是倒向共产党一边，这是靠共产党不断加强自身建设，制定正确的路线策略，坚持不懈地努力争取过来的。“他们不可能一开始就都自动跟共产党走。要做很多工作，才能使他们跟共产党走。”③在根据地内部，陕甘宁边区政府通过采取一系列的有效措施，积极协调各方利益，使根据地各级政权的决策更加民主化和科学化，促使根据地形成了稳定和谐的内部环境。1937 年 10 月 12 日，南京国民政府行政院第 333 次行政会议正式承认了陕甘宁边区政府的合法地位。同时，中国共产党领导边区人民充分贯彻“三三制”民主政治政策，使边区各党派及无党派人士在边区政权机构中的政治地位实现了完全平等，形成了“平等协商、合作共事”的良好局面。为了使文化水平不高的边区人民群众也参与到边区政府的民主政权中来，我党创造性地发明了“投票法、竞选法、画点法、画杠法、画圈法、投豆法、烧洞法”等灵活多样的选举方法，确保根据地人民群众政治权利的实现。在土地政策方面，根据地通过制定和实施减租减息、停止没收地主阶级的土地等土地政策，调节地主和农民两大阶级之间的利益和关系，有效地团结了农村各阶级。同时，边区政府通过实行“十小时工作制”“累进税收制度”等诸多政策，一方面有效改善了根据地广大贫苦工人和农民的生活；另一方面也有效地团结了根据地民族资产阶级和中小地主，为根据地稳定发展创造了重要条件。

第三，争取海外人士的支持，为稳定的根据地环境提供了保障。在第一次国内革命战争时期，成立之初的中国共产党与国际社会的接触很少，大革命失败后，国民党对共产党进行封锁和“围剿”，共产党与外部世界

---

① 《毛泽东选集》第 1 卷，北京，人民出版社 1991 年版，第 154 页。

② 《毛泽东选集》第 2 卷，北京，人民出版社 1991 年版，第 745 页。

③ 《胡绳论“从五四运动到人民共和国成立”》，北京，社会科学文献出版社 2001 年版，第 4 页。

几乎完全隔绝，苏区遭到长达10年的严密封锁，不仅国际社会缺乏对中国共产党的了解，甚至国内各阶层人士对中国共产党也缺乏充分了解和认识。初到陕北的美国记者埃德加·斯诺惊讶地发现："一直以来，他们遭到铜墙铁壁一样严密的新闻封锁而与世隔绝。千千万万敌军所组成的一道活动长城时刻包围着他们。他们的地区比西藏还要难以进入。"[①] 延安时期，根据地虽处于偏僻的山沟里，但当时抗日战争的国际国内环境和中国抗战与世界反法西斯战争的密切联系，为中国共产党及其领导的根据地能取得与外部世界的联系并参与国际事务提供了前所未有的机遇和空间，也为根据地冲破敌人的重重包围和封锁，获得国际社会的援助与支持，并逐步由小变大、由弱变强提供了重要保障。首先，保持同国际共产主义运动的联系。在德、意、日等法西斯国家疯狂扩军备战的国际形势下，1935年7月25日至8月20日，共产国际在莫斯科召开了第七次代表大会，主要解决在法西斯国家疯狂进攻的情况下如何开展国际共产主义运动，季米特洛夫在会上作了《法西斯的进攻和共产国际为建立反法西斯统一战线而斗争的任务》的报告，提出了在殖民地和半殖民地国家，共产党的主要任务是建立反对帝国主义的民族统一战线。中国共产党根据共产国际的精神，发布了《为抗日救国告全体同胞书》，提出联合各种力量，集全国人力、物力、财力共同抗击日本帝国主义侵略的号召。共产国际随后派张浩回国传达共产国际的指示精神。张浩还带回了与共产国际通讯联络的密电码，恢复了和苏联及共产国际的联系，开始逐步建立起了比较稳定的通信联络。瓦窑堡会议制定的建立抗日民族统一战线策略与共产国际的指示是分不开的。抗战爆发后，苏联还在国际的宣传战线上对中国共产党及其军队给予坚定的支持，通过《共产国际》《真理报》《消息报》等大篇幅报道中国共产党领导中国人民抗击日本侵略者的大量事实真相。同时，中国共产党还与国际共产主义运动中的其他政党保持着一定的联系，如日本共产党创始人之一的野坂参三在延安生活了5年，并担任八路军总政治部对敌工作顾问等职；再如越南共产党的领袖胡志明从莫斯科到达延安，住在毛泽东和中共中央领导机关所在地——枣园，并与中国共产党人交流革命经验。其次，争取同西方世界取得联系。延安时期，中国共产党积极消除西方世界对自己的偏见和误解，并取得了西方社会进步力量的支持和

① 〔美〕埃德加·斯诺著：《西行漫记》，董乐山译，北京，解放军文艺出版社2002年版，第1页。

援助。1936 年 7 月，美国记者埃德加·斯诺经一路波折来到了延安。斯诺在和中共领导人毛泽东的访谈中不仅了解了中共领导人的传奇经历，而且通过实地考察真正认识了中国共产党及其根据地。访问结束后，斯诺把他在延安的见闻写成了《西行漫记》一书，这本书一经出版就得到了国际舆论的广泛关注和高度赞扬，也促使更多的外国记者、作家先后前往延安，1944 年 6 月，由 9 位中国记者、6 位外国记者组成的中外记者西北参观团抵达延安，开始为期 3 个多月的实地走访。在延安期间，记者们访问了毛泽东、朱德、贺龙、林伯渠等党、政府和军队的领导人，还访问了很多工人、农民、学生、战士、文艺工作者等，参观了一些工厂、学校、医院等单位，通过他们不断向外界传递着中国共产党领导中国革命的真实信息。尤其是一些外国记者们，他们将在延安的所见、所闻、所感通过报纸、杂志、书籍等形式进行宣传，让世界了解延安时期的中国共产党。特别是福尔曼写的《来自红色中国的报道》和斯坦因写的《红色中国的挑战》，这两部书对宣传边区、宣传共产党，产生了非常大的影响，让国民党十分紧张，此后国民党当局重新对边区实行了新闻封锁。1944 年 7 月 22 日和 8 月 7 日，一支由 18 人组成的美方军事观察组分别抵达延安，中国共产党与美国之间正式建立起了联系。最后，拓展了同广大海外侨胞及港澳同胞的联系。在抗日战争全面爆发后，身处延安的中国共产党通过一系列有效的工作，组织和联络了广大海外侨胞及港澳同胞积极支援抗战，这不仅在某种程度上壮大了抗日的力量，而且使延安成为海外侨胞及港澳同胞的关注的重点，进一步提升了延安的知名度，也让更多人加深了对中国共产党的理解和认同。尤其取得“百团大战”胜利后，广大海外华侨一方面纷纷致慰问电、写慰问信到延安；另一方面还积极筹措物资和经费转送延安，使延安及边区在军事包围和经济封锁的严酷环境下渡过了困难，发展了经济，繁荣了文化，维护了延安及边区的稳定。延安时期，不仅国内群众基础相比苏区时期有所好转，人民群众参与抗战的热情也更高，而且党内环境也有利于巩固党的执政基础，并且全党上下大张旗鼓地进行加强党性修养的学习教育活动。

综上所述，延安时期党在局部地区的执政实践是在阶级矛盾占主要地位逐步转化为民族矛盾占主要地位的特殊历史环境下进行的；是在同国民党再次合作之后进行的；是在确保广泛的社会力量参与政权的情况下进行的；是在争取海内外广大进步力量的理解、认同、支持与支援的情况下进行的。与苏区时期相比，延安时期的根据地是更大范围和更深程度上的执政实践，延安时期的各抗日根据地虽然名义上隶属于南京国民政府，但在政治、军事、经济、文化等具体制度方面则均由中国共产党独立领导。因此，各敌后根据地特别是陕甘宁边区处于相对安定的环境，这就更有利于中国共产党在异常复杂的社会环境下加强自身建设，并逐步巩固自己的执政地位。

三、两次胜利和两次失败的经验教训为从严治党提供了正反面教材

建设一个什么样的党，怎样建设党，怎样从严管党治党，如何提高党建质量，这些问题始终是中国共产党自身建设的重要课题。自中国共产党成立以来，从严治党就是其一贯的本质要求。伴随着革命的进程，从严治党也在摸索中不断前进，在继承中不断总结提高。中国共产党及其领导的中国工农红军成功到达陕北后，在局部地区获得了一个相对稳定的环境，而此时党加强自身建设已经有了两次胜利和两次失败的经验教训，正是有了前期的经验的总结，才为延安时期的从严治党提供了基础和条件。

毛泽东在总结中国革命的成功经验时，把经验概括为三大法宝——“统一战线、武装斗争和党的建设”。在这“三大法宝”中，虽然把“党的建设”放在了最后，却是最关键的。因为“党的组织”是掌握“统一战线”和“武装斗争”这两个锐利武器以对敌冲锋陷阵的英勇战士。①人是决定战争胜负最关键的因素，如果没有人，战争也就缺乏了主体，作为战争的主要参与者，人的状况最终决定了战争是否能够取胜。为了使革命的同志能够更好地参加革命和战斗，必须有一个正确而强有力的组织和领导，对中国革命来说，就需要最先进的中国共产党作为领导。所以，毛泽东总结的“三大法宝”中最关键的就是“党的建设”，而“党的建设”的关键又在于“从严治党”②。

1921 年 7 月，中国共产党的第一次全国代表大会召开，标志着中国共产党正式诞生。党的一大并没有制定出完善的党章，但制定出的纲领起着党章的作用。纲领总计 15 条，涉及从严治党的规定至少有 6 条，其中明确规定了“工人、农民、士兵和学生的地方组织中党员人数多时，可派他们到其他地区去工作，但是一定要受地方执行委员会的严格监督”，

① 《毛泽东选集》第 2 卷，北京，人民出版社 1991 年版，第 613 页。

② 白清平、任晓伟：《论全面从严治党的历史逻辑》，《学校党建与思想教育》2018 年第 19 期，第 54~55 页。

“地方委员会的财务、活动和政策，应受中央委员会的监督”。[①] 这种“党员要服从地方执行委员会的监督、地方委员会又要服从中央委员会的监督”的组织制度，为以后党的民主集中制的原则形成奠定了基础。1922年7月，中国共产党的第二次全国代表大会通过了党的第一部党章，其中第四章中有九条的内容对有关“从严治党”进行了规定，明确“下级机关须完全执行上级机关之命令”，“全国大会及中央执行委员会之决议，本党党员皆须绝对服从之”，“本党一切会议均取决多数，少数绝对服从多数”等，[②] 并且严格规定了党员个人的行为，对违反6个方面规定的党员必须开除出党。要“组成一个大的‘群众党’……深入到广大的群众里面去。”[③] 在其后的革命历程中，无论是历次党代会、党的其他决议案，还是领导人的讲话、文章，都对从严治党有不同程度的论述。伴随着革命战争的不断发展，从严治党的要求也在不断发展变化。

1924年1月，国民党一大召开，会议决定改组国民党，组成工人、农民、城市小资产阶级和民族资产阶级4个阶级的民主革命联盟。在孙中山的领导和共产国际的指示及推动下，国民党左派和共产党在“联俄、联共、扶助农工”三大政策下第一次实现了革命的联合，组成中国革命的联合阵营，一场轰轰烈烈的革命运动迅速展开。随着革命形势的发展，党员数量大幅度增加，其间也难免会有一些思想不纯、动机不良的人混入党内来，给党的建设带来极为不良的影响。这些人中，有信仰不坚定者，有纪律松弛者，有官僚主义者，有贪污腐化者，有一心想去国民政府做官者，此类党员虽然人数不多，但在全国各地党组织中均有发现，其中最显著的事实，就是贪污的行为，往往在经济问题上发生吞款、揩油的情弊。这不仅丧失革命者的道德，且亦为普通社会道德所不容，如不及时解决，将会弱化党在人民群众中的威信，动摇党的组织基础。1926年8月4日，中共中央针对少数党员中出现的不良倾向，向全党发出关于《坚决清洗贪污腐化分子》的通告，分析了贪污腐败行为对党的严重危害，并特别训令各级党部，“迅速审查所属同志，如有此类行为者，务须不容情的洗刷出

① 中共中央文献研究室、中央档案馆：《建党以来重要文献选编（1921—1949）》第1册，北京，中央文献出版社2011年版，第2页。

② 中共中央文献研究室、中央档案馆：《建党以来重要文献选编（1921—1949）》第1册，北京，中央文献出版社2011年版，第273~274页。

③ 中共中央文献研究室、中央档案馆：《建党以来重要文献选编（1921—1949）》第1册，北京，中央文献出版社2011年版，第162页。

党，不可令留存党中，使党腐化，且败坏党在群众中的威望。望各级党部于接此信后，立即执行，并将结果具报中局，是为至要”。[①]唯有和这些不良倾向做斗争，才能坚固我们的营垒，才能树立党在群众中的威望。

大革命时期，轰轰烈烈的革命运动，吸引了大批工人、农民和小资产阶级加入到党内来，之后立即投入到火热的革命斗争中，来不及对他们进行系统的马克思主义理论教育，特别是农民和小资产阶级在思想认识、组织纪律、工作作风等方面还存在一些缺陷，他们对马克思主义理论没有系统了解，更认识不到把马克思主义基本原理与中国革命实际相结合的重要性。他们对中国新民主主义革命的性质以及资产阶级的两重性认识不清楚，对在大革命统一战线中如何争取党对统一战线领导权也缺乏清楚认识，因而在资产阶级寻找借口破坏统一战线的时候，未能坚持又联合又斗争的基本原则，导致革命最后失败。

此外，大革命时期，党在组织建设上也不成熟。最主要的表现是没有坚决地贯彻民主集中制，没有在全党形成强有力的领导核心。邓小平深刻指出："民主集中制执行得不好，党是可以变质的，国家也是可以变质的，社会主义也是可以变质的。"[②]由此可见，民主集中制对于我们党的事业的极端重要性。事实上，中国共产党在建党初期也将民主集中制的相关原则写进了党的组织章程和决议案中。陈独秀虽未直接参加党的一大，但在他提交给大会讨论的党纲中就明确提出"共产党应该是民主集中制，应该是信仰共产主义，实现无产阶级专政"。[③]党的二大通过的《中国共产党加入第三国际决议案》的第 13 条规定："加入共产国际的党，应该是按照民主集中制原则建立起来的。"[④]党的二大制定的中国共产党历史上的第一个党章，也明确规定了少数必须服从多数、下级机关必须服从上级机关、全体党员必须绝对地服从全国代表大会及中央执行委员会的决议。这些规定实际上是民主集中制原则的具体化，之后党的三大、四大、五大的党章基本上都承袭了这些组织原则。但是，民主集中制的相关原则写进党章和决议案中，并不意味着就能够完全得到贯彻落实。在第一次国内革命战争时期，党内"家长制"作风以及"左"的错误思想，都对民主集中制

① 中共中央文献研究室、中央档案馆：《建党以来重要文献选编（1921—1949）》第 3 册，北京，中央文献出版社 2011 年版，第 348~349 页。

② 《邓小平文选》第 1 卷，北京，人民出版社 1994 年版，第 303 页。

③ 张政编著：《红船初心——红船精神的理论与实践》，北京，人民出版社 2019 年版，第 176 页。

④ 中央档案馆：《中共中央文件选集》第 1 册，北京，中共中央党校出版社 1989 年版，第 43 页。

的组织原则造成了不良影响。对此，党的六届七中全会扩大会议通过的《关于若干历史问题的决议》指出：党内家长制作风和“左”的错误，“它破坏了党内民主集中制的基本原则，取消了党内批评和自我批评的民主精神，使党内纪律成为机械的纪律，发展了党内盲目服从随声附和的倾向，因而使党内新鲜活泼的、创造的马克思主义之发展，受到打击和阻挠”[①]。

再则，第一次国内革命战争时期，党的建设方面存在着一些其他问题，比如党的机构和制度不健全，党内监督制度没有建立起来。1927 年召开的“八七会议”对此问题就做了批判性总结：“中央以前受不着群众的监督，不向群众报告，不提出党的政策交一般党员讨论。”[②] 这样的话，党不可避免地会犯一些错误。再如，在党的政治建设方面，大革命时期，始终未能形成坚强而有力的党的领导核心，这也是党的事业受挫的一个重要原因。

1927 年，蒋介石和汪精卫先后在上海和武汉发动四一二反革命政变和七一五反革命政变，地方军阀也纷纷背叛革命，第一次国共合作破裂，大革命宣告失败。在革命的紧急关头，1927 年 4 月 27 日至 5 月 9 日，党的五大在武汉召开。会议没有对危急的革命形势进行科学分析，也没有对大革命过程中党自身建设的一些经验教训进行总结，更没有适时提出党的应对策略。但是，党的五大在修改党章时，还是吸取了过去党在领导、决策与监督体制方面的教训，第一次在党章中明确规定党组织的指导原则为“民主集中制”，使“民主集中制”原则在党内的贯彻执行有了法规的依据。并且，中共五大党章还规定要建立党内专门的纪律检查机关——“中央监察委员会”，来约束权力、规范权力、监督权力，使党在当时严苛的环境中依然确保各项工作都能严格有序地向前推进。

大革命失败后，面对国民党的多次“围剿”，毛泽东最早带领革命力量避开中心城市，转向国民党统治薄弱的农村地区，在与各种不同意见的争论中，逐步走上了农村包围城市、武装夺取政权的道路。此后，革命队伍在湘赣边界的井冈山地区找到了第一个立足点，并且在随后相当长一段时间内发展并逐步壮大中国的红色政权和革命武装力量。在这一时期，中国共产党先后在 15 个省的 300 多个县建立了 10 多个革命根据地，并于江西瑞金成立了“中华苏维埃临时中央政府”，实现了党在局部地区的执政。

---

① 《毛泽东选集》第 3 卷，北京，人民出版社 1991 年版，第 986 页。

② 中共中央文献研究室、中央档案馆：《建党以来重要文献选编（1921—1949）》第 4 册，北京，中央文献出版社 2011 年版，第 437 页。

随着党组织的扩大和军队数量的增加，需要的粮食、物资也迅速增多。虽然我们党是人民的政党，建立的是人民的政府，但是由于许多共产党员和部队官兵都生长于封建社会，受封建思想的负面影响比较大，贪污浪费、官僚习气等不良作风时有存在。当时的苏维埃区域，主要分布在各省交界处和广大经济条件相对落后的农村，加上国民党的经济封锁，人民生活普遍比较困难。因此，党必须廉洁自律、厉行节约，才能得到广大贫苦老百姓的大力支持。这一时期，我们党从各根据地和政权建设的实际出发，总结正反两方面经验，以马克思列宁主义的基本理论为指导，对党的自身建设进行了有益的探索，并积累了一定的从严治党的经验。1927 年 9 月，秋收起义失败后，毛泽东带领剩余部队在江西永新县三湾村进行休整，为解决部队成员成分复杂、纪律松弛、组织涣散等问题，决定对部队进行整顿和改编。主要做法有：一是缩编部队；二是实行支部建在连上的组织原则，班排建党小组，以连为单位建立党支部，连以上实行党代表制度；三是实行官兵平等原则。克服旧军队上级欺压打骂下级，长官克扣士兵军饷等陋习，建立真正意义上的新型人民军队。支部建在连上的做法，保证了党的领导能够达到每一个战士。叶剑英后来在总结南昌起义失败的原因时谈道："南昌起义的部队当时没有把党支部建在连上，而是把党支部建在团上。这样，党的领导就没有达到士兵，没有带到全部队，所以，经不起严重的考验。"[①] 支部建在连上，可以通过党组织的宣传，向广大战士进行马克思主义理论教育，让每一个士兵能充分认识到革命的目的和意义绝不是单纯的打仗。通过党的基层组织对战士进行思想政治教育的做法效果非常显著，"经过政治教育，红军士兵都有了阶级觉悟，都有了分配土地，建立政权和武装工农等项常识，都知道是为了自己和工农阶级而作战，因此，他们能在艰苦的斗争中不出怨言"[②]。支部建在连上以后，部队立刻有了自己的灵魂，各项工作的落实也有了保障，并且，党员、干部、战士的民主意识也有了很大程度的提高，这对于加强党的凝聚力和战斗力而言，是至关重要的。

1929 年 12 月，红四军在福建上杭县古田召开第九次党的代表大会，即著名的"古田会议"，会议通过了毛泽东主持起草的《中国共产党红军第四军第九次代表大会决议案》(即《古田会议决议》)。《古田会议决议》

① 《叶剑英军事文选》，北京，解放军出版社 1997 年版，第 403 页。

② 蒋国海：《毛泽东的政党观》，北京，解放军出版社 2014 年版，第 106 页。

对党的建设作出了创造性的贡献。在古田会议之前，党内和红军内一度普遍存在着单纯军事观点、极端民主化、非组织观点、绝对平均主义、主观主义、个人主义、流寇主义、盲动主义等错误思想，毛泽东深知这些错误思想的危害性，在这个决议案中，毛泽东分析了各种错误思想产生的根源，提出了具体的纠正办法，主张从加强党的思想建设入手，提高党员干部和官兵们的思想理论水平，从而从根子上消除各种错误思想的来源。毛泽东指出："红军党内最迫切的问题，要算是教育的问题。为了红军的健全与扩大，为了斗争任务之能够负荷，都要从党内教育做起。"[①]要"教育党员使党员的思想和党内的生活都政治化，科学化"。[②]可以说，从党的建设历史来看，古田会议开启了党的思想建设从严之门。此外，《古田会议决议》在党的组织建设方面也提出了一些严格的要求，毛泽东在决议草案中指出："红军党的组织问题现在到了非常之严重的时期，特别是党员质量之差和组织之松懈，影响到红军的领导与政策之执行非常之大。"[③]因此，要从严加强党的组织建设，重视党员的质量，严把党员入口关，规定了吸收新党员的5个具体标准："（1）政治观念没有错误的（包括阶级觉悟）；（2）忠实；（3）有牺牲精神，能积极工作；（4）没有发洋财的观念；（5）不吃鸦片、不赌博。"[④]决议案还规定，"如政治观念错误，吃食鸦片，发洋财及赌博等，屡戒不改的，不论干部非干部，一律清洗出党"[⑤]。以保证党和红军的纯洁性。《古田会议决议》还对党的民主集中制原则做了更进一步的规定，强调要"厉行集中指导下的民主生活"，克服极端民主主义和自由主义等错误思想。古田会议通过从严加强思想建设带动从严治党的全面落实，解决了如何将以农民为主体的党建设成新型无产阶级政党这个关键问题，使得各级组织和广大党员在质和量两方面得到了提升。

大革命失败以后，中共中央还探索实行了党内巡视制度，1927年8月召开的八七会议，决定党中央派出巡视员到各个中央派出机关指导党组织的工作，帮助各地开展工作，整顿党的组织。1927年11月，中共中央决定，开始建立各级党部的巡视指导制度，并向各级党部派出巡视员。1928年10月中央专门制定了巡视条例，对各级党部的巡视员人数、人选

① 《毛泽东文集》第1卷，北京，人民出版社1993年版，第94页。
② 《毛泽东选集》第1卷，北京，人民出版社1991年版，第92页。
③ 《毛泽东文集》第1卷，北京，人民出版社1993年版，第88页。
④ 《毛泽东文集》第1卷，北京，人民出版社1993年版，第90页。
⑤ 《毛泽东文集》第1卷，北京，人民出版社1993年版，第90页。

的决定，巡视员的条件、职责，巡视的时间、任务等都作了具体明确的规定。第一次以党内法规的形式把党的巡视工作制度化，为中共巡视制度的发展奠定了基础，初步形成了有效的从严治党巡视监察机制。

1927 年至 1937 年，是十年土地革命战争时期，这一时期，中国共产党经历了北伐战争的胜利和大革命失败的历程，对于处在幼年时期的中国共产党而言，能够通过总结这个过程中党的建设的经验，吸取其中的教训，更好地成长起来。1934 年 1 月，第二次全国苏维埃代表大会召开，提出要“开展一次反贪污、反浪费、反官僚主义的惩腐肃贪运动”。毛泽东在这次大会的报告中指出：“应该使一切政府工作人员明白，贪污和浪费是极大的犯罪。”[①] 在这场运动中，党和苏维埃政府专门设立了“控告局”和“临时检举委员会”，鼓励广大人民群众检举和揭发党员干部的贪污腐败行为。其间，中央领导亲自抓大案要案的查处，对腐败行为严惩不贷，“在发动本会工农通讯员的积极工作与各机关工作人员的热烈参加之下，开展了反贪污浪费与官僚主义的斗争”，[②] 查处了一批腐败分子。另一方面，积极改善“工农委员会”的工作，使其成为党开展批评与自我批评的组织者和保持高度警觉性的工作机关，“如发觉各机关内的官僚主义者的腐化分子，有必要时，可以组织群众法庭，以审理不涉及犯法行为的案件，该项法庭有权判决开除工作人员，登报宣布其官僚腐化的罪状等”。[③] 这一时期，苏维埃临时政府还制定颁发了《工农监察部的组织条例》《关于反贪污浪费的指示》《苏维埃临时组织法》《关于干部问题的决议》《关于惩治贪污浪费行为》等规章制度，初步制定了党内和行政内部监督制度，如“党员入党的审核检查制度和介绍人的责任连带制、民主生活会制度、行政监察制度、财会审计制度”等。另外，我党还通过惩腐肃贪运动和廉政建设，增强了广大党员干部的廉洁意识，及时遏制了贪污腐败现象，有效地保证了革命事业的顺利进行。

第五次反“围剿”失败以后，从 1934 年 10 月起，中共中央和中央红军 8 万多人开始进行战略转移。到 1935 年 10 月成功到达陕北，党和红军“一共爬过 18 条山脉，其中五条是终年盖雪的，渡过 24 条河流，经过 12 个省份，占领过 62 座大小城市，突破 10 个军阀军队的包围，此外

---

① 《毛泽东选集》第 1 卷，北京，人民出版社 1991 年版，第 134 页。

② 《红色中华》第 152 期，1934 年 2 月 20 日。

③ 江西省档案馆、中共江西省委党校党史教研室：《中央革命根据地史料选编》下册，南昌，江西人民出版社 1982 年版，第 86 页。

还打败、躲过或胜过派来追击他们的中央军各部队。他们开进和顺利地穿过六个不同的少数民族地区，有些地方是中国军队几十年所没有去过的地方”。[①] 在此期间，一方面是党的重大事项和重要决策都严格按照民主集中制的原则进行。党充分尊重每一名党员的民主权利，决定重要事项前首先进行充分的民主讨论，集中广大党员智慧，确保决策的民主化、科学化，最终通过少数服从多数的原则形成决定。一旦形成了决定，全党就必须严格服从，坚决执行。在长征途中，为解决红军的战略方向和落脚点问题，中共中央首先于 1934 年 12 月 11 日召开“通道会议”，商讨解决红军前进路线问题。在会议上，李德提出要按原计划前往湘西，而毛泽东通过对敌情的深入分析，认为应该打破固有思维，转向敌人统治势力相对薄弱的地区进军，一起参加会议的朱德、周恩来、王稼祥和张闻天在会上公开表示支持毛泽东的观点。最终，会议按照少数服从多数的原则决定部队放弃前往湘西，转向贵州进军。另一方面是积极维护党中央权威，严明政治纪律和政治规矩。在红军长征期间，为了保证全党令行禁止就必须维护党中央权威，维护党中央权威就必须要有严明的政治纪律和政治规矩作保证。在长征途中，针对张国焘另立“中央”、分裂党的行为，党中央一方面通过各种方式同其分裂行为做斗争；另一方面也极力促使其北上。1935 年 9 月 12 日，中共中央召开俄界会议，形成《中央关于张国焘同志的错误的决定》，号召红四方面军官兵积极同张国焘的错误倾向做斗争，并致电张国焘，命令其率军北上。在张国焘宣布另立“中央”后，中共中央政治局又于 1936 年 1 月 22 日作出《中央关于张国焘同志成立第二“中央”的决定》，并决定在党内公布《中央关于张国焘同志的错误的决定》，同时责令张国焘立即取消其所成立的“中央”，停止一切反党活动。左路军中来自红一方面军的将领和战士也通过各种方式同张国焘的错误行径展开斗争。最终，张国焘主动放弃了“第二中央”，与红二方面军共同北上，并于 1936 年 10 月到达陕北。

总体上看，土地革命战争时期，党的建设的做法及其特点主要有：第一，着重从思想上建设党是这一时期党的建设最突出的特点。这与党的工作重心转向农村，大量吸收农民和小资产阶级入党的现实状况密不可分，在很多根据地，“党员中的农民同志占 80%”，[②] 造成党内非无产阶级

---

① 〔美〕埃德加·斯诺著:《西行漫记》，董乐山译，北京，东方出版社 2010 年版，第 200 页。

② 井冈山革命根据地党史资料征集编研协作小组、井冈山革命博物馆:《井冈山革命根据地》上册，北京，中共党史资料出版社 1987 年版，第 407 页。

思想大量存在，为保持党的思想纯洁，必须要加强思想建设。第二，不断地同“左”倾和右倾错误做斗争是这一时期党的建设又一重要特色。土地革命战争时期，中国共产党多次受到“左”的错误的干扰和破坏，主要有瞿秋白的“左”倾盲动主义、李立三的“左”倾冒险主义和王明的“左”倾教条主义，这几次“左”倾一次比一次严重，第五次反“围剿”的失败就是由“左”倾教条主义错误直接造成的。延安时期的从严治党就是土地革命战争时期反倾向斗争的延续，从思想根源上彻底清算“左”的错误。第三，积极探索和把握革命时期党的建设基本规律是这一时期党的建设的主要内容。在思想建设方面，强调将思想建设放在首位；在组织建设方面，抓好党的基层组织建设，使党支部成为坚强的领导核心，制定、颁布支部工作条例、法规，使基层支部工作有章可循；在制度建设方面，完善了民主集中制原则；在作风建设方面，树立了实事求是、调查研究、为民服务、廉洁奉公的干部作风；在纪律建设方面，提出“三大纪律，八项注意”，规范红军干部战士的行为；在反腐倡廉建设方面，建立专门的反腐倡廉机构，深入开展反腐败斗争。[①]

党中央到达陕北后，从严治党相比于革命早期有了进一步的发展，一个极为重要的原因是中国共产党此时已经经历过两次失败和两次胜利，在党的建设方面既有一些成功的经验，也有值得吸取的教训。延安时期的从严治党因其所处的特殊历史时期而具有鲜明的时代特色，这一时期从严治党的诸多措施，基本上都与延安时期特殊的历史方位有关。研究延安时期从严治党，必须把握这一历史方位的特点，才能为新时代推进全面从严治党找到历史依据。

四、澎湃的革命理想和革命热情为从严治党提供了有利的思想条件

延安时期，尽管存在一部分党员入党动机不端正的情况，但多数党员入党的直接动机还是参加革命，以身许国，挽救中华民族于危难之中。如果说土地革命战争时期一些党员入党参加革命的直接目的是“革命成功后，劳苦大众可以当家做主人并且可以分得土地”，那么，在全面抗战时期，民族矛盾成为我国社会主要矛盾，民族革命与民主革命叠加在一起，革命群众的革命理想被激发，革命热情被点燃，许多人参加共产党的直接

---

① 参见赖宏《中央苏区党的建设科学化探索及其经验启示》，《南方文物》2011年第2期，第1~3页。

目的就是跟着共产党抗日救国，实现民族独立和人民解放，这种思想基础为从严治党提供了有利条件。

革命理想是一种信仰。在延安时期之前，中国共产党经历了伟大的长征，长征之艰苦尽人皆知，一批批共产党员和红军战士在同国民党军队以及严酷的自然环境斗争中，不断倒下而又顽强地站起来，最终走向光明、走向胜利，靠的就是革命的理想信念。红一方面军长征时期行军二万五千里，转战11省，渡过大江大河20余条，翻越崇山峻岭40余座，平均每天行军约37公里，每行进300米就有1人献出生命。[①]1938年4月，张闻天在陕北公学演讲时谈道，长征胜利靠的是什么？靠的革命理想信念，那时候大家只有一个思想，就是无论如何也要克服困难，为自己的理想奋斗到底，没有理想，不用说万里长征，红军可能连一千里都走不了。这就是革命理想的巨大伟力，诚如萧华在《过雪山草地》一诗中所热情颂扬的："革命理想高于天。"长征时期，中国共产党和工农红军纪律严明、作风优良、官兵一致、民主平等，这种从严治党治军局面的达成，与崇高的革命理想是分不开的。

延安时期，民族危亡的阴霾笼罩中华大地，无数志士仁人和热血青年为抵御外侮，抗击日寇，毅然投身革命，这种民族革命与民主革命交织在一起的形势，点燃了国人更为激昂的革命热情，当他们看到跟着共产党更能实现抗战救国、实现民主的事实后，便毅然决然选择加入中国共产党。延安时期，有数以万计的革命青年、知识分子涌向延安，加入共产党、参加红军，就是这种高涨的革命理想和革命热情的真实反映，这样的思想环境对全面从严治党的实施是较为有利的，党内的问题也容易在"投身革命、抗日救国"的革命理想旗帜下得到解决，因为革命者本来就应该是理想远大、纪律严明、作风优良的。

从党建自身规律看，理想信念建设是管党治党的关键，中国共产党成立以来相当长的一段时间内，始终把思想建设放在首要位置，把理想信念教育作为关键环节来抓。2013年6月28日，习近平总书记在全国组织工作会议上的讲话中指出："现在，形式主义、官僚主义、享乐主义和奢靡之风为什么盛行？为什么不断有人沦为腐败分子，走向犯罪的深渊？说到底，还是理想信念不坚定。我常说，理想信念是共产党人精神上的'钙'，理想信念坚定，骨头就硬；没有理想信念，或理想信念不坚定，精神上就

① 李昌禹：《没有理想信念红军连一千里都走不了》，《人民日报》2016年10月30日，第6版。

会‘缺钙’，就会得‘软骨病’。”[①]一个共产党员，只要理想信念不出问题，其他方面就不会出现大的问题，这是对中国共产党100年来从严治党得出的可靠结论。

延安时期，尽管有一少部分党员入党动机不纯，或者是因为各种各样的原因而加入党组织，但绝大多数党员是有革命理想和革命激情的，这种理想和激情尽管不能完全等同于对马克思主义的信仰和对共产主义的信念，但毕竟是当时中国共产党员不可缺少的思想品质。以陕甘宁边区首府延安为例，当时从祖国各地奔赴延安的青年数以万计，他们中相当多的人对共产党和国民党了解得并不深入，曾彦修曾说，“当时很多年轻人尤其是学生，其实根本不知道共产党是怎么回事，国民党是怎么回事，就是谁抗日就跟谁走了”，“他们刚到延安的时候，未必对延安有认识，但是起码知道国民党够腐败。再加上他们了解到，我们共产党是为了天下劳苦群众，我们是为了建设一个新中国……他们觉得找到了自己的理想国了”。[②]1938年8月，著名诗人何其芳、沙汀夫妇和卞之琳一道由成都启程赶往延安，历经18天路程，总行程“三千华里”，在谈到去延安的初衷时，何其芳认为，是出于“应该到前线去”的“责任感”：“即使我不能拿起武器和兵士们站在一起射击敌人，我也应该去和他们生活在一起，而且把他们的故事写出来，这样可以减少一点我自己的惭愧。”[③]延安革命纪念馆原馆长张建儒说，青年知识分子在延安接受马克思主义的洗礼，有的奔赴抗日前线奋勇杀敌，有的以笔为枪，创作出无数鼓舞人心的文学艺术作品。他们心怀理想，为全民族抗战胜利建立了不朽功勋。[④]

不可否认的是，延安时期，党员干部尽管也有腐化堕落的，也有变节投敌的，但那是极少数。资料显示：1937—1938年，边区政府司法部门查处贪腐案件180起，1939年查处贪污案360起，1940年查处贪污案644起，1941年上半年查处贪污案153起。[⑤]1938年陕甘宁边区政府颁布的《陕甘宁边区惩治贪污暂行条例》中，将很多违规的职务行为也定性为

---

① 《习近平谈治国理政》第1卷，北京，外文出版社2018年版，第414页。

② 牟尼：《延安革命女性婚与恋》，搜狐网：http://news.sohu.com/20130101/n362172788.shtml。

③ 黄锐杰：《“同志”的“修养”——延安时期革命青年的伦理选择》，《文艺理论与批评》2018年第5期，第78~79页。

④ 张丹华：《抗战时期，4万余青年知识分子怀揣理想——奔赴延安》，《人民日报》2021年5月2日，第7版。

⑤ 汪世荣等：《新中国司法制度的基石——陕甘宁边区高等法院（1937—1949）》，北京，商务印书馆2011年版，第34页。

贪污腐败罪，按照现在的法律标准，很多案件不构成贪污犯罪。至于变节投敌的不坚定分子虽然有，但更为少见。延安时期，多数党员怀揣革命理想而入党，很多党员理论水平低，没有经过系统的党的思想理论教育，因而在思想认识上还达不到无产阶级政党的要求，在作风行为上，还带有非无产阶级的印痕，因此，他们的问题与少数的腐败分子和变节分子是不同的，属于思想认识问题和行为作风问题，在“革命理想高于天”的革命形势下，通过系统的马克思主义理论教育，他们的思想认识和行为作风问题会得到彻底解决，只要有革命理想和革命热情，就会产生强大的精神动力，这种动力就是信仰的力量。这也是延安时期从严治党为什么会取得巨大成效的一个重要原因。

五、马克思主义中国化的理论自觉为从严治党提供了重要的理论语境

从严治党的成功，离不开科学理论的指导。从深层次看，延安时期从严治党的成功，是与延安时期中国共产党推动马克思主义中国化的理论自觉有密切关联的。延安时期从严治党的历史演进与马克思主义中国化的理论自觉密不可分，可以说，正是因为马克思主义中国化的理论自觉为从严治党提供了重要的理论语境，延安时期从严治党才取得非常好的实践成效，当然，从严治党也推动着马克思主义中国化的发展，二者形成了一种良好的互动关系。

从内容上看，马克思恩格斯创立的马克思主义理论体系，主要是研究自然界、人类社会和思维发展的一般规律，其最终的价值旨归在于指导无产阶级实现自身解放，渐次达到共产主义社会。所以，马克思主义理论是从规律意义上研究人类社会发展的科学理论，它提供给世界各国无产阶级及其政党的是一般的理论原则，是认识世界和改造世界的世界观和方法论，它内在地要求世界各国无产阶级政党要结合本国革命具体实际，创造性地运用和发展马克思主义，这样才能彰显马克思主义的价值和生命力。

马克思主义传入中国后，如何在中国运用马克思主义，如何与中国革命具体实际相结合，早期的中国共产党人尽管对此有过正确的认识并做过一番探索，但终究没有形成全面的理论自觉。延安时期，在各种主客观因素的综合作用下，马克思主义中国化开始加速推进。中国革命过程中的一次右倾和三次“左”倾的错误实践教育了中国共产党人，必须重新审视对待马克思主义和苏联经验的态度，毛泽东后来总结说：“在民主革命时

期，经过胜利、失败，再胜利、再失败，两次比较，我们才认识了中国这个客观世界。”[①] 在中国共产党的历史上，很多正确的认识都来自对实践的总结，包括一些宝贵的经验，全部是来自实践，这是符合马克思主义认识论的。毛泽东后来还总结道：“在抗日时期，我们才制定了合乎情况的党的总路线和一整套具体政策。这时候，中国民主革命这个必然王国才被我们认识，我们才有了自由。”[②] 此外，延安时期，马克思主义中国化加速推进，也与当时相对和平的局部环境以及相对有利的政治环境有关。抗日战争推动了第二次国共合作，使得中国共产党人有了深入思考和系统总结马克思主义中国化问题的有利条件。抗战时期，随着抗日民族统一战线的广泛建立，中国共产党要想在抗日民族统一战线中保持自身的领导权，则必须保持自身的先进性和纯洁性，这客观上需要中国共产党以科学的理论来解决自身的建设问题。中国共产党是马克思主义政党，解决自身建设的指导思想只能来自马克思主义，而且是中国化的马克思主义，此前，中国共产党没有一个稳定的根据地环境和更多的精力来思考和解决自身问题，延安时期则具备了这样的条件，这也是当时以毛泽东为主要代表的中国共产党人能够总结经验，提出和推进马克思主义中国化的重要原因。

延安时期马克思主义中国化加速推进也是在土地革命战争时期以毛泽东为主要代表的中国共产党人理论探索的基础上展开的。从大革命时期的农村调查，到土地革命时期的农村包围城市道路的开辟，再到“思想建党、政治建军”原则的确立，再到“没有调查就没有发言权”著名论断的提出，直至“马克思主义中国化”论断的正式提出，中国共产党人进行了一系列的实践探索和理论思考，这为后来的马克思主义中国化加速推进做了充分的理论准备。

1935 年 10 月，中央红军到达陕北后，毛泽东抓紧一切时间学习思考马克思主义哲学。1935 年 12 月，毛泽东在党的活动分子会议上作了《论反对日本帝国主义的策略》的报告，批评了党内的教条主义、本本主义，之后，他又写出《中国革命战争的战略问题》一文，从军事哲学的高度对党内军事问题的争论作了科学总结。“毛泽东十分注重致力于从哲学上论证和推进马克思主义中国化。”[③]1937 年，毛泽东写出了著名的“哲学两论”——《矛盾论》和《实践论》，从哲学高度系统批判了党内的错误思

① 《毛泽东著作选读》下册，北京，人民出版社 1986 年版，第 825 页。
② 《毛泽东文集》第 8 卷，北京，人民出版社 1999 年版，第 300 页。
③ 庄福龄：《毛泽东与马克思主义中国化》，《北京大学学报（哲学社会科学版）》2004 年第 2 期。

潮和认识，奠定了马克思主义中国化的哲学基础。1938年毛泽东在党的六届六中全会上系统阐释了“马克思主义中国化”思想，重点强调“没有抽象的马克思主义，只有具体的马克思主义……因此，马克思主义的中国化，使之在其每一表现中带着中国的特性，即是说，按照中国的特点去应用它，成为全党亟待了解并亟须解决的问题”。[①]在毛泽东的大力推动下，马克思主义中国化全面展开，刘少奇、周恩来、朱德、陈云等领导人积极响应，将马克思主义基本原理同中国革命具体实际相结合，立足中国实际，运用和发展马克思主义，来解决中国的政治问题、经济问题、军事问题、民生问题。彭真在晋察冀边区第二次党代表大会上作了这样的评价，“更能具体运用马克思主义解决中国的实际问题，使马克思主义中国化、民族化”，这是“党在十七年所走过的曲折历程中的最大进步”。[②]对延安时期马克思主义中国化影响最为深远的当属延安整风运动，延安整风是一场持续时间较长的全党范围内的“普遍的马克思主义教育运动”，[③]其目的是要彻底解决党内存在的主观主义、教条主义和宗派主义的问题，以推动马克思主义中国化，提高党员干部的马克思主义理论水平和运用马克思主义解决实际问题的能力。延安整风在两个方面推动了马克思主义中国化，一是解放了思想，确立了实事求是的思想路线。对此，周恩来曾评价道：“党内思想从来没有象今天这样解放。这是毛泽东同志领导整风学习的结果，是思想上很大的进步。”[④]二是使全党对马克思主义中国化有了普遍认同。

延安时期，中国共产党人在革命实践斗争中更加认识到党的思想建设、政治建设、组织建设、纪律建设、作风建设和廉政建设的重要性，更加认识到把马克思主义理论同中国革命具体实际相结合的重要性，也认识到了主观主义、教条主义、宗派主义的严重危害，党结合自身实际，在实践中确立了“实事求是”的思想路线，开展全党范围的整风运动，提高党员干部马克思主义理论水平，确立了毛泽东思想的指导地位，实现了马克思主义中国化第一次历史性飞跃。可以说，延安时期从严治党，是在

---

① 中共中央文献研究室、中央档案馆：《建党以来重要文献选编（1921—1949）》第15册，北京，中央文献出版社2011年版，第651页。

② 《彭真传》编写组：《彭真年谱（1902—1948）》第1卷，北京，中央文献出版社2012年版，第105页。

③ 《毛泽东文集》第7卷，北京，人民出版社1999年版，第275页。

④ 《周恩来选集》上册，北京，人民出版社1980年版，第157页。

马克思主义中国化加速推进并实现历史性飞跃的过程中开展的，马克思主义中国化为延安时期从严治党提供了重要的思想理论语境。党员干部只有在思想认识上真正弄懂马克思主义，才能自觉用马克思主义指导自己的行动，才能在理想信念上、组织上、作风上严格要求自己。

第二节　延安时期从严治党的历史动因

上述分析只是阐明了延安时期从严治党的可能性。那么，延安时期为什么要从严治党？这个问题是需要重点分析的。从理论上说，从严治党是马克思主义政党的内在特质，这意味着马克思主义政党从成立之日起，就要管党治党从严。中国共产党自成立之日起，也一直是从严治党的。但比较而言，在中国共产党百年奋斗历程中，延安时期从严治党的力度是空前的。从这一时期党面临的革命形势、党员队伍的发展状况、局部执政的现实要求以及积极抗战并保证战争的胜利等方面看，延安时期从严治党有其迫切的现实必要性。

一、使命型政党的内在要求

无产阶级政党与资产阶级政党相比，有着鲜明的自身特色，它有着科学的指导思想、严密的组织架构、严格的组织纪律和远大的目标追求。无产阶级政党是使命型政党，即“是一个以吸引人们归依并信奉其理念为主要目的，而非以扩大选民支持而赢得公职选举为主要目标的政党”。[①]中国共产党诞生以来，即具有这种使命型政党的鲜明特质，党的二大宣言明确指出：“中国共产党是中国无产阶级政党。他的目的是要组织无产阶级，用阶级斗争的手段，建立劳农专政的政治，铲除私有财产制度，渐次达到一个共产主义的社会。”[②]作为一个使命型政党，中国共产党坚持最终目标和阶段性奋斗目标相统一，从党的一大到二十大，实现全人类解放和达到共产主义社会是始终不变的根本价值目标，在党的事业发展的不同历史阶段，又有着阶段性的使命任务。

延安时期，中国共产党的使命任务较为复杂和艰巨，既要打倒帝国主

① 杨光斌：《政治学导论》，北京，中国人民大学出版社 2000 年版，第 134 页。

② 王宗华主编：《中国大革命史（1924—1927）》上册，北京，人民出版社 1990 年版，第 45 页。

义的侵略为民族谋求独立，又要反对封建主义为人民争得民主，还要反对官僚资本主义为人民争取利益，在抗日战争全面爆发后还要和地主阶级、资产阶级等结成广泛的抗日民族统一战线，以夺取抗战的最后胜利，尤其是在抗日战争进入战略相持阶段后，国民党消极抗战、积极反共，抗日救国的重任几乎全部压在中国共产党人身上，在解放战争时期，中国共产党面对国民党数倍于己武装到牙齿的武装力量和强权统治，勇敢地承担着解放全中国，建立人民民主专政的共和国的重任。完成这样的崇高使命，对自身的要求是极高的。中国共产党人始终明白一个道理：打铁必须自身硬。延安时期的独特背景以及中国共产党肩负的崇高使命，内在地要求中国共产党必须全面从严治党。

使命型政党要坚定理想信念不动摇。在一个半殖民地半封建社会进行新民主主义革命，其道路注定是曲折而艰辛的，当革命遇到挫折、处于低潮时，最需要的是理想信念，一如长征时期的红军，如果没有理想信念的支撑，哪有可能完成伟大的战略转移！延安时期，是最需要坚定理想信念的时期，没有理想信念，面对强大的敌人，最容易消极悲观。延安时期的中国共产党，十分注重理想信念教育，广大党员干部抱有必胜的信念，革命乐观主义的情怀弥漫于边区和抗日根据地的各个角落。

使命型政党内在地要求共产党人要全心全意为人民服务。使命型政党是立基“党性人理论原理”之上的，西方资本主义制度建立在“理性人假设”的理论之上，而社会主义的政治制度设计是建立在“全心全意为人民服务”价值遵循之上，“党性人理论原理”实质上就是人民至上，党性就是人民性。共产党的这一使命特质，推动了人类政治发展形态从“为私”到“为公”的历史性飞跃。延安时期，党中央注重对党员干部进行宗旨教育，使党员干部都明白一个最为朴素的道理：人民群众是真英雄。在抗战胜利的决定性力量上，毛泽东在《论持久战》中提出“兵民是胜利之本”的重要判断，在实际工作中，遵循“从群众中来，到群众中去”的工作方法，重视人民群众的利益。

使命型政党是建立在严密的组织体系和严格的纪律体系之上的。无产阶级政党的创始人从一开始就明示后人：没有严密的组织体系和严格的纪律要求，最终将一事无成。列宁指出：“无产阶级在争取政权的斗争中，除了组织，没有别的武器。”[①] 中国共产党人通过总结历史经验，也认识到组织

① 《列宁选集》第1卷，北京，人民出版社2012年版，第526页。

起来的重要性，近代中国任列强宰割，是因为没有一种政治力量能够将数亿中国人组织起来，近代中国社会呈现“一盘散沙”的状态。中国共产党要把中国人民组织起来，自身必须具有强大的组织力。延安时期，为更好担负起救国救民之使命，党不断加强组织建设和纪律建设，强化党中央权威，明确“四个服从”原则，完善民主集中制，加强干部队伍建设，严明党的纪律，维护党的团结统一。延安时期，毛泽东强调：“我们要把我们党的一切力量在民主集中制的组织和纪律原则之下，坚强地团结起来。”①

使命型政党内在地要求党员干部要有优良的品格作风。中国共产党作为使命型政党，不同于其他政党组织，我们党担负的使命是崇高而伟大的，为了完成这样的使命，党必须获取最大多数的人民群众的支持和拥护。党要争取最广大人民群众支持的前提条件有两个：一是党必须忠实代表人民利益，让人民看到希望；二是党自身必须先进纯洁，有优良的品格作风，这样才能有效动员群众。延安时期，人民群众之所以拥护和支持中国共产党，很多人就是亲眼见到了共产党的党员干部身上所呈现出的优秀品格和优良作风，而这就是延安时期从严治党的结果。

二、应对局部执政环境新挑战的必然选择

中共中央进驻延安后，在当时国内主要矛盾逐步转化的大环境下，陕甘宁边区及其他革命根据地的政权作为“特区”得到了南京国民政府的承认，自此，中国共产党开始了真正意义上的局部执政。党在延安时期局部执政有着这样几个历史特点：第一，党是在极其复杂的社会环境里执政；第二，党在革命根据地以特殊的民主政权形式执政；第三，党是在服从和服务于革命战争胜利的条件下执政；第四，党是在具有广泛的社会基础的条件下执政。延安时期党局部执政的特殊性给管党治党带来更高的要求和全新的挑战，这一时期，中国共产党兼具革命党和执政党的双重身份，革命党的目标是要打碎一个旧世界，执政党的目标是要建设一个新世界。这样的身份属性给我们党带来全新的挑战。在国共合作背景下局部执政，边区和其他根据地的党员、干部队伍中逐步出现了一些思想上、组织上、作风上、纪律上的问题，尤其是资产阶级腐朽思想苗头和贪污腐败现象，给党所领导的革命事业带来了新的挑战，应对这些挑战，有赖于从严管党治党。

① 《毛泽东选集》第3卷，北京，人民出版社1991年版，第1097页。

一是少数党员干部经不住种种诱惑，开始贪图安逸享乐，甚至贪污犯罪。抗日战争进入战略相持阶段后，国民党对共产党的政策逐步发生了改变，由以往的武力围剿变为逐步地拉拢腐蚀，积极推行“溶共”“限共”等政策，并利用各种手段、通过各种渠道对共产党员进行影响、拉拢和腐蚀。企图通过对共产党思想意识、组织形态等方面的影响和扰乱，对共产党人进行思想腐蚀。在第二次国共合作期间，国民党往往许以高官厚禄、金钱美色来拉拢腐蚀共产党人，有时也会用一些资产阶级的享乐主义、奢靡生活来影响共产党员和干部。第二次国共合作期间，中共领导下的边区和抗日根据地的周边要么是国统区，要么是敌占区，周边的形势对我们党保持自身的纯洁性和先进性较为不利。一方面是国民党的拉拢腐蚀，国民党的管理系统以及军队系统内贪图享受、腐化堕落的情况极为普遍，他们的拉拢腐蚀对中国共产党造成极为不利的影响；另一方面，处在敌占区包围下的抗日根据地，日寇除了采用灭绝人性的军事手段进行扫荡外，也会利用金钱、宗教等“柔性”手段来影响和腐蚀党员干部。1943年11月，毛泽东在《组织起来》的讲话中指出：“我们是处在日本帝国主义和中国反动势力的层层包围之中，我们是处在散漫的小资产阶级的包围之中，极端恶浊的官僚主义灰尘和军阀主义灰尘天天都向我们的脸上大批地扑来。”① 在国共合作和局部执政的新形势下，党内个别革命同志的意志和立场就发生动摇，资产阶级腐朽思想逐步在心中滋生蔓延，有些党员干部经历了战场上的枪林弹雨却经受不住敌人“糖衣炮弹”的攻击，腐化变质，甚至走上犯罪道路。早在1937年11月，毛泽东在延安党的活动分子会议上就告诫过全党要警惕新形势下的各种诱惑，防止“一部分党员对过去艰苦斗争的生活不愿意继续的情绪”。②1938年10月，张闻天在党的六届六中全会上再一次告诫全党：“大资产阶级现在正在用一切方法影响共产党员（如思想上的——一个主义、一个党、一个领袖；物质上的——金钱、地位、美女等），使共产党成为国民党的一派，融化在国民党中，成为它的尾巴。”③ 事实上，在根据地局部执政的中国共产党，面临着新的革命形势和任务，对自身的建设要求比土地革命战争时期还要高。中国共产党要领导中国民族民主革命，要发展壮大自己的组织，要巩固根据地，要

① 《毛泽东选集》第3卷，北京，人民出版社1991年版，第935页。

② 《毛泽东选集》第2卷，北京，人民出版社1991年版，第392页。

③ 中共中央文献研究室、中央档案馆：《建党以来重要文献选编（1921—1949）》第15册，北京，中央文献出版社2011年版，第694页。

赢得全国最广大人民群众的拥护和支持。然而，这一时期有部分党员干部认识不到这一点，思想上放松了警惕，行为上降低了要求，作风上开始骄傲自满。有个别党员不愿继续过艰苦生活，以受国民党委任为荣，贪图安逸，贪图享受。有些人整天讲待遇，讲功劳，总是想着享受在前，吃苦在后，攀比炫耀思想严重。延安时期曾经发生过这样一件事情：有一天，毛泽东接见一位从前线回来的军队干部，一见面，这位干部递给毛泽东一张名片，上面写着“国民革命军第八路军少将旅长”，毛泽东询问了部队的战斗情况、伤亡情况，这位旅长竟然答不上来，毛泽东非常严肃地批评这位旅长：“每个共产党员都是我们的亲兄弟，你连他们牺牲多少都不知道，却在名片上印上自己的少将头衔。少将有什么值得夸耀的？不要学国民党那一套用官牌子压人的作风！”[①] 还有个别共产党员丧失原则、丧失共产党人的气节，甚至投靠国民党。张国焘叛变革命就是一个典型的反面案例。还有个别党员干部居功自傲，自以为是，为所欲为。延安时期发生的“黄克功枪杀女学生案”是党员干部放松要求、居功自傲的最典型代表。

二是边区政府和军队中官僚作风和军阀作风开始抬头。延安时期，在陕甘宁边区，官僚主义作风还时有发生。官僚主义何以会抬头？从社会环境和阶级根源看，与社会环境的影响有很大关系。在陕甘宁边区，中国共产党所处的外部环境是非常复杂的，周边有日本帝国主义和反动势力的重重包围，还有各种非无产阶级思想以及官僚主义、军阀主义的恶劣影响。各种各样的污泥浊水难免会影响我们的政党、政府和军队；从组织根源看，在陕甘宁边区，小生产方式占主导地位，小生产者自身的局限性反映在组织方面，难免会带来一些行会、帮会等习气，进而在组织上会表现为宗派主义、个人专断、脱离群众等；从政权建设看，陕甘宁边区政权建设尚在初步探索中，有些地方的“三三制”政权还很不成熟，如选举制度不严密，执行不认真；地方工作人员素质较差，难以适应急剧变化的形势和艰苦的工作；对一些区乡干部缺少有效的、经常的民主监督等。[②] 陕甘宁边区官僚主义作风在政府工作中主要表现为工作中的命令主义和主观主义。有的党员干部和政府工作人员不去实事求是地调查研究，不向群众做耐心细致的解释和说服工作，对待工作简单地用命令解决一切问题，导致工作逐渐脱离实际、脱离群众。还有主观主义的问题也是存在的。延安整

① 王关兴、陈挥：《中国共产党反腐倡廉史》，上海，上海人民出版社 2001 年版，第 93 页。

② 高民：《对陕甘宁边区反官僚主义斗争经验的思考》，《广西师范大学学报（哲学社会科学版）》1999 年第 S2 期，第 17 页。

风运动中，《解放日报》大量报道了群众工作中存在的主观主义问题，诸如，第一，在抗战动员上，有些工作计划不切实际，对群众生活不管不问或者不了解群众的真正需求，不能根据实际制定群众工作的政策；第二，在扩大抗日武装力量上，武装部队与生产的问题未能正确对待；第三，在解决群众民主问题上，未能深入认识民主制度在群众中是否能完全实行；第四，农村组织太多，会议太多。[①]1943年6月1日，毛泽东在《关于领导方法的若干问题》中批评道："许多同志，不注重和不善于总结群众斗争的经验，而喜欢主观主义地自作聪明地发表许多意见，因而使自己的意见变成不切实际的空论。许多同志，满足于工作任务的一般号召，不注重和不善于在作了一般号召之后，紧紧地接着从事于个别的具体的指导，因而使自己的号召停止在嘴上、纸上或会议上，而变为官僚主义的领导。"[②]官僚主义在决策工作中的表现是政出多门、各自为政，有时甚至朝令夕改，极不严肃。官僚主义在军队工作中主要表现为军阀主义，毛泽东认为，这是国民党军队的一种作风，但在共产党军队中也有表现，比如，"一部分军队工作同志养成了一种骄气，对士兵，对人民，对政府，对党，横蛮不讲理，只责备做地方工作的同志，不责备自己，只看见成绩，不看见缺点，只爱听恭维话，不爱听批评话"。[③]无论是政府工作中的官僚主义还是军队工作中的军阀主义，其本质都是脱离群众，脱离实际，会给党和军队工作造成极大的危害，必须从严治理，才能使我们党、政府和军队保持先进性和战斗力。

三是贪污腐化现象时有发生。除贪图享乐、脱离群众等不良作风之外，边区政府及军队的贪污腐败现象也时有发生。1937年11月，毛泽东要求全党必须保持高度的阶级警惕性，但是少数党员干部依然"脑子里装满了法币"，甚至个别人以权谋私，贪污腐化，不仅破坏了党的纪律，而且还严重损害了党和政府的形象。1941年12月，张家畔税务分局局长肖玉璧，在任内贪污公款3050元。根据《陕甘宁边区惩治贪污暂行条例》："贪污数目在五百元以上者，处死刑或五年以上之有期徒刑。"[④]肖玉璧被依法判处死刑。除了肖玉璧这个典型案例外，《新中华报》《解放日报》还报道了大量关于惩处贪官污吏的案件，如绥德市人民合作社会计王学

① 《反对群众工作中的主观主义》，《解放日报》1942年5月11日，第1版。

② 《毛泽东选集》第3卷，北京，人民出版社1991年版，第900页。

③ 《毛泽东选集》第3卷，北京，人民出版社1991年版，第934页。

④ 《边区政府公布边区惩治贪污暂行条例》，《新中华报》1938年8月15日，第4版。

义贪污公款账目不清；富县税务分局出纳员李文源利用工作之机，涂改账簿，隐瞒税款，数额达到 5000 多元，被依法查办；永平区区长张得仓在任职期间，不经任何上级批准，便将所收公债私自开支 3000 多元，后被撤职查办，并追讨其贪污之公款；延川中区六乡乡长冯昌林贪污公款 8.4 万元，查处后被撤职；盐池县曹姓县长将两起赌博案罚没款 279 元占为已有；甘泉县第一科科员朱英杰将该县 180 元收入纳入囊中；延水县专区主席刘玉川贪污 100 余元的白票；甘泉县保安大队张怀富造假决算，贪污 124 元；等等。有的地方干部甚至打起了公粮的主意，如有的“用大斗收入，用小斗支出”，“在志丹、延川、固临、延长、安定、华池等七县，十七个区的统计”，用此类方法“贪污亏空的粮食有二百零四点一石之多，每石五十元合洋则为一万零二百零五元”。[①] 而有的党员干部开支不透明，浪费极其严重。如三五九旅骑兵大队政委黄炜，“在瓦市驻防时结婚用费七、八千元，衣着耗费，最近更伙同王鸿荣匿报公粮和公款”。[②] 绥德市人民合作社因为铺张浪费被查，合作社主任花了 10 万元买了一匹马自己骑，合作社 3 个人每天吃 30 碗凉粉，6 天就喝掉 2 斤白酒，10 天吃了 160 个鸡蛋，20 天用了 12 斤油，30 天吃掉 300 多斤面，40 天烧掉 1200 斤炭，等等。

这些思想上、作风上和行为上的不良问题虽只是在边区的局部地区、少数人身上存在，尚未形成主流，但其性质十分严重，影响十分恶劣。这些不良现象危害了党群关系和干群关系，影响了党和边区政府的权威，破坏了党和边区政府的感召力，给党在边区的执政带来了新的挑战，“这是民族自卫战争中所不能允许和不能再继续存在的”。[③]

三、解决党员队伍大发展带来的新问题的现实需要

土地革命战争时期，中国共产党党员人数一度达到了 30 万，到 1935 年中共中央和红军到达陕北，党员人数降到了谷底——从 30 万骤减至不足 3 万。党中央和红军初到陕北，一开始对党员的发展比较谨慎，为了确

---

① 曹力如：《陕甘宁边区三年来粮食工作的检讨》，《新中华报》1940 年 12 月 29 日，转引自王关兴、陈挥《中国共产党反腐倡廉史》，上海，上海人民出版社 2001 年版。

② 《西北局奖励廿二位生产英雄，贪污腐化已撤职》，《解放日报》1943 年 2 月 3 日，转引自谭虎娃《延安精神新论》，北京，人民出版社 2015 年版，第 217 页。

③ 甘肃省社会科学院历史研究室：《陕甘宁革命根据地史料选辑》第 2 辑，兰州，甘肃人民出版社 1983 年版，第 77 页。

保党员队伍的素质，对入党对象要求比较高，对入党的限制也比较严格，这一时期，党员队伍发展较为缓慢，到 1937 年年初，党员人数才发展到 4 万人左右。但随着国内革命形势的严峻变化，中共中央开始作出了一系列发展党员的决定。

早在 1935 年 12 月，瓦窑堡会议通过的《中共中央关于目前政治形势与党的任务的决议》指出，“中国共产党是中国无产阶级的先锋队，他应该大量吸收先进的工人雇农入党，造成党内的工人骨干。同时中国共产党又是全民族的先锋队，因此一切愿意为着共产党的主张而奋斗的人，不问他们的阶级出身如何，都可以加入共产党。一切在民族革命与土地革命中的英勇战士，都应该吸收入党，担负党在各方面的工作”[①]。这等于把之前既注重出身又注重信仰的吸收党员标准改变为主要注重信仰，把吸收党员的标准放得更宽了。但即便如此，在全面抗战爆发前，中国共产党组织队伍发展速度依然缓慢。党组织队伍快速发展是在全面抗战爆发后，为适应抗战形势的需要，1938 年 3 月，中共中央发布的《关于大量发展党员的决议》指出：“为了担负起扩大与巩固抗日民族统一战线以彻底战胜日本帝国主义的神圣的任务，强大党的组织是必要的。但应该指出，目前党的组织力量，还远落在党的政治影响之后，甚至许多重要的地区，尚无党的组织，或非常狭小。因此大量的十百倍的发展党员，成为党目前迫切与严重的任务。”[②] 要纠正在发展党员问题上的“关门主义的倾向”，“大胆向着积极的工人，雇农，城市中与乡村中革命的青年学生，知识分子，坚决勇敢的下级官兵开门，把发展党的注意力放在吸收抗战中新的积极分子与扩大党的无产阶级基础之上”。[③] 通过实施一系列措施，党员队伍突然迅速地发展壮大起来。有的地方党员人数在短短数月增长几十倍。鲁西北地区为发展党员，开展“红五月党组织大发展活动”，在短时期内力求党员数量的增加，到 1938 年 7 月，就由全面抗战前的不足 200 人发展到 9000 余人。[④] 截至 1937 年年底，山西省长治县只有党员 20 名左右，经过 1 年

① 中共中央文献研究室、中央档案馆：《建党以来重要文献选编（1921—1949）》第 12 册，北京，中央文献出版社 2011 年版，第 549 页。

② 中共中央文献研究室、中央档案馆：《建党以来重要文献选编（1921—1949）》第 15 册，北京，中央文献出版社 2011 年版，第 186 页。

③ 中共中央文献研究室、中央档案馆：《建党以来重要文献选编（1921—1949）》第 15 册，北京，中央文献出版社 2011 年版，第 186 页。

④ 中共山东省委党史资料征集研究委员会：《山东抗日根据地》，北京，中共党史资料出版社 1989 年版，第 285 页。

多的发展，到 1939 年 2 月，长治县党员数猛增到 2410 人。[①] 自党中央下发大量发展党员的决议后，各边区和根据地都很好地贯彻执行党的决议，至 1942 年年初，中共党员的数量就由刚到陕北时的不足 3 万激增到 80 多万。[②] 但是，由于各级党委缺乏对发展党员工作的具体指导，党的各级组织对入党对象把关不严，甚至以“完成任务”的思想来发展党员，致使在延安时期短时间壮大起来的党员队伍出现了一系列的新问题。

一是党员成分更加复杂。在中共早期，党员主要来自工人、农民和小资产阶级。延安时期，党员队伍快速扩容，与之前相比，党员的成分更加复杂化。在土地革命战争时期，由于受“左”的路线的影响，我们党对知识分子的革命性认识不足，对从知识分子中吸收党员的重要性也认识不足。延安时期，大量“国统区”的知识分子和文艺青年纷纷来到了延安。为了吸收知识分子入党，党中央提出：“对家庭和社会关系复杂的知识分子、青年学生，只要表现好、思想进步、历史清楚的，就放手发展。”[③]1939 年 12 月，党中央专门作出了《大量吸收知识分子》的决定。1941 年 4 月 23 日，中央军委发出的《关于军队中吸收和对待专门家的政策指示》中还曾专门指出：“非党员的专门人才要求入党时，我们应乐于吸收他们入党，对他们作苛刻的限制是不适宜的。”[④] 在海外，很多海外华侨经西安八路军办事处的介绍辗转来到延安。据统计，延安时期在抗大学习的华侨青年、留学生和港澳青年，第 4 期有 64 人，第 5 期有 95 人；在延安中国女子大学学习的华侨青年有 20 多人，在陕北公学学习的华侨青年先后有 200 多人；这些华侨青年经过学习后大部分都加入了中国共产党。[⑤] 对知识分子和青年学生“开门”的政策，很快就见到了成效，大量的知识青年被吸纳到党内来。1938 年 4 月，抗大第 4 期共招收学员 5562 人，其中，知识青年党员 530 人，经过教育学习，到 12 月结业时，知识

① 中共长治市委党史研究室：《中国共产党山西省长治市历史大事记述》，北京，中共党史出版社 1994 年版，第 187 页。

② 《中国共产党各时期党员人数统计数字》，CCTV 央视国际网站：http://www.cctv.com/specials/80zhounian/sanji/bj060807.html。

③ 李维汉：《回忆与研究》（上），北京，中共党史资料出版社 1986 年版，第 420 页。

④ 中共中央文献研究室、中央档案馆：《建党以来重要文献选编（1921—1949）》第 18 册，北京，中央文献出版社 2011 年版，第 224 页。

⑤ 康小怀：《抗战时期陕甘宁边区侨务工作探析》，《甘肃社会科学》2017 年第 6 期，第 73 页。

青年党员已发展到3304人。[①]虽然很多知识分子都有对国家和民族的深厚感情，有的还怀着对共产主义的信仰和对革命事业的信念，但在大量吸收知识分子入党的过程中，也有一部分阶级异己分子以及国民党间谍等敌特分子混入了这些知识分子当中。此外，在延安时期，我们党判断：在抗日战争的大潮中，"一部分民族资产阶级，许多乡村富农和小地主，甚至一部分军阀也有对革命采取同情中立的态度以至于有参加的可能"，[②]由此出发，在发展党员的方面，也要尽量争取这些人中间的进步分子。比如争取要求进步的国民党党员、三青团团员以及帮会中的进步分子。毫无疑问，这种做法在当时的背景下是正确的选择，但由于党员成分的复杂化，在边区和根据地，难免会有一些农民中的投机分子以及帮会组织一般成员也加入了党组织，有的党组织甚至还混入了一些流氓地痞和寄生虫[③]。

二是党员发展方式粗放。中国共产党成立以来，在发展党员方面较为谨慎细致，在当时革命斗争残酷而复杂的局面下，要求党员必须对党绝对忠诚和对组织绝对服从。党的一大《党纲》和二大《党章》都规定，入党需要"经党员一人介绍"，党的三大修改党章的时候就将入党介绍人由一人增加到两人。1928年6月党的六大修改的《党章》规定，"入党的条件分下列数种：（甲）工厂工人，须经党员一人之介绍，由生产支部通过。（乙）农民手工业者，智识分子及各机关下级服务人员，须有党员二人之介绍。（丙）各机关服务人员，须有党员三人之介绍……（丁）脱离其他政党（如国民党等）而加入本党，须经有党籍一年以上之党员三人介绍。"不仅如此，党的六大修改《党章》还规定了入党介绍人的责任和义务，"介绍人应对被介绍者负责，如遇有介绍书不确实时，则应受党纪之制裁，以至于开除党籍"。[④]党章的这些规定都被很好地执行，在发展党员方面严格把关，这也是我们党早期党组织发展慢的原因之一。但是，在抗战初期，为承担抗日之重任，中国共产党不得不加快发展党员，壮大组织队伍。这种情况之下，在党员发展方面，较之于中共成立的早期，发展途径多元化，发展方式也粗放一些，很多地方存在突击发展党员的情况。

---

① 中共中央党史研究室：《中国共产党历史》第1卷（上册），北京，中共党史出版社2002年版，第642页。

② 中共中央党史研究室：《中国共产党历史》第1卷（上册），北京，中共党史出版社2002年版，第528页。

③ 黄修荣、刘宋斌：《中国共产党廉政反腐史记》，北京，中国方正出版社1997年版，第192页。

④ 中共中央文献研究室、中央档案馆：《建党以来重要文献选编（1921—1949）》第5册，北京，中央文献出版社2011年版，第471页。

比如，山东沂南县委计划两个月发展1000名党员。[①]为完成任务，有的基层党员主要在自己的同学、同乡、亲属中发展党员，这种情况被称为“拉夫”现象，在边区和各抗日根据地均普遍存在。据档案记载，胶东地区有些党员在自己亲属中吸纳新党员，母亲发展女儿、丈夫发展妻子，家庭小组遂应运而生。[②]滨海地区有些党员在亲友、同学圈子中发展党员。[③]中央档案馆和陕西省档案馆合编的《陕西革命历史文件汇集》（全21册）记载了很多当时中国共产党在边区以及国统区发展党员的史料。例如，某校的一位刘姓学生党员，通过同乡会结识了不少朋友，之后则经常与其在一起打篮球。他在聊天和谈话中发现了一些积极分子，把其中的积极分子都结拜成了兄弟。经过一个时期的影响教育，不久拜把子的13人中有11人都入了党。[④]还有的通过先与农民结拜兄弟，再在日常接触中给农民讲革命道理，提高农民思想觉悟，最后再发展他们入党。

三是理论水平偏低。抗战初期，基层党组织通过多种方式快速发展党员，这其中有部分党员思想觉悟高、理论水平高、信仰坚定，也有相当一部分思想觉悟不够高、理论水平偏低的，甚至大部分都是文盲、半文盲。有的党员在入党前对中国共产党知之甚少，对马克思主义更是完全没有听说过。特别是在偏僻贫穷的农村，农民大多对政治是非常冷淡的，诚如蒋梦麟所言，于偏僻农村的农民而言，“谈狐说鬼的故事比军国大事更能引起他们的兴趣，”[⑤]用马克思主义真理的科学性去说服他们，有一定的难度。有的基层党组织党员为了动员农民入党，不得已而采取“迂回战术”，用看得见的“眼前利益”先动员他们入党，然后再对他们进行马克思主义理论教育。比如，在有的抗日根据地，有入党介绍人在发展党员时，先给贫苦农民送几块煎饼，再给他讲道理：跟着共产党干革命，革命成功以后，“将来就没有穷的富的，吃饭更不成问题”。[⑥]山东胶东地区有基层党员在动员农民入党时给他们这样讲入党的好处：“可分田分房、能作阔事、衣食无忧。”[⑦]这些做法从针对当时理论水平低下的农民来说，有一定

---

① 杨发源：《抗战前期根据地基层党员发展工作及启示》，《湖南社会科学》2016年第4期，第218页。

② 东海地委：《六年来组织工作总结》（1944年7月），档案编号：G024—01—0203—002。

③ 滨海地委：《五年来组织工作总结》（1943年4月29日），档案编号：G029—01—0003—002。

④ 熊丰：《抗战初期中共如何发展党员》，澎湃新闻：www.thepaper.cn/newsDetail_forward_1405481。

⑤ 蒋梦麟：《西潮·新潮》，长沙，岳麓书社2000年版，第16页。

⑥ 鲁中区党委：《五年来组织工作总结》（1943年3月），档案编号：G027—01—0020—001。

⑦ 东海地委：《六年来组织工作总结》（1944年7月），档案编号：G024—01—0203—002。

的合理性。但是，由于发展方式粗放，各基层党组织大多对入党条件、程序没有严格按党章规定的制度执行，一些党员对党的性质、宗旨及其章程几乎完全不了解。此外，在延安时期，很多党员都是在战斗中入党的，前线火线入党是当时的普遍做法。而且，这些在战场上火线入党的党员很多都成长为党组织和军队的骨干，他们打仗很勇敢，但是由于文化水平低，他们在理论上、认识上的缺陷就显现出来了，并且级别越往上问题就越明显，有些党的基层干部甚至不知道主持党支部会议的程序。对此，刘少奇曾严肃地指出：中国共产党有一个弱点，“就是党在思想上的准备、理论上的修养是不够的，是比较幼稚的”。[①] 很多党员由于受到当时各种客观和主观条件的限制，很少有机会接受党的理论教育，理论素养不是很高，辨别是非和真伪的能力不强，容易受各种错误思想的影响，从而在贯彻执行党的路线、方针和政策的过程中容易出现不同程度的错误和偏差。毛泽东也总结了当时党内党员干部存在的 3 种情形，即“不注重研究现状，不注意研究历史，不注重马克思列宁主义的应用”。[②] 应该说这与我们党所吸纳的党员大部分理论水平偏低有直接的关系。

四是部分党员入党动机不纯。从党的一大《党纲》到六大《党章》都规定，承认党的纲领和章程，愿意参加党的一个组织并在其中积极工作、执行党的决议和按期缴纳党费的先进分子，可以申请加入中国共产党。党的二大通过的《关于共产党的组织章程决议案》还要求，“个个党员不应只是在言论上表示是共产主义者，重在行动上表现出来是共产主义者”。这些重要的章程和规定表明，中国共产党自成立之日起，就非常注重自身的先进性。那么，这个先进性在入党之前需要长时间考察，入党之后还需要不断强化提高。抗战初期，我们党大量发展党员的时候，对入党者先进性的考察过于简单粗放。在农村发展党员，往往就是看被发展对象是否与旧势力有矛盾、是否具有斗争精神、是否勇敢等等，至于对中国共产党性质和宗旨的认识、对马克思主义科学理论的信仰、对党的纲领及其奋斗目标的认识这些衡量先进性的判断标准，则基本不被看重，不少农村基层党组织新发展的党员对中国共产党和中国革命的认识几近于空白。从入党动机看，当然有一部分是为了无产阶级革命事业而加入中国共产党的，也有一部分人为着眼前利益、个人利益，甚至怀着其他动机而入党。据苏鲁豫皖

① 《刘少奇选集》上卷，北京，人民出版社 1981 年版，第 220 页。

② 中共中央文献研究室、中央档案馆：《建党以来重要文献选编（1921—1949）》第 19 册，北京，中央文献出版社 2011 年版，第 645 页。

边区西海地委《党务工作报告（1944年）》档案记载：平北县二分区共122名党员，入党动机统计如下："为抗日的"76人，为"保护个人利益的"15人，"看着八路好的"5人，"不愿受资产压迫的"12人，"为给八路军送情报的"5人，"看着抗日政府好的"2人，"为贫吃富的"7人。[①]另据招远县委组织部档案《抗战六年来招远党的组织建设总结报告（1944年7月13日）》记载，招远县有一个党支部新发展23名党员，入党动机也多种多样：见"八路军不打人、共产党不错、因游击队压迫"的10名；"因受婆婆气"2名；"参加党为了抗日胜利幸福"5名；"不知什么事另参加一个会"3名；"因受财主压迫"3名。[②]还有一些党员入党是为了寻找靠山，为了不被人欺负；有的是为了解决生计问题，认为入了党吃饭问题就有了保障；有的是碍于面子而入党，"父兄参加组织，自己碍于情面也入党"；还有的甚至是因为婚姻问题，"有人不堪丈夫压迫欲另寻丈夫而入党，有人受翁姑压迫欲另找出路而入党"；[③]更有甚者，是"为了吃的开，出点风头"，以及"不知道何故而入党"；[④]"有的只是由于狂热，有的是由于赶时髦，有的甚至由于钻营个人利益"。[⑤]这些五花八门、多种多样的入党动机，与无产阶级革命伟大事业的要求相去甚远，需要加以改造。同时，由于在大量发展党员的过程中，没有很好地把好"入口关"，导致有些动机不纯的人混进党内，一旦革命形势遇到暂时的困难和挫折，他们就有可能离开党组织，甚至背叛党组织。1938年秋，"晋察冀军区第五支队司令员赵侗带随员10余人从平西地区叛逃"，[⑥]靖边县"叛变了两个支部书记（一个是镇靖区五乡冯保山，一个是新城区一乡邓保卿），两个均叛出友方到顽固部（队）中当兵；新城区六乡叛了一个自卫军排长，亦到友方当兵"。[⑦]

五是思想改造任务繁重。在古田会议时，我们党就确立了"思想建党"的原则。但是，在延安时期，随着党员队伍的扩大，党内各种非无产

① 西海地委：《党务工作报告》（1944年），档案编号：G024—01—0207—004。

② 招远县委组织部：《抗战六年来招远党的组织建设总结报告》（1944年7月13日），档案编号：G024—01—0204—004。

③ 滨海地委：《五年来组织工作总结》（1943年4月29日），档案编号：G029—01—0003—002。

④ 《昌潍县几个农村支部的总结材料》（1944年7月31日），档案编号：G026—01—0091—001。

⑤ 中共陕西省委党史研究室、陕西省档案馆：《红色档案——延安时期文献档案汇编（陕甘宁边区政府文件选编）》第2卷，西安，陕西人民出版社2013年版，第400页。

⑥ 《晋察冀抗日根据地·大事记》第3册，北京，中共党史资料出版社1991年版，第44页。

⑦ 中共陕西省委党史研究室、陕西省档案馆：《红色档案——延安时期文献档案汇编（陕甘宁边区政府文件选编）》第2卷，西安，陕西人民出版社2013年版，第322页。

阶级思想逐步开始蔓延，尤其是在局势变得严峻的时候，原先隐藏在党内的各种不良思想就开始日益显现，给党的自身建设和党的革命事业带来了巨大的隐患。延安时期，尤其是全面抗战时期，我们党发展的党员有一大半来自农民，他们虽然深受剥削压迫、生活贫困，有革命的要求，但自身也有诸多缺陷，他们对马克思主义科学理论的认识极度贫乏，对无产阶级革命的认识也比较浅显，他们小生产者的思想意识较为浓厚，更多地关注物质利益，爱占小便宜，不少人头脑中还存在着宗派意识。很多知识分子党员虽然大多有着高昂的爱国热情和革命积极性，但是他们中很多人又不同程度地存在着个人主义思想，如自高自大、风头主义和个人英雄主义等，互助精神和团结精神普遍缺失。还有来自军人、工人、学生、小商人、帮会以及其他成分的党员，在思想意识上也都或多或少地存在着形形色色的非无产阶级思想。择其要者，主要有：一是个人主义思想。有此种思想的党员干部，凡事从个人利益出发，听不得他人意见，计较个人得失，为满足个人利益，不惜损害他人利益和集体利益。二是主观主义思想。这种非无产阶级思想在当时比较普遍地存在，有这种思想的党员干部往往不注重调查研究现状，不注重研究历史，不注重马克思列宁主义的应用，十分喜欢凭借自己头脑之中的固有观念“诏令天下”。① 三是宗派主义思想。农民、帮会等阶层出身的党员容易产生这样的非无产阶级思想，有这种思想的人在党内拉山头、搞宗派，不注重党内团结，排斥“圈外”同志，“一个轻视一个，甚至一个欺负一个”。② 四是小生产者的狭隘思想。有些党员干部目光短浅、思想狭隘，没有远大目标，没有大局观念，往往对于他们鼻子底下的某些小事物却表现得“津津有味”。③ 此外，党内还有一些不同程度的封建主义思想、官僚主义思想、党八股思想、剥削阶级思想等等。这些非无产阶级思想，不通过从严治党的方式进行改造，会对革命事业造成灾难性后果。

综上所述，党在延安时期为了适应新形势的发展和新任务的需要开始大力发展党员，但随着党员队伍的大发展随之也产生了一系列的新问题。

---

① 中共中央文献研究室、中央档案馆：《建党以来重要文献选编（1921—1949）》第 18 册，北京，中央文献出版社 2011 年版，第 295 页。

② 中共中央文献研究室、中央档案馆：《建党以来重要文献选编（1921—1949）》第 19 册，北京，中央文献出版社 2011 年版，第 17 页。

③ 中共中央文献研究室、中央档案馆：《建党以来重要文献选编（1921—1949）》第 16 册，北京，中央文献出版社 2011 年版，第 510 页。

政治纯洁性是决定战争胜负和革命成败的关键因素，因此，这一时期加强从严治党这项任务就显得尤为必要、刻不容缓。

四、巩固边区政权稳定的形势需要

延安时期，陕甘宁边区在特定的历史时期和特定的地理环境下表现出特定的社会生态，集中反映在政治、军事、经济和社会等方面[①]。党为了巩固边区政权的稳定，就必须从严治党，以适应特定时期边区的社会生态。换言之，没有一个思想、组织、作风、制度、纪律全面从严的先进的纯洁的无产阶级政党的领导，边区政权是难以巩固和稳定的。那么，全面抗战时期，边区政权面临什么样的形势呢？以陕甘宁边区为例，其面临的严峻形势主要有：

一是错综复杂的政治形势。陕甘宁边区政府成立后，在边区内一直存在着两类不同的地区：一类是原来的“苏区”；另一类是“统一战线区”。而最大的问题在“统一战线区”，因为在“统一战线区”原国民党的地方政权依然存在，“双重政权”是“统战区”最大的特点，并且绝大多数地区还未实行土地改革，“统战区”内的阶级斗争因而变得错综复杂。[②]

陕甘宁边区所辖地区，由于地理位置偏僻，交通阻塞，各个乡村相对独立并大多远离权力中心。因此，乡村政权长期被一些士绅、帮会组织等封建旧势力把持。在乡村中，乡绅是一个比较特殊的群体，他们大多受过旧式教育，农村中的很多事务都由他们来主持，因此大部分乡绅在乡村中都受到村民的敬重，是乡村中的权威。边区乡村中的帮会组织在乡村设立香堂，也有一定的影响力。很多村民对中国共产党的新政权不信任，甚至有些积极分子即使入了党，也仍然心存疑虑，对党缺乏信任。地主在以前的苏区一直是中国共产党及红军进行土地革命斗争的对象，但在延安时期，为了维护抗日民族统一战线，我党停止了没收地主土地的政策，地主仍占有大部分土地。据统计，在陕甘宁边区还有一半的地区保留了旧的土地制度。而在暂停土地革命的地区，地主在当地依然有很大势力，个别地主甚至左右着乡村的政权。随着“三三制”政策的实行，一些绅士、地主直接参与到边区各级政权中来，直接影响着我党政策在边区乡村地区的

---

① 豆庆升：《中共在陕甘宁边区局部执政经验研究》，河南师范大学 2005 届硕士学位论文，2008 年，第 5 页。

② 胡民新：《抗日战争时期陕甘宁边区的统战工作》，《西北大学学报（哲学社会科学版）》1989 年第 1 期，第 33~34 页。

实施。绥德县辛店区有一个乡，直到1943年乡政权中还没有一个共产党员和党的组织，在1943年7月举行的乡选中仍然选出了一个地主担任乡长。[①] 在陕甘宁边区最初实行普选制时，老百姓对民主选举不理解，“在选举中搞‘提鳖’，把当选当成政府派‘支差’，甚至故意提名一些傻子和不正派的人为候选人”；[②] 在普及教育时，“农民怕儿子识字而变成公家人，使家庭中减少一名劳动力，所以受教育成为老百姓的一种负担，他们宁愿缴五元罚金，以免除受教育的义务”；[③] 在中共政权实行“减租减息”政策时，农民不敢得罪地主，一些不法地主强迫农民交还已分得的土地房屋等。土匪自古以来就是陕甘宁地区的一大祸害。曾经游历陕北的英国领事埃立克·泰斯曼曾说：“我们在陕北旅行时，生命被掌握在了半政治性的土匪队伍手里。”[④] 什么叫“半政治性土匪”？在抗日战争期间，“日本帝国主义收买、勾结、组织和利用边区以外的土匪，进行各种扰乱活动，进攻边区政府”。[⑤] 同时，“许多土匪不仅和边区周围的国民党政权保持着联系，而且得到国民党地方政权公开地或不公开地支持。所以，带有浓厚的政治色彩是抗战时期活动在边区土匪的主要特征”。[⑥]

还有就是民族和宗教问题。陕甘宁边区同回族、蒙古族聚居区接壤，回族全族信教，伊斯兰教不仅是回族的宗教信仰，还是回族社会生活的组成部分和神圣旗帜。国民党政府对少数民族实行大汉族主义的统治，导致各少数民族之间互相不信任甚至仇恨。日本帝国主义还挑拨汉族与少数民族的关系，在回族中鼓吹建立“回回国”，在蒙古族中策动“日蒙联合”等来制造民族分裂。宗教势力也是边区内一股不可忽视的政治力量。西班牙、比利时、英国、美国等国的传教士活动从陇东的庆阳到三边，从府谷、佳县到延安、富县的广大地区，到处都有他们设立的教堂，其中在陕

---

① 黄正林：《社会教育与抗日根据地的政治动员——以陕甘宁边区为中心》，《中共党史研究》2006年第2期，第49页。

② 陈廷湘：《抗日根据地的民主政治与抗战民众动员》，《社会科学研究》1997年第3期，第106页。

③ 《徐特立文集》，长沙，湖南人民出版社1980年版，第322页。

④ 〔美〕马克·赛尔登著：《革命中的中国——延安道路》，魏晓明、冯崇义译，北京，社会科学文献出版社2002年版，第26页。

⑤ 赵文：《试述抗战时期陕甘宁边区的土匪问题》，《宁夏大学学报（哲学社会科学版）》1999年第3期，第63页。

⑥ 黄正林、文月琴：《抗战时期陕甘宁边区对乡村社会问题的治理》，《河北大学学报（哲学社会科学版）》2005年第3期，第51页。

北的天主教教区内就有16处教堂，其中9处有总堂神甫，有5万教徒。[①]

二是强敌环伺的军事态势。抗战初期，陕甘宁边区政府总面积原为约13万平方公里，下辖26个县，南起淳华、耀县，北连荒漠，西到甘肃东部，东临黄河，是一处狭长之地。尽管后来辖区有所变化和调整，其主体依然在陕西北部、甘肃西部这一带。抗战时期，陕甘宁边区面临较大的军事压力。对陕甘宁边区构成军事压力的主要来自三股势力：（1）北部、西部、南部和阎锡山的国民党军；（2）黄河东岸的日军；（3）边区内外的土匪。在三股势力的包围下，边区政权时刻面临内忧外患，处于四面受敌的态势。陕甘宁边区的北线、西线、南线都有国民党军队驻扎。北面有邓宝珊部和高双成部，西面有马步芳、马鸿逵部和盛世才部，南面有蒋介石的嫡系部队胡宗南部，国民党军从战略上形成了对陕甘宁边区的军事包围。抗战初期，虽然国共两党建立了抗日民族统一战线，但国民党的阶级属性决定了国民党的反共本能，驻扎在陕甘宁边区周边的国民党军队始终给陕甘宁边区带来了巨大的压力。随着国际国内形势的发展，进入抗战相持阶段后，国民党对待日本以及共产党的态度均发生变化，由合作抗日转变为"消极抗战，积极反共"。全面抗战以来，中国共产党高举抗日民族统一战线大旗，团结一切可以团结的力量，竭尽全力抵抗倭寇。这样的情势给共产党及其领导下的军队提供了发展壮大的机会，而这又引起了国民党蒋介石的高度恐慌，他们认为："共产党3年来由3万扩大到50万，再一两年定不止100万，那时还有国民党活路？"[②]全面抗战爆发后，八路军开赴华北开辟敌后抗日根据地，至1939年年底，八路军就开辟了晋察冀、晋西北、晋西南、晋冀豫、冀中、冀南等抗日根据地，八路军也由抗战初期的4.6万人发展到27万人。从1939年到1940年春，国民党顽固派在华北以及陕甘宁边区不断制造反共摩擦。蒋介石向其部下明示，"华北平原不能让共产党八路军作根据地，遗患未来"，必须"同心协力将八路军消灭，或撵到北边去"。[③]蒋介石认为，共产党及其军队的发展，主要是有华北和陕北的根据地以及陕甘宁边区为依托，在华北和陕北"自设边区政府，形同割据，破坏中央政制"，"自委地方官吏，俨然一独立国家"，并

① 任杰：《中国共产党的宗教政策》，北京，人民出版社2007年版，第84页。

② 《第八路军在华北陕北之自由行动应如何处置（1940年）》，转引自中国人民解放军政治学院党史教研室《中共党史参考资料》第8册，北京，中国人民解放军出版社1979年版，第325页。

③ 《彭真传》编写组：《彭真年谱（1902—1948）》第1卷，北京，中央文献出版社2012年版，第110页。

"乘机扩充其武力"。[①] 基于此种认识，蒋介石下令胡宗南部向陕甘宁边区发动军事进攻，占领淳化、正宁、宁县、旬邑、镇原、豫旺6座县城和大片乡村；命令朱怀冰部进攻太行山区，袭击八路军总部。此外，在1939年，国民党还制造了"晋西事变""深县惨案""确山惨案"等反共摩擦。对于国民党的军事进攻，中国共产党坚决予以军事回击，打退了国民党的军事进攻。此后，就中国共产党的合法性、八路军和新四军的防区、边区政府的合法性、军队的编制等重大问题，国共两党始终存在重要分歧。抗战胜利后，国民党的反共本质更是原形毕露，最终挑起内战，于1947年对陕甘宁边区发起了进攻。此外，边区还面临日军的强力威胁。1938年，徐州会战结束后，日军占领了从南至北的几乎整个黄河东岸，以及北岸的伊克昭盟等地，从东和北两个方向对陕甘宁边区形成了合围。日本帝国主义多次计划要"使延安覆灭，以消除华北治安的祸根中共军的根据地"。[②] 在1938年和1939年两年间，日军先后以第110、第109、第118、第26师团等部对陕甘宁边区进行了23次进攻，其中较大规模的进攻有7次，1939年6月参与进攻的达到了2万多人，其他大都是三四千的兵力，最少的一次进攻也投入了2000人左右的兵力。日军在河防战役中不仅有军队人数上的优势，而且还有着非常明显的武器装备优势，在各次战斗中，日军投入的重炮都在20门以上，而八路军仅有2门迫击炮。除了国民党军队制造反共摩擦、日军的军事进攻，边区还面临匪患的威胁。近代以来，国民党反动政府在边区横征暴敛，加之自然灾害频繁，致使边区土匪猖獗，民不聊生。据统计，边区政府成立前，陕甘宁一带土匪最多时达10余万人。[③] 中共中央和红军到达陕北后，对土匪进行大规模清剿，土匪基本上被消灭，匪患大大减少。但抗战爆发后，八路军开赴抗日前线，边区军事力量突然薄弱，隐藏起来和活动在边区边境的土匪又开始变得猖獗。他们杀害抗日军人及家属、政府工作人员和爱国人士，有的甚至替日本人充当汉奸。同时，国民党顽固派也和土匪勾结，大肆破坏中共边区政权，烧杀抢掠，无恶不作。匪患对边区政治、经济、文化、社会生活的危害是多方面的。其一，抢劫财物，鱼肉百姓。在距瓦窑堡20公里的龙居

---

① 中国人民解放军政治学院党史教研室：《中共党史参考资料》第8册，北京，中国人民解放军出版社1979年版，第325页。

② 日本防卫厅战史室编纂：《日本军国主义侵华资料长编：〈大本营陆军部〉摘译》下册，天津市政协编译委员会译，成都，四川人民出版社1987年版，第184页。

③ 李庆东：《烟毒祸陕述评》，西安，陕西旅游出版社1992年版，第104页。

梁村一带，土匪“采用封锁政策，不许人民往来行动，以致牲口不能出圈，农民不能上山……任意奸淫掳掠抢劫，无所不为”。[①]更有甚者，国民党的一些地方部门甚至与土匪勾连，鼓励土匪在边区政府辖区内抢劫财物。1940年5月，国民党固原县长叶超指示土匪张廷杰、高登率土匪百余名窜入环县先后抢劫5次，共抢驴子13头、牛3头，并将毛井区三乡乡长姬满成双足砍断，衣服被毯抢劫一空。[②]其二，组织黑军，颠覆政权，破坏抗战。在宁县川庄一带，匪首魏善元、徐占魁等人组织黑军一个排，扰乱社会治安，破坏抗战。在合水地区，国民党军队委任土匪张金卯、赵生等组织黑军杀戮抗日军民。其三，混入军队，策动哗变。抗战期间，土匪一度肆意妄为，他们甚至混入保安队、自卫军，煽动保安队员和自卫军哗变，还有的甚至混入八路军队伍，煽动八路军官兵逃跑，同时还抢劫杀人，无恶不作。1940年1月，土匪赵老五率人突袭环县城，策动耿湾、车道、洪德、虎洞、环县5个区17个乡自卫军哗变，摧毁环县区、乡政府共18处，摧毁学校4处，抢劫合作社5处，共计5000余元，抢去公粮100余石，杀死、拉走区乡干部20余人，抢去枪支22支。[③]其四，勾结日特，为敌人收集情报。抗日战争进入战略相持阶段后，日军很注重收集情报，他们不仅向边区派遣特务，而且收买和勾结土匪，潜入边区和抗日根据地，收集情报并伺机从事破坏活动。土匪王文保与日特勾连，为日本军队收集情报，为日军充当耳目。在日军飞机轰炸宋家川时，王文保用镜子、红布等物品为日军飞机引导轰炸目标。匪患的猖獗给边区和抗日根据地的政权安全和社会治安带来极大的威胁。国民党对边区的封锁围困、日寇的袭击以及匪患，造成了边区和根据地强敌环伺的严峻局面，应对这种复杂局面，没有一个有凝聚力、向心力、战斗力强的先进政党是不行的。从这个意义上说，应对强敌环伺的局面，使自己在严峻环境下生存下来，发展下去，是延安时期从严治党的重要客观原因。

三是落后的社会和经济生活。曾经访问陕北的美国记者埃德加·斯诺说：“陕北是我在中国见到的最贫困的地区之一。”[④]首先，农业和商业

---

① 陕西省档案馆、陕西省社会科学院：《陕甘宁边区政府文件选编》第2辑，北京，档案出版社1987年版，第465页。

② 陕西省档案馆、陕西省社会科学院：《陕甘宁边区政府文件选编》第2辑，北京，档案出版社1987年版，第270页。

③ 袁文伟：《反叛与复仇——民国时期的西北土匪问题》，北京，人民出版社2011年版，第220页。

④ 〔美〕埃德加·斯诺著：《西行漫记》，董乐山译，北京，东方出版社2010年版，第61页。

极其落后。陕甘宁边区土地贫瘠，气候干旱少雨，自然灾害频发，“农业生产力低下，耕作技术落后和粗放经营，造成边区粮食亩产量是很低的”[①]。在农村地区，土地兼并现象严重，“占有人口极少数的地主霸占着60%-80%的土地，许多地主既是商人又是高利贷者”；[②]苛捐杂税名目繁多，“名目多达80余种”。[③]工商业也非常落后。民间仅有一些小手工作坊和盐池、炭窑，“一切日用品基本都是依赖外界”。机器工业几乎不存在，“在成立苏维埃之前，甚至连一个小规模的机器工业都几乎完全不存在。在整个西北，在陕西、甘肃、青海、宁夏、绥远，这些面积总和几乎与俄国除外的整个欧洲相当的省份里，机器工业总投资额肯定大大低于——打个比方来说——福特汽车公司某一大装配线上的一个工厂”。[④]商业也很不发达，“农业、工业落后，农民手中很少有剩余产品，加之农村金融枯竭，农民购买力低下，导致乡村商业贸易也枯萎了”。[⑤]其次，文化和生活方式落后。毛泽东指出：“在一百五十万人口的陕甘宁边区内，还有一百多万文盲，两千个巫神，迷信思想还在影响广大的群众。这些都是群众脑子里的敌人。我们反对群众脑子里的敌人，常常比反对日本帝国主义还要困难些。”[⑥]时任陕甘宁边区政府秘书长的李维汉也说：“知识分子缺乏，文盲达99%，学校教育，除城镇外，在分散的农村方圆几十里找不到一所学校，穷人子弟入学无门；文化设施很缺，人民十分缺乏文化生活；卫生条件极差，缺医少药，人畜死亡率很高，婴儿死亡率达60%，成人达3%；全区巫神多达两千人，招摇撞骗，为害甚烈。人民不仅备受封建的经济压迫，而且吃尽了文盲、迷信、不卫生的苦头，人民的健康和生命得不到保障。”[⑦]妇女地位低下。“在某些方面形成最受压迫最痛苦的社会阶层，甚于年轻人和穷人”。[⑧]边区妇女在政治、经济、文化和婚姻家庭等领域毫无权利可言。“官凭印，虎凭山，婆姨凭的男子

---

① 黄正林：《陕甘宁边区社会经济史（1937—1945）》，北京，人民出版社2006年版，第98页。

② 黄正林：《陕甘宁边区社会经济史（1937—1945）》，北京，人民出版社2006年版，第39页。

③ 星光、张扬：《抗日战争时期陕甘宁边区财政经济史稿》，西安，西北大学出版社1988年版，第15页。

④ 〔美〕埃德加·斯诺著：《西行漫记》，董乐山译，北京，东方出版社2010年版，第250页。

⑤ 黄正林：《陕甘宁边区社会经济史》，北京，人民出版社2006年版，第41页。

⑥《毛泽东选集》第3卷，北京，人民出版社1991年版，第1011页。

⑦ 李维汉：《回忆与研究》（下），北京，中共党史资料出版社1986年版，第566页。

⑧ 〔美〕马克·赛尔登著：《革命中的中国——延安道路》，魏晓明、冯崇义译，北京，社会科学文献出版社2002年版，第113页。

汉”，“母猪不敬神，婆姨不是人”这些俗语都是边区妇女地位的真实写照。妇女在婚姻的选择上也不自由，“存在着买卖婚姻、童养婚、站年汉、招养婚、转房婚等多种传统的婚姻形态，其中买卖婚姻尤其盛行”，“传统的家庭关系也不平等……丈夫打骂妻子、公婆虐待媳妇是很平常的事”。[①]“当地久为流传的‘打倒的婆姨揉倒的面’之俗语显示：打骂妇女几乎成为‘治家有方’的代名词”；[②]卫生条件落后，接生方法极其愚昧，妇女生孩子“只好把自己的生死系之于‘天’，一切顺从于‘天命’，因此当地有顺口溜‘人生人，吓死人’”。[③]再次，吸食毒品的陋习普遍存在。西北地区是当时全国第二大罂粟种植与鸦片产地。“陕甘两省的罂粟种植面积分别占农田面积的90%和75%，男女老少普遍吸食”。[④]埃德加·斯诺在他的著作中写道：“在那条新修的汽车路上，沿途的罂粟摇摆着肿胀的脑袋，等待着收割。”[⑤]据统计，“1936年，延安有居民1096户4841人，就有烟民1500人，有烟馆5家，烟民占居民数的31%，烟馆平均200户一个”。[⑥]中共中央和红军到达陕北后，采取强硬措施禁绝烟毒。但全面抗战爆发后，日本侵略者大肆在中国实行“毒化政策”，陕甘宁边区也未能幸免，个别贪图重利之徒不顾边区政府的禁令，私自偷运、贩卖和种植鸦片，使陕甘宁边区的吸毒现象又死灰复燃。最后，“二流子”问题比较严重。“二流子”是指农村那些无正当职业、不种地不劳动而专靠“盗窃、阴阳、赌博、巫神、土娼”等谋生的人。他们大都“游手好闲，不务正业，沿门乞讨，耍赌博，抽大烟，当巫神”。在“抗战初期，边区存在着大量的不务正业的二流子。以1937年为例，延安市人口不到3000人，而地痞流氓就将近500人，占人口数的16%，延安县人口30000人左右，地痞流氓有1692人，占5%。如果以延安县二流子比例推算全区的话，则140万人口中二流子约占7万人左右，即从低估计，边区有3万无业游

① 秦燕：《抗日战争时期陕甘宁边区的婚姻家庭变革》，《抗日战争研究》2004年第3期，第182页。

② 崔兰萍：《抗战时期反家庭暴力在陕甘宁》，《山西师大学报（社会科学版）》2000年第2期，第88页。

③ 秦燕、岳珑：《陕甘宁边区妇女群体的文化沟通》，《妇女研究论丛》1996年第4期，第37页。

④ 齐霁：《陕甘宁边区禁烟禁毒运动初探》，《甘肃社会科学》1999年第4期，第58页。

⑤〔美〕埃德加·斯诺著：《西行漫记》，董乐山译，北京，东方出版社2010年版，第28页。

⑥ 王吉德：《陕甘宁边区政府禁毒斗争的特点和启示》，《陕西档案》2006年第3期，第39页。

民和二流子，当不为过。”[①] 边区“二流子”的存在，一方面给脆弱的边区财政增加了难以承受的负担；另一方面也给边区社会生活和日常秩序带来了挑战。少数“二流子”还沦为汉奸、特务、土匪或兵痞，成为边区安全的一大隐患。

军事是为政治服务的，政权如果不稳定，百姓的生产、生活水平得不到提高，人民军队在前线的牺牲就失去了意义。边区政权要想成为全国其他地区政权的“模范”和“样板”，首先就要确保这一时期边区政权的稳定，而确保边区稳定就必须加强党的自身建设，必须坚持从严治党。中国共产党是抗战的领导者，承载着全民族的希望，边区是党领导抗战的大后方，从这个意义上说，边区的稳定关乎民族危亡。中国共产党只有通过从严治党，把自身锻造成信仰坚定、作风优良、意志坚强、斗争勇敢的政治组织，才能更好地领导军队，更好地组织和领导边区及抗日根据地的经济、政治、文化和社会建设，从而确保抗日大后方的稳定。

五、确保抗日战争和解放战争胜利的革命需要

延安时期是党领导人民军队取得民族革命和民主革命胜利的一个非常关键的时期。在这个时期，军内外的各级党组织也显现出了一系列各种各样的问题。对于战争时期存在的问题，党如果不及时加以解决就有可能严重威胁到党的革命事业的成功。因此，加强党的建设尤其是从严治党，对确保党的领导和指挥人民军队赢得抗日战争和解放战争胜利显得尤为重要。

抗日战争时期，广大人民群众坚决主张团结起来、一致对外、坚决抗战、确保胜利的呼声非常高。可是，尽管各阶级各阶层人民都站出来表示要求抗日，却不知该如何开展，虽然国共合作搞统一战线，可是国共两党在统一战线中保持了相对独立性，在抗日战争的路线和策略方面并非完全一致。当时国际和国内基本上都把抗战胜利的希望寄托在国民党身上，甚至连斯大林也不太相信中国共产党能承担抗日救亡的重任。苏联在第二次世界大战期间援助国民党的武器装备达 3 亿美元以上，包括飞机、大炮、坦克等重武器，而对延安的援助却是一些书籍和药品。连当时在延安的外国记者们也都看得出来，他们评价道：“苏联将武器都给了国民党，马

---

① 陕甘宁边区财政经济史编写组、陕西省档案馆：《抗日战争时期陕甘宁边区财政经济史料摘编》第 2 编，西安，陕西人民出版社 1981 年版，第 688 页。

列主义给了共产党。”当然，也应该站在当时的国际国内背景下来看待这一问题。1940 年，斯大林在与苏联在华的军事顾问崔可夫的谈话中谈道：“照理，中国共产党人要比蒋介石对我们来说更亲近些。照理，主要援助应该给予他们。”但是，“中国共产党和中国工人阶级要成为反侵略斗争的领导者，还显得太孱弱。要把群众争取过来需要时间。到底需要多长时间，很难说”[①]。由此可见，即便是共产党阵营的领导人斯大林，对中国共产党能不能在一定时期内争取到中国广大民众的支持，也没有多少把握。不过，一方面，国际社会和中国广大人民把抗战胜利的希望寄托在国民党身上；另一方面，因为国民党已经在全国掌握了政权，老百姓对国民党的党风腐败、政治专权又强烈不满。而对于中国共产党，由于国民党一直对宣传舆论进行严格控制，利用舆论优势进行妖魔化宣传，诬蔑共产党及其领导下的武装力量“消极抗战”“游而不击”，八路军“没有伤兵”，在边区各根据地实行“封建割据”，共产党官员“贪污受贿”“侵吞公款”，等等，致使广大老百姓乃至国际社会对中国共产党有很多误解。毛泽东曾经说过：“共产党是一个穷党，又是被国民党广泛地无孔不入地宣传为杀人放火，奸淫抢掠，不要历史，不要文化，不要祖国，不孝父母，不敬师长，不讲道理，共产公妻，人海战术，总之是一群青面獠牙，十恶不赦的人。”[②]可见，这样的舆论环境对共产党是多么的不利。斯诺后来在《西行漫记》中开篇这样写道：“在世界各国中，恐怕没有比红色中国的情况是更大的谜，更混乱的传说了。”[③]同时，在国共合作抗战期间，国民党始终没有放弃“围剿”共产党的计划，到后来对日本的侵略却消极抵抗，一而再地退让。在这样一种复杂的背景下，唯有中国共产党能担负起领导抗日战争并取得胜利的艰巨任务。而中国共产党要领导民族民主革命，迫切需要解决好这样几个重大问题：一是迅速发展党员，壮大队伍，以增强革命力量；二是制定正确的政治路线和军事路线，以保证正确的方向；三是从严治党，保持先进性与纯洁性，以获得广大人民的认同。

延安时期，中国共产党所属主要部队被改编为“八路军”和“新四军”，一方面开赴前线抗击日寇；另一方面在敌后战场广泛开辟抗日根据地并建立抗日民主政权，与敌人开展长久的斗争。由于抗日战争是在国共合作的背景下展开的，因此国民党在对日斗争的同时也不忘对我党和我军

① 杨奎松：《毛泽东与莫斯科的恩恩怨怨》，南昌，江西人民出版社 2003 年版，第 206 页。

② 《毛泽东选集》第 4 卷，北京，人民出版社 1991 年版，第 1485 页。

③ 〔美〕埃德加·斯诺著：《西行漫记》，董乐山译，北京，东方出版社 2010 年版，第 3 页。

的干部进行腐蚀、拉拢，大力推行其“溶共”政策，致使抗日战争时期我党政军各级组织出现了不少问题。一是组织功能弱化。在抗日战争中，随着战争局势的不断发展，人民军队数量不断扩大，许多军队的干部得到了提拔，军队中涌现出了很多年轻的团长、旅长和师长。但有时在军队中提拔干部过于强调战功，而忽视了对其政治素质的考核，致使在军队中党的民主集中制没有得到很好的贯彻。党的各种制度不完善，组织生活开展不经常，干部缺乏批评与自我批评。有的党员干部组织观念薄弱，闹个人意气，互相猜忌议论，破坏彼此间应有的信任，闹无原则的纠纷等，给敌人以可乘之机。二是作风不够优良。有些党员干部在边区和抗日根据地的环境中进步不够，不参加政治学习，躺在过去的功劳簿上，时时处处以老大自居；有的军官干部工作方法不民主，思想狭隘，容不得他人批评。有的不深入基层、不深入连队，不了解基层情况；有的强调生活的优裕，不能够吃苦耐劳，这些不好的作风在某种程度上限制了党组织战斗力的提升。三是思想麻痹腐蚀。广大的敌后抗日根据地往往位于贫穷落后的农村地区，在这些地区往往难以保证党员的思想素质。加上抗日民族统一战线背景下的各级地方政权组成成分复杂，各种非无产阶级思想一时难以得到根除。共产主义的信仰很容易动摇，享乐主义、拜金主义时有产生，在根据地政权中不断出现消极怠工、贪污腐化的现象。四是侵害群众利益现象时有发生。在抗日战争时期，为了繁荣经济，促进根据地的经济发展，我党在各个根据地实行保护民族工商业的政策，很多公营或公私合营的工厂、合作社、商店都蓬勃发展起来。部分干部开始在敌后的抗日民主政权中以权谋私，严重损害了根据地群众的利益，破坏了党群关系，也挫伤了广大老百姓支援前线和参与根据地建设的积极性。这些问题的存在，不仅影响着共产党人的信仰和八路军的威信，更重要的是影响党的先进性，弱化党的组织功能，削弱党的凝聚力和战斗力。

解放战争时期，各解放区的范围不断扩大，军队也从开始的艰难斗争逐步转为后期的节节胜利。随着战争形势的转变和发展，给党在这一时期的革命事业带来了一系列新的挑战。一是解放区面积逐步扩大带来的挑战。在解放战争的后期，解放区的面积开始迅速扩大。和以往敌后根据地相比，新的解放区还没有来得及很好地经营。有些地区的土地改革进行得不彻底，老百姓对共产党还缺乏了解和信任。有的党员干部在新的解放区工作方法简单，甚至在政权交接、土地改革、公粮征集中徇私舞弊、以权谋私，极大地损害了群众的利益和党的威信。二是党员和军队数量逐渐增多带来的挑战。在解放战争时期，党员人数从1945年的121万已经发展到了1947年的270万。[①]随着解放区的扩大，很多地主和富农也混入了党员的队伍，甚至在地方政权中充当了领导干部。他们往往党性不纯，善于隐藏又缺乏革命理想，组织观念淡薄，靠着在特殊时期的空档骑到人民头上，一方面歪曲党的政策，阻挠土地改革的进行；另一方面隐瞒基层实际，增加农民负担。到1948年11月，解放军人数由原来的127万发展到了280万，[②]其中，大约有160万农民和80万俘虏成为解放军战士。[③]很多人还没来得及教育就被编入了战斗序列，这就不可避免地让一些投机分子混入解放军的队伍，从而很难保证革命队伍的纯洁性和人民解放军的战斗力。三是部队进城带来的挑战。随着解放战争的形势发展，中国共产党开始把工作重心从农村转入城市，大量部队开始入城。在长期的革命战争中，党和军队的指战员都熟悉了农村的工作和战斗环境，突然间转入城市，很多人还没做好思想上的准备。有些入城部队纪律不严，进城后本位主义地乱抓物资，违反纪律，不讲政策；某些后方机关的生产人员进城后抢购物资，做买卖，扰乱城市的金融物价；某些部队后勤人员借口“军用”，借口没收蒋伪“敌产”，侵犯城市工商业，搬运器材，损害工厂设备等。[④]在张家口，还出现了入城的干部贪污腐化的现象。到了城市中，解放军能不能获得群众的支持，能不能经受住灯红酒绿的诱惑，能不能经得起敌人“用糖衣裹着的炮弹”的攻击，是一个亟待解决的问题。

党在延安时期的中心工作任务就是取得抗日战争和解放战争的胜利，而人民军队是党缔造和领导的，确保人民军队听党指挥、能打胜仗就必须要加强党的建设。总的来说，随着形势的发展变化，延安时期党的自身发展和主要任务也随之发生了巨大变化，而这些变化带来的很多都是新的问题和挑战。面对新问题和新挑战，如何围绕中心任务开展工作，最终取得抗日战争和解放战争的胜利，必须解决好前文提到的3个重要问题，即制定正确的政治路线和军事路线，不断扩大党员和军队的规模，全面从严治党，保持自身的先进性和纯洁性，提升党组织的战斗力和活力。回顾历

---

① 陈东辉：《新民主主义革命时期党对反腐倡廉建设的探索》，《中州学刊》2012年第5期，第158页。

② 《周恩来军事文选》第3卷，北京，人民出版社1997年版，第514页。

③ 陈东辉：《新民主主义革命时期党对反腐倡廉建设的探索》，《中州学刊》2012年第5期，第158页。

④ 杨芃：《新民主主义革命时期中国共产党廉政建设研究》，天津商业大学硕士学位论文，2013年，第36页。

史，可以看出，我们党将这几个重要问题都解决得很好，也正因为如此，中国共产党才在延安时期的13年实现了由小到大、由弱到强的转变，最终领导中国新民主主义革命走向胜利。

六、共产国际解散后中国共产党应对挑战的客观需要

1919年，列宁创建了第三国际，即共产国际，集中领导世界各国的共产主义运动。共产国际是世界各国共产党和共产主义组织的国际联合机构，就组织架构而言，共产国际比第一国际和第二国际组织更为紧密，它规定，加入共产国际的各国共产党均是它的一个支部。《加入共产国际的条件》规定，共产国际的“一切决议，所有加入共产国际的党都必须执行”。[①]中国共产党成立早期，就成为共产国际的一个支部，按照规定，接受共产国际的领导，执行共产国际的决议，是中国共产党的责任和义务。

应当肯定的是，在中国共产党成立的早期，共产国际在组织建党、物质帮助、经费支持、政策指导等方面，给予中国共产党以极大的支持和帮助。当然，同时也要看到，共产国际的这种组织架构和管理体制，给加入其中的各国共产党造成一定的困境，由于共产国际对各国革命的具体实际缺乏全面的了解，在指导各国无产阶级运动的问题上，往往存在着“一般号召不与各国实践相结合，具体布置代替了原则的指导，变成了干涉各国党的内部事务，使各国党不能独立自主，发挥自己的积极性、创造性”。[②]

1943年5月，共产国际因多种原因宣布解散。对于共产国际解散，中国共产党认为这“不是为了削弱各国共产党，而是为了加强各国共产党，使各国共产党更加民族化，更加适合反法西斯战争的需要”。[③]就此而言，共产国际解散对于中国共产党独立自主地解决中国革命问题提供了良好机遇。但任何事情都是辩证的，机遇往往与挑战并驾齐驱。共产国际解散后，中国共产党在自身建设方面面临着来自内部和外部的双重挑战。

内部挑战是一些党员干部在思想认识上还存在模糊认识，对国际国内形势缺乏科学认识，有的党员干部还没有完全从教条主义的蒙蔽下解放出来；各抗日根据地还不同程度地存在官僚主义、宗派主义、专制主义和极

① 〔英〕珍妮·德格拉斯选编：《共产国际文件》第1卷，北京编译社译，北京，世界知识出版社1963年版，第215页。

② 《周恩来选集》下卷，北京，人民出版社1984年版，第301页。

③ 《毛泽东文集》第3卷，北京，人民出版社1996年版，第22页。

端民主化等错误思想倾向；一些党员干部面对国民党顽固派的拉拢腐蚀，有的“满脑子里装着的不是马列主义，而是各种罐头、美国橘子、上等饼干、老母鸡、补针补药，一心要想过资产阶级的生活”。[①]

外部挑战来自国民党顽固派的思想政治进攻。众所周知，国民党对抗战的态度并非一以贯之的，抗战进入战略相持阶段后，国民党发动了两次大规模的反共摩擦，尽管被中国共产党一一打退，但国民党顽固派的反共态度始终没有发生变化。1943 年 5 月，共产国际解散，国民党借机在思想政治战线上对中国共产党发动进攻。他们利用宣传优势大造舆论，散布“马克思主义已经破产”“共产主义不适合中国”“皮之不存，毛将焉附”，要“把马克思主义放在显微镜下去检讨”[②]等错误言论，以误导民意。重庆的各大报馆和出版社，如《中央日报》《扫荡报》《中央周刊》《时代青年》以及正论出版社、青白出版社等，纷纷刊登反动文章和各类专论。与此同时，国民党特务机关“明令其所属，乘共产国际解散之机会，发动大规模的反共宣传攻势”，[③]潜伏在各抗日根据地的国民党特务借各种机会在群众中散发反动言论，叫嚣“取消中国共产党”“取消陕甘宁特区”。

应对共产国际解散后面临的内外部挑战，客观上要求中国共产党从严治党，以应对危机。面对挑战，中国共产党采取了有效的应对措施，既打退了国民党顽固派的思想政治进攻，也强化了党的自身建设。一是加强党性修养，坚定理想信念。国民党借共产国际解散之机进行反动宣传，其真实目的是要动摇中国共产党的理论根基，把马克思主义“赶出中国”。对此，中国共产党人的观点是，马克思主义之所以能够在中国传播并成为中国共产党的指导思想，是因为马克思主义是科学真理，中国人民需要马克思主义，马克思主义是适合中国的，“谁要想来摇撼它，谁就会自趋死亡”。[④]我们要坚定，马克思主义在中国一定会取得胜利。二是积极开展宗旨教育，夯实党的领导的群众基础。国民党顽固派的反动宣传就是要和中国共产党争夺群众，事实上，人民群众支持和拥护谁，主要是看谁能够真正为人民群众做实事。鉴于此，中共中央要求，每个党员干部“应当

---

① 安徽省财政厅、安徽省档案馆:《安徽革命根据地财经史料选》第 1 辑，合肥，安徽人民出版社 1983 年版，第 240 页。

② 社论:《伟大的祖国爱》,《中央日报》1943 年 5 月 29 日，第 1 版。

③ 转引自张春雷《共产国际解散后国共两党在思想政治战线上的一场激战》,《教学与研究》1985 年第 5 期。

④ 《周恩来选集》上卷，北京，人民出版社 1984 年版，第 139 页。

以公仆的资格为群众服务的精神去解决群众问题”，“政府负责人应当听取各阶层的意见或呼声，明了实际情形，作为决定任务与办法的基础”，[①]要培养边区各级政府工作人员的为人民服务意识，厚植党员干部的公仆情怀。三是密切联系群众，克服官僚主义作风。1943 年 5 月 26 日，毛泽东在《关于共产国际解散问题的报告》中指出：“我们共产党人不是要做官，而是要革命，我们人人要有彻底的革命精神，我们不要有一时一刻脱离群众。”[②]同年 12 月 5 日，中共中央书记处在《对贯彻执行毛泽东关于组织起来的方针的指示》中明确要求，党员干部“不要沾染国民党作风。这种国民党作风就是只向老百姓要东西，而不给老百姓以任何一点东西，这就是官僚主义作风与军阀主义作风”。[③]四是厉行节约，大力发扬艰苦奋斗精神。抗战进入战略相持阶段后，国民党对边区采取封锁政策，导致边区生产和生活用品极度短缺，为克服困难，中共中央号召党员干部厉行节约，艰苦奋斗。共产国际解散后，面对国民党的思想政治进攻，中国共产党更加强调艰苦奋斗精神，以凝聚力量，克服困难。五是严惩贪污腐化。国民党顽固派对共产党人和边区军民，不仅采取思想上的进攻，还同时采取物质上的引诱等手段拉拢腐蚀干部，对于极少数禁受不住诱惑而贪污腐化分子，我们党采取极为严厉的惩戒措施。

共产国际解散后，中国共产党通过从严治党来应对挑战，取得了非常显著的成效。首先，广大党员干部的思想认识水平和思想觉悟得到明显提高，多数党员干部对马克思主义的真理性以及马克思主义与中国实际相结合的必要性这样的重大思想理论问题的认识更加深刻。其次，官僚主义等不正之风得到明显改观。广大党员干部为人民服务的意识较为明确，“甘为民仆耻为官”的价值观成为广大党员干部的普遍追求。在陕甘宁边区和各抗日根据地，“只见公仆不见官”成为亮丽的风景。最后，“自力更生，艰苦奋斗”蔚然成风。美国记者杰克·贝尔登在边区和抗日根据地的见闻让他大为感慨：“在共产党地区，政府官员的生活是艰苦的，物质报酬是谈不上的。贪污勒索在中国久有传统，但在这里却没有什么机会。”[④]

---

① 豫皖苏鲁边区党史办公室、安徽省档案馆：《淮北抗日根据地史料选辑》第 2 辑第 1 册，内部发行 1985 年版，第 280~281 页。

② 《毛泽东文集》第 3 卷，北京，人民出版社 1996 年版，第 23 页。

③ 中共中央文献研究室、中央档案馆：《建党以来重要文献选编（1921—1949）》第 20 册，北京，中央文献出版社 2011 年版，第 670 页。

④ 〔美〕杰克·贝尔登著：《中国震撼世界》，邱应觉等译，北京，北京出版社 1980 年版，第 99 页。

第三章 延安时期从严治党的主要内容

在中国共产党党建历史中，党在延安时期的13年具有非常重要的地位。这13年，我们党始终坚持从严管党治党，而且是全方位地从严治党，表现在政治建设、思想建设、组织建设、作风建设、反腐倡廉建设、制度建设和纪律建设等方方面面。在马克思主义党建思想的指导下，中国共产党在落脚陕北之前，已经对从严治党进行了长期不懈的探索，但这种探索是在革命斗争处于极其困难且自身经验不足的情况下进行的，尽管在探索中取得了很大的成效，积累了一些好的经验，但放在中国共产党百年历史长河中看，延安时期之前在从严管党治党方面还远远没有成熟。延安时期，一是源于局部执政需要，二是源于应对复杂革命形势的需要，三是基于党的队伍快速发展的现实状况，我们党在自身建设的各个方面都从严要求，把中国共产党锻造成一支思想上先进、政治上成熟、组织上严密、作风上过硬、工作中廉洁、纪律上严明的队伍，成为当时中国各种政治力量中最先进、最纯洁、最有凝聚力和战斗力的政治力量。

第一节 思想建设从严：加强理论学习，用科学的理论武装党员干部

思想建设是延安时期中国共产党加强党的建设的重要内容，“着重从思想上建党”是延安时期从严治党的一个显著特色。

一、“掌握思想领导是掌握一切领导的第一位”

着重从思想上建党是中国共产党的重要建党原则，也是党在100多年革命、建设和改革实践中探索出的重要经验。在中国共产党内，较早认识到党的思想建设重要性的当属毛泽东。在第二次国内革命战争时期，中国

共产党党员成分较为复杂，思想认识分化严重，鉴于此，在 1929 年 12 月召开的古田会议上，毛泽东指出要将党内思想教育列为最迫切的任务之一，对于党内的种种非无产阶级思想要坚决纠正。毛泽东在他起草的《古田会议决议》的一部分——《关于纠正党内的错误思想》中指出："红军第四军的共产党内存在着各种非无产阶级的思想，这对于执行党的正确路线，妨碍极大。若不彻底纠正，则中国伟大革命斗争给予红军第四军的任务，是必然担负不起来的。"[①] 这是中国共产党着重从思想上建党原则初步形成的标志。

延安时期，着重从思想上建党这一原则得以延续并不断强化。1935 年 12 月，在瓦窑堡会议上，中国共产党提出了"两个先锋队"的论断，即中国共产党既是中国无产阶级的先锋队，也是全民族的先锋队，党向全民族中的先进分子敞开大门，不管他们是什么样的阶级出身，只要他们愿意为共产主义事业而奋斗。"党不惧怕非无产阶级党员政治水平的不一致，党用共产主义教育去保证提高他们到先锋队地位。"[②] 抗战全面爆发后，很多党员干部对于新形势下如何开展党的工作，缺乏马克思主义理论素养，不能用马克思列宁主义的思想观点去分析和认识问题，不利于党争取统一战线领导权，进而有损于全民族抗战伟大事业。为此，张闻天在 1937 年 5 月 17 日至 6 月 10 日于延安召开的中国共产党白区工作会议上指出："在思想上用马克思列宁主义的武器武装全党同志，是党目前争取民族统一战线中的领导权的最主要的任务。"[③]1937 年 9 月，毛泽东在《反对自由主义》一文中也提出我们党要把开展积极的思想斗争作为思想战线的重要任务来抓。1942 年，毛泽东在给刘少奇、彭德怀的一封电报中指出："我们已定思想、政治、政策、军事、党务五项为政治局业务中心，而以掌握思想为第一项。"[④] 在整个延安时期，中国共产党的思想建设一直抓得紧、抓得严，这也是我们党的事业取得胜利的一个重要保证。毛泽东认为："掌握思想教育，是团结全党进行伟大政治斗争的中心环节。如果这个任务不解决，党的一切政治任务是不能完成的。"[⑤] 为了加强党的思想

---

① 《毛泽东选集》第 1 卷，北京，人民出版社 1991 年版，第 85 页。

② 中共中央文献研究室、中央档案馆：《建党以来重要文献选编（1921—1949）》第 12 册，北京，中央文献出版社 2011 年版，第 549 页。

③ 《张闻天文集》第 2 卷，北京，人民出版社 1993 年版，第 295 页。

④ 《毛泽东文集》第 2 卷，北京，人民出版社 1993 年版，第 392 页。

⑤ 中共中央文献研究室：《建国以来重要文献选编》第 4 册，北京，中央文献出版社 1993 年版，第 532 页。

建设，延安时期，毛泽东还写了著名的“哲学两论”，即《矛盾论》和《实践论》，还有《纪念白求恩》《愚公移山》《为人民服务》等文章，用以统一共产党人的思想认识，指导党员干部形成正确的世界观和价值观。通过延安整风运动，全党同志都看到了党的思想建设的重要性，毛泽东也更加坚信：“掌握思想领导是掌握一切领导的第一位。”[①]

二、加强党性修养，开展积极的思想斗争

延安时期，中国共产党十分注重党员干部党性修养的锤炼，要求党员既要组织上入党，更要思想上入党。关于如何解决好思想入党问题，主要的要求和做法有如下几个方面。

一是加强党性修养。共产党员的党性修养就是共产党员在政治、思想、道德品质、能力等方面，按照党性原则进行自我教育、自我锻炼、自我改造、自我完善，使党性不断升华的过程，是用马克思主义世界观克服非马克思主义世界观的过程，是掌握马克思主义的立场、观点、方法并用以分析和解决问题的过程，是不断提高思想政治觉悟、坚定理想信念、磨炼意志品质、发扬优良作风的过程。[②]延安时期，毛泽东、周恩来、刘少奇、陈云、邓小平等党的领导人都非常注重党员的党性修养问题，分别就共产党员党性修养问题提出了一系列论断和要求。1939 年 7 月，刘少奇在延安马列学院所作的《论共产党员的修养》的报告，是我党历史上第一个系统阐述共产党员党性修养理论的重要文献。在这篇文献中，刘少奇深刻揭示了共产党员党性修养的基本内涵，他指出：“一个共产党员，在任何时候、任何问题上，都应该首先想到党的整体利益……党的利益高于一切，这是我们党员的思想和行动的最高原则……为了党的、无产阶级的、民族解放和人类解放的事业，能够毫不犹豫地牺牲个人利益，甚至牺牲自己的生命，这就是我们常说的‘党性’或‘党的观念’、‘组织观念’的一种表现。这就是共产主义道德的最高表现，就是无产阶级政党原则性的最高表现，就是无产阶级意识纯洁的最高表现。”[③]在《论共产党员的修养》中，刘少奇还运用历史唯物主义的基本原理，分析了共产党员加强党性修养的必要性，他认为，中国共产党员是近代中国社会的先进生产力代表者，是改造旧生产关系的担当者，但是，由于共产党员“是从旧社会中生

① 《毛泽东文集》第 2 卷，北京，人民出版社 1993 年版，第 435 页。

② 丁俊萍、胡永干：《刘少奇党性修养思想及其当代价值》，《理论学刊》2015 年第 3 期，第 17 页。

③ 《刘少奇选集》上卷，北京，人民出版社 1981 年版，第 130~131 页。

长教养出来的，他总带有旧社会中各种思想意识的残余”，并且“由于原来的社会出身不同，所受的社会影响不同，因而就有不同的品质。他们对待革命实践各有不同的态度、立场和认识”，[①]他们不经过理论的学习和革命实践的锻炼，不可能深刻认识革命斗争的规律性，也就不可能担负起改造世界的“大任”。刘少奇在这篇报告中还列举了党内非无产阶级思想的种种错误表现，诸如带有各种不同动机和目的入党、自私自利、个人英雄主义、风头主义、缺乏团结互助精神、没有共产主义的伟大气魄等等。宋平后来曾回忆说：“大批青年怀着抗日救亡的激情来到延安，他们向往共产党，但对党的性质、纲领并不甚了解。我当时已经入党，但怎样做一个共产党员，在一些问题上也若明若暗，还不能说思想上完全入党了。”[②]刘少奇在《论共产党员的修养》中明确提出，共产党员加强党性修养，要做到坚持马克思主义和中国实践相结合，坚持实践锻炼与理论学习相结合，同时还要勇于开展批评和自我批评，做到“慎独”。真正的共产党员应该具备 7 种修养：即“要有马克思列宁主义理论的修养，要有运用马克思列宁主义的立场、观点和方法去研究和处理各种问题的修养；要有无产阶级的革命战略、战术的修养；要有无产阶级的思想意识和道德品质的修养；要有坚持党内团结、进行批评和自我批评、遵守纪律的修养；要有艰苦奋斗的工作作风的修养；要有善于联系群众的修养，以及各种科学知识的修养”[③]。为了增强党性修养，周恩来以身作则、率先垂范，1943 年 3 月，周恩来在重庆写了《我的修养要则》，从学习、工作、对待同志、联系群众等多个方面对自己的党性修养作了规定，并按照这份“要则”的标准，时时地对照检查，没有做到的或者做得不好的地方，及时整改。这份“要则”也成为很多党员加强党性修养的准则。

二是开展积极的党内思想斗争。加强党员党性修养仅仅依靠学习教育还不能完全达到目的，还要依靠积极的党内思想斗争，这是破除党内存在的各种非无产阶级思想的有效手段。延安时期，中国共产党的队伍迅速壮大，在增强革命力量的同时，也给党的队伍中带来了一些非无产阶级思想。刘少奇在延安时期曾经指出：“在我们党内，最本质的矛盾，就是无产阶级思想与非无产阶级思想的矛盾……只有在党内加强马克思列宁主义——无产阶级科学思想的教育与锻炼，不断克服小资产阶级以及其他各

① 《刘少奇选集》上卷，北京，人民出版社 1981 年版，第 100 页。

② 《宋平论党的建设文选》，北京，中央文献出版社 2000 年版，第 338~339 页。

③ 《刘少奇选集》上卷，北京，人民出版社 1981 年版，第 109 页。

阶级反映在党内的思想，我们党的建设和党的事业，才能进步。”[①] 毛泽东也说过，我们党处在非无产阶级的包围之中，使得我们有许多党员“都不免或长或短地拖着一条小资产阶级的尾巴”，[②] 有些党员组织上虽然入党了，但思想上并未完全入党，对于党内的非无产阶级思想，采取掩盖的态度是不对的。1937 年 9 月，毛泽东在《反对自由主义》一文中提出，“我们主张积极的思想斗争，因为它是达到党内和革命团体内的团结使之利于战斗的武器，每个共产党员和革命分子，应该拿起这个武器”[③]。在这篇文章中，毛泽东列举了党内自由主义思想的 11 种表现，这些思想来源于小资产阶级的自私自利性，危害极大，如不及时清除，则可能阻碍党的事业的发展。1942 年，毛泽东《在延安文艺座谈会上的讲话》中提出：“有许多党员……思想上并没有完全入党，甚至完全没有入党……头脑里还装着许多剥削阶级的脏东西……因此我们的党，我们的队伍，虽然其中的大部分是纯洁的，但是为要领导革命运动更好地发展，更快地完成，就必须从思想上组织上认真地整顿一番。而为要从组织上整顿，首先需要在思想上整顿，需要展开一个无产阶级对非无产阶级的思想斗争。”[④]1943 年，毛泽东《在中央党校第二部开学典礼上的讲话》中也谈道，我们党内的各种非无产阶级思想，“主要的是小资产阶级思想，例如个人主义、自由主义、散漫性、自发性这样一些东西”。[⑤] 对待党内的非无产阶级思想，一种态度是一团和气、听之任之，另一种态度是“残酷斗争，无情打击”，这两种态度都是错误的、有害的。毛泽东主张在党内开展积极的思想斗争来解决这些问题，以加强党的团结，促进党组织的凝聚力和战斗力。刘少奇也主张用马克思主义的态度来解决思想问题，为我们党开展积极健康的党内思想斗争指明了正确途径和方法。

三、强化理论学习，把全党变成一个大学校

中国共产党的成功经验之一是注重理论学习和干部教育，这一经验现在被西方国家的政党日益关注。延安时期，中国共产党立足于“改善工作”和克服“本领恐慌”的实际需要，大力开展党员学习和干部教育工

① 《刘少奇选集》上卷，北京，人民出版社 1981 年版，第 327 页。
② 《毛泽东选集》第 3 卷，北京，人民出版社 1991 年版，第 833 页。
③ 《毛泽东著作选读》上册，北京，人民出版社 1986 年版，第 180 页。
④ 《毛泽东选集》第 3 卷，北京，人民出版社 1991 年版，第 875 页。
⑤ 《毛泽东文集》第 3 卷，北京，人民出版社 1996 年版，第 56 页。

作，培养了一大批思想合格、政治坚定、工作能力强的党员干部队伍，为党的事业奠定了坚实的思想基础和组织基础。

延安时期，强化理论学习和干部教育是党建工作的一项十分迫切的任务。一则，延安时期不仅普通党员就连很多干部的文化程度都非常低，他们大多出身工农，文盲和半文盲的干部占比很高。以安塞县为例，在抗战前期，区一级干部的文盲占比为：区长中占 57.1%，自卫军营长中占 85.7%，妇女主任为 100%，工会主任中占 67.1%，保安助理员和青救会主任中占 28.6%。[①]二则，抗战时期，数万名爱国青年满怀报国热情奔赴延安，他们大多数都受过教育，有知识、有文化、有思想，其中不乏大学生和研究生，还有从国外回来的留学生，他们到延安后，很多都入了党，担任一定的领导和管理职务。但是这个群体有一个特点，那就是他们大多出身于资产阶级或小资产阶级家庭，对马克思主义、对中国共产党新民主主义革命的理论和策略，理解和把握得还很不够。基于这些原因，1938 年 10 月，在党的六届六中全会上，毛泽东提出“来一个全党的学习竞赛，看谁真正地学到了一点东西，看谁学得更多一点，更好一点”的号召，并且强调全党要自上而下地深入学习马克思列宁主义理论，以提高党员干部的理论修养，以更好地运用马克思列宁主义理论来解决中国革命的实际问题。毛泽东认为，中国共产党在马克思主义理论方面的修养还远远不够，党在革命过程中犯过不止一次的路线错误，甚至连陈独秀、瞿秋白、李立三这样很有学问的人也会犯错误，其主要原因是“思想方法不对头”，没有掌握马克思列宁主义的真谛，“如果我们党有一百个至二百个系统地而不是零碎地、实际地而不是空洞地学会了马克思列宁主义的同志，就会大大地提高我们党的战斗力量，并加速我们战胜日本帝国主义的工作”。[②]党的六届六中全会后，根据毛泽东的倡议，中央开始组织和实施全党学习和干部教育活动。1939 年 2 月，中央专门设立了干部教育部，张闻天任部长，李维汉任副部长，领导全党的学习运动和干部教育工作，随后中央又颁布了《中共中央关于延安干部学校的决定》《关于办理党校的指示》等文件，恢复了中央党校，创办了抗日军政大学、马列学院等干部学校。1939 年 5 月 20 日，干部教育部在延安召开了在职干部教育动员大会，在会上，毛泽东指出：“要把全党变成一个大学校……全党同志以及非党的

① 刘东社、刘全娥：《陕甘宁边区政府史话》，北京，社会科学文献出版社 2011 年版，第 29 页。

② 《毛泽东选集》第 2 卷，北京，人民出版社 1991 年版，第 533 页。

战士们，都须进这个学校。”[①] 他还强调了学习运动的重要意义，要求党员干部工作再忙也要挤出时间来学习，还要以“钻”的方法来对待学习。1939 年 6 月，毛泽东在延安高级干部会议上，对全党学习运动作了 9 条指示，之后开始全面推进延安在职干部教育。1940 年 1 月 3 日，中央下发了《关于干部学习的指示》；3 月 20 日，中央又下发了《关于在职干部教育的指示》，这两份文件对干部学习和教育作了具体的规定。延安时期，为适应培养干部、教育干部的需要，党创办了很多干部学校，仅在延安及周边地区创办的干部学校就达 30 多所，为党培养出数十万名党政军干部。从 1936 年 6 月至抗战胜利，仅抗大总校及其分校，就培养了近 20 万名军政干部。[②]

延安时期，党员干部学习教育工作抓得非常严，强调学习教育要“务求实效”，坚决杜绝形式主义、走过场，干部学习要定期检查评比，1940 年，中央把每年的 5 月 5 日（马克思诞辰日）定为“干部学习节”，对模范学习小组进行表彰，对检查中发现的问题进行督导整改。在党中央的领导下，延安形成了党员干部理论学习的热潮，“吃小米饭，攻理论山”的态势在干部学习中蔚然成风。

延安时期干部教育的最主要目的有两个。第一，提升各级领导干部懂马克思主义和用马克思主义的能力和水平。毛泽东认为，“指导伟大的革命，要有伟大的党，要有许多最好的干部”，[③] 领导干部的示范带动效应是十分突出的，他们的理论水平、政治素养和工作能力，对党的事业成败起着至关重要的作用。什么是好干部，1937 年 5 月，毛泽东在《为争取千百万群众进入抗日民族统一战线而斗争》一文中专门对干部问题做了探讨，提出了好干部的多条标准，而首要的标准是要“懂得马克思列宁主义”。[④] 马克思列宁主义是无产阶级革命的指导思想，是科学的思想体系，是无产阶级和广大人民的强大思想武器。作为领导干部，不精通马克思列宁主义，就用不好这个思想武器，就不能领导好中国革命。延安时期，毛泽东、陈云、李富春等党的领导人在干部学习方面起到了很好的带动作用。毛泽东在延安窑洞中阅读了很多马恩列斯的著作，包括《资本论》《社会主义从空想到科学的发展》《国家与革命》《列宁选集》（苏联出的中文

① 《毛泽东文集》第 2 卷，北京，人民出版社 1993 年版，第 185 页。
② 谭虎娃：《历史的转折——中共中央在延安十三年》，北京，人民出版社 2018 年版，第 57 页。
③ 《毛泽东选集》第 1 卷，北京，人民出版社 1991 年版，第 277 页。
④ 《毛泽东选集》第 1 卷，北京，人民出版社 1991 年版，第 277 页。

版）等，斯诺在延安时期对毛泽东学习马克思主义的态度和精神有很深的感触，他说，毛泽东在读书期间，专心致志，达到忘我的境界，“他似乎是什么都不管了”。[①]陈云在干部学习方面也非常投入，据刘家栋回忆，陈云在延安时期，“一有空就看书学习，学起来很认真。认真地读原著，认真地读参考书籍，认真地做笔记，学习中有不理解的地方，就虚心向理论界的同志请教”。[②]不仅如此，陈云还成立了一个学习小组，亲自担任组长，这个小组坚持了5年的学习。在党中央的领导下，延安形成了党员干部学习的浓郁氛围。第二，改进党员干部工作作风。延安时期，在党员干部中还存在着官僚主义、主观主义、宗派主义、经验主义、教条主义等不良作风，这些作风的存在不仅疏离了党同人民群众的关系，而且会对党的革命事业造成极大的危害。延安时期党员干部学习教育的另一个主要目的就是通过学习教育活动，改正这些不良作风，端正工作态度，帮助党员干部认清自身使命，增强为革命、为广大群众服务的意识。为彻底解决党员干部的思想方法和工作作风问题，中央决定在全党范围内开展大规模整风运动，通过集中学习教育，查找自身问题，进行整改。整风运动主要做法是学习马克思列宁主义理论、研究中国共产党成立以来的历史、认清思想路线和政治路线、整顿“三风”。从学习内容来看，党员干部（特别是领导干部）主要学习马恩列斯著作、中国传统文化以及中国共产党的历史。为什么既要学习马克思主义理论著作，又要学习中国共产党的历史呢？因为理论如果和实际相脱节，那就容易犯教条主义和经验主义错误，走向两个极端。王稼祥在1941年9月政治局会议上指出：“学了一些理论而没有实际工作经验的人，易做教条主义者。从莫斯科共产国际回来，没有实际工作经验的人，更易做教条主义者。实际工作经验多的人，不易做教条主义者，而容易成为狭隘的经验主义者。”[③]1942年8月，《解放日报》“学习专刊”刊发了王思华的文章《二十年来我的教条主义》，从一个共产党员的角度对自身的教条主义进行深刻反思。徐以新以工农干部和知识青年为例阐释了教条主义的危害，在《解放日报》发文剖析教条主义。他认为，“教条主义者投入工作中去，就要脱离群众，变成官僚主义、命令主义。若去带队伍，就会把队伍搞垮，领导打仗，就要打败仗。总之，不管学习

① 〔美〕埃德加·斯诺著：《西行漫记》，董乐山译，北京，解放军文艺出版社2002年版，第76页。

② 刘家栋：《陈云在延安》，北京，中央文献出版社1996年版，第76页。

③ 胡乔木：《胡乔木回忆毛泽东》（增订本），北京，人民出版社2014年版，第196页。

也好、工作也好，只要教条主义钻进去了，那就非倒霉不可。”[①]

延安时期，强化理论学习和干部教育的成效是非常显著的。通过理论学习和干部教育，许多党员干部的思想发生了很大的变化，郭树梅在他笔记里写道：“在未学习文件之前，我对工作的态度，是‘当一天和尚撞一天钟’，看了文件以后，知道这是错误的，下了决心应改正。”[②]还有雍有勤说：“我过去把个人前途看得高于一切，现在认识到这个错误，要用集体主义来克服它。”[③]

延安时期整顿党的作风，最终目的是要做到把马克思列宁主义理论与中国革命实际相结合，确立实事求是的思想路线，用中国化的马克思主义理论指导中国革命实践。马克思主义认识论强调认识是从实践中产生，又要回到实践中得到检验。这个过程就是从实践中来、到实践中去的过程，就是马克思主义的认识路线和思想路线。1941年5月，毛泽东在《改造我们的学习》的报告中经典表述马克思主义思想路线，那就是“实事求是”。毛泽东在延安高级干部会议上所作的这个报告，是全党整风要重点学习的材料，对确立党的思想路线，克服主观主义和教条主义错误，起到了重要作用。也正是在这个过程中，全党逐步认识到马克思主义中国化的重要性，也逐步认识到中国化的马克思主义理论——毛泽东思想的重要性。整风运动后召开的党的七大上，毛泽东思想被确立为党的指导思想，指导中国革命事业不断取得胜利。

第二节　政治建设从严：坚决反对分裂，确保党中央的集中统一领导

党的政治建设是党的根本性建设，旨在通过党的正确的政治纲领和政治路线，以及严明的政治纪律和政治规矩，以维护党中央权威和集中统一领导，维护党的团结统一，使党的事业沿着正确的政治方向向前发展，确保党的政治目标顺利实现。延安时期，中国共产党从严推进政治建设，坚持从中国革命实际出发，制定了正确的政治纲领、政治路线和政治策略，

---

① 徐以新：《教条主义的危险》，《解放日报》1942年6月30日，第4版。

② 《我的思想转变了　晋西北干部学习文件深入反省》，《解放日报》1942年8月27日，第2版。

③ 《我的思想转变了　晋西北干部学习文件深入反省》，《解放日报》1942年8月27日，第2版。

保证了党的事业的正确方向。严明党的政治纪律和政治规矩，维护了全党的团结统一。延安时期从严推进政治建设，为全面推进党的建设这一“伟大工程”指明了政治方向，也为中国共产党领导的民族和民主革命的胜利提供了政治保障。

一、制定正确的政治路线，为革命胜利指明正确的政治方向

在党的历史上，延安时期是党的政治建设搞得最好的时期之一，这与这一时期党的政治建设从严要求密切相关。这一时期党的政治建设最突出的成就是确立了新民主主义革命政治纲领和政治路线，为全党乃至全国人民的革命斗争指明了方向。

政党是代表一定阶级和阶层利益的、具有明确政治目标的政治组织。政党的核心构成要素之一是政治纲领和政治路线，它规制着政党活动的方向和道路，具有特殊重要地位。因而对于任何一个政党来说，能否实事求是、与时俱进地制定正确的政治纲领和政治路线，往往决定着其事业的成败。在中国共产党历史上，以毛泽东为主要代表的中共第一代中央领导集体在抓党建工作、从严管党治党实践中，已经充分认识到了党的纲领和路线的重要性。恩格斯早就说过：“一般说来，一个政党的正式纲领没有它的实际行动那样重要。但是，一个新的纲领毕竟总是一面公开树立起来的旗帜，而外界就根据它来判断这个党。”① 列宁在领导俄国无产阶级运动的革命过程中，也十分注重党的政治建设，强调党的政治纲领和政治策略要由党来制定，并且对党员和人民群众进行政治教育，使党员和群众相信党的纲领和策略是正确的，所有政治工作也都要由共产党来领导，因为“一个阶级如果不从政治上正确地看问题，就不能维持它的统治，因而也就不能完成它的生产任务。”② 毛泽东继承并发展了马克思列宁主义政治建设思想，突出地强调了政治路线和政治策略对于党的建设的全局性和决定性作用。在新民主主义革命时期，党的政治路线最主要的问题是如何处理党同小资产阶级、中等资产阶级和官僚资产阶级的关系。1939 年 10 月，毛泽东在《〈共产党人〉发刊词》中总结党的建设与政治路线的关系时说，“十八年来，党的建设过程，党的布尔什维克化的过程，是这样同党的政治路线密切地联系着”，“党的失败和胜利，党的后退和前进，党的缩小

① 《马克思恩格斯文集》第 3 卷，北京，人民出版社 2009 年版，第 415 页。

② 《列宁选集》第 4 卷，北京，人民出版社 1995 年版，第 408 页。

和扩大，党的发展和巩固，都不能不联系于党同资产阶级的关系和党同武装斗争的关系”。[①]

中国共产党的政治路线是随着革命形势的变化而及时调整的。九一八事变后，民族矛盾不断加深，国内阶级关系也在发生变化，我们党本应根据主要矛盾和阶级关系的变化而制定正确的路线和策略，以团结和动员一切可能的力量，抵御倭寇的侵略。但是，当时党内的一些同志看不到中间派态度的变化，也看不到国民党内部正在发生的变化，对政治形势的判断发生严重偏误，认为九一八事变是新帝国主义瓜分中国的开端，国民党是帝国主义的爪牙，中国共产党的工作重点，仍然是“打倒帝国主义和国民党”，犯了典型的“左倾关门主义”错误，他们在革命路线和纲领的问题上，缺乏辩证思维和实事求是的态度，固执地认为“革命的力量是要纯粹又纯粹，革命的道路是要笔直又笔直”。[②]因而，他们从没有想过在民族矛盾上升为主要矛盾的背景下，中间派可以成为无产阶级的同盟者，却相反地将他们视为中国革命“最危险的敌人”，甚至主张与他们进行“决死斗争”，自然，他们也更加认识不到，在特定的历史条件下，大地主、大资产阶级也可以成为团结抗日的力量。土地革命战争后期，党内存在的“左”倾冒险主义和关门主义，给党的事业带来巨大的损失。

1935 年 12 月，中央政治局在陕北瓦窑堡召开扩大会议，会议的主要内容是讨论当前的政治形势和党的路线问题以及军事问题，这次会议通过了《中共中央关于目前政治形势与党的任务的决议》，决议科学地分析了中国革命面临的情况，指出，“民族革命战线与民族反革命战线是在重新改组中。因此，党的策略路线，是在发动，团聚与组织全中国全民族一切革命力量去反对当前主要的敌人”。[③]瓦窑堡会议还非常明确地指明：当前，中国共产党最可行的策略是动员社会各方力量，建立广泛的抗日民族统一战线，只有这样才能打败日本帝国主义。这次会议还尖锐批评了党内存在的“左”的错误思想，决定了建立抗日民族统一战线的策略。瓦窑堡会议之后，毛泽东根据会议决议的精神，在党的活动分子会议上作了《论反对日本帝国主义的策略》的报告，在报告中，毛泽东深刻剖析了“左”倾关门主义的错误，说明了和民族资产阶级建立统一战线的必要性和可

① 《毛泽东选集》第 2 卷，北京，人民出版社 1991 年版，第 605 页。

② 《毛泽东选集》第 1 卷，北京，人民出版社 1991 年版，第 154 页。

③ 中共中央文献研究室、中央档案馆：《建党以来重要文献选编（1921—1949）》第 12 册，北京，中央文献出版社 2011 年版，第 536 页。

能性。毛泽东认为："民族资产阶级同地主阶级、买办阶级不是同一的东西，他们之间是有分别的。民族资产阶级没有地主阶级那样多的封建性，没有买办阶级那样多的买办性。"① 一则他们不喜欢帝国主义，具有革命性的一面；二则他们又怕革命的彻底性，又有软弱性的一面。根据这一特点，与民族资产阶级建立统一战线是必要而且可行的。"关门主义的策略则是孤家寡人的策略。""把'千千万万'和'浩浩荡荡'都赶到敌人那一边去，只博得敌人的喝采。""我们一定不要关门主义，我们要的是制日本帝国主义和汉奸卖国贼的死命的民族革命统一战线。""只有统一战线的策略才是马克思列宁主义的策略。"② 瓦窑堡会议和毛泽东的报告彻底清算了党内"左"的关门主义错误，为解决党的政治路线这一"生死攸关"的根本问题打下了坚实的基础。此后，在中国共产党的大力推动下，1937 年 9 月 23 日，蒋介石发表了实际上承认中共合法地位的谈话，标志着抗日民族统一战线的正式形成，为抗日战争指明了方向和道路。

延安时期，中国共产党不仅制定了符合中国革命实际的政治路线，而且非常注重防范党内关门主义、冒险主义、投降主义等"左"和右的思想干扰，批驳国民党顽固派的谬论，以确保党的政治路线得以贯彻。1937 年 11 月，王明从莫斯科回到延安，下车伊始便公开批判中国共产党在坚持抗日民族统一战线中坚持独立自主的原则，提出要"一切通过统一战线、一切服从统一战线"的错误观点，毛泽东、朱德、张闻天、刘少奇等党的领导人对王明的右倾错误进行了坚决抵制和斗争。为了表明中国共产党人对抗日民族统一战线的积极态度，以实际行动教育"左"倾关门主义者，党的领导人率先垂范，在坚持统一战线方针不动摇方面发挥带头作用。1937 年 8 月 25 日，在中央向全军颁布红军整编令的当天，朱德、彭德怀就发表了就职通电，分别担任国民革命军第八路军正、副总指挥。毛泽东日常有两顶帽子，平时作报告时，他戴八路军红星军帽；接见国民党方面的人员时，毛泽东就戴国民革命军军帽。③ 为确保党坚持正确政治路线不动摇，1939 年，毛泽东在《〈共产党人〉发刊词》中提出了"建设一个全国范围的、广大群众性的、思想上政治上组织上完全巩固的布尔什维克化的中国共产党"④ 的目标，把政治建设纳入党的建设总布局中。

① 《毛泽东选集》第 1 卷，北京，人民出版社 1991 年版，第 145 页。
② 《毛泽东选集》第 1 卷，北京，人民出版社 1991 年版，第 155 页。
③ 梅剑主编：《延安秘事》上册，北京，红旗出版社 1996 年版，第 178 页。
④ 《毛泽东选集》第 2 卷，北京，人民出版社 1991 年版，第 602 页。

1945年4月，在延安整风运动的基础上，党的七届六中全会通过了《关于若干历史问题的决议》，第一次以决议的形式，对若干重大的历史问题作出结论，批判了“左”和右的错误，总结了党内开展思想斗争的经验，提出了党今后的任务。在随后召开的党的七大上，毛泽东作了《论联合政府》的报告，提出了“放手发动群众，壮大人民力量，在我党的领导下打败日本侵略者，解放全中国，建立一个新民主主义的中国”的完备的政治路线。在解放战争时期，毛泽东《在晋绥干部会议上的讲话》中完整地提出了新民主主义革命总路线——“无产阶级领导的，人民大众的，反对帝国主义、封建主义和官僚资本主义的革命”。①

二、反对分裂主义和宗派主义，坚决维护党的团结统一

中国共产党要完成自身的政治目标，必须有一个有权威的强有力的党中央来领导中国革命、改革和建设，这是一个重要的政治保障，因此，党的政治建设的重要任务之一是坚决维护党中央权威和集中统一领导，坚决维护党的团结统一。

延安时期，中国共产党对张国焘的分裂主义错误、王明的右倾错误和宗派主义错误进行了严厉的批判和纠正，有效维护了以毛泽东为核心的党中央权威和集中统一领导。

1935年6月，红一方面军和红四方面军在四川懋功会师，当时，红一方面军约有2万人，经过长途征战，人困马乏，武器装备落后，红四方面军约有8万人，与红一方面军相比，人数众多且兵强马壮，在这种情况下，张国焘自恃人多枪多，个人野心极度膨胀，秉持“枪指挥党”的理念，妄图改组中央和红军的领导，破坏党中央的集中统一领导。懋功会师后，党中央制定了北上川陕甘地区建立根据地的正确路线，张国焘却主张南下西康，建立“川康政府”。为了统一思想认识，党中央政治局召开了两河口会议，会议批评了张国焘的逃跑主义路线，否定了张国焘的错误主张，同意周恩来在报告中提出的“北上建立川陕甘革命根据地”的战略方针。在两河口会议上，张国焘表面上拥护中央的决定，但实际上不执行中央的决定。1935年7月，张国焘又唆使红四方面军政委陈昌浩给中央施压，陈昌浩在给中央的电文中说，“职坚决主张集中军事领导，不然无法顺利灭敌，职意仍请焘任军委主席，朱德任前敌指挥，周副主席兼参谋

① 《毛泽东选集》第4卷，北京，人民出版社1991年版，第1313页。

长，中政局决大方针后，给军委独断决行”的大权。[①]对于张国焘的无理要求，党中央进行了坚决抵制，同时，从维护党中央和红军的团结统一出发，又做了一些策略性的让步，决定让张国焘担任红军总政治委员，但张国焘并不满足，不断地向中央要“官”要“权”。在1935年8月召开的沙窝会议上，张国焘以“坚决提拔工农干部”为幌子，提出增加红四方面军9人进政治局（当时中央政治局委员共8人）的要求，进而达到控制中央政治局的目的，党中央和毛泽东粉碎了张国焘架空中央军委和篡夺红军指挥权的图谋，强调必须强化党指挥枪的原则，提高党在红军中的威信，认为这是增强红军战斗力的关键。1935年9月，红军在北上的途中，遭遇张国焘等人的胁迫，要求党中央和红军停止北上，南下退回。1935年9月9日，中共中央主要领导人召开巴西紧急会议，鉴于当时的紧急情况，中央决定先行北上，并由毛泽东起草《中央为执行北上方针告同志书》，向红四方面军进行宣传教育：“无论如何不应该南下退回原路。南下是草地、雪山、老林，人口稀少，粮食缺乏，敌人在那里的堡垒线已经完成，我们无法通过。南下只能是挨冻挨饿，白白地牺牲生命，对革命没有一点利益，对于红军南下是没有出路的，南下是绝路。”[②]1935年9月12日，中共中央政治局在甘肃俄界召开紧急扩大会议，会议通过了《关于张国焘同志的错误的决定》，对张国焘分裂党、分裂红军，反对北上抗日的错误进行了批判，重申中央的集中统一领导原则。中央出于团结的目的，没有将俄界会议决议向全党公开。1935年9月13日，张国焘在阿坝召开了中共川康省委及活动分子会议，诬蔑中共中央北上抗日的路线是“右倾机会主义”逃跑路线，鼓吹他所主张的南下路线是“进攻路线”，并进行蛊惑人心的宣传。在阿坝会议上，朱德、刘伯承等人就对张国焘的错误进行批判和斗争，朱德总司令在会上明确表态：“党中央北上抗日的方针是正确的……北上决议，我在政治局会议上是举过手的，我不能出尔反尔……我是共产党员，我的义务是执行党的决定……南下是没有出路的。”[③]刘伯承也在会上公开表示南下路线是不对的。但是，张国焘一意孤行，在分裂党的错误道路上越走越远，1935年10月5日晚，张国焘在四川马尔康卓木碉的白赊喇嘛庙寺主持召开了高级干部会议，朱德、刘伯承、徐向前、陈

① 力平：《周恩来的非常之路》，北京，人民出版社2001年版，第64页。

② 中共中央文献研究室：《毛泽东年谱（1893—1949）》（修订本）上卷，北京，中央文献出版社2013年版，第470~471页。

③ 刘秉荣：《红一方面军纪实》第4卷，北京，人民出版社2003年版，第2185页。

昌浩、李卓然、罗炳辉、何长工、李特、余天云、刘志坚等军以上干部四五十人参加。会议非法作出《关于成立第二中央的组织决议》，宣布成立以张国焘为首的“中央委员会”“中央政治局”“中央军委”，彻底从组织上分裂了中央。在这次会议上，朱德总司令依然极力反对张国焘的做法，强调要团结不要分裂，他说：“大敌当前，要团结嘛！中国工农红军在党中央统一领导下，是个整体……无论发生多大的事情都是红军内部的问题，大家要冷静，要找出解决的办法，可不能叫蒋介石看我们的热闹！”①1936年1月22日，中共中央政治局开会，通过了《关于张国焘同志成立第二“中央”的决定》，指出张国焘这种成立第二党的做法“无异于自绝于党，自绝于中国革命”，责令张国焘取消“伪中央机构”，并将俄界会议通过的《关于张国焘同志的错误的决定》向全党公开。但是，即便是在这种情况下，中央仍然从维护党和红军统一的角度出发，本着“治病救人”的方针，没有撤销张国焘的党内职务，只是在思想认识上对张国焘的错误进行严厉的批判和斗争。1936年6月30日，红二、红六军团与红四方面军在四川甘孜会师，张国焘想拉拢红二、红六军团共同对抗中央，遭到贺龙、任弼时、关向应等同志的坚决抵制，一再强调红军是一家人，要团结不要搞分裂。此时，中央和红一方面军早已胜利到达陕北。相比之下，张国焘南下军事计划不断失利，广大红军指战员对张国焘的南下军事计划也较为抵制，在这种情况下，张国焘不得不宣布取消“伪中央”，在1936年7月2日的甘孜会议上，张国焘被迫同意红四方面军和红二、红六军团共同北上计划，1936年10月10日，红军三大主力在会宁和将台堡胜利会师，中国工农红军最终摆脱国民党的“围剿”和堵截，成功开辟了陕北抗日革命根据地，使中国革命转危为安。在党中央和毛泽东的正确领导下，粉碎了张国焘分裂党和红军的阴谋，维护了党中央的集中统一领导。

对于张国焘的问题，中共中央本着“打击极少数，团结大多数”的原则，对张国焘分裂主义路线进行了批判。毛泽东要求，只能批判张国焘的错误，而不能批判执行张国焘错误路线的干部战士。1937年3月31日，中央政治局会议通过了《关于张国焘同志错误的决定》，指出张国焘的错误是反党反中央的路线错误，但是中央考虑到他在党和红军中的历史地位，“认为暂时应该把党的组织结论问题保留起来，给张国焘同志及极少

---

① 徐向前：《历史的回忆》中册，北京，解放出版社1985年版，第461页。

数国焘路线的坚决执行者，彻底发展自我批评，揭发自己的错误，同自己的错误作斗争，并在实际工作表现自己的机会”[①]。尽管党中央一再挽留，但并没有使张国焘彻底回心转意，1938 年 4 月，他借祭拜黄帝陵之机，离开延安，投靠国民党。但是，党中央最终战胜了张国焘的分裂主义，不仅维护了党的团结统一，也为党的政治建设积累了宝贵的经验。

延安时期，党中央从严开展党的政治建设，正确开展党内斗争，不仅粉碎了张国焘分裂主义，而且坚决打击了党内的宗派主义，有效地维护了中央的权威。

毛泽东是非常注重反对宗派主义的。1937 年 5 月 3 日，毛泽东在《中国共产党在抗日时期的任务》的报告中指出：“我们党在民众运动中，有严重的关门主义、高慢的宗派主义和冒险主义的传统倾向，这是一个妨碍党建立抗日民族统一战线和争取多数群众的恶劣的倾向。”[②]1937 年 11 月，王明回国工作后，机械地搬用共产国际的指示，在抗日民族统一战线中对国民党做出更大让步。王明的右倾思想在党内一度很有影响，致使毛泽东的一些正确主张得不到执行。在后来的延安整风运动中，毛泽东曾说，“一九三七年十二月会议时，由于王明的回国，进攻中央路线，结果中断了遵义会议以后的中央路线。十二月会议我是孤立的”。[③]“十二月会议”后，王明到武汉负责长江局工作，常常在不请示、不报告中央的情况下擅自以中央名义发声明、作决策，甚至要求把中央书记处搬到武汉去，试图与延安分庭抗礼。王明这种宗派主义的做法严重危害了党中央的权威性，破坏了党的团结统一，严重违反党的政治纪律和政治规矩。张国焘的分裂主义和王明的宗派主义行径让以毛泽东为首的党中央认识到严明党的政治纪律和政治规矩的极端重要性，1938 年 10 月，党在延安召开了六届六中全会，大会强调党的制度建设和纪律建设的重要性，提出“纪律是执行路线的保证”的论断，毛泽东在会上强调“继续坚持铁的纪律的必要”，并要求“从中央以至地方的领导机关，应制定一种党规，把它当作党的法纪之一部分”。[④]党的六届六中全会通过了《关于中央委员会工作规则与纪

① 中共中央文献研究室、中央档案馆：《建党以来重要文献选编（1921—1949）》第 14 册，北京，中央文献出版社 2011 年版，第 124 页。

② 《毛泽东选集》第 1 卷，北京，人民出版社 1991 年版，第 264 页。

③ 中共中央文献研究室：《毛泽东思想年编（1921—1975）》，北京，中央文献出版社 2011 年版，第 366 页。

④ 中共中央文献研究室、中央档案馆：《建党以来重要文献选编（1921—1949）》第 15 册，北京，中央文献出版社 2011 年版，第 646 页。

律的决定》《关于各级党部工作规则与纪律的决定》《关于各级党委暂行组织机构的决定》等几个重要文件，并且明确提出了“个人服从组织；少数服从多数；下级服从上级；全党服从中央”的原则。历史地看，党的六届六中全会在从严开展党的政治建设方面作出了不可磨灭的历史贡献。

党的六届六中全会后，党内宗派主义错误思想得到极大的遏制，但宗派主义的残余仍在一些地方存在。比如项英在任中共中央东南分局书记时，也未能做到及时执行中央指示和决定，与中央保持一致，“皖南事变”的发生，就是这种宗派主义错误的严重后果。1941 年 1 月 15 日，中共中央政治局会议作出《中共中央关于项、袁错误的决定》，指出，“三年以来，项英、袁国平对于中央的指示，一贯的阳奉阴违”，“其所领导的党政军内部情况，很少向中央作报告，完全自成风气”。[①] 为了彻底解决各根据地的宗派主义、机会主义问题，1941 年 7 月 1 日，中央政治局会议通过了《中共中央关于增强党性的决定》，这是党的历史上第一个以增强党性为主题的中央决定，它形成的重要背景就是为了解决党中央的权威、党的团结等重大政治问题，其目的是“使全党能够团结得像一个人一样”。决定分析了各根据地部分党员干部违反党性的种种表现，并提出了增强党性的 6 条具体办法。1942 年 7 月 14 日，任弼时在中央党校作了《关于增强党性》的报告，对中央作出这样一个决定的必要性做了专门的解释，他指出：在抗战的特殊环境中，“我们的党比任何时候更需要内部的统一团结，更加需要思想一致、行动一致”。[②]

当然，党中央和毛泽东十分清楚，党内的个人主义和宗派主义等违反党性的问题根深蒂固，并非一两个会议和几个文件就能解决的，“如不来一个彻底的认真的深刻的斗争，便不能加以克服，便不能争取革命的胜利”。[③] 为最终从思想上、组织上、作风上解决这些问题，毛泽东决定在全党范围内开展整风运动。在整风动员会上，毛泽东指出：“我们一定要建设一个集中的统一的党……要使我们全党的步调整齐一致，为一个共同目标而奋斗，我们一定要反对个人主义和宗派主义。”[④]

党中央在反对张国焘、王明等错误路线和思想的过程中，事实上确立

---

① 中共中央文献研究室、中央档案馆：《建党以来重要文献选编（1921—1949）》第 18 册，北京，中央文献出版社 2011 年版，第 68 页。

② 《任弼时选集》，北京，人民出版社 1987 年版，第 239 页。

③ 《毛泽东文集》第 2 卷，北京，人民出版社 1993 年版，第 390~391 页。

④ 《毛泽东选集》第 3 卷，北京，人民出版社 1991 年版，第 822 页。

了毛泽东在党和红军中的领袖地位，在党的六届六中全会召开的时候，王稼祥也传达了共产国际对毛泽东领导地位的支持，可以认为，党的六届六中全会时毛泽东在全党的领袖地位是普遍被认可的。为了进一步从组织上确立毛泽东的领导地位，1943 年 3 月 16 日，中央政治局会议对中央领导机构和人事做了重要调整，推选毛泽东任中央政治局主席和中央书记处主席，中央政治局担负全党的日常领导工作，中央书记处负责处理中央政治局的决策，这就在组织上加强了党的集中统一领导。1945 年 2 月，毛泽东在党的七大预备会上对党员干部提出了“向中央基准看齐”的要求，要始终同党中央保持高度的一致，维护中央的权威性。在随后召开的党的七大上，将毛泽东思想确立为党的指导思想，形成了以毛泽东为核心的党中央第一代领导集体。

三、严明政治纪律，确保全党行动一致

延安时期，党中央和毛泽东始终强调严明党的政治纪律，这是实现党的政治任务的重要保障。毛泽东认为：“路线是‘王道’，纪律是‘霸道’，这两者都不可少。”[①] 共产党员不同于一般同志，共产党员更要讲纪律和规矩，“身为党员，铁的纪律就非执行不可。孙行者头上套的箍是金的，列宁论共产党的纪律说纪律是铁的，比孙行者的金箍还厉害，还硬，这是上了书的”。[②] 为了强化党员干部的纪律意识和规矩意识，1938 年 10 月，毛泽东在党的六届六中全会上的报告中指出：“鉴于张国焘严重地破坏纪律的行为，必须重申党的纪律：（一）个人服从组织；（二）少数服从多数；（三）下级服从上级；（四）全党服从中央。谁破坏了这些纪律，谁就破坏了党的统一。”[③] 此次会议上，毛泽东首次完整提出的“四个服从”，既是党的民主集中制的重要原则，也为党员干部立下重要规矩，同时还是党内最重要的纪律。1943 年 1 月，任弼时在中央西北局高级干部会议上强调，“四个服从”是中国共产党最高的组织原则，任何时候都是动摇不得的。

为严明党的政治纪律，党中央还建立了党内报告制度。1948 年 1 月 7 日，中央公布了毛泽东起草的对党内的指示——《关于建立报告制度》，这个指示是在解放战争即将取得全面胜利的关键时刻发出的，解放战争的全面胜利，“必须坚决地克服许多地方存在着的某些无纪律状态或无政

① 《毛泽东文集》第 2 卷，北京，人民出版社 1993 年版，第 374 页。
② 《毛泽东文集》第 2 卷，北京，人民出版社 1993 年版，第 416 页。
③ 《毛泽东选集》第 2 卷，北京，人民出版社 1991 年版，第 528 页。

府状态”。[①]《关于建立报告制度》明确要求：“各中央局和分局，由书记负责（自己动手，不要秘书代劳），每两个月，向中央和中央主席作一次综合报告”，“各野战军首长和军区首长，除作战方针必须随时报告和请示……从今年起，每两个月要作一次政策性的综合报告和请示。”[②]党内指示发出后，中央又根据革命形势和党的政治建设的实际需要，对党内报告制度作了很多补充和完善，在此基础上，1948 年 9 月，中央政治局会议通过了《中共中央关于各中央局、分局、军区、军委分会及前委会向中央请示报告制度的决议》，使得党的请示报告制度最终在全党全军范围内确定下来。这个决议对于维护党中央权威和集中统一领导，起到了至关重要的作用。

第三节　组织建设从严：发展壮大党的队伍，保持组织纯洁性

延安时期的 13 年，中国共产党党员人数及其领导下的军队数量激增。1937 年全面抗战开始时，中国共产党只有 4 万多名党员，到 1945 年抗战胜利时，中国共产党党员人数发展到 121 万多人，增加了近 30 倍。在党的队伍不断扩大的同时，党的一元化领导体制得到确立，党的民主集中制原则得到强化，党的组织更加纯洁，党的领导更加规范，党的基层组织的战斗堡垒作用更加强化，这些成就的取得，离不开延安时期从严推进党的组织建设。

一、发展壮大党的队伍，建设全国性大党

1935 年“华北事变”后，日本侵华步伐加快，民族矛盾上升为主要矛盾，全民族抗战的高潮即将到来，为顺应形势发展要求，党中央在瓦窑堡会议上制定了建立最广泛的民族统一战线的策略路线。根据这一策略路线，一方面，在党的组织性质上将中国共产党由“无产阶级的先锋队”调整为“既是无产阶级的先锋队，同时又是中华民族的先锋队”；另一方面，在发展党员的组织问题上，要打破“唯成分论”，纠正“关门主义”思想，敞开

① 中共中央文献研究室、中央档案馆：《建党以来重要文献选编（1921—1949）》第 25 册，北京，中央文献出版社 2011 年版，第 319 页。

② 《毛泽东选集》第 4 卷，北京，人民出版社 1991 年版，第 1264、第 1265~1266 页。

党的大门，扩大党的组织。事实上，在井冈山时期，毛泽东就认识到要依靠农民的力量，要把党的大门向农民敞开，还可以向青年学生、知识分子敞开。后来在土地革命战争时期，中国共产党在发展党员的问题上还是犯了“关门主义”的“左”的错误，中共中央到达陕北的时候，党员人数规模十分小，以至于王明在1938年3月所作的《三月政治局会议的总结》中也不得不承认，“我们党今天在数量上还远不能适应抗战事业的需要”。基于这样的历史背景和现实要求，1938年3月15日，中共中央作出了《关于大量发展党员的决议》，指出：“为了担负起扩大与巩固抗日民族统一战线以彻底战胜日本帝国主义的神圣的任务，强大的党的组织是必要的。但应该指出，目前党的组织力量，还远落在党的政治影响之后，甚至许多重要的地区，尚无党的组织，或非常狭小。因此大量的十百倍的发展党员，成为党目前迫切与严重的任务。”① 当然，发展壮大党员队伍，并不是要降低标准，而是“重表现、轻成分”。瓦窑堡会议后，毛泽东和周恩来在随后的一封电文中指示各地党组织的负责人：“凡属同意党的纲领政策而工作中表现积极的分子，不念其社会关系如何，均应广泛地吸收入党。”② 后来，在党的七大上，毛泽东再一次强调：在发展党员方面，出身和入党是两件事情。李维汉在后来的回忆中也谈道，延安时期，为适应抗战形势发展的需要，中央决定扩大党员干部队伍，“对家庭和社会关系复杂的知识分子、青年学生，只要表现好、思想进步、历史清楚的，就放手发展。”③ 此外，为了尽快发展壮大党员队伍，《关于大量发展党员的决议》还对新发展党员的候补期作了一些变通规定，新党员如果是工人和雇农则不要候补期，直接发展为正式党员；贫农和小手工业工人党员候补期为1个月；革命学生、革命知识分子、小职员、中农、下级军官党员的候补期为3个月。

延安时期在发展党员方面的策略路线、重要决议和重要措施的制定和实施，极大地促进了党员队伍的发展壮大，到1938年年底，全党党员的数量就由全面抗战爆发时的4万多人迅速发展到50多万人，1年多时间增加了10多倍，到1945年党的七大召开时，党员总数达到121万人，而至1948年党中央撤离延安之前，党员人数已经发展到近300万人。可以说，

① 中共中央文献研究室、中央档案馆：《建党以来重要文献选编（1921—1949）》第15册，北京，中央文献出版社2011年版，第186页。

② 中共中央文献研究室：《毛泽东年谱（1893—1949）》（修订本）上卷，北京，中央文献出版社2013年版，第499~500页。

③ 李维汉：《回忆与研究》（上），北京，中共党史资料出版社1986年版，第420页。

延安时期，党完美实现了建设一个全国性大党的目标，“中国共产党成为一个全国范围的、广大群众性的党，是一个全国人民集中仰望的党”[①]。

二、严把党员质量关，保持组织纯洁

对于延安时期大力发展党员，壮大党的队伍，不能错误地解读为“只求数量、不求质量”。事实上，党在扩大数量的同时，并没有放松对党员质量的要求。中央在《关于大量发展党员的决议》中强调：“大量的发展党员，不是采用不经审查的拉伕式的办法，新党员的入党，必须经过支部一定党员的介绍与一定党部的审查。”[②]这样的规定就是为了防止别有用心的坏分子和投机分子混入党内。1940年11月，在《中共中央书记处关于建立与巩固华东根据地的指示》中明确要求：“党的组织固应发展数量，但不可为了数量而降低质量，而实行突击等办法，否则因为当权党的关系，坏分子及投机分子容易混进党内破坏党的政策，于党有害无益。”[③]

当然，尽管中央对于发展党员的程序有明确规定，质量有明确要求，但是，在较短时间内，党的组织大发展，在大量吸收了一大批先进分子入党的同时，也难免会有一些入党动机模糊，甚至动机不纯的人混入党内，有的只是模糊地认识到共产党能够救中国，有的是为了摆脱家庭的包办婚姻，有的是生活没有着落了，有的是为了“报私仇”，有的是为了“改善生活”，还有的是为了“好找爱人”，还有的人甚至是为了“出风头”“抬身价”“开眼界”（参见表3-1）。这些动机模糊甚至动机不纯的人混入党内，尽管数量不多，但对党组织的巩固、对党组织的纯洁性会造成极大的危害。

表3-1 西海地委某党委培训班入党动机统计表[④]

入党动机	享福做官说话好使	为报仇	为什么事都先知道	不愿受有钱人压迫	为了抗日	不知什么原因
人数	19	9	5	12	7	3
百分比	33.3%	15.8%	8.8%	21%	12.3%	5.3%

① 《刘少奇论党的建设》，北京，中央文献出版社1991年版，第401页。

② 中共中央文献研究室、中央档案馆：《建党以来重要文献选编（1921—1949）》第15册，北京，中央文献出版社2011年版，第187页。

③ 中共中央文献研究室、中央档案馆：《建党以来重要文献选编（1921—1949）》第17册，北京，中央文献出版社2011年版，第630页。

④ 王国柱：《延安时期党的组织纯洁性建设研究》，华东师范大学硕士学位论文，2014年，第16页。

还有一些党员虽然入党动机是端正的，但是行为不纯，达不到共产党员的行为要求，不能严格地遵守党的纪律，没有充分发挥模范带头作用，不积极主动学习，对党的基本知识一无所知，找各种理由不参加组织活动，等等。延安时期，作为中共中央组织部部长的陈云曾分析过党内存在的部分党员思想和行为不纯洁问题。他认为，中国共产党根据地主要在农村，新发展的党员中，农民和小生产者占了绝大多数，难免会带有非无产阶级的思想和行为，"缺乏严格遵守纪律的习惯"。① 陈云曾明确地讲："有人以为共产党内没有坏人，这是完全不对的。"② 有一些人是经过重重伪装、使用各种手腕混进党内的。此外，党内组织上的宗派主义问题也比较突出，主要表现是党内干部不团结问题，陈云概括有 4 种表现，包括新老干部之间，军队干部与地方干部之间，外来干部与本地干部之间，以及同类干部之间。其中，"以新老干部的不团结为最多最久"。③

延安时期快速发展党员而出现的一些不好现象和问题，党中央是清楚的，因而也采取了有效的措施来加以解决。1939 年 8 月 25 日，中央政治局扩大会议通过的《关于巩固党的决定》指出，"中国共产党自抗战以来，特别自一九三八年三月十五日中央关于大量发展党的正确决定以来，已经获得了很大的发展，吸收了大批的优秀分子入党……但正因为在短时期内党得着了猛烈的发展，所以党的组织很不巩固"。"估计到党的组织的现状与目前环境，党的发展一般的应当停止，而以整理、紧缩严密和巩固党的工作为今后一定时期的中心任务。只有在某些个别地方与某些个别部门根据环境与上级指示有必要时才许可进行一些发展工作……纠正追求数目字与采用突击方式的错误，只求精不求多"。④

延安时期巩固党的组织，提高党员质量，保持组织纯洁的主要做法有以下几方面：一是加强对党员的教育，包括对新党员的马克思列宁主义教育、理想信念教育、实践教育和党性教育，这是巩固党的组织的最中心环节。抗战初期大量发展的新党员，大多出身于农民和小资产阶级，基本上都是文盲或半文盲，对马克思列宁主义思想比较陌生，缺乏无产阶级的组织性和纪律性。还有很多抗战后新提拔的干部，虽然作战勇敢，不

---

① 《陈云文选》第 1 卷，北京，人民出版社 1995 年版，第 196 页。

② 《陈云文选》第 1 卷，北京，人民出版社 1995 年版，第 185 页。

③ 《陈云文选》第 1 卷，北京，人民出版社 1995 年版，第 218 页。

④ 中共中央文献研究室、中央档案馆：《建党以来重要文献选编（1921—1949）》第 16 册，北京，中央文献出版社 2011 年版，第 579~580 页。

怕牺牲，但在思想方面、党性方面也存在这样或那样的问题，对于什么样的党员才是合格的共产党员，还缺乏明确的认识。有些党员干部把个人利益放在第一位，把个性放在党性之上。1942年，中央组织部根据工作需要，抽调一批人去敌占区工作，在条件比较合适的117人中，“除少数人表示服从党的分配、接受工作外，其余大部分人均把个人利益放在第一位，或掩饰推诿，或当面拒绝。”① 这一现象表明，随着党员队伍的迅速扩大，对党员进行党性教育和纪律教育，已经迫在眉睫。为加强党员教育，1939年5月30日，陈云发表了《怎样做一个共产党员》一文，提出了“良好共产党员”的6条标准：（1）终身为共产主义奋斗；（2）革命的利益高于一切；（3）遵守党的纪律，严守党的秘密；（4）百折不挠地执行党的决议；（5）群体模范；（6）学习。只有做到了这6条，才无愧于共产党员的光荣称号。二是建立党员能进能出的机制，将不合格分子清除出党。延安时期，我们党大规模地扩大自己组织的队伍，难免会有一些不合格分子混进党内来。抗日战争进入战略相持阶段后，国共摩擦不断升级，党面临的外部形势更加严峻，在这种情况下，必须清除党内异己分子，把大规模“扩党”时混进党内的异己分子、投机分子和敌探奸细等清除出党，维护组织纯洁性，十分重要。1939年8月，中共中央政治局《关于巩固党的决定》中就做了要求：“为着巩固党，必须详细审查党员成分，清刷混入党内的异己分子（地主、富农、商人），投机分子，以及敌探奸细。”② 中国共产党作为先锋队组织，只欢迎那些拥护党的纲领，理想信念坚定，纪律严明的人入党，“对那些思想不纯、别有用心、混进党内的异己分子，严肃地进行思想教育和组织审查”。③ 三是要加强党的团结。党内团结才能形成战斗力，才能完成革命任务。毛泽东说：“只有经过共产党的团结，才能达到全阶级和全民族的团结……完成民族和民主革命的任务。”④ 延安时期，中央采取了诸如加强纪律教育、积极解决党内的冤假错案问题、正确对待犯过错误的同志等一系列措施，形成党内新老干部之间、新老党员之间、同志与同志之间相互学习、相互尊重的和谐关系。

---

① 中共中央文献研究室、中央档案馆：《建党以来重要文献选编（1921—1949）》第19册，北京，中央文献出版社2011年版，第466页。

② 中共中央文献研究室、中央档案馆：《建党以来重要文献选编（1921—1949）》第16册，北京，中央文献出版社2011年版，第580页。

③ 《陈云文选》第1卷，北京，人民出版社1995年版，第185页。

④ 《毛泽东选集》第1卷，北京，人民出版社1991年版，第278页。

三、确立一元化领导体制，强化党的全面领导

中国共产党早期，由于党员人数不多，党的各项建设也处在逐步探索之中。就党的领导体制架构来看，从党的一大到四大“党的全国代表大会——中央执行委员会——中央局”成为党的中央权力体制的基本架构。党的五大后，党中央设立了政治局及其常务委员会，党的中央权力架构变为“全国代表大会——中央委员会——政治局——政治局常委会”的体制。这种体制结构沿袭到党的六届五中全会，在这次全会上又选举产生了中央书记处，同时，中央政治局常委会仍然保留下来，这样事实上形成了中央书记处与政治局常委会二位一体同时并存的领导机构和决策机构。1938 年召开的党的六届六中全会从形式上解决了这个问题，明确规定了中央书记处在最高领导机构中的地位，这样就形成了“全国代表大会——中央委员会——政治局——书记处”的体制架构。1945 年党的七大通过的新党章将这个一元化领导体制确立下来。

延安时期，中国共产党确立一元化领导体制是有其特定历史背景的。抗战进入战略相持阶段，民族危机日益深重，国民党反共摩擦不断升级。在此背景下，中国共产党负重前行，在斗争中不断发展壮大，开辟了若干个抗日根据地，在抵抗日本侵略战争中起到了中流砥柱的作用。但是，重任在肩的中国共产党内，此时也还存在许多问题亟待解决，主要表现在宗派主义、分散主义、山头主义、本位主义等方面。比如有的根据地执行中央指示不到位，有的人闹宗派、搞山头，有的地区在宣传方面与中央指示不一致，等等。出现这些问题固然有一些客观因素，但也与党的领导体制以及党员干部思想认识方面存在的问题密切相关。为加强党的集中统一领导，统一全党思想认识，中国共产党确立了一元化领导体制。1942 年 9 月 1 日，中央政治局通过的《中共中央关于统一抗日根据地党的领导及调整各组织间关系的决定》指出，“抗战以来，各抗日根据地党的领导，一般的是统一的”，但是，“在某些地区，还存在着一些不协调的现象。例如：统一精神不足，步伐不齐，各自为政……等等”，[①] 不利于根据地建设，不利于我党进一步的布尔什维克化。为强化党的领导，中央明确强调，党应该领导一切其他组织，如军队、政府与民众团体。在每一个根据

---

① 中共中央文献研究室、中央档案馆：《建党以来重要文献选编（1921—1949）》第 19 册，北京，中央文献出版社 2011 年版，第 422 页。

地，都要实行一元化领导。这一决定还规定了如何实行一元化领导的 11 条具体内容，比如，规定党委是各地区实行一元化领导的机构，各级党委是该地区党政军民的统一的领导机关。各级组织均须无条件实行上级党委的决议、指示；必须严格执行下级服从上级、全党服从中央的原则，这对实行党的一元化领导具有决定意义；党对政权系统的领导应是有原则的、政策性的、大政方针的领导，要处理好党政关系，党委不能包办一切；等等。

中央的指示发出后，各根据地纷纷响应，调整领导机构。其实，陕甘宁根据地由于是中央所在地，在早于党的指示发出之前就已经建立了党的一元化领导体制。山东抗日根据地也较早建立了党的一元化领导体制。1942 年 3 月刘少奇在山东根据地指导工作的时候，就将一切领导权集中于山东分局，山东军政委员会归山东分局领导。1943 年 3 月，根据中央关于确立一元化领导体制的指示，山东根据地建立了一元化领导体制，山东分局成为山东最高统一领导机关，罗荣桓任山东分局书记。成立了新的山东军区，罗荣桓任司令员兼政治委员，并任第一一五师政委、代师长。这一领导体制在抗日战争中发挥了重要作用。

四、坚持任人唯贤，锻造德才兼备的干部队伍

领导抗战并取得胜利，是历史赋予中国共产党的光荣而又艰巨的使命。对于当时身处贫瘠山区、组织弱小、缺兵少枪，甚至连干部都奇缺的中国共产党来说，着实是一大难题。基于当时日本加快侵华步伐的现实背景，毛泽东清醒地认识到："中国的救亡抗战，必须用跑步的速度去准备。"[①] 当务之急，既要大力发展党的组织，更要培养大批干部，加快干部队伍建设步伐。历史地看，延安时期，中国共产党能够取得巨大胜利，实现组织上的空前团结和统一，得益于党的干部队伍建设的巨大成就。毛泽东曾指出："政治路线确定之后，干部就是决定的因素。因此，有计划地培养大批的新干部，就是我们的战斗任务。"[②] 陈云也非常重视干部的重要作用，他指出："党的一切决议和政策，都要通过干部去实现。"[③] 因此，延安时期，党把培养干部的任务放到党的事业全局的战略地位来对待。

---

① 《毛泽东选集》第 1 卷，北京，人民出版社 1991 年版，第 256 页。

② 《毛泽东选集》第 2 卷，北京，人民出版社 1991 年版，第 526 页。

③ 《陈云文选》第 1 卷，北京，人民出版社 1995 年版，第 144 页。

延安时期坚持"任人唯贤"的干部路线、"德才兼备"的干部标准以及"五湖四海"的选拔原则。1938年9月，在党的六届六中全会上，毛泽东指出，在我们民族的历史上，从来就有"任人唯贤"和"任人唯亲"这两条路线。在我们党的历史上，也有过这两条对立的路线，张国焘就搞过"任人唯亲"的宗派主义干部路线，给党的事业带来莫大的损失。所以，"鉴于张国焘的和类似张国焘的历史教训，在干部政策问题上坚持正派的公道的作风……这是中央和各级领导者的重要的责任。"[①] 与张国焘相比，王明的宗派主义干部路线更为严重，影响也更坏。1931年1月，王明成为中共的最高领导人之后，便大搞宗派主义，将他的亲信干部派往全国各地作为中央代表和"斗争干部"，排挤、斗争和打击与他们意见不一致的干部，以加强对各苏区的控制，搞得"钦差大臣满天飞"，许多同志遭受残酷斗争和无情打击。何孟雄、林育南、李求实等人因不满王明的"左"倾路线，而被贴上右派的标签，遭受无情打击。刘少奇在白区工作中因与王明路线不一致而受到批判，被撤销中央职工部部长兼全总党团书记职务。毛泽东更是被撤销了在党和红军中的领导权。最让人痛心的是，在王明"左"倾政治路线和宗派主义干部路线的错误指导下，苏区和红军中开展大规模"肃反"运动，使各根据地的干部队伍遭受重大损失。在鄂豫皖苏区，短短两个多月的时间内，"就有2500名以上的红军指挥员被'肃'掉了，另外有百分之六七十的团以上干部被逮捕和杀害（红军总人数为15000人）"[②]。在提拔干部方面，王明的标准简单粗暴，"顺我者提，逆我者撤"，是典型的宗派主义干部路线。王明还有一个致命的错误认识，认为"中国共产党的领导没受到国际教育，没有学好马列主义，都是土包子，执行土政策，不懂得马列主义的政治路线，是土派共产党"。[③] 基于这一认识，在王明当权期间，大量提拔使用的是"留洋派"干部，而像毛泽东这样的所谓"土包子"则被剥夺领导权，被边缘化，给革命事业造成不可估量的损失。鉴于过去党在干部路线上的沉重教训，毛泽东在党的六届六中全会上进一步指出："共产党的干部政策，应是以能否坚决地执行党的路线，服从党的纪律，和群众有密切的联系，有独立的工作能力，积极肯干，不谋私利为标准，这就是'任人唯贤'的路线。"[④] 为了在实际

① 《毛泽东选集》第2卷，北京，人民出版社1991年版，第527页。

② 赵生晖：《中国共产党组织史纲要》，合肥，安徽人民出版社1987年版，第116页。

③ 黄药眠：《动荡：我所经历的半个世纪》，上海，上海文艺出版社1987年版，第199页。

④ 《毛泽东选集》第2卷，北京，人民出版社1991年版，第527页。

工作中更好地贯彻这条正确的干部路线，毛泽东还提出了“德才兼备”的干部选拔标准。所谓“德”，就是“坚决地执行党的路线，服从党的纪律，和群众有密切的联系，不谋私利”，所谓“才”，就是“有独立的工作能力，积极肯干”。[①] 作为共产党的干部，这两个方面都要具备，一个好的干部要懂马列主义，要有政治远见，要有领导能力。陈云也认为选拔干部要坚持“德才兼备”的标准，他指出：“政治，能力。两者不能缺一，以政治为主。”[②] 陈云还将这个标准具体化为 4 个方面的要求，包括“忠实于无产阶级事业，忠实于党”，“与群众有密切联系”，“能独立决定工作方向并负起责任”以及“守纪律”。关于选拔干部的原则，毛泽东提出了“五湖四海”原则，这一原则，凸显了选拔干部的广泛性和包容性。延安时期，来自全国各地的人才很多，选拔配备干部要考虑全国各个区域省份的均衡。“五湖四海”原则的落脚点是加强党内团结，避免在干部任用方面出现山头主义和宗派主义倾向。毛泽东常对干部们说：我们要搞“五湖四海”，不搞山头宗派，所有干部“都是一个父母生的”。

为贯彻党的干部路线，延安时期党还确立了很多选拔、管理、教育干部的具体原则和政策措施。一是确立了党管干部的原则。1937 年 8 月 1 日，中央组织部作出《关于改编后党及政治机关的组织的决定》，要求在政治部（处）下面设立组织部（股），“专负党的工作和干部的审查与政治干部的配备之责”。[③]1942 年 9 月 1 日中央政治局通过了《中共中央关于统一抗日根据地党的领导及调整各组织间关系的决定》，明确规定：“区党委书记人选，由中央局分局议定，经中央批准之。地委书记人选，由区党委议定，经分局中央局批准之。”[④] 区委以上的各级党委要设立组织部门，专门负责“管理组织的发展，党员登记，干部的考察、征调和分配及征收党费等”[⑤] 工作。二是规范干部选拔任用程序，推行选任制、委任制、聘任制等干部任用制度，其中选任制是最重要的干部选拔制度。陕甘宁边区主席、副主席、边区高等法院院长、政府委员、所辖各县县长、副县

① 《毛泽东选集》第 2 卷，北京，人民出版社 1991 年版，第 527 页。

② 《陈云文选》第 1 卷，北京，人民出版社 1995 年版，第 213 页。

③ 中共中央文献研究室、中央档案馆：《建党以来重要文献选编（1921—1949）》第 14 册，北京，中央文献出版社 2011 年版，第 422 页。

④ 中共中央文献研究室、中央档案馆：《建党以来重要文献选编（1921—1949）》第 19 册，北京，中央文献出版社 2011 年版，第 424 页。

⑤ 中共中央文献研究室、中央档案馆：《建党以来重要文献选编（1921—1949）》第 15 册，北京，中央文献出版社 2011 年版，第 775 页。

长、县区法院院长皆由同级参议会民主选举产生，参议会既有选举权，也有罢免干部的权力。乡村干部则由群众直接选举产生。委任制也是延安时期干部选任的重要方式，这种方式的优势在于高效率，一般是上级党委直接委任干部，或者由下级推荐，上级考察后委任。聘任制是用选聘的形式选用干部，这种形式在延安时期干部选任中也经常使用，陕甘宁边区政府制定的《陕甘宁边区各级参议会组织条例》中规定，可以根据实际工作需要，聘请在社会经济、文化、科技、教育等各方面有名望、有能力的人士担任领导干部。比如，著名爱国知识分子何穆先后被任命为中央医院和白求恩医院院长，陈学昭被聘为中央党校教员，石油工人陈振夏被聘任为延长石油厂厂长。实践证明，通过选聘的干部，在各行各业都干出了出色成就，也从一个侧面证明党在延安时期选拔任用干部是民主的，是成功的。三是大量吸收和培养知识分子干部。党的六大以后，受共产国际和斯大林的影响，中国共产党在选拔任用干部方面更加注重其工人出身，而对选拔知识分子干部则较为审慎，不敢大胆提拔和使用。1939 年 12 月 1 日，毛泽东在为中央起草《大量吸收知识分子》的决定中指出："全党同志必须认识，对于知识分子的正确政策，是革命胜利的重要条件之一。""一切战区的党和一切党的军队，应该大量吸收知识分子加入我们的军队，加入我们的学校，加入政府工作。"[①] 随后，中央军委根据这一精神，于 1939 年 12 月 6 日作出了《关于军队吸收知识分子及教育工农干部的指示》，要求各部队及各政治机关召开干部会议，讨论中共中央 12 月 1 日的决定，"彻底纠正一切排斥与拒绝知识分子参加我们军队的倾向，就地尽一切努力吸收知识分子参加我军。号召工农干部好好学习文化与政治，使工农干部知识化"。[②] 四是建立干部交流制度。这一做法，一方面是为了熟悉不同岗位、不同地方的工作；另一方面也是为了防止干部在一个地方、一个岗位上任职时间过长而容易出现小团体主义甚至是宗派主义的不良倾向。延安时期，中央在干部调剂和干部交流方面出台了很多文件，创造了干部交流的多种形式，包括"机关与基层交流、前方与后方交流、军队与地方交流、新老干部的交流"等多种形式。1942 年 4 月，在中组部出台的《关于延安几种干部培养与使用的决定》中规定："长期在高级领导机关工作但没有或很少下层工作经验的干部，在不妨害该机关工作的条件下，应将

① 《毛泽东选集》第 2 卷，北京，人民出版社 1991 年版，第 620、第 619 页。

② 中央档案馆：《中共中央文件选集》第 12 册，北京，中共中央党校出版社 1991 年版，第 213 页。

一部分调去参加下层工作，同时吸收有下层工作经验的适当干部去代替之。”[①]1943 年 2 月，中央军委也发布了《军委关于部队干部实行交流的指示》，规定军队干部交流的具体形式。干部交流制度，对加强团结，提高党和军队的战斗力，起到了十分重要的作用。

五、严抓支部工作，强化基层党组织战斗堡垒作用

列宁曾指出，“组织能使力量增加十倍”，[②]“在争取政权的斗争中，除了组织，没有别的武器”。[③]进入近代，中华民族屡遭列强侵略而未能组织起有效的抵抗，不能简单地归咎于中华民族积贫积弱，而应该看到，没有一个政治组织将国人有效组织起来，形成强大合力，这才是最根本原因。中国共产党成立后，通过自身建设，改变了一盘散沙的状况，逐步将国人有效地组织起来，形成强大的力量，最终推翻了长期压在中国人头上的“三座大山”，彰显出组织建设的强大威力。

基层党组织建设事关党的组织纯洁和战斗堡垒作用的发挥，加强党的基层组织建设是从严管党治党的一个重要环节。中国共产党内较早认识到基层组织重要性的人是毛泽东，1927 年在“三湾改编”时，就决定“将支部建在连上”，这一做法就是要充分发挥党支部的战斗堡垒作用。在长征以及抗日战争中，基层党支部充分发挥政治领导和政治动员作用的成功案例非常多，比如，在平型关战役前，八路军某基层党支部进行了“热烈的战斗动员”，干部战士在敌众我寡的情况下不怕牺牲，顽强战斗，有的一个连抵抗了敌军一个旅团 5 个小时的进攻。[④]

延安时期，中国共产党更加注重党的基层组织建设，并采取了很多行之有效的措施。1939 年 6 月，陈云专门写文章阐述基层党组织建设问题，他指出：“支部在革命斗争中领导和教育党员，培养党的干部。所以支部是党的基本组织，是党的力量增长的主要源泉。”[⑤]党的基层组织与党员的联系是最密切、最直接的，也是党团结各方面群众的核心组织，还是党的路线、方针、政策贯彻执行的末端，级别虽低，但地位重要。延安时期，

---

① 中共中央文献研究室、中央档案馆：《建党以来重要文献选编（1921—1949）》第 19 册，北京，中央文献出版社 2011 年版，第 198~199 页。

② 《列宁全集》第 19 卷，北京，人民出版社 1959 年版，第 407 页。

③ 《列宁选集》第 1 卷，北京，人民出版社 2012 年版，第 526 页。

④ 《王首道文集》，北京，中国大百科全书出版社 1995 年版，第 52 页。

⑤ 《王稼祥选集》，北京，人民出版社 1989 年版，第 219~220 页。

基层党组织在党的各项工作中发挥了重要作用。在抗日战争的困难环境中充分动员群众、领导群众，坚持持久抗战，在广大的抗日根据地建立起千千万万个党的战斗堡垒，在实际的斗争中提高了党员的觉悟水平和工作能力，培养了大批工作骨干和优秀干部。

延安时期，基层党组织发挥了重要作用，这一点，历史已经给予了充分的肯定。但是，延安时期基层党组织工作也还存在薄弱环节，表现在：一是发展党员方面，存在着追求数量、降低质量要求的现象；二是新党员对群众运动不够重视，群众工作经验不足，只注重动员群众参加革命，不关心群众生活；三是基层党组织在工作方式上还存在着简单粗暴、形式主义等问题。这些问题与党的基层组织建设所处的复杂政治环境有直接关系，但是，党的职责使命决定了党的基层组织“要在各种复杂环境中保持纯洁”，[①] 以保持党的凝聚力和战斗力。为解决基层党建中存在的问题，1939 年，中央政治局在《关于巩固党的决定》中要求：“支部工作必须加强，支部在群众中的工作必须发展。各级党的组织机构必须加以整理，以求得在巩固党的工作中收到最大的效果。”[②] 通过整理支部来巩固党，实际上就是要求党的组织机构全面了解基层党支部的建设状况，党员的数量、成分和社会关系以及工作表现等情况，通过整理支部来发现存在的问题，进而有针对性地解决问题。整理支部的主要方式是上级党组织深入基层了解情况，同党员直接谈话，详细了解党员本人的成分和社会关系，了解党员的思想状况和学习状况，通过与群众谈话，了解党员的工作表现及其与群众的关系，在全面调查了解的基础上，对党员进行审查鉴定。对于存在严重问题的党员，清除出党的组织，以保持党组织的纯洁。此外，整理支部还要与党员教育相结合，以此促进支部教育，使支部成为每一个共产党员的“列宁学校”。[③] 山东根据地在整理支部的过程中制定了整理支部必须达到的最低标准，其中支部对党员的最低教育标准是：必须进行简短通俗的教育，使党员大体了解一下几个基本问题，包括“什么是共产党”“为什么要加入共产党”“怎样做一个好党员”等内容，此外还有一些必要的

---

① 中共中央文献研究室、中央档案馆：《建党以来重要文献选编（1921—1949）》第 14 册，北京，中央文献出版社 2011 年版，第 200 页。

② 中央档案馆：《中共中央文件选集》第 12 册，北京，中共中央党校出版社 1991 年版，第 156~157 页。

③ 河北省档案馆等：《晋察冀抗日根据地史料选编》上册，石家庄，河北人民出版社 1983 年版，第 120 页。

秘密工作知识，并进行文化教育，破除迷信，提高革命的道德观念。[①]

延安时期，通过加强基层党组织建设，战斗堡垒作用得到了强化，组织建设更加规范，党员思想政治素质得到提高。西北局组织部在对11个支部党员调查后认为党员的政治思想表现呈现良好的发展态势。在调查的11个支部322名党员中，好党员107名，占33.23%；平常党员140名，占43.48%，好党员和平常党员总计76.71%。坏党员75名，占23.29%。[②]对于那些有坏毛病的“坏党员”，列为党组织重点教育的对象。

第四节 作风建设从严：培育优良作风，密切党群干群关系

延安时期是中国共产党作风最好的时期之一。也正是得益于这个时期党形成了许多优良传统和作风，才使得我们党在人民群众中有很高的威信，受到人民群众的真诚拥护，使党的事业不断取得胜利。延安时期，党的优良作风主要有理论联系实际的作风、紧密联系群众的作风、批评与自我批评的作风、艰苦奋斗的作风。

一、大兴调查研究之风

马克思主义认识论认为，正确的认识不是在人的头脑中凭空产生的，只能来自于实践，由此决定了中国共产党的认识路线是坚持理论联系实际，注重调查研究，实事求是。毛泽东是我们党内注重调查研究工作的倡导者和践行者，早在土地革命时期，他在《反对本本主义》一文中就明确提出“没有调查就没有发言权”的著名论断。可以说，毛泽东领导中国革命的一系列正确路线、策略和政策的制定，全部来自对中国革命实际情况的调查研究。

延安时期，毛泽东沿袭了他在土地革命时期的一贯认识和做法，大力提倡全党开展调查研究工作。但党内很多同志，包括一些领导同志，缺乏马克思主义理论素养，认识不到理论联系实际的意义，认识不到调查研究

① 山东省档案馆、山东社会科学院历史研究所：《山东革命历史档案资料选编》第9辑，济南，山东人民出版社1983年版，第232页。

② 中央档案馆、陕西省档案馆：《中共中央西北局文件汇集（1941—1945）》，西安，陕西人民出版社1994年版，第209页。

的重要性，在工作中存在粗枝大叶、不求甚解、自以为是、主观主义、形式主义等作风。针对这种情况，毛泽东指出："认识世界，不是一件容易的事。马克思、恩格斯努力终生，作了许多调查研究工作，才完成了科学的共产主义。列宁、斯大林也同样作了许多调查。中国革命也需要作调查研究工作，首先就要了解中国是个什么东西（中国的过去、现在及将来）。可惜很多同志常是主观主义，自以为是，完全不重视调查研究工作。"[①] 毛泽东认为，好的思想都是从实际中产生的，脱离实际、脱离群众的领导不是好领导，在实际工作中是要犯错误的。他还说："不调查不研究就不得了，就要亡党亡国亡头。"[②] 在《改造我们的学习》中，毛泽东把调查研究作为党的作风建设的基本要求，并提倡在全党范围内推行。1945 年，有位美联社记者采访毛岸英，要他对抗战胜利后的形势谈谈看法。稿子写成，毛岸英拿过来请父亲审看，不料毛泽东还没看完，便一把撕掉，严厉批评说：你小小年纪，刚从国外回来，情况不了解，有什么资格对外国记者发表意见！这就是毛泽东严格要求自己儿子凡事要经过调查研究。

1937 年 10 月，毛泽东将他在中央苏区时所写的调查报告，包括《寻乌调查》《兴国调查》《东塘等处调查》《木口村调查》《赣西南土地分配情形、分青和出租问题》《江西土地斗争中的错误》《分田后的富农问题》《长冈乡调查》《才溪乡调查》等，汇编成《农村调查》并加写了一个序言，在 1941 年的延安整风时付印成册，成为延安整风的重要学习文件。

为落实调查研究工作，1941 年 7 月 7 日，中央发布了《关于设立调查研究局的通知》，同时成立调查研究局，毛泽东担任调研局主任，任弼时担任副主任。各根据地也相继设立了调查研究局和分局。1941 年 8 月 1 日，中央作出《中共中央关于调查研究的决定》，这个决定对党的调查研究方面取得的进步以及存在的问题作了详细的分析，在肯定成绩的同时，也指出了不足，决定指出："粗枝大叶、不求甚解、自以为是、主观主义，形式主义的作风，仍然在党内严重地存在着……对于二十年来，由于主观主义与形式主义，由于幼稚无知识，使革命工作遭受损失的严重性，尚未被全党领导机关及一切同志所彻底认识。"决定还对党内不注重调查研究的同志作了严肃的批评，包括一些来延安报告工作的同志，对于他们自己工作的内外环境、社会阶级关系等重大问题，都缺乏系统的、深入细

① 《毛泽东农村调查文集》，北京，人民出版社 1982 年版，第 21 页。

② 《毛泽东　周恩来　刘少奇　朱德　邓小平　陈云论调查研究》，北京，中央文献出版社 2006 年版，第 7 页。

致的了解。“还不知道，粗枝大叶、自以为是的主观主义作风，就是党性不纯的第一个表现；而实事求是，理论与实际密切联系，则是一个党性坚强的党员的起码态度。”[①]1941 年 8 月 1 日，中央又颁布了《关于实施调查研究的决定》，从机构、人员和经费等方面规定了调查研究的实施办法。随后，各地积极响应党的号召，调查研究之风在全党范围内迅速兴起。1941 年 12 月 4 日，中央调查研究局第四分局在延安正式成立，其存在的 1 年多时间里，总共收集了 772 万字的资料，编印了 81.5 万字的材料。

中央的指示和决定发出后，中央各部委、各群众团体、军队系统、文化系统也都成立了各种调查团，广泛开展调查研究工作。中央妇委组织了妇女生活调查团，经过调研，写出了《沙滩萍调查》《沙滩萍第二乡第二行政村调查》等调查报告；中央青委考察团经过调查研究写出了《杨家沟社会调查材料》《绥德延家川经济材料》等调查材料。八路军政治部成立了 100 多人的战地考察团，对抗日战争的实际状况进行实地调研。1942 年 1 月 26 日，张闻天带领的“延安农村工作调查团”赴神府、绥德和兴县等地，进行了长达 1 年半时间的实地调查研究。1943 年 3 月 3 日他率调查团返回延安，随后向中央提交了调查总结报告——《出发归来记》以及《贺家川八个自然村的调查》《碧村调查》《兴县十四个自然村的土地问题研究》《杨家沟地主调查》等报告，对指导党的实际工作起到重要的作用，毛泽东对此大加赞赏，要求中央各位同志都要读一读《出发归来记》。

为更好推动党内的调查研究，毛泽东、陈云、林伯渠等党和边区政府领导人以身作则，率先垂范。毛泽东对调查研究一直十分重视，即使是在工作异常繁忙的情况下，也会挤出时间调查研究，了解实际情况。1941 年春节前一天，毛泽东到枣园乡给老百姓拜年的时候还不忘调查研究，听群众的意见，老百姓建议在农业生产方面应该多开垦荒地，增加种植面积，加强田间管理。后来，中央决定南泥湾开荒，就是根据老百姓的这一建议作出的决策。此外，毛泽东在百忙中还挤时间对陕甘宁边区财政经济状况进行调研，在此基础上，提出了一整套财经工作的方针政策。朱德在工作之余，一有时间就深入田间地头，与农民一起干农活，了解农业生产的最现实情况，了解农民最真实的需求。陈云对调查研究也高度重视，在工作中一直坚持理论和实际相结合，实事求是。工作繁忙，没有时间下

① 中共中央文献研究室、中央档案馆：《建党以来重要文献选编（1921—1949）》第 18 册，北京，中央文献出版社 2011 年版，第 530、第 531 页。

去搞调研，陈云就抽调一些地方干部来延安，同他们进行谈话交流，了解实际情况。1939 年 4 月至 5 月，陈云在自己办公室里同到延安来的 7 个乡党支部书记谈话，每个人都谈了 3 天 3 夜，谈话内容涉及阶级关系、土地关系、文化教育、妇救会、青救会、征兵等 10 个方面，通过谈话调查，掌握了真实情况，也发现了一些问题。陕甘宁边区政府主席林伯渠为了更好地改进政府工作，于 1942 年 12 月率考察团到甘泉、富县进行为期 1 个多月的调查研究，对检查中发现的问题，都在后来的政府工作中得到了改正。1943 年 3 月，林伯渠又率领边区政府考察团到志丹县和安塞县农村进行考察，先后考察西河口 6 乡、安塞 2 区 6 乡、志丹县 1 区等地，深入了解农民的生产和生活情况，听取他们对政府工作的意见和要求。①

很显然，延安时期，党中央和毛泽东不断强调全党要养成调查研究的优良作风，并非完全是为了“对于历史，对于环境，对于国内外、省内外、县内外具体情况的调查与研究”，② 更深层次的用意在于以此为抓手，整顿党的作风，彻底清除主观主义、教条主义的不良影响。这是延安时期从严加强作风建设的重要举措。

二、增强密切联系群众的政治优势

1935 年 10 月，党中央到达陕北，经过 1 年多的长征，党的组织不健全，红军严重减员。在国民党军事上“围剿”，政治上污名化，经济上封锁的情况下，党和红军如何解决生存发展问题，是党需要迫切解决的现实问题。中央落脚陕北有一个非常有利的条件，就是刘志丹、徐海东等已经在陕北开辟了根据地，党和红军在陕北有一定的群众基础。共产党赢得群众，很大程度上靠的是优良作风。红军纪律严明，不但不扰民，不拿群众一针一线，还真心真意帮助人民群众解决实际困难，维护群众利益，与人民群众建立了鱼水深情，这与国民党及其军队形成了强烈的反差。中国共产党是代表无产阶级和最广大人民群众利益的无产阶级政党，人民群众是党的立党之基、力量之源。延安时期，大兴密切联系群众之风，党同人民群众形成了水乳交融、血肉相连的密切关系。

首先，延安时期党明确提出了全心全意为人民服务的宗旨。中国共产党在延安时期形成的延安精神中，全心全意为人民服务是其最核心的

① 中国延安干部学院：《延安时期的党内政治生活》，北京，党建读物出版社 2020 年版，第 163 页。

② 《毛泽东文集》第 2 卷，北京，人民出版社 1993 年版，第 361 页。

内容，也是中国共产党人的最高行动准则。如果从理论渊源看，马克思、恩格斯、列宁等人早就使用过“为多数人服务”“为人类服务”“为千千万万劳动人民服务”的概念，中国共产党以为人民服务为根本宗旨，是对马克思主义列宁主义的继承和创造性发展。据考证，“为人民服务”最早是1939年2月20日毛泽东在致张闻天的一封信中提出来的，在信中，当谈到儒家旧道德之勇时，毛泽东指出那种“勇”只是“勇于压迫人民，勇于守卫封建制度，而不勇于为人民服务的”。① 在此，毛泽东将“为人民服务”视为无产阶级道德观。1942年5月，毛泽东在《延安文艺座谈会上的讲话》中再一次使用“为人民服务”这一概念，他强调，我们的文艺工作者们一定要明白，我们的文艺“是为着人民大众的”，要使我们的文艺成为“革命的为人民服务的东西”。②1944年9月8日，毛泽东在张思德追悼会上对“为人民服务”思想作了详细的阐述，他强调：“我们的共产党和共产党所领导的八路军、新四军，是革命的队伍。我们这个队伍完全是为着解放人民的，是彻底地为人民的利益工作的。”③1945年4月毛泽东在党的七大所作的《论联合政府》的政治报告中，深刻阐述了“为人民服务”的理论内涵，将“为人民服务”视为共产党人区别于其他任何政党的一个显著标志，上升到党的宗旨的高度。党领导下的边区政府始终坚持“为人民服务”的宗旨理念。陕甘宁边区政府主席林伯渠曾明确要求：“边区政府各厅处院的工作以什么为对象？就是以边区150万人民为对象，了解他们的生产和生活情况，为他们并依靠他们做好事。真理的标准是革命的实践，这个实践就是帮助人民把事情办好。”④

其次，延安时期形成了党的群众观点和群众路线。党的群众观点和群众路线的理论基础是唯物史观。延安时期，以毛泽东为代表的党中央领导人一直强调人民群众是历史的创造者，是真正的英雄。毛泽东指出：“有无群众观点是我们同国民党的根本区别，群众观点是共产党员革命的出发点与归宿。”⑤ 他还要求，“共产党人的一切言论行动，必须以合乎最广大人民群众的最大利益，为最广大人民群众所拥护为最高标准”⑥。1944年

① 《毛泽东书信选集》，北京，中央文献出版社2003年版，第132页。

② 《毛泽东选集》第3卷，北京，人民出版社1991年版，第855页。

③ 《胡乔木文集》第2卷，北京，人民出版社2012年版，第560页。

④ 西北五省区编纂领导小组、中央档案馆：《陕甘宁边区抗日民主根据地·回忆录卷》，北京，中共党史资料出版社1990年版，第485~486页。

⑤ 《毛泽东文集》第3卷，北京，人民出版社1996年版，第71页。

⑥ 《毛泽东选集》第3卷，北京，人民出版社1991年版，第1096页。

9月8日，毛泽东在《坚持为人民服务》的讲话中指出："与人民利益适合的东西，我们要坚持下去，与人民利益矛盾的东西，我们要努力改掉，这样我们就能无敌于天下。"[①]陈云也是群众观的坚定倡导者和践行者，1939年，陈云在他写的《巩固和加强群众工作》《开展群众工作是目前地方工作的中心》《陕甘宁边区的群众工作》等文章中就多次谈到群众观点，他指出，"充分发动群众是开展一切工作的关键"，"我们要注意群众的切身问题，帮助他们解决困难，这是发动群众的关键"。此外，刘少奇、张闻天、林伯渠等领导人也在著述、讲话中多次强调群众观点。可以说，延安时期，站稳群众立场，从人民群众利益出发，向人民群众负责，已经成为全党的共识，已经形成一种浓厚的氛围。美国女记者斯特朗说，她在延安与中共领导人的大量谈话中，"最常听到的词汇，是人民，中国人民，最后往往总是提到世界人民。口号是，到人民中间去，向人民学习"。[②]延安时期，中国共产党还将群众观点升华到群众路线的层面。1943年6月，毛泽东在《关于领导方法的若干问题》中指出："在我党的一切实际工作中，凡属正确的领导，必须是从群众中来，到群众中去。这就是说，将群众的意见（分散的无系统的意见）集中起来（经过研究，化为集中的系统的意见），又到群众中去作宣传解释，化为群众的意见，使群众坚持下去，见之于行动，并在群众行动中考验这些意见是否正确。然后再从群众中集中起来，再到群众中坚持下去。如此无限循环，一次比一次地更正确、更生动、更丰富。这就是马克思主义的认识论。"[③]1945年，刘少奇在党的七大修改党章的报告中，对党的群众观点和群众路线作出了完整的概括和科学的定位，并明确指出："党的群众路线，是我们党的根本的政治路线，也是我们党的根本的组织路线。"[④]

最后，延安时期，党与人民群众形成了水乳交融的密切关系。中央红军到达陕北后，不但能够长期立足下来，而且能够快速发展壮大，靠的是什么呢？一不靠经济，二不靠军事，靠的是党的正确理论和路线方针，靠的是广大人民群众的拥护和支持。1935年9月，初到陕北的红二十五军，在对新兵进行纪律教育时，为了增强教育效果，把红军在中央苏区时提出

---

① 《毛泽东文集》第3卷，北京，人民出版社1996年版，第210页。

② 李寿葆、施如璋主编：《斯特朗在中国》，北京，生活·读书·新知三联书店1985年版，第179页。

③ 《毛泽东选集》第3卷，北京，人民出版社1991年版，第899页。

④ 《刘少奇选集》上卷，北京，人民出版社1981年版，第342页。

的“三大纪律八项注意”改编为朗朗上口的歌曲，在军队中广为传唱，每一名干部战士都能自觉遵守纪律，这样的党和军队怎么能不受老百姓欢迎呢？1938年夏秋之交的一个夜晚，山西黎城县孔家峧村民郭建仁听到院外有响动，但未敢开门查看。第二天一早他开门一看，门外地上躺着200多名八路军战士。这是朱德、彭德怀率领八路军在转战晋东南的行军途中，为了不扰民，就令八路军战士睡在寒冷的外面。1942年前后，陕甘宁边区和各抗日根据地因国民政府“断供”并进行经济封锁，加之自然灾害频仍，机关、学校、军队以及群众的生活陷入严重困境，为了减轻群众负担，边区积极开展“大生产运动”。在晋察冀抗日根据地，野菜和树叶也可以充饥，在饥荒严重的地方，聂荣臻司令员下令：部队所有伙食单位不得采集村庄附近的野菜和树叶，要把它们留给老乡，宁可饿着肚子，也不能与老百姓争食。延安时期，中国共产党爱护人民群众，关心人民群众，与人民群众形成了水乳交融的密切关系。1941年，边区政府主席林伯渠在《陕甘宁边区政府工作报告》中指出：“现在，党员干部和老百姓食宿在一起，劳作在一起，始终保持工农群众的本色。在边区经济已经改善的情况下，政府工作人员仍然是每天一斤四两小米，七分洋钱柴菜，然而我们工作人员没有一点抱怨。党员干部艰苦奋斗、勤俭节约、全心为民的作风，树立了党和政府的良好形象，赢得了群众的信任，密切了党群关系。”在延安时期，“甘为公仆耻为官”的价值追求成为广大党员干部的共识，“只见公仆不见官”的社会风气已经形成。淳耀县县长刘永培一心为公，为老百姓办了很多实事、好事，比如，带领农民创立田云贵合作社，发展挑铸原妇纺等等。后来，刘永培调动工作的时候，老百姓都拉着他，不舍得让他走。共产党对老百姓好，老百姓也以实际行动，给予党和军队最大的支持。据统计，仅在转战陕北的短短的1年时间里，边区所出的支前担架民工就达19.8万人次，运输队民工128.2万人次，投入运输牲畜147.8万头次，为部队磨面、炒干粮等65.5万人次，边区妇女做军鞋92.9万双。1940年，毛泽东曾说要用“延安作风打败西安作风”。现在看来，两大作风最大的区别在于是否坚持了群众观点和群众路线，是否坚持全心全意为人民服务的宗旨。

三、勇于开展批评与自我批评

批评与自我批评是正确开展党内斗争的重要方法，也是党强身治病，始终保持自身健康的重要手段。回顾党的历史可以看出，哪一个时期我们党批评与自我批评开展得好，哪一个时期党就团结进步，事业发达；哪一个时期我们党掩盖错误，有错不纠，党的事业就会受损失、遭挫折。毛泽东是较早主张开展党内批评的，早在1929年的古田会议上，毛泽东就指出："党内批评是坚强党的组织、增强党的战斗力的武器。"①延安时期，党内批评与自我批评被发扬光大，形成一种良好的作风，中国共产党正是在这种不断的批评与自我批评中成长的。

事实上，党内不同思想的对立和斗争是一种客观存在，是不以人的意志为转移的，我们党坚持唯物论和辩证法的统一，既承认矛盾的客观存在，也积极地解决矛盾。"党内如果没有矛盾和解决矛盾的思想斗争，党的生命也就停止了。"②毛泽东在党的七大上用很形象的话指明批评与自我批评的重要性，他说："房子是应该经常打扫的，不打扫就会积满了灰尘；脸是应该经常洗的，不洗也就会灰尘满面。我们同志的思想，我们党的工作，也会沾染灰尘的，也应该打扫和洗涤。"③开展党内批评的任务就是要找出党员干部在思想上、政治上和组织上的错误，在同志之间的批评帮助下改正错误，以保持党的纯洁性，增强党的战斗力。毛泽东说："我党必须实行公开的自我批评，不怕家丑外扬，隐瞒是不能教育党员的。"④1941年7月，中央明确提出了开展党内批评的要求，《中共中央关于增强党性的决定》指出："要用自我批评的武器和加强学习的方法，来改造自己使适合于党与革命的需要。要求每个党员特别是每个负责领导的干部，都深刻反省自己的弱点，把党的利益看得高于一切，任何人都不应有自满自足，自私自利的观念。"⑤此后，党内批评与自我批评的浓厚风气逐渐形成。

首先，在整风运动中开展批评与自我批评。1942年2月，毛泽东在延安作了《整顿党的作风》和《反对党八股》的报告，在报告中号召全党反对主观主义、宗派主义、党八股，以整顿学风、党风和文风。之后，整风运动在全党范围展开。整风运动的方针是"惩前毖后、治病救人"以及"团结——批评——团结"。对于党内的错误思想，既不能放任自流，也

---

① 《毛泽东选集》第1卷，北京，人民出版社1991年版，第90页。

② 《毛泽东选集》第1卷，北京，人民出版社1991年版，第306页。

③ 《毛泽东选集》第3卷，北京，人民出版社1991年版，第1096页。

④ 中共中央文献研究室：《毛泽东年谱（1893—1949）》（修订本）中卷，北京，中央文献出版社2013年版，第369页。

⑤ 中共中央文献研究室、中央档案馆：《建党以来重要文献选编（1921—1949）》第18册，北京，中央文献出版社2011年版，第445页。

不能搞所谓“残酷斗争、无情打击”，毛泽东要求：“对于犯错误的干部，一般地应采取说服的方法，帮助他们改正错误……轻易地给人们戴上‘机会主义’的大帽子，轻易地采用‘开展斗争’的方法，是不对的。”[①]“决不应使过去那种‘乱戴帽子’的坏习惯继续存在。”[②]全党进行整风的出发点是增强党的团结，是从团结的愿望出发，对党内的错误思想进行批评，在此基础上达到新的团结。达到既要弄清思想，又要团结同志的目的。批评和自我批评的目的在于发现错误，“好像医生治病一样，完全是为了救人，而不是为了把人整死”。[③]延安整风时期，正是我们党制定了正确的整风方针，才使得批评与自我批评始终沿着正确的轨道进行。

其次，中央领导人率先垂范，坦诚地开展批评与自我批评。关于批评与自我批评，对领导干部的要求要高于一般党员。毛泽东指出：“批评和自我批评是一个整体，缺一不可，但作为领导者，对自己的批评是主要的。”[④]他对作家萧军说，领导干部要“多想自己的缺点”，甚至要“强制地省察自己的弱点”。我们知道，延安时期，毛泽东勇于承认错误，接受批评，自觉改正。1941 年 6 月 3 日，延川县代县长李彩荣被雷电击中身亡，有一个农民发牢骚说“老天爷咋不睁眼，咋不劈死毛泽东”，毛泽东知道此事后并没有处分这个农民，而是首先想到我党的工作是不是有失误，是因为公粮负担太重了，老百姓才有此怨言，后来就把公粮负担降了下来。延安整风时期，在“审干”工作中出现一些“左”的做法，毛泽东发现后及时进行纠正，主动承担责任，并在多个公开场合进行自我批评。1944 年 5 月 22 日，毛泽东在延安大学开学典礼上，当场行脱帽鞠躬礼，向受到错误审查的干部赔礼道歉。1945 年 4 月，在党的七大上，毛泽东再次对“审干”工作中“左”的错误主动担责，赔礼道歉，毛泽东这种诚恳的态度和勇于自我批评的作风，使许多受过错误对待的同志深受感动，他们心中的怨气消了，同志间的团结增强了。张闻天、博古、王稼祥等领导同志过去曾经犯过错误，从 1941 年 9 月政治局会议开始多次进行自我批评，勇于承认自己的错误。任弼时在中央苏区工作时，也曾反对过毛泽东的正确主张，对此，他主动进行自我批评和自我剖析。1943 年 11 月 13 日，中央政治局召开整风会议，博古、李维汉、张闻天和周恩来先

---

① 《毛泽东选集》第 2 卷，北京，人民出版社 1991 年版，第 527~528 页。
② 《毛泽东选集》第 2 卷，北京，人民出版社 1991 年版，第 532 页。
③ 《毛泽东选集》第 3 卷，北京，人民出版社 1991 年版，第 828 页。
④ 《毛泽东文集》第 2 卷，北京，人民出版社 1993 年版，第 418 页。

后在会议上作自我批评。1945年，在党的七大召开前，王稼祥对自己过去所犯的错误进行了深刻的自我批评，他诚恳地说："对于我，对于一切犯过路线错误的同志，这个文件是一剂诊治思想疾病的良药，既有特效，又无副作用。"① 在党的七大上，张闻天作了长篇发言，诚恳检讨了自己存在的"左"倾路线错误，周恩来也就自己犯过的错误作了诚恳的自我批评，他们的自我批评让参加会议的同志很受感动。② 党中央领导人带头开展批评与自我批评，为全党树立了榜样，在榜样的带动下，批评与自我批评在全党范围内蔚然成风。

最后，充分发扬民主，畅所欲言地开展批评与自我批评。民主制度和民主作风是开展批评与自我批评的重要保障。党内缺乏民主氛围，同志之间就不可能坦诚布公地相互批评，下级更不敢给上级坦诚布公地提意见，党外人士也不可能推心置腹地给共产党提意见。因此，批评与自我批评要真正落到实处，必须充分发扬民主，党内同志之间，党内同志与党外人士之间才能"知无不言，言无不尽"，才能达到"言者无罪，闻者足戒"，"有则改之，无则加勉"的目的。延安时期，党内与党外、下级与上级、军队与地方能够达到一种和谐状态，正是建立在这种批评与自我批评的作风基础之上。

四、大力倡导艰苦奋斗作风

中国共产党人的艰苦奋斗之风主要形成于延安时期，艰苦奋斗是延安精神的重要内容。新中国成立之初，毛泽东在给延安人民的回信中要求"全国一切革命工作人员永远保持过去十余年间在延安和陕甘宁边区的工作人员中所具有的艰苦奋斗的作风"。③ 中国共产党成立之初，可谓是白手起家，连党组织开展工作的日常经费都十分紧张，依靠党员交纳的党费以及苏联共产党的资助，只能解决一时之困，党后来能够发展壮大，靠的是理想信念的支撑，靠的是人民群众的支持，靠的是自身的艰苦奋斗。延安自然条件并不好，土地贫瘠，缺水少雨。艰苦的环境往往是磨炼人的意志的最好的课堂。中国共产党到陕北以后，一方面要进行抗日斗争；另一方面要艰苦奋斗，解决自身的生存问题和发展问题。面对这样的条件，中

---

① 《王稼祥选集》，北京，人民出版社1989年版，第360页。

② 参见张晶《延安时期中国共产党开展批评与自我批评的方法》，《党史博采》（理论）2016年第4期，第6~7页。

③ 《毛泽东文集》第6卷，北京，人民出版社1999年版，第17页。

国共产党人没有半点丧失信心，而是保持了革命的乐观主义精神，相信只要有艰苦奋斗的精神，没有什么困难是克服不了的。1936 年 6 月 1 日，毛泽东在出席红军大学开学典礼上的讲话中指出：要办好红大就要艰苦奋斗。我们这里要教员，没有；要房子，没有；要教材，没有；要经费，没有。怎么办？就是要我们艰苦奋斗。红大刚创建不久，国民党军队袭击瓦窑堡，红大迁移到保安，在一处只有几孔破烂窑洞和废弃的马圈羊棚，到处都是野草马粪的地方建校舍。这样艰苦的条件没有难倒红大师生，他们用石头垒砌挡风墙，用草编的门帘挡风，将破窑洞打扫一新，作为宿舍和教室，学员们用小石块当凳子，用大石块当书桌，晴天在窑洞外面的大树下上课，雨天搬回室内。尽管条件艰苦，但学员们学习依然是紧张而愉快的。毛泽东风趣地对学员们说："你们过着石器时代的生活，学习着当代最先进的科学——马克思列宁主义。"① 中国共产党在延安时期办了很多学校，开办之初大多都是没有宿舍、没有教室、没有桌椅板凳。全面抗战爆发后，抗大学员激增，毛泽东号召抗大师生，自己动手，自力更生挖窑洞。1937 年 10 月，1000 多名抗大师生在凤凰山麓，挥镐刨土，建校舍、挖窑洞，干得热火朝天。他们中有红军军、师级以上干部，如许世友、罗瑞卿等，也有初到延安的知识分子，他们在劳动中你追我赶，争先恐后，拿起镐把就不愿意放下，甚至晚上还加班劳动。1937 年 10 月 23 日，毛泽东专门给抗大题词："听说你们建筑校舍的劳动热忱很高，开始表现了成绩，这是很好的，这将给我们一个证明，在共产党与红军面前，一切普遍所谓困难是不存在的，最严重的困难也能克服，红军在世界上是无敌的。"② 共产党人的这种艰苦奋斗精神令斯诺十分敬佩，他在《西行漫记》中写道："以窑洞为教室，石头砖块为桌椅，石灰泥土糊的墙为黑板，校舍完全不怕轰炸的这种'高等学府'，全世界恐怕就只有这么一家。"③

延安时期，中国共产党开展"自己动手、丰衣足食"的大生产运动，是艰苦奋斗精神的最生动写照。1940 年，陕甘宁边区被层层封锁围困，抗日军民得不到外部的补给，面临缺衣少食的艰难困境。毛泽东后来回忆说："我们曾经弄到几乎没有衣穿，没有油吃，没有纸，没有菜，战士没有鞋袜，工作人员在冬天没有被盖。"④ 为渡过难关，中央决定开展大生产

① 魏久明主编：《烽火忆抗战》，北京，人民出版社 1995 年版，第 120 页。
② 李志民：《革命熔炉》，北京，中共党史资料出版社 1986 年版，第 34 页。
③ 〔美〕埃德加·斯诺著：《西行漫记》，董乐山译，北京，东方出版社 2010 年版，第 99 页。
④ 《毛泽东选集》第 3 卷，北京，人民出版社 1991 年版，第 892 页。

运动。1941年年初，王震率359旅开赴南泥湾垦荒，战士们发扬“自力更生，艰苦奋斗”的革命精神，不怕苦，不怕累，战天斗地，起早贪黑地劳动。为了保证战士们的休息时间，359旅不得已制定了“不得早到、不得晚退”的劳动纪律。359旅在垦荒屯田的生产劳动中，创造了“自力更生、艰苦奋斗、官兵一致、同甘共苦”的南泥湾精神，到1941年年底，359旅就收获粮食1200石，蔬菜164.8万斤，建窑洞1000多孔，建房600多间。到1943年，南泥湾已经发生了翻天覆地的变化，359旅在短短的3年时间内，将一片贫瘠的荒地改造成“陕北的好江南”，震撼世人！

延安时期，中国共产党艰苦奋斗已经成为行动上的自觉，没有人会因为艰苦而自怨自艾，相反，更多的人则是在困难面前迸发出强大的斗志，反而被艰苦的条件激发出无穷的智慧。延安时期，党办了30多所干部学校，几乎每一个干部学校都是白手起家，都是靠干部和学员的双手一点一点干出来的。中央党校建有农场，还建有豆腐坊、糖厂、酒厂、烟厂、染坊等。抗大学员自己动手建校舍、修公路。在办学中遇到的所有问题，都是靠自己想办法解决。

更值得人们称道的是，延安时期，在革命条件如此艰苦的情况下，中国共产党人不但保持了艰苦奋斗的作风，更是苦中作乐，始终保持了乐观向上的精神状态。毛泽东曾说过，整个延安就像是一所革命大学，工作、学习和唱歌成为延安党政军民的生活常态。1936年，斯诺初到延安，在路上碰到一支支红军的队伍，令他十分惊奇的是，这些队伍“在路上几乎整天都唱歌，能唱的歌无穷无尽”。[①] 这个美国人后来才明白，这就是中国共产党人的革命乐观主义精神。

第五节 制度建设从严：健全规章制度，规制党员干部行为

制度建设是管党治党的根本之策。中国共产党是一个组织性和纪律性非常严明的政党，这一点，可以从与中外其他政党的横向比较中看得非常清楚。那么，中国共产党何以做到有组织、有纪律呢？主要得益于党的制度建设。我们党从成立之日起就比较注重制度建设，以制度约束和规范党

① 〔美〕埃德加·斯诺著：《西行漫记》，董乐山译，北京，东方出版社2010年版，第64页。

员的行为。

延安时期，随着我们党不断成熟、事业不断发展及队伍不断壮大，党的制度建设的重要性更加凸显。这一时期，中国共产党发展了民主集中制，健全了党代会制度和党委制，完善了选举制，实行无记名差额选举，贯彻落实党的支部生活制度。将制度建设贯穿于党的思想建设、政治建设、作风建设的各个方面，形成叠加效应，构成了延安时期从严治党的核心竞争力，推动党的事业不断发展进步。延安时期，尽管我们党没有提出"制度建设""制度治党"等概念，但在实际的党建工作中，制度治党已经成为一个不可或缺的重要环节。延安时期从严加强党的制度建设，一是源于对党在中央苏区时期一贯重视制度建设的延续；二是源于巩固党在根据地局部执政地位的需要；三是源于应对根据地艰苦环境的需要。延安时期，党的制度建设从严主要体现在以下几个方面。

一、健全民主集中制

坚持和健全民主集中制是延安时期党的制度建设的首要内容。1927年6月，中国共产党在第三次修改党章的时候就把民主集中制作为党的指导原则写进党章，1928年党的六大修改党章时又对民主集中制原则补充了很多具体规定。总体上看党的组织和党的成员的行为都符合民主集中制原则的要求，但也存在一些违反这一原则规定的错误做法。尤其是张国焘在红军长征时期不执行中央决定，妄图分裂中央，还有王明在抗战初期严重违反组织纪律，不经中央同意就擅自以中央的名义发表一些错误的言论，这些严重违反民主集中制原则的做法给党的工作带来很大损失，鉴于此，1938年9月，党的六届六中全会把健全民主集中制作为会议的重要议题，全会通过了《关于中央委员会工作规则与纪律的决定》《关于各级党部工作规则与纪律的决定》《关于各级党委暂行组织机构的决定》，这几个党内法规从不同方面对党的民主集中制做了具体的制度规定，使民主集中制得以更加具体化和制度化。一是规定了党的领导工作集中于各级党的委员会。党的决策由各级党委通过会议讨论，集体决策。各级委员会委员对外发表文件、谈话、文章也必须经集体同意，并且规定委员的言行必须与委员会的决策精神保持一致，不得与组织相抵。二是规定全党的领导集中于中央，要维护中央权威性。党的中央机构在政治上、组织上指导全党的一切工作。各地区党的组织机构要"完全地执行中央的决议"。党的六届六中全会通过的这几个决定，在民主集中制原则的基础上解决了组织制度建设的问题，在党的组织制度方面体现了民主集中制的根本要求。1942 年 9 月，中央从领导抗日战争的实际需要出发，作出了《中共中央关于统一抗日根据地党的领导及调整各组织间关系的决定》，明确规定：中央机构和各级党委是各地区党、政、军、民的最高领导机关，各级政府党团、军队军政委员会及政治部、民众团体党团及党员“均须无条件执行”上级党委的决定、决议和指示。在决定含有全国全党全军普遍性的新问题时，“必须请示中央，不得标新立异，自作决定”。[①] 党的六届六中全会在党的建设史上具有重要的地位，是一次立规矩的重要会议。

对于民主集中制的内涵与实质，毛泽东认为，民主集中制是由民主制和集中制两个部分构成的，是二者的统一体。毛泽东还从哲学的角度论述了民主与集中的关系，他认为民主与集中是有矛盾的，但可以统一在一起，“民主集中制就是这两个带着矛盾性的东西的统一”。[②] 民主和集中是辩证的关系，二者不能分割开来，也不能对立起来。毛泽东指出：“要党有力量，依靠实行党的民主集中制去发动全党的积极性。在反动和内战时期，集中制表现得多一些。在新时期，集中制应该密切联系于民主制。用民主制的实行，发挥全党的积极性。”[③] 这里所指称的党的积极性是指党员干部要有创造力、有活力、有担当，善于发现问题，敢于批评错误的思想认识。“而这些积极性的发挥，有赖于党内生活的民主化”，因此，“必须在党内施行有关民主生活的教育，使党员懂得什么是民主生活，什么是民主制和集中制的关系，并如何实行民主集中制。”[④] 刘少奇对党的民主集中制的完善也做出了较大的理论贡献和实际贡献。他认为，党内集中制是建立在民主基础上的，不是个人专制主义，而党内民主制是集中领导下的民主，不是无政府主义的极端民主。这些思想认识构成了党的民主集中制的核心内涵。党的七大对民主集中制的内涵做了权威的界定：即在民主基础上的集中和在集中领导下的民主。党的七大制定的新党章还专门就贯彻民主集中制提出了 4 个方面的规定：“（一）党的各级领导机关由选举制产生。（二）党的各级领导机关向选举自己的党的组织作定期的工作报告。（三）党员个人服从所属党的组织，少数服从多数，下级组织服从上

---

① 中共中央文献研究室、中央档案馆：《建党以来重要文献选编（1921—1949）》第 19 册，北京，中央文献出版社 2011 年版，第 428 页。

② 《毛泽东文集》第 3 卷，北京，人民出版社 1996 年版，第 399 页。

③ 《毛泽东选集》第 1 卷，北京，人民出版社 1991 年版，第 278 页。

④ 《毛泽东选集》第 2 卷，北京，人民出版社 1991 年版，第 529 页。

级组织，部分组织统一服从中央。（四）严格地遵守党纪和无条件地执行决议。”[①] 这4条分别从选举制、报告制、服从制、执行制方面对民主集中制的具体制度安排作了具体规定。在解放战争中，中央又健全了党委会制度和党内请示报告制度，使得民主集中制更加健全和完善。

延安时期，党的民主集中制原则在组织路线和工作路线方面得到了很好的贯彻，党内民主生活空前活跃。中央在进行决策和工作安排的时候，会充分征求各方意见。1944年7月28日，为了科学部署1945年党的工作，毛泽东代表中央向各根据地领导人李先念、饶漱石、罗荣桓、黄敬、邓小平、程子华、林枫等发出征询电，一共问了10个问题，以便更好地了解各地情况，作出科学决策。这10个问题都以商量的口吻和诚恳征求意见的态度来表述。[②] 延安时期，民主氛围浓厚，党内经常就一些重要问题展开争论。中央立足陕北之后，关于红军的战略重点问题，党内有很多意见，包括毛泽东、张闻天、林彪等人意见都不统一，有人认为应该北上宁夏，有人认为应该东征山西、而后北出绥远，有人认为应该立足陕南，最后，经过充分的讨论，形成了完整的东征战略。后来，党在解决“西安事变”“皖南事变”等重大问题上，都是经过了充分的讨论之后形成的正确决策。更加难能可贵的是，延安时期，党的基层组织也能很好地坚持民主集中制原则。1942年10月25日，《解放日报》报道了赤水县一个农村支部按照民主集中制原则改选支部干部的完整经过，选举前，先对支部成员进行民主评议，投票选举的时候，因大部分党员都不会写字，就采取以豆子当选票的办法，谁最后得到的豆子多，谁就当选。

二、健全党代会制度

中国共产党从成立之初，就明确规定了实行代表大会制度。中共一大党纲规定党采用“苏维埃”形式，事实上，“苏维埃”形式就是代表大会制度。党的二大制定了党的第一个党章，这个党章规定，“全国代表大会每年由中央执行委员会定期召集一次”，“全国代表大会为本党最高机关”。[③] 从党的一大到六大，我们党基本上按照党章的规定，每年召集一次全国代表大会，但由于斗争环境的艰苦，有些年份没有如期召开。党的

① 《中国共产党党章汇编》，北京，人民出版社1979年版，第51~52页。

② 《毛泽东文集》第3卷，北京，人民出版社1996年版，第198页。

③ 中共中央文献研究室、中央档案馆：《建党以来重要文献选编（1921—1949）》第1册，北京，中央文献出版社2011年版，第167页。

六大以后，处于极端恶劣的革命环境中，党的全国代表会议没有按规定召开，对地方各级党委代表会议也没有明确的规定和要求。为健全党的代表会议制度，1938 年 11 月，党的扩大的六届六中全会通过的《关于各级党部工作规则与纪律的决定》中规定：“凡各地党部已经取得合法的地位，并能召集党员大会、党的代表会者，应依照党章召集各级代表会及党员大会，并在各级代表或党员大会上选举各该级党的领导机关——党的委员会。有监察委员会之党委，监察委员会亦须由代表会选举。”[①] 中国共产党是注重民主的马克思主义政党，党的代表会议制度是体现党内民主的最高形式，党的成员通过参加党的全国代表大会或地方各级代表会来商讨、表决党内重要事务，体现党员的民主权利，同时，党代会制度也能够充分调动党员积极性和主动性，有利于党的工作的开展。

在具体的工作中，有些地方党委和基层党组织对《党章》的规定以及党的扩大的六届六中全会通过的《关于各级党部工作规则与纪律的决定》未能充分理解和认识，因而也存在着一定程度的执行不到位的情况，比如，有的地方党委没有按时召集代表会议、没有按时改选党委成员等等。这些情况的出现有其客观原因，最主要的就是抗日战争时期党的工作任务较重，各根据地较为分散，不容易做到统一要求、统一组织。1945 年 4 月，党的七大召开时，党面临的工作环境有了很大的改变，利于党各项工作的开展。在党的七大上，刘少奇对党章规定的党代会制度作了详细的解释，他说：“各地方党的代表大会每二年召集一次，即是说每二年改选党的各级地方领导机关一次，那末在两次代表大会之间，再召集代表会议若干次，来讨论并决定当前的各种工作问题，乃是必要的与可能的。”[②] 代表会议的代表由下级党组织根据一定的组织程序选派，党代会“有权撤换与补选委员会的部分委员，但它的决议和撤换与补选的委员，须经过各该委员会批准”。[③] 刘少奇还提出：党章的修改必须是在党的全国代表大会上进行，中央全会没有修改党章的权力。党的七大通过的党章中，对党代会的地位及其运行机制再次作了明确的规定：“各级党的组织之最高领导机关，在支部——是全体党员大会，在区、县、市、地方、边区、省——是

---

① 中共中央文献研究室、中央档案馆：《建党以来重要文献选编（1921—1949）》第 15 册，北京，中央文献出版社 2011 年版，第 771 页。

② 《刘少奇选集》上卷，北京，人民出版社 1981 年版，第 362 页。

③ 《刘少奇选集》上卷，北京，人民出版社 1981 年版，第 363 页。

代表大会，在全党——是全国代表大会。”[①]党的七大党章还规定了党的全国代表大会的职权：“（一）听取、讨论和批准中央委员会及中央其他机关的报告。（二）决定和修改党的纲领与党章。（三）决定党的基本方针和政策。（四）选举中央委员会。”[②]党章是党的根本大法，党章的这些规定，保障了党代会的权力地位，也保障了党员的权利。

解放战争时期，中央又制定了一些党内法规，以确保党的代表会议制度真正落实到位。1948 年 9 月，中央通过了《关于召开党的各级代表大会和代表会议的决议》，决议规定：“在一切巩固的解放区，党的各级委员会，必须遵照党章的规定，从现在起定期召开党的各级代表大会及代表会议，讨论中央的指示和各种工作，并选举和补选党的各级委员会。这种代表大会及代表会议，在以后不得用普通的干部会议去代替，而必须按期召开。”[③]

三、建立集体领导制度

延安时期之前，在党章和党的决议中没有明确规定党实行集体领导制度，尽管中共建党之初是“以俄共为师”，即在领导体制上采用“委员会制”，但处在幼年的中国共产党在组织上并不成熟，没有形成中央领导核心，也没有形成集体领导制度。陈独秀、王明等领导人不重视集体领导，搞“家长制”“一言堂”，给党的事业造成重大损失。遵义会议不但是中国革命的一个重要转折点，也是党的领导体制的一个转折点，是中央真正开始实行集体领导制度的标志。中央到陕北后，党的集体领导制度在实践中得到不断的发展。1937 年刘少奇在《关于白区的党和群众工作》中指出：“党的集体领导，也只有在民主基础上才能建立起来。只有广泛地吸收了全体同志的经验与好的意见，才算是真正的集体领导。”[④]1938 年，党的六届六中全会通过的《关于中央委员会工作规则与纪律的决定》和《关于各级党部工作规则与纪律的决定》对党的集体领导制度作了较为具体的规定。择其要者，一是规定“党的一切工作由中央集中领导是党在组织上

① 中共中央文献研究室、中央档案馆：《建党以来重要文献选编（1921—1949）》第 22 册，北京，中央文献出版社 2011 年版，第 539 页。

② 中共中央文献研究室、中央档案馆：《建党以来重要文献选编（1921—1949）》第 22 册，北京，中央文献出版社 2011 年版，第 542 页。

③ 中共中央文献研究室、中央档案馆：《建党以来重要文献选编（1921—1949）》第 25 册，北京，中央文献出版社 2011 年版，第 516 页。

④ 《刘少奇选集》上卷，北京，人民出版社 1981 年版，第 67 页。

民主集中制的基本原则，各级党的委员会的委员必须无条件地执行”；二是“书记处每星期最少须开会一次，集体的解决中央的日常工作和处理答复各党委的问题”；三是“政治局规定每三个月左右至少须开会一次。有半数以上政治局委员到会，即得举行会议。会议之决定与通过之文件，须经半数以上政治局委员同意后，认为有效并须立即通知未到会的委员”。[①] 党的六届六中全会后，中央和各根据地的党组织，均能够很好地坚持集体领导制度，并在实际工作当中，创造了很多宝贵经验，也正是得益于对党的民主集中制和集体领导制度的坚持，才使得延安时期党的工作呈现出蓬勃发展的态势。

1945 年 6 月 19 日，党的七届一中全会选举毛泽东、朱德、刘少奇、周恩来、任弼时为中央书记处书记，史称“五大书记”。“五大书记”的集体领导、集体决策，为领导国共谈判、领导解放战争、建立新中国，作出了巨大贡献。

当然，延安时期，也有些党组织和领导干部对集体领导制度执行得不到位，还存在一些个人包办的不良习气。为解决此类问题，1948 年中共中央出台了由毛泽东起草的《关于健全党委制》的决定，指出，“党委制是保证集体领导、防止个人包办的党的重要制度”，我们党内还有一些领导机关和个人在集体领导方面存在不足的地方，“重要问题的解决，不是由党委会议做决定，而是由个人做决定，党委委员等于虚设……此种情形必须加以改变。”[②]《关于健全党委制》还明确规定：“今后从中央局至地委，从前委至旅委以及军区（军分会或领导小组）、政府党组、民众团体党组、通讯社和报社党组，都必须建立健全的党委会议制度，一切重要问题（当然不是无关重要的小问题或者已经会议讨论解决只待执行的问题）均须交委员会讨论，由到会委员充分发表意见，做出明确决定，然后分别执行。地委、旅委以下的党委亦应如此。高级领导机关的部（例如宣传部、组织部）、委（例如工委、妇委、青委）、校（例如党校）、室（例如研究室），亦应有领导分子的集体会议。”[③] 此外，这一决定中还就处理好集体领导与个人负责的关系、集体讨论要注重效率等具体问题做出明确要求。

延安时期，中央就集体领导制度做出了很多决议，制定了很多措施，

---

① 中共中央文献研究室、中央档案馆：《建党以来重要文献选编（1921—1949）》第 15 册，北京，中央文献出版社 2011 年版，第 773、第 769、第 767 页。

② 《毛泽东选集》第 4 卷，北京，人民出版社 1991 年版，第 1340 页。

③ 《毛泽东选集》第 4 卷，北京，人民出版社 1991 年版，第 1340~1341 页。

这些决议和措施基本都得到了有效落实，取得了巨大的成效。因此，延安时期，被党史专家称为中央集体领导体制最为成熟、辉煌的阶段，是一段“闪亮的日子”。

四、建立请示报告制度

中国共产党成立之初，在工作机制中，就有过各地方党组织向中央请示汇报工作的要求和规定。1923年12月，中央发布了《各区及各地方应每月向中央报告工作》的通告，要求“各地平时每月必须向中央作关于本地政治、劳动、党务等状况的报告，接中央指示时则限一周内答复进展。”[①] 中央虽有这方面的要求，但没有形成制度化的硬约束，因此，有的地方很长时间没有报告工作，有的虽然寄送了报告，但内容“不是漫无系统，便是失之简略”，因此，1926年，中央再次发布《各级党组织必须按时按要求向中央作工作报告》的通告，要求各地党组织“勤向上级机关作报告，勤向上级机关写信请示”。[②] 此后，中央关于党内报告、请示问题又下发了很多文件，党的六大修改党章时也明确要求各级党部“对上级党部负责，并对上级党部关于自己的工作应作经常的报告”。[③] 但基于土地革命战争时期党的事业所处的白色恐怖的极端环境，党内请示报告工作一直存在较大缺憾，1931年3月，中央在《中央为建立交通关系及报告制度给各苏区及红军的信》中明确指出：“苏维埃区域及红军与中央的相互交通关系，到现在依然是极不满意的。”[④]

延安时期，党内请示报告制度逐步趋于完善。为适应全面抗战工作需要，增强党组织的凝聚力和战斗力，党中央出台了一系列指示和决定，以强化党内请示报告工作。1937年8月中央发布的《总政治部关于新阶段的部队政治工作的决定》指出，“在新的环境中千百倍加重了共产党对红军的领导责任……为此……在各级领导机关中，必须确立严密的分工与个

---

① 参见中共中央组织部、中共中央党史研究室、中央档案馆：《中国共产党组织史资料》第8卷，北京，中共党史出版社2000年版，第32页。

② 参见中共中央组织部、中共中央党史研究室、中央档案馆：《中国共产党组织史资料》第8卷，北京，中共党史出版社2000年版，第104页。

③ 中共中央文献研究室、中央档案馆：《建党以来重要文献选编（1921—1949）》第5册，北京，中央文献出版社2011年版，第476页。

④ 中共中央组织部、中共中央党史研究室、中央档案馆：《中国共产党组织史资料》第8卷，北京，中共党史出版社2000年版，第394~395页。

人负责制，建立有系统的检查和报告制度”①。根据这一决定，中央军委决定成立总政治部，负责领导军队的政治工作，各部队均成立相应的政治机关，并将部队重要政治情报书面报告给军委总政治部。1942 年 9 月，中央政治局又发布了《中共中央关于统一抗日根据地党的领导及调整各组织间关系的决定》，明确规定，同级党政军民组织中，政府、军队、民众团体的重要文件必须向同级党委请示、批准，不得自作决定。

需要指出的是，党成立以来，尽管一直强调加强党的领导，加强自身建设，强调党的下级组织要向上级请示汇报工作，对此也作出了很多指示和决定，但直到解放战争时期，党中央才真正将党内请示报告制度化，建立起真正意义上的党内请示报告制度。解放战争时期建立党内请示报告制度，主要是基于 3 个方面的原因。一是我们党在历史上形成的无政府无纪律的状况还在影响党的事业的发展。这种状态的形成与中国革命战争发展的不平衡性有关。中国共产党领导的军队在农村实行武装割据，开展游击战争，各根据地的情况有很大的差异性，党曾经允许各地党组织和军队领导机关保持一定的灵活性，这一方面利于工作的开展；另一方面也衍生出比较严重的无纪律无政府状态，有些地方党组织的领导事前不请示事后不报告，将自己管理的地方视为“独立王国”。二是尽管过去有过党内请示报告的相关规定，但在实际工作中没能把请示和报告经常化、制度化，有些党组织的负责同志也没有认识到党内请示报告的重要性，使得中央并不十分清楚一些地方党组织的政策以及开展活动的内容，“因而发生了某些不可挽救的、或难以挽救的、或能够挽救但已受了损失的事情”。②三是解放战争的形势发展迫切要求加强中央与地方的密切联系，这是建立党内请示报告制度的现实原因。1948 年年初，解放战争的形势发生很大变化，由游击战向正规战转变，中国革命高潮即将到来，全党和全军必须在思想上和行动上和中央保持一致。

基于上述原因，从 1948 年 1 月开始，中央着手建立党内请示报告制度，以解决党内和军队中存在的无纪律无政府状态以及地方主义等问题。1948 年 1 月 7 日，毛泽东为中央起草了《关于建立报告制度》的指示，并以电报的形式发往各党部，这个指示又称“子虞电”。指示规定：“各中央局和分局，由书记负责（自己动手，不要秘书代劳），每两个月，向

① 中共中央文献研究室、中央档案馆：《建党以来重要文献选编（1921—1949）》第 14 册，北京，中央文献出版社 2011 年版，第 425 页。

② 《毛泽东选集》第 4 卷，北京，人民出版社 1991 年版，第 1265 页。

中央和中央主席作一次综合报告。报告内容包括该区军事、政治、土地改革、整党、经济、宣传和文化等各项活动的动态，活动中发生的问题和倾向，对于这些问题和倾向的解决方法。”[①] 这个指示电报对党内请示报告的内容、形式（以电报的形式）、时间（每逢单月的上旬）、字数（一般在1000字左右）等都作了详细的规定。同年3月25日，毛泽东又为中央起草了《关于建立报告制度的补充指示》，对如何落实请示报告制度、保证中央的知情权以及中央权威作了补充规定。

中央的两个指示发出后，各根据地党组织和军队积极响应，遵照执行。于1948年3月8日，邓小平代表大别山根据地党组织，致电中共中央（即“寅齐电”），汇报了新解放区实行的政策与策略，同时也检讨了大别山地区在工作中还存在一些“左”的错误。3月14日，毛泽东代表中央复电：“寅齐电悉，非常之好，立即转发各地仿照办理。”[②]1948年1月至3月，除东北局书记林彪外，其他各中央分局都按规定向中央进行了请示和汇报。中共中央对林彪和东北局不执行中央决定的做法进行了批评，林彪于1948年5月也复电中央承认了错误，但后来仍未履行5月和7月的单月上旬报告，后经中央多次催促，林彪才向中央解释了原因，并表示以后工作再忙也要履行党内报告制度。正是因为林彪和东北局未能严格履行党的决定，党中央、中央军委于1948年8月14日又作出了《关于严格执行向中央作请示报告制度的指示》。1948年9月，中央政治局会议通过了《中共中央关于各中央局、分局、军区、军委分会以及前委会向中央请示报告制度的决议》，再一次对党内请示报告制度的一些具体方面作出明确规定。关于党内请示汇报制度，中共中央在1948年陆续作了4个指示和决议，体现了党中央通过加强制度建设从严治党，维护党中央权威和集中统一领导的信心和决心。

党内请示报告制度，在从严治党方面发挥了重要作用。这一制度的实施，一是基本上摆脱了历史上无纪律、无政府状态的影响；二是加强了党和军队的建设，进一步巩固和加强了全党的团结和统一；三是强化了党员干部的纪律意识和规矩意识，提升了党的执行力。

① 《毛泽东选集》第4卷，北京，人民出版社1991年版，第1264页。

② 中共中央文献研究室：《毛泽东年谱（1893—1949）》（修订本）下卷，北京，中央文献出版社2013年版，第295页。

第六节　纪律建设从严：严明党的纪律，规范党员言行

纪律严明是无产阶级政党的本质属性和内在要求，马克思早就指出："现在必须绝对保持党的纪律，否则将一事无成。"[①]作为马克思主义政党，中国共产党自成立之始就高度注重纪律要求，与其他政党相比，中共的这一特点十分鲜明。

延安时期，党的纪律要求更加严明，主要出于这样几个方面要求：一是出于锻造一个具有铁一般纪律的马克思主义政党的需要。列宁在 1920 年 5 月完成的《共产主义运动中的"左派"幼稚病》一文中指出，"真正铁的纪律"是"布尔什维克成功的基本条件之一"。[②]中国共产党要取得革命的成功，非锻造一个具有铁一般纪律的马克思主义政党不可，这就是毛泽东提出纪律是"霸道"的道理。二是延安时期党领导中国人民进行革命斗争所面临的新形势和新任务的需要。延安时期，在中国共产党主导下，建立了抗日民族统一战线，一方面要在统一战线中保持独立自主性；另一方面，对于国民党分裂活动还要进行"有理、有利、有节"的斗争，以维护统一战线的存在。此外，还要开展以游击战为主要形式的对日抗战，所以，延安时期是党的革命斗争形势最为复杂的时期，如果没有铁的纪律，难以完成革命的艰巨任务。三是出于中国共产党自身建设的迫切需求。党在延安时期经历了组织上的大发展阶段，随着组织的不断扩大，党员的思想和成分更加多元化，不仅需要在思想上进行学习教育，还要在纪律上对党员干部的行为加以约束，维护党的团结统一，保证党的先进性和纯洁性，确保党的路线方针政策得以贯彻实施。

一、党的领导人对纪律建设高度重视

毛泽东在土地革命战争时期就为红军制定了严格的纪律，1928 年 3 月提出了"三大纪律六项注意"。1929 年又增加了两项注意，从而形成了流传至今的"三大纪律八项注意"。不仅军人要有严格的纪律要求，共产

① 《马克思恩格斯全集》第 29 卷，北京，人民出版社 1972 年版，第 413 页。

② 《列宁选集》第 4 卷，北京，人民出版社 2012 年版，第 134 页。

党员更要有严格的纪律要求。1937 年 10 月 25 日，毛泽东在同英国记者贝特兰谈话时指出：目前，军事上也要实行全盘的改革，要由“脱离人民的无纪律状态，改变为建设在自觉原则上的秋毫无犯的纪律”。[①]1938 年 10 月，毛泽东在党的六届六中全会上所作的《论新阶段》的政治报告中指出：“十七年来，尤其是五中全会以来的党的斗争经验，证明了有在党内，八路军与新四军内，继续坚持铁的纪律的必要。纪律是执行路线的保证，没有纪律，党就无法率领群众与军队进行胜利的斗争。”[②] 在此，毛泽东从政治路线的高度强调党的纪律的作用。关于路线和纪律的关系，毛泽东还形象地将之比喻为：路线是“王道”，纪律是“霸道”，两者缺一不可。只有党和军队“加强纪律性”，才能实现“革命无不胜”。1949 年 6 月，毛泽东在《论人民民主专政》一文中指出：“一个有纪律的，有马克思列宁主义的理论武装的，采取自我批评方法的，联系人民群众的党。一个由这样的党领导的军队。一个由这样的党领导的各革命阶级各革命派别的统一战线。这三件是我们战胜敌人的主要武器。”[③]1942 年 4 月 20 日，毛泽东在中共中央学习组会议上作了《关于整顿三风》的报告，在报告中，毛泽东指出：“身为党员，铁的纪律就非执行不可。孙行者头上套的箍是金的，列宁论共产党的纪律说纪律是铁的，比孙行者的金箍还厉害，还硬，这是上了书的，《共产主义运动中的“左派”幼稚病》上就有。”[④] 当然，不仅仅是党员要有纪律要求，一般群众也要有纪律要求，但毛泽东明确表示：“对党员要执行比群众更加严格的纪律”[⑤]，从纪律要求方面也能体现党的先锋队性质。

刘少奇曾长期在白区工作，白区的斗争环境更加严酷，使刘少奇切身体会到党的纪律的重要性，他懂得，对共产党员的纪律要求不严，就是对敌人的帮助，这是一种思维上的辩证法。刘少奇在《在北平问题上所应获得的教训》一文中指出，“我们的党是有铁的纪律的，必须坚持民主集中制”。这些纪律都是正确的，每一条都要维持的。“在目前任何企图小小

① 《毛泽东选集》第 2 卷，北京，人民出版社 1991 年版，第 376 页。

② 中共中央文献研究室：《毛泽东著作专题摘编》下卷，北京，中央文献出版社 2003 年版，第 2015 页。

③ 《毛泽东选集》第 4 卷，北京，人民出版社 1991 年版，第 1480 页。

④ 中共中央文献研究室：《毛泽东著作专题摘编》下卷，北京，中央文献出版社 2003 年版，第 2019~2020 页。

⑤ 《毛泽东军事文集》第 2 卷，北京，军事科学出版社 1993 年版，第 215 页。

削弱党的纪律的倾向，都只能帮助敌人”。[①] 延安时期，在刘少奇的诸多著作和讲话、报告中，有很多是谈党性修养、党的纪律的。1939 年，刘少奇在《论共产党员的修养》中指出：“共产党所代表的是被剥削而不剥削别人的无产阶级，它能够使革命进行到底……它能够建立有严格组织纪律的党，建立又有集中又有民主的国家机关。”[②]1941 年，他在《反对党内各种不良倾向》的报告中指出：“共产党员的党性，不只表现在他有最高的最明确的原则性上，而且表现在他有最高的组织性和纪律性上。”[③]

延安时期，作为中共中央组织部部长的陈云，对党的纪律的重要性有着更加深刻的认识。在政治纪律方面，陈云要求“不允许有对党言行不一致的党员”。尤其是在延安时期党面临严峻形势的挑战，应对挑战，要求全党在思想上和行动上保持高度统一，靠什么来维护这个统一？陈云指出，“维护党的统一，不靠刀枪，要靠纪律”。[④] 因为，严格的纪律是“保证政治上组织上统一的武器”[⑤]。在组织纪律方面，陈云提出，“必须用纪律来约束党组织和党员的行动”，“有纪律”和“守纪律”是执行党的路线方针政策的保证。关于党员守纪律的标准，陈云提出了 4 个方面的要求：一是要迅速而确切地去执行，而不是“拖延的，敷衍的，甚至故意歪曲的”。二是要真正忠实地去执行，“不仅是口头上的赞成，而要实际上去执行”。[⑥] 三是“不仅在日常工作中要忠实于党的决议，而且要在困难中，在生死关头时，忠实于革命和党的决议；不仅在有党监督时，而且要在没有党监督时，忠实于革命和党的决议；不仅在胜利时，而且要在失败时坚持执行党的决议”。[⑦] 四是不能“抽象地遵守纪律”，而要“具体地遵守纪律”。此外，陈云还从总结党的历史经验的角度阐释纪律的重要性，他指出：“十八年来党的斗争经验，证明了纪律是执行党的路线的保证。在过去，由于正确地开展了党内斗争，执行了党的纪律，我们克服了陈独秀等人的错误路线，制止和战胜了张国焘的反革命破坏阴谋，保证了党在各个时期的革命任务的实现，以及现在抗日民族统一战线的成立和抗日战

① 《刘少奇传（1898—1969）》上册，北京，中央文献出版社 2008 年版，第 222 页。
② 刘少奇：《论共产党员的修养》，北京，人民出版社 2018 年版，第 10~11 页。
③ 沙健孙：《中国新民主主义革命概论》，济南，山东人民出版社 1993 年版，第 406 页。
④ 《陈云文选》第 1 卷，北京，人民出版社 1995 年版，第 196 页。
⑤ 《陈云文选》第 1 卷，北京，人民出版社 1995 年版，第 213 页。
⑥ 《陈云文选》第 1 卷，北京，人民出版社 1995 年版，第 126 页。
⑦ 《陈云文选》第 1 卷，北京，人民出版社 1995 年版，第 140 页。

争的进行。”①

延安时期，周恩来、朱德、任弼时、张闻天、王稼祥等党的领导人也十分重视党的纪律的重要性，对党的纪律建设分别作出过重要阐述和具体要求。

二、为党员干部立严规矩

美国学者熊玠在其主编的《习近平时代》一书中这样评价道：中国有句俗话，“没有规矩，不成方圆”。大至一国，小至一家，没有规矩，势必一盘散沙。对于一个肩负重大历史使命的政党来说，这一点尤其重要。中共之所以能从一个 50 多人的小党，逐渐发展壮大，打败基础比它雄厚得多的国民党，建立新中国，一个很重要的原因就在于它有规矩，在于其组织严密、纪律严明。对于这一点，蒋介石体会最深，在败逃台湾后他曾感叹，国民党败就败在组织涣散、纪律松弛。让他印象最深的是，延安整风时期，用铁的纪律使全党团结得像一个人一样。② 应当说，这个美国人的评价是客观的，中共学到了马克思列宁主义党建思想的精髓，为中共党员立下了很多“规矩”，每个党员干部头上都戴上了若干道纪律“紧箍咒”，硬是靠正确的路线方针、坚定的理想信念和铁一般的纪律，历经 28 年浴血奋战，赢得了新民主主义革命的胜利。

回顾党的百余年历史可以看出，中国共产党在奋斗的历程中，一直不断地在“立规矩”，其间，党的事业面临极度复杂、极端困难的时候，是党“立规矩”最多、最严的时候。延安时期，不一定是全党“立规矩”最多的时期，但一定是全党“立规矩”最严、最重要的一个时期。除党的七大党章为当时全党立下总规矩外，还立下了其他很多重要规矩，主要有：

1. 关于党的组织建设的规矩。党的组织建设是严肃而且重要的，事关党的领导以及党的路线方针政策的执行。延安时期，为着从严管党治党，党中央制定了一系列制度和规则，以规范党组织的行为。1937 年 5 月 20 日，中共中央组织部发布了《保守党内秘密条例》，共 14 条，每一条都突出了“严”的要求。1937 年 12 月 25 日，中共中央制定了《中共中央书记处工作规则和纪律草案》，共 11 条，详细规定了中央书记处的任务、职权、工作流程、工作纪律等，这个党内法规，也突出了管党治党

① 《陈云文选》第 1 卷，北京，人民出版社 1995 年版，第 139 页。

② 〔美〕熊玠：《立规矩：这次是动真格的》，《学习时报》2016 年 5 月 5 日，第 3 版。

之“严”，比如第 9 条规定：中央各部所拟定的文件、大纲、工作条例等，必须经书记处批准始能有效。再如第 11 条规定：书记处对讨论之问题未经决定公开时，各书记必须严守秘密，不得在党内外泄露。[①]1937 年，中共中央还制定了《中共中央政治局工作规则和纪律草案》，共 10 条，严格规定了中央政治局的职权和工作纪律。1938 年 9 月，根据党的组织工作需要，中央政治局决定成立中央规则起草委员会，由刘少奇等负责起草关于中央委员会工作以及各级党部工作规则与纪律和各级党委暂行组织机构的相关规则，然后提交党的六届六中全会讨论，这次全会通过了《关于中央委员会工作规则与纪律的决定》《关于各级党部工作规则与纪律的决定》《关于各级党委暂行组织机构的决定》这 3 个重要文件，从而使党的组织机构和工作规则以及工作纪律有章可循。这 3 个决定构成了当时党内除《党章》外的最基本政治纪律和政治规矩。1942 年 9 月 1 日中央政治局通过的《中共中央关于统一抗日根据地党的领导及调整各组织间关系的决定》，从执政角度对党委领导制度做出了新的规定。1948 年 1 月 7 日，中共中央发出了《关于建立报告制度》的指示；同年 3 月 25 日，中央又发出了《关于建立报告制度的补充指示》，要求在全党各级组织中建立并严格执行请示报告制度，加强党的集中统一领导。

2. 关于党领导群众的工作方法的规矩。为了将党的路线方针贯彻落实到实际工作中，将党的政治路线转化为群众行动，中央还就党如何正确领导群众工作作出许多指示和决定。1939 年 11 月 1 日，中共中央作出《关于深入群众工作的决定》，指出，“使全体党员懂得，共产党只有进一步依靠群众，深入群众工作，才能克服当前时局的危机，争取抗战的胜利”；并要求党的各级组织要积极领导群众工作，成为“一切群众运动一切群众斗争的宣传者组织者与领导者”。[②] 为更好推动党深入群众工作，1939 年 11 月 3 日，陈云在《共产党人》第二期发表了《开展群众工作是目前地方工作的中心》一文，论述了充分发动群众工作的重要性以及开展群众工作的方法。他指出：要“把解决群众的切身问题列入地方党部的经常议事日程。群众的切身问题，不只是减租减息、废除苛捐杂税等事，还有许多日常的生活问题”，“解决群众切身问题的办法，必须在群众中去讨论，

① 中共中央文献研究室、中央档案馆：《建党以来重要文献选编（1921—1949）》第 14 册，北京，中央文献出版社 2011 年版，第 771 页。

② 中共中央文献研究室、中央档案馆：《建党以来重要文献选编（1921—1949）》第 16 册，北京，中央文献出版社 2011 年版，第 737~738 页。

到群众中去找寻”[①]。1941 年 8 月 1 日，中共中央作出《关于实施调查研究的决定》，毛泽东对调查研究的组织机构设置和工作方法做了专门的要求。1943 年 6 月 4 日，中共中央作出《关于领导方法的决定》，这个决定由毛泽东起草，从具体工作方法层面对党领导群众工作的方法和原则作了详细规定。

3. 关于党员的学习与教育的规矩。延安时期，基于当时党员发展情况以及时局情况，党中央特别注重党员学习教育，作出了许多专门的指示和决定。1939 年 2 月，中央干部教育部制定了《延安在职干部学习教育暂行计划》。1939 年 8 月 25 日中央政治局通过由王稼祥起草的《关于巩固党的决定》，要求加强党员学习教育。该文件要求：各级党部必须根据具体环境与党员政治文化程度，采用多种方式进行有系统有计划的教育工作……对于使干部实行马列主义的理论学习，必须有专门的计划和经常的进行，以切实提高干部的政治水准与工作能力。[②]1940 年 1 月 3 日中央书记处发布的《关于干部学习的指示》，将党员教育作为党的一项重要工作规定下来，并对学习内容、学习层次、开设课程、学习时间等做出具体要求。[③]1940 年 2 月 15 日中央书记处发布了《关于办理党校的指示》，指示要求，“为了巩固与发展党，各地党的领导机关均应办理党校以加强对党的干部的马列主义教育”，“各级党校的基本任务是在以马列主义的理论与实际来教育干部，而来校干部的基本任务也就是学习”[④]。1941 年 12 月中共中央通过了《关于延安在职干部学习的决定》，根据知识水平和工作经验，将在职干部分为四类，对每一类在职干部的学习内容和学习方向都做了具体规定，并要求在职干部要将在工作中学习和工作外学习结合进行，注重调查研究。1942 年 2 月，中央政治局又通过了《中共中央关于在职干部教育的决定》，这是延安时期中共中央制定的干部教育的一个重要文件，决定指出：“在目前条件下，干部教育工作，在全部教育工作中的比重，应该是第一位的。而在职干部教育工作，在全部干部教育中的比

① 中共陕西省委党史研究室、陕西省档案馆：《红色档案——延安时期文献档案汇编（共产党人）》第 1 卷，西安，陕西人民出版社 2013 年版，第 88 页。

② 中共中央文献研究室、中央档案馆：《建党以来重要文献选编（1921—1949）》第 16 册，北京，中央文献出版社 2011 年版，第 581 页。

③ 参见中共陕西省委党史研究室、陕西省档案馆《红色档案——延安时期文献档案汇编（共产党人）》第 1 卷，西安，陕西人民出版社 2013 年版，第 343 页。

④ 中共陕西省委党史研究室、陕西省档案馆：《红色档案——延安时期文献档案汇编（共产党人）》第 1 卷，西安，陕西人民出版社 2013 年版，第 344~345 页。

重，又应该是第一位的。”决定还明确规定，“在职干部教育，应以业务教育、政治教育、文化教育、理论教育四种为范围”，“一切为着在职干部教育而耗费的时间，均算入正规工作时间之内，把教育与学习看做工作的一部分”。①

4. 关于党员保持清廉方面的规矩。主要有：1938年5月，陕甘宁边区党委作出《关于提高警惕应付挑拨及破坏边区事件与友党友军关系的指示》，规定对“凡是曾经贪污了的工作人员，必须分别轻重，适当给以处罚”。根据中央对党员干部的廉洁要求，1938年8月15日，陕甘宁边区政府颁布了《陕甘宁边区惩治贪污暂行条例》，共9条，其中，第二条详细规定了贪污罪的10种情形，第三条对机关、部队及其他团体工作人员贪污行为规定了具体的惩罚标准，这个标准是十分“严”的，体现了从严治党的初衷，“贪污数目在五百元以上者，处死刑或五年以上之有期徒刑”，“贪污数目在一百元以上三百元以下者，处一年以上至三年以下之有期徒刑”。②1939年，边区政府又颁布了《陕甘宁边区惩治贪污条例》，对工作人员贪污的量刑标准做了更为详细的规定。其中规定贪污数目1000元以上者就要处死刑。为保持党的组织纯洁，严格执行党的纪律要求，1940年4月10日，陕甘宁边区党委作出《关于开除党员党籍问题的决定》，规定了开除党籍是对党员最高的纪律制裁，并规定了开除党员党籍的程序以及触犯什么样的纪律要开除党籍。1943年4月25日，陕甘宁边区政府颁布了《陕甘宁边区政纪总则草案》，全面规定了各级政府工作人员应当遵守的组织纪律和工作纪律。还有些文件是对党的机关干部生活上补助标准的规定，主要是为使干部保持艰苦朴素的作风，杜绝出现生活中的享乐主义和奢侈浪费。如1942年7月，中央西北局出台《西北局工作人员待遇的规定草案》，规定了工作人员每月米、面、油以及日常用品的供应标准，来客接待标准等等。

三、严格纪律教育

遵守纪律是无产阶级先进分子的行动自觉，尽管纪律带有强制性，但总还是有一些党员干部不遵守纪律现象的存在，出现这种情况的原因主要

① 中共中央文献研究室、中央档案馆：《建党以来重要文献选编（1921—1949）》第19册，北京，中央文献出版社2011年版，第146、第147、第150页。

② 中共陕西省委党史研究室、陕西省档案馆：《红色档案——延安时期文献档案汇编（陕甘宁边区政府文件选编）》第1卷，西安，陕西人民出版社2013年版，第106页。

来自两个方面，要么是不知道具体的纪律要求，无意之中触犯了纪律；要么是由于缺乏敬畏纪律的意识，明知故犯。毛泽东在《论新阶段》中指出："党的纪律是带着强制性的；但同时，它又必须是建立在党员与干部的自觉性上面，决不是片面的命令主义。"[①] 陈云也多次强调，党的纪律是强制的，但更是自觉的，他认为，"只有使全体党员自觉地遵守纪律，纪律才能成为铁的、不可动摇的、有效的东西"。[②] 那么，如何增强党员干部遵守纪律的自觉性呢？解决问题的办法在于严明纪律教育。

纪律教育是纪律得到遵守的前提条件，如果把纪律看成规矩的话，则其基本逻辑是：立规矩——懂规矩——守规矩。要使党员干部自觉遵守纪律，就要建立规章制度和纪律要求，然后对党员干部进行纪律教育，通过纪律教育，一是使党员干部明白有哪些具体的纪律要求，二是使他们养成纪律意识，敬畏纪律。

1938 年毛泽东在党的六届六中全会上指出："经验证明：有些破坏纪律的人，是由于他们不懂得什么是党的纪律；有些明知故犯的人，例如张国焘，则利用许多党员的无知以售其奸。因此，必须对党员进行有关党的纪律的教育，既使一般党员能遵守纪律，又使一般党员能监督党的领袖人物也一起遵守纪律，避免再发生张国焘事件。"[③] 陈云也认为，新党员不遵守纪律，大多是因为缺乏"党的纪律的教育，还没有养成遵守纪律的习惯"。而老党员不遵守纪律则很多是属于明知故犯，因而，"老干部需要教育，新干部更需要教育"。[④] 鉴于此，1941 年 7 月，中共中央在《中共中央关于增强党性的决定》中强调："要在全党加强纪律的教育，因为统一纪律，是革命胜利的必要条件。"[⑤]

关于如何对党员进行纪律教育，陈云主张建立起专门的党员教育机构，要用好党支部的教育平台，把党支部打造成"教育党员训练党员最基本的学校"。[⑥] 此外，还有其他的党内教育管理机构，如党的干部教育部、学习委员会等，也在很大程度上担负着对党员干部进行纪律教育的职能。

---

① 中共中央文献研究室、中央档案馆：《建党以来重要文献选编（1921—1949）》第 15 册，北京，中央文献出版社 2011 年版，第 646 页。

② 《陈云文选》第 1 卷，北京，人民出版社 1995 年版，第 128 页。

③ 《毛泽东选集》第 2 卷，北京，人民出版社 1991 年版，第 528 页。

④ 《陈云文选》第 1 卷，北京，人民出版社 1995 年版，第 216 页。

⑤ 中共中央文献研究室、中央档案馆：《建党以来重要文献选编（1921—1949）》第 18 册，北京，中央文献出版社 2011 年版，第 445 页。

⑥ 《陈云文选》第 1 卷，北京，人民出版社 1995 年版，第 151 页。

四、严惩违反纪律的党员

纪律是一种制度框架，纪律的核心在于落实到位，否则将成一纸空文。延安时期，党和边区政府不仅制定颁布了很多纪律、条例和指示，更主要的是严抓纪律的落实，对于触犯纪律的党员干部，无论其职位有多高，亦无论其功勋有多么卓著，都要严厉地给予纪律处分。

王明、张国焘在党内都有很高的地位，但犯了错误、违反了纪律，都要受到惩处。1938 年党的六届六中全会通过了 3 个重要决定，实际上是有着很强的现实针对性的，张国焘和王明在长征时期和延安时期都严重违反组织纪律，造成严重的不良影响，党的六届六中全会之所以强调党的纪律的重要性，就是为了清算王明和张国焘违反党纪的错误，为全党“立规矩”。

抗日战争期间，日寇加紧对抗日根据地的扫荡，根据地的斗争环境异常艰苦，在这种情况下，有个别党员不服从组织安排，不愿意到敌后去工作。根据抗日工作需要，中组部在延安挑选了 10 多名来自东北的同志，准备派他们回到家乡去开展工作，其中有 7 人以种种理由推托，不服从组织安排，不愿意回东北敌后工作，中央组织部多次派人与他们谈话均未奏效，最后决定对他们进行纪律处分，由正式党员降为候补党员，其中 1 人给以严重警告的处分。延安时期，开除青年党员党籍刘力功也是党执纪从严的一个典型案例，刘力功 1938 年入党，后分别在抗大和延安党校学习，但在学习培训期间表现一般，且“非常自高自大”，根据个人表现和组织的分配原则，派他到华北地区从事基层工作，在工作中加以锻炼，但刘力功称病不接受组织分配，坚持要去马列学院学习，否则退党，组织上先后 7 次和他谈话，时任中央组织部部长陈云也亲自和他谈话，但刘力功依然固执己见，不服从组织决定。中央党部鉴于他的个人表现，于 1939 年 4 月 19 日作出决定，开除刘力功党籍。这一事件在延安引起极大的震动，让党员干部看到党中央严格执行党的纪律的决心，也使广大党员对党的纪律形成强烈的敬畏感。

延安时期，不仅执纪严明，而且强调纪律面前，人人平等。1939 年 5 月，陈云指出：“不管你是中央委员，还是一般党员，不管你是老党员，还是新党员，都要遵守纪律。”“党内不准有不遵守纪律的‘特殊人物’、‘特殊组织’。”[①]1941 年 2 月，王明致信陈云，要求中国女子大学学生归中

① 《陈云文选》第 1 卷，北京，人民出版社 1995 年版，第 126 页。

央组织部随时调动到各项工作去的比例降低为25%。陈云在回信中严厉拒绝了王明的这一要求，强调无论是谁，都要服从中央的决定，不能搞特殊化，必须一视同仁。1937年10月，黄克功在抗大学习期间，因逼婚不成，在延河畔枪杀陕北公学女学生刘茜，此事在当时引起极大震动，给党的形象造成不良影响。黄克功是革命功臣，参加过长征，边区高等法院在审理此案时，有多人替黄克功说情，黄克功本人也给毛泽东写信请求免死，但毛泽东坚决支持边区高等法院判决黄克功死刑，以严肃党纪。1935年冬，国民党名将张灵甫因怀疑妻子吴海兰情感不忠而将其枪杀，对这个恶性事件的处理，蒋介石下令将张灵甫关入南京"模范监狱"10年，1937年全面抗战爆发后，张灵甫就被释放了，并在王耀武辖下的51师担任305团团长，事实上也就坐了一年多的牢。这样两个恶性违法违纪案件的处理结果大相径庭，从中能够管窥共产党的从严治党与国民党的"从宽治党"的差别。

不仅党纪严明，党领导下的军队军纪更加严明，对违反纪律的干部战士，一律严惩不贷。1947年10月，在大别山地区战斗的刘邓大军制定了严格的党纪军纪，要做到对人民群众的财产秋毫无犯。但三令五申之下，还是发生了一件令人痛心疾首的事情。一天，直属警卫队三连副连长赵桂良在一个无人看守的店铺里拿了两匹花布、一捆粉条和一些纸笔，此事随后被军纪执法队发现，经审讯得知，赵桂良拿花布是给一个衣服破烂的小战士做棉衣的，纸笔是给连队使用的，粉条是想给老首长刘伯承司令员改善一下伙食的，可以说，这些东西都不是为了自己的私欲而拿的，但无论出于何种目的，这种行为肯定是严重违反了军纪。弄清情况后，刘伯承毅然挥泪肃军纪，对赵桂良执行了枪决。

延安时期，党的领导人在遵守纪律方面身体力行、率先垂范，树立了良好的模范形象。纪律面前没有特殊公民，延安时期党不折不扣地落实了这一原则。延安时期的大生产运动，要求党员干部都要投入到运动中，毛泽东、朱德、周恩来、任弼时等领导人在百忙中还挤出时间参加大生产运动，没有因工作忙而搞特殊化。何方曾回忆：有一次他亲眼看到，陈云进延安城北门时被岗哨挡住，在认真系上了风纪扣后，哨兵才让陈云进去。

第七节　反腐倡廉从严：严惩腐败分子，建设廉洁政治

1944年美军赴延安观察组曾在延安住过两年多时间，通过对陕甘宁边区的观察，通过他们的所见所闻，他们深刻感知到，未来，共产党一定会在中国扎下根，中国的命运不决定于蒋介石的国民政府，而决定于中国共产党。美军观察组看到的是一个思想上、行动上高度一致，纪律严明，官兵平等，清正廉洁的中国共产党和陕甘宁边区政府。在美军观察组的报道中，延安被称为中国最干净的地方，与国统区的政治黑暗、卖官鬻爵、贪污受贿成风的腐败现象形成了鲜明的对照。卡萝尔·卡特在《延安使命：1944—1947美军观察组延安963天》一书中写道：共产党“最大的魅力就是简朴。他们的目标是勤奋工作和简单生活，而他们的精力、活力和真诚使他们与腐化的国民党形成鲜明的对比”。延安时期，老百姓向陕甘宁边区政府赠送了很多锦旗，其中就有多个“廉洁政府”的锦旗。这反映了边区人民对党在延安时期反腐倡廉建设的高度认可。

一、重视对党员干部的廉洁教育

众所周知，延安时期，中国共产党十分注重党员干部学习教育，教育的内容主要有四大类：即“共产主义理想和信念的教育，为人民服务的宗旨教育，艰苦奋斗与勤俭节约的教育，以及普遍的爱国主义教育”。[①]这些方面的教育是相辅相成的，保障了共产党的先进性和纯洁性，再辅之以普遍的民主、法制教育，效果更加良好，从思想上筑牢防线，从而保证了党员干部廉洁奉公，全心全意为人民服务。从根源上看，腐败现象是剥削阶级思想意识侵蚀的结果，因而，消除腐败，必须从根本上解决问题，这个根本就是思想教育。延安时期，毛泽东、刘少奇、朱德、陈云等党的领导人就党员教育发表了很多讲话、指示，写了很多著作和文章，如《反对自由主义》《纪念白求恩》《改造我们的学习》《整顿党的作风》《反对党八股》《为人民服务》《论共产党员的修养》《怎样做一个共产党员》等，有

① 李忠全、马广荣、马朝琦：《中国共产党延安时期廉政建设史论》，北京，中央文献出版社2011年版，第224页。

很多都被确定为党员学习的必读材料，这些学习材料的重点内容之一是对党员进行防止腐败教育以及艰苦奋斗、勤俭节约的作风教育。毛泽东经常提醒党员干部一定要牢记共产党员是为人民服务的，要以人民利益为重。并要求党员干部“应该是十分廉洁、不用私人、多做工作、少取报酬的模范”。[①] 延安时期，成立了西北财经办事处，陈云曾任办事处主任，他多次对搞财经工作的同志们进行廉洁教育，告诫他们说：“接触财钱物的机会越多，越要廉洁奉公，同每一元钱作斗争，个人不动用公家一元钱！”[②]

延安时期对党员干部进行廉洁教育，主要采取的方式有3种：一是通过整风运动，开展廉洁教育。尽管对整风运动的总的定位是全党范围内的马克思主义学习教育运动，但如上文所述，整风期间，党员干部学习教育的重要内容之一是为人民服务的理念和艰苦朴素的作风，这是党员廉洁的思想防线。二是抓典型树榜样。延安时期，党中央先后树立了白求恩、张思德等优秀共产党员为榜样，号召党员干部学习他们毫不利己、专门利人，全心全意为人民服务的精神，起到了很好的示范效应。三是历史传统教育。在中国传统政治文化中，主张廉洁政治是历代统治者和思想家们共同的政治主张，可谓源远流长。孔子在《论语》中对政治的解释是：“政者，正也，子帅以正，孰敢不正？”[③] 孔子主张仁政，反对贪欲、主张廉政。中国传统政治文化对官员的“廉”和“耻”赋予很多种含义，但总体上可以概括为：不贪为廉，不廉为耻，廉而知耻，方为官中君子。公生明，廉生威，这是为官的古训。中国传统文化还主张勤俭节约、艰苦奋斗，这种精神在治国理政中具有重要的意义，正所谓“历览前贤国与家，成由勤俭破由奢”。这些好的历史传统在延安时期也被共产党发扬光大。1939年5月1日，毛泽东发表了《国民精神总动员的政治方向》的演讲，他指出：“我们民族历来有一种艰苦奋斗的作风，我们要把它发扬起来。要把现在许多人中间流行的那种自私自利，贪生怕死，贪污腐化，萎靡不振的风气，根本改变过来。”[④]

---

① 《毛泽东选集》第2卷，北京，人民出版社1991年版，第522页。

② 《陈云传》上册，北京，中央文献出版社2005年版，第382页。

③ 出自《论语·颜渊篇》。

④ 中共中央文献研究室：《毛泽东著作专题摘编》下册，北京，中央文献出版社2003年版，第2133页。

二、领导干部树立廉洁朴素风范

孔子曰："君子之德风，小人之德草，草上之风，必偃。"[①] 延安时期，党的高级领导干部在廉洁从政、艰苦朴素、勤俭节约方面，都能走在一般党员干部的前面，真正做到了以身作则，廉洁奉公。研究延安时期的那段历史，可以发现，除极个别情况外，党的高级领导干部在思想、作风、纪律等方面的自我要求，都比一般党员要高，在廉洁从政和勤俭节约方面的要求亦是如此。谢觉哉曾经这样解释："什么叫领导，领导是带路的意思，有正确的政策和模范的行动，大多数人们自然跟着走。"[②] 作为党的最主要领导人，毛泽东既是反腐倡廉和勤俭节约的主要提倡者、主导者，又是身体力行的实践者。青年时期，毛泽东就认为，"中国不仅必须发展现代工业，而且必须建立一种新型的、'廉洁'的政府机构"。[③]1932 年，在中国共产党刚刚建立了自己的红色政权不久，毛泽东就提出了一个影响至今的重要观点："贪污和浪费是极大的犯罪。"延安时期，毛泽东在很多讲话和指示中谈到要保持廉洁，要艰苦奋斗，他对自己在这个方面的要求更加严格。在延安时，毛泽东虽然每个月有一些补贴，但他从不把这些钱用在改善自己的生活上，吃穿住用，只要能够保证最基本的生活，从不提额外的要求。毛泽东穿的一套旧军装补丁摞补丁，细心的警卫员数了一次，大大小小有 16 块。这种勤俭节约的作风给爱国华侨陈嘉庚先生留下了深刻的印象。1941 年 6 月，陈嘉庚率"南洋华侨回国慰劳视察团"，从新加坡回到祖国，慰劳抗日将士。在重庆，蒋介石花了 800 块银元招待他，后来到延安，毛泽东用自己种的菜外加老乡送来的一碗鸡汤招待他，整顿饭算下来只花了 1.5 元钱，陈嘉庚对此无比赞赏，共产党这 1.5 元的饭比国民党 800 块银元的饭要有滋味得多。廉洁勤俭是一种优良品德，作为中国共产党的高级领导人能够身体力行，必将对全党产生很好的示范带动作用。一顿饭就能够折射出中国共产党良好的作风。陈嘉庚吃了毛泽东招待他的这顿饭，他对中国的大势也看得更加清楚了，他断言，"中国大有希望，中国的希望在延安，各族人民把希望寄托在共产党身上，中共和

---

① 出自《论语·颜渊篇》。

② 《谢觉哉文集》，北京，人民出版社 1989 年版，第 404 页。

③ 〔英〕克莱尔·霍林沃思：《毛泽东和他的分歧者》，高湘泽等译，郑州，河南人民出版社 1989 年版，第 8 页。

毛泽东主席是中国人民的大救星”。①

刘少奇一生严于律己，勤俭节约。延安时期，他参与起草多个党的纪律方面的文件，关于党员的修养，关于怎样做一个合格的党员，他写了很多论著，发表了很多讲话，不仅从理论方面为党的纪律建设、作风建设和反腐倡廉建设作出巨大贡献，而且以实际行动，在许多方面起到模范带头作用。刘少奇患有严重的胃病，延安的小米又不好消化，警卫人员根据他的身体情况，提出给他在生活上多配一些大米和白面，但他坚决地拒绝了，他还有一些稿费，可以自己支配，用于改善一下自己的生活也是合情合理的，可他基本上都是把报社给的稿费退回去，给报社作宣传费。他给身边工作人员定了一条规矩，凡是他日常用的东西，未经他的允许，不能换新的。

朱德总司令不仅在党和红军中有着极高的地位，更有着极好的品行，他一向严于律己、宽以待人，廉洁奉公。他给自己立过规矩："我为了保持革命军队的良规，从来也没有要过一文钱，任何闲散人来，公家及我均难招待，革命办法非此不可。"②1937年，当朱德得知自己的生母和养母生活都十分困难，且都年事已高，不能在母亲跟前尽孝的他没有向组织上提出任何要求，而是给同学戴与龄写信求援："我数十年无一钱，即将来亦如是。我以好友关系，向你募二百元中币，请求速寄家中。"又说，"此款我亦不能还你，请你作捐助吧"③！1941年春，359旅开赴南泥湾开荒，南泥湾荒无人烟，野兽出没，为了减少野兽对人和庄稼的伤害，359旅组织了打猎队，猎捕不少野猪、狼，还有几只金钱豹。有一次，朱德去南泥湾视察，临走的时候，打猎队准备将一张豹子皮送给他，被他拒绝。战士们铺的盖的都很单薄，他不能搞任何特殊，这是他给自己定的最基本规矩。

廉以生德，廉以聚众。在延安，领导干部都过着简单而朴素的生活，产生了一种"头羊效应"，形成了强大的榜样力量。1936年，埃德加·斯诺在延安看到身穿满是补丁衣裳的毛泽东，用马尾毛做牙刷的朱德，看到彭德怀穿的用降落伞布做的背心，林伯渠戴的用绳子缠着一条腿的眼镜，他在《西行漫记》中将这些称为中华民族的"兴国之光"。延安时期，中国共产党人艰苦奋斗、廉洁奉公的精神风貌，也让美军观察团成员感慨

① 《抗战时期的华侨领袖陈嘉庚》，铁军传媒网：https://www.sohu.com/a/200674783_820674。

② 《朱德传》（修订本），北京，中央文献出版社2006年版，第485页。

③ 中共中央文献研究室：《朱德年谱》，北京，人民出版社1986年版，第177页。

万千，他们感慨地说："延安使美国人感到不可思议，延安人对金钱不感兴趣。"[①]

三、严格权力监督

孔子曰："药酒苦于口而利于病，忠言逆于耳而利于行。汤、武以谔谔而昌，桀、纣以唯唯而亡"[②]，意指当权者广纳谏言，广泛听取民众意见，事关国家盛衰。治国理政的道理，人民群众最有发言权，正所谓"知屋漏者在宇下，知政失者在草野"[③]。人民群众不仅对治国理政有发言权，更重要的是，人民群众也要对公共权力的使用进行监督。腐败是公共权力的私用和滥用所产生的结果，防止腐败的发生，就要对权力的使用过程进行有效监督，当权者才不敢私用权力。阳光是最好的防腐剂，权力只有在阳光下运行，才不会被滥用。延安时期，局部执政的中国共产党，做到了让人民来监督政府，让权力在阳光下运行，这是党和政府保持廉洁的根本保障。

毛泽东和民主人士黄炎培有一段著名的"窑洞对"，黄炎培希望中国共产党找到一条新路，能跳出"其兴也勃焉，其亡也忽焉"的历史周期率的支配，毛泽东说："我们已经找到新路，我们能跳出这周期率。这条新路，就是民主。只有让人民来监督政府，政府才不敢松懈。只有人人起来负责，才不会人亡政息。"[④]延安时期，是人民监督落实得最好的时期之一。

延安时期，在陕甘宁边区，人民监督政府权力主要有 3 种方式：

一是法律、法规保障下的人民监督。1941 年 5 月，陕甘宁边区政府颁布的《陕甘宁边区施政纲领》第六条规定："人民则有用无论何种方式控告任何公务人员非法行为之权力。"[⑤]为将人民监督政府落到实处，1942 年 6 月 25 日，陕甘宁边区政府又发布了《陕甘宁边区政府关于派公正干部切实调查群众控告案件的命令》，要求政府要对人民群众检举控告的线索和案件进行调查，以提高人民监督的积极性。该文件指出："有的老百

---

① 中国延安干部学院：《党在延安时期局部执政的历史经验》，北京，中央文献出版社 2010 年版，第 107 页。

② 出自《孔子家语·六本》。

③ 出自王充《论衡》。

④ 中共中央文献研究室：《毛泽东著作专题摘编》下册，北京，中央文献出版社 2003 年版，第 2162 页。

⑤ 中央档案馆：《中共中央文件选集》第 13 册，北京，中共中央党校出版社 1991 年版，第 91 页。

姓说：‘政府官官相卫。’我们要深深的拿这句话来警惕自己，我们要做到真正大公无私，要为人民解除一切的痛苦。另一方面也要特别迅速。若是调查或者呈复不确实，将来一经本府查出，只有依照公务人员惩戒办法给以一定的处分。”[①]1943年陕甘宁边区政府又发布了《陕甘宁边区政纪总则草案》，再次强调：“各下级政府或政务人员，如接到人民向上级政府控告的诉状，特别是控告政务人员的诉状，需随时负责转呈上级政府，不得有任何阻难亦不得置之不理。”[②]该文件还明确要求，要“把权力运行置于人民的监督之下。”[③]有了这些法律作保证，从1942年开始，各根据地人民群众检举控告干部的案件逐渐增多，人民群众监督真正落实到位。在延安，形成了这样一种局面，人民群众积极监督公务人员，公务人员也乐于被监督，因为他们都怀着相同的目的，那就是把共产党建设好，把边区建设好。这是一种在其他地方绝对见不到的新气象。美国记者杰克·贝尔登这样评价：“这里产生了一种别处见不到的全新的中国人——正直、不怕当权者、随时准备接受批评和新思想、不顾讲客气和‘面子’的老规矩、为了对自己和公众有利的事不能容忍一切阻碍。”[④]

二是通过参议会进行监督。陕甘宁边区建立了边区参议会制度，参议会分边区、县、乡三级，其人员构成均由选民通过直接选举产生，类似于今天的各级人民代表大会。参议会能广泛代表民意，有选举、罢免、监察边区各级政府部门政务人员的权力。这个制度保障了边区政府政务人员的群众基础及其廉洁性。1939年1月，毛泽东在出席边区政府第一届参议会开幕式上的讲话中指出：“边区的进步主要表现在民主，而这民主又是苏维埃在现阶段的发展物，现在各阶级、工农商学兵各界都可参加参议会。”[⑤]1941年11月6日至21日，陕甘宁边区第二届参议会第一次会议在延安召开，在这个会议召开前夕，边区政府对各县县长提出要求，要邀请

---

① 中共陕西省委党史研究室、陕西省档案馆：《红色档案——延安时期文献档案汇编（陕甘宁边区政府文件选编）》第6卷，西安，陕西人民出版社2013年版，第232页。

② 甘肃省社会科学院历史研究室：《陕甘宁根据地革命史料选辑》第1辑，兰州，甘肃人民出版社1981年版，第296页。

③ 陕西省档案馆、陕西省社会科学院：《陕甘宁边区政府文件选编》第7辑，北京，档案出版社1988年版，第158页。

④ 伊·爱泼斯坦：《突破封锁访延安——1944年的通讯和家书》，张扬等译，北京，人民日报出版社1995年版，第42页。

⑤ 中共中央文献研究室：《毛泽东年谱：1893—1949》（修订本）中卷，北京，中央文献出版社2013年版，第105页。

群众与县长面对面交流，让群众直接检查监督政府的工作，就政府工作向边区老百姓征求意见。这是一种最直接的、面对面的民主监督形式，反映了中国共产党领导下的边区政府一心为民，欢迎群众监督，鼓励老百姓向政府提意见的博大胸怀。清涧县群众检举解家沟区长包庇贪污分子，要求查处，最终区长职务被撤销。农民参议员刘德富感慨地说：我们这些农民还能批评政府的干部，而且都虚心地接受，真是开天辟地没有见过的事。[①]在边区参议会构成方面，注重吸收无党派的民主人士参与，以利于听取多方意见，提高边区政府工作质量，对于没有参加边区参议会的民主人士，也欢迎他们对边区政府工作进行自由批评。1941 年 11 月 6 日，毛泽东在陕甘宁边区第二届参议会第一次会议上的讲话中指出："共产党员必须倾听党外人士的意见，给别人以说话的机会。别人说得对的，我们应该欢迎，并要跟别人的长处学习；别人说得不对，也应该让别人说完，然后慢慢加以解释。"[②] 延安时期这种民主气氛也深深感染了一批党外民主人士，他们纷纷踊跃参加参议会。据统计，1941 年，边区参议会中非党人士占到议员总数的 2/5。边区政府之所以能做到廉洁高效，与边区参议会和人民群众的有效监督密不可分。

三是通过参加民主政权，来行使参政权和监督权。抗战时期，各根据地在政权建设中普遍实行"三三制"，即在根据地政权的人员构成比例上实行共产党员、党外左派进步分子和中间派人士各占 1/3 的制度。这一制度设计实施的原因较为多元，主要有：一是为着抗日民族统一战线这个大政策，需要最大限度地团结各界人士共同抗日，这是一个大局。中国共产党的政治路线和政治目标都要随着这个大局而调整。1935 年 12 月毛泽东在瓦窑堡会议上就明确倡导以建立"人民共和国"为目标取代土地革命时期建立"工农共和国"的政治目标。二是通过"三三制"政权这种制度安排，充分彰显民主，以对抗国民党的专制统治，吸引更多的民众跟随共产党抗战。毛泽东指出："在抗日战争中，在中国共产党领导的各个抗日根据地内建立起来的抗日民主政权，乃是抗日民族统一战线的政权，它既不是资产阶级一个阶级的专政，也不是无产阶级一个阶级的专政，而是在无产阶级领导之下的几个革命阶级联合起来的专政。只要是赞成抗日又赞

① 王锦霞：《延安时期怎样从严治党》，《学习时报》2022 年 6 月 10 日。

② 中共中央文献研究室：《毛泽东著作专题摘编》上册，北京，中央文献出版社 2003 年版，第 593 页。

成民主的人们，不问属于何党何派，都有参加这个政权的资格。"[①] 众所周知，国民党政权绝不是哪个阶级、哪个群体中的优秀人士想参加就可以参加的。三是通过"三三制"这种制度设计，便于共产党与党外人士协商，也便于人民群众对共产党及其领导下的边区政府的监督。可以说，"三三制"是中国协商民主的最早探索与尝试，是人民监督政府，让权力在阳光下运行的历史性创举。实践证明，"三三制"民主政权的建立，有效防止了党员领导干部滥用权力现象的发生，其意义不可低估。

四、严惩腐败分子

延安时期，党内的风气非常好，绝大多数党员干部都很遵纪守法，廉洁奉公，但也不可避免地出现极个别党员干部贪污受贿、违法乱纪的情况。对于党组织和政府部门工作人员出现腐败的情况，党的态度是一经发现，坚决查处，绝不姑息，绝不护短。1937 年 8 月，国共合作开始，毛泽东在延安党的活动分子会议上告诫党的干部，要抵制住国民党"升官发财酒色逸乐"的引诱。1938 年，党内的确暴露出一些贪污腐败现象，因此，自 1938 年起，党、政、军内就开始了反贪污腐化斗争。1938 年和 1939 年两年，仅陕甘宁边区法院判处的贪污案件就达 180 件。当时，党内总体的政治生态是非常良好的，干部群众对贪腐行为积极检举揭发，因此，凡是出现贪污腐败问题，基本上都会被暴露。

刘振球是革命功臣，1930 年参加革命，参加过长征，抗战时期，在平型关战斗中立过战功。尽管他在战斗中表现勇敢，不怕牺牲，但在工作以及个人生活中存在很大问题，工作不积极，敷衍塞责。个人生活腐化，经常用公款购买奢侈品，几个月时间就花了 300 元左右的公款买个人用品，还贪污公款 240 元。中央军委总政治部党务委员会于 1939 年 1 月 8 日，决定开除刘振球党籍，违法问题移交法庭处理。对于刘振球的处理，军委政治部还要求各级党组织传达和讨论，以警示教育他人。

肖玉璧 1933 年参加红军，作战勇敢，每次战斗都冲在最前面，多次负伤。延安时期，肖玉璧转业到地方，因在工作中表现出色，1939 年年底被调回延安，任边区贸易局主管贸易的副局长。1940 年他伤病复发，经长期治疗后勉强恢复，组织上考虑他身体虚弱，无法胜任繁重的工作，决定安排他到家乡清涧县任清涧县张家畔税务分局局长。这样的安排，肖

① 《毛泽东选集》第 2 卷，北京，人民出版社 1991 年版，第 648 页。

玉璧不愿意接受，就怒气冲冲地找毛泽东诉苦，认为他之前对革命作出那么大的贡献，组织上就给他安排一个小小的分局长职位太不合理，并让毛泽东数数他身上有多少个伤疤。毛泽东当即对肖玉璧进行了严厉的批评，教育他要服从组织的安排。在任期间，肖玉璧放松了自己在廉洁奉公方面的要求，走向腐败的错误道路，共贪污、克扣公款达 3050 块大洋。陕甘宁边区检察署经过侦查取证，向边区高等法院提起公诉。边区高等法院依据《陕甘宁边区惩治贪污暂行条例》，最终判决肖玉璧死刑。肖玉璧对判决不服，他自认为凭自己身负 87 处战伤的功劳，不应该判处死刑，于是他给毛泽东写信，请求从宽处理。毛泽东请林伯渠转达他对此案判决的态度，他说："我完全拥护法院判决。"延安时期，在一个相对稳定的斗争环境中，个别党员干部廉洁奉公、艰苦朴素的思想有所放松，干部队伍中已经出现了贪污腐化的苗头，犯罪率达到了 5%。因此，必须对腐败分子予以严惩，以刹住这股不正之风，越是领导干部，越是要严惩，党龄、地位、功劳、职务都不能成为他们赦罪、逃避惩罚的借口。肖玉璧案件同样引起了强烈反响。1942 年 1 月 5 日，《解放日报》专门发表评论，指出："肖玉璧被判处死刑了，因为他贪污，开小差，为升官发财以至叛变了革命；虽然他还当过一些不小的'官'——区主席、贸易局副局长、税务分局局长等等……我们一定要做到：在'廉洁政治'的地面上，不容许有一个肖玉璧式的莠草生长！有了，就拔掉它！"[①] 对肖玉璧案件的判决，有力地震慑了贪污腐败分子，警示了广大党员干部。

当然，延安时期从严治党不仅仅只有严惩腐败分子这一面，还有以奖促廉的一面，对于在日常工作和生活中廉洁奉公、勤政爱民等党员干部还要进行嘉奖。《陕甘宁边区各级政府干部奖惩暂行条例》规定了对廉政勤政党员干部的奖励方式，主要有"提升、记功、给予奖章奖状、书面奖励（包括传令奖状、通令嘉奖、登报嘉奖）、物质奖励、口头奖励（当众宣扬等）、其他办法"7 种奖励方式。[②] 这种正面奖励的方式，对于维护廉洁、遏制腐败，起到了很好的作用。

---

① 《从肖玉璧之死说起》，《解放日报》1942 年 1 月 5 日。

② 参见陈朋《延安时期党如何推进廉政建设》，《党课参考》2022 年第 7 期。

第四章 延安时期从严治党的伟大成效

延安时期，中国共产党出于领导抗日战争的实际需要，立足于解决中国共产党党员队伍大发展出现的思想、组织和作风方面的新问题和长期稳定的局部执政所产生的个别党员干部官僚主义、贪污腐败等问题，把马克思列宁主义党建理论与中国共产党自身实际相结合，坚持问题导向，初步探索了从严管党治党的基本规律。延安时期，中国共产党在正确的政治方向引导下，用先进的思想理论武装全党，对党员进行理想信念教育，使马列主义刻入每一名党员干部的脑海之中。严肃党内政治生活，加强党员党性锻炼，培育党员干部“坚持真理，修正错误”的理论勇气和政治勇气，塑造“眼睛向下”“不尚空谈”的实干作风，锻造了一支德才兼备的干部队伍，培养了三大优良传统和作风，培育了伟大的延安精神。重视法律和制度建设，坚持“共产党员犯法从严治罪”的原则，坚持为人民服务的根本理念，形成了思想先进、组织有力、作风优良、纪律严明、制度完备、团结向上、干部清正、政府清廉的良好政治生态，形成了“只见公仆不见官”的和谐氛围。这一切，皆可归功于中国共产党坚持了全面从严治党，可以说，延安时期的从严治党是中国共产党百年历史中的一个标杆。

第一节 形成了良好的党内政治生态

政治生态是一个较新的概念，发端于西方政治学，20 世纪 80 年代后期才开始进入我国学者的研究视野。关于政治生态的内涵，中外学者的阐释也不尽一致，这主要是由于研究视角的差异所致。比如，有学者从政治系统的视角阐释，所谓政治生态，“是指一定政治系统内部各要素之间以及政治系统与其他社会系统之间相互作用、相互影响、相互制约所形成的生态联动，是一个地方或一个领域政治生活现状以及政治发展环境的集中反映，是党风、政风、社会风气的综合体现”。[①] 也有学者从政治环境的视角进行阐释，“政治生态主要是指政治生活的环境和状态，尤其是指从政环境”。[②] 环境好，党员干部就有十足的干事创业精神，大家想干事、能干事，也能干成事。环境不好，即便想干事、能干事的人，也不一定能干成事，所以，政治环境问题极为重要。“如果一条河里有一两条鱼死了，这可能是鱼本身的问题；如果有一片鱼、一群鱼死了，可能就是河水受到污染，是水生态出了问题。”[③] 政治生态好，党的路线、方针、政策能够得到全面贯彻和落实，党员干部的工作积极性、创造性能够得到充分发挥，人民群众对党会有高度认同感，同时也能选拔和培养大批优秀人才。延安时期，中国共产党通过从严治党，形成了一个良好的政治生态，这是延安能够吸引全国各地数以万计的有志青年和知识分子的最主要原因。延安时期，共产党员有理想、有信仰、有担当，他们甘受清贫、廉洁奉公、对党忠诚、作风正派、品行高尚、肯干实干。在他们的努力下，中国共产党在延安创造了一个与国统区形成鲜明对比的“新世界”，这里寄托着中华民族取得抗战胜利的希望。邓小平曾经这样评价延安时期党内政治生态：“我们回想一下，正是根据毛泽东同志的建党学说，才建立了这样一个好的党。从延安整风以后，无论前方后方的人，真是生气勃勃，生动活泼，心情舒畅，团结一致……没有这样的党的风气，我们能够战胜比我们强得多的敌人吗？”[④] 美国记者斯蒂尔曾于 1946 年 9 月去延安采访过，后来，他深有感触地说：在延安，有三件事情让他感触最深，“第一件是我体味到共产党常常说的‘为人民服务’，在延安所亲见的各种具体事实，我认为这是货真价实的。”“不到延安实在不能深触到中国问题的内脏；到了延安使我对中国问题的认识深化了。”“真的，我要是在延安住上十天，那我一定也将变成一个共产主义者！”[⑤] 不消说美军观察团和西方记者对延安良好政治生态的夸赞，甚至蒋介石也由衷地感慨：“就我的观察，我觉得我们本党和共产党的斗争，不但技术不够，就是精神也相差得太远”“以这样一个组织松懈、精神涣散的党，要来领导一个广土众民积

---

① 包心鉴：《论优化党内政治生态》，《光明日报》2015 年 5 月 13 日，第 1 版。

② 虞云耀：《把握全面从严治党的特点和规律》，《人民日报》2015 年 5 月 20 日，第 7 版。

③ 《新形势下严肃党内政治生活学习要点》编写组：《新形势下严肃党内政治生活学习要点》，北京，人民出版社 2016 年版，第 6 页。

④ 《邓小平文选》第 2 卷，北京，人民出版社 1994 年版，第 45 页。

⑤ 徐求真、郑志发：《井冈山精神与中华民族精神的弘扬与培育》，北京，人民出版社 2014 年版，第 139 页。

重难返的大国，要使他建设起来，怎样可以成功?"[①]1947年蒋介石在国民党六届四中全会上提出“研究和学习中共”的任务，这充分说明蒋介石已经认识到中国共产党的先进性、纯洁性，以及由此形成的良好政治生态。

一、形成了党内政治生活的优良传统

延安时期，中国共产党在健全党内生活、调节党内关系、处理党内矛盾等方面，形成了一系列好的作风、习惯和制度，形成了党内政治生活的优良传统。延安时期，我们党逐渐形成了以毛泽东为核心的党中央第一代领导集体，他们对党内政治生活进行了坚持不懈的探索。此外，这一时期，中国共产党开始在根据地局部执政，党内政治生活的好坏直接影响到党局部执政的能力和效果，这为党内政治生活优良传统的形成提供实践基础。再则，这一时期我们党面临的复杂的国内外形势和严酷的斗争环境对党内政治生活优良传统的形成也起到了“倒逼”作用。

延安时期形成的党内政治生活优良传统包含多方面的内容。邓小平曾评价说：“遵义会议以后，在毛泽东同志领导下，我们党建立了一套健全的党的生活制度。比如民主集中制；团结——批评——团结的方法；言者无罪、闻者足戒，惩前毖后、治病救人；批判从严、处理从宽，不搞过火斗争、无情打击；艰苦朴素、谦虚谨慎，等等。”[②] 正是有了这些优良传统，才有力推进了党的建设伟大工程。

作为党内政治生活核心原则的民主集中制，尽管不是在延安时期形成的，但成熟于延安时期，在组织层面、作风层面和决策层面全面坚持和运用民主集中制。一个标志性的时间节点是党的六届六中全会，在这次会议上，毛泽东提出了“党内生活民主化”的要求，重申了实行民主集中制的“四个服从的纪律”。他指出：“必须在党内施行民主教育，使党员懂得什么叫做民主生活，民主制与集中制的联系，并如何实行民主集中制。”[③]强调扩大党内民主是巩固和发展党的必要步骤。在党的六届六中全会上，中共中央还制定了一系列规范民主集中制运行的党内法规，包括党的集体领导制度、党的组织机构的运行机制、党内民主生活制度、党内民主决策制度等，这些党内法规的制定，使得民主集中制有了更加具体的制度规

① 卢毅：《国民党眼中的延安整风》，《党的文献》2010年第3期，第79页。

② 《邓小平文选》第1卷，北京，人民出版社1994年版，第300页。

③ 中共中央文献研究室、中央档案馆：《建党以来重要文献选编（1921—1949）》第15册，北京，中央文献出版社2011年版，第647页。

范，从而能更好地发挥其作用。经过延安整风，到党的七大召开时，党的民主集中制在运行中不断完善，党的七大对党的选举制度、报告制度、服从制度、执行制度等又做了完善和补充，党的民主集中制的制度形态更加完备。到解放战争时期，根据党领导各地党委、军队和地方政府实际工作的需要，中共中央又健全了党委会制度，建立了请示报告制度，至此，民主集中制的制度形态更为健全。延安时期，党内民主集中制原则不仅在制度设计上不断完善，更重要的是在党的组织、决策、工作作风等方面的自觉运用。延安时期，中央作出重大决策前，都要征求各根据地党组织和军队党组织的意见，并且都是以商榷的态度征求意见的。比如 1946 年，关于土地问题，包括将没收的、征购的土地及公地、荒地分给农民，地主能保留多少土地，政府宣布土地法令的时机是否成熟，等等，中央反复征求各地意见，并强调："我们所提的这些问题和办法只供你们参考，不要下达，请你们对每条都加考虑，提出具体意见，速电报告。"[①] 延安时期，党内民主氛围十分浓厚，在讨论问题的党内会议上，经常会有争论。比如，中央落脚陕北之后，下一步红军向何处发展的问题，党内就开展了激烈的争论，在充分争论的基础上，中共中央制定了科学的东征战略。再如，关于如何解决西安事变问题，也是严格贯彻了民主集中制原则。西安事变爆发后第二天，中共中央就召开了政治局常委扩大会议，围绕如何处置蒋介石的问题，参加会议的 12 人争论激烈，意见不一致，有人主张"审蒋""除蒋"，有人主张"在政治上不与南京对立"，有人认为，西安事变"应看成是抗日的旗帜而不是反蒋的旗帜"，当时，会议未就如何应对西安事变达成一致意见，后来随着事态的发展，中央在科学分析国内外各派势力对这一事件态度的基础上，经过充分讨论，确定了和平解决西安事变的政策。

延安时期，全党形成讲统一、讲和气、讲团结的政治生活氛围，维护了党的团结和统一。党的团结统一是党存在和发展的基本条件。在中共中央进驻延安之前，党内团结统一问题没有真正解决，甚至出现了张国焘分裂党、分裂中央的严重事件。此后，中国共产党认识到维护党的团结统一的极端重要性，毛泽东多次强调，无论是在党内，还是在革命队伍中，加强团结都是极为重要的。刘少奇在《党的建设的几个问题》中指出："在

① 中共中央文献研究室、中央档案馆：《建党以来重要文献选编（1921—1949）》第 23 册，北京，中央文献出版社 2011 年版，第 374 页。

我们党内是讲统一，讲和气，讲团结的方针。”① 延安整风是为了解决党内存在的主观主义、宗派主义等问题，但从根本上说，延安整风也是为了解决党的团结统一问题，通过延安整风运动，全党在思想认识上达到了高度的统一，所以，对党的七大一致的评价是：“一次团结的大会，胜利的大会。”在七大通过的党章中写道：“中国共产党的力量，在于自己的坚强团结，意志统一，行动一致。”②

延安时期，党中央对张国焘和王明的处理，也是从维护党的团结统一的愿望出发，对他们都做了大量耐心细致的思想政治工作，给了他们多次改正错误的机会。延安时期，上至党、边区政府、军队的领导人，下至普通党员，在工作中都能自觉做到维护党的团结统一，即使是在工作中意见不一致，或者是因工作产生了矛盾，也都能本着团结的愿望去积极沟通、解决问题。1940 年，彭德怀指挥的“百团大战”大获全胜，沉重打击了日军，也鼓舞了中国军民抗战的斗志。但在延安的一次会议上，有一些同志对彭德怀及其“百团大战”提出了不同看法，认为彭德怀有野心，认为“百团大战”过早暴露八路军实力，彭德怀对此非常生气，会后找到毛泽东和周恩来交换意见，三人坦诚地谈了各自的看法，都进行了自我批评，使得这件事情丝毫没有影响党的团结。

“言者无罪、闻者足戒”，“惩前毖后、治病救人”，这是在延安时期形成的党内批评与自我批评的原则和方法。此后，这一原则方法被多次用于整党整风，达到了非常好的效果。“言者无罪、闻者足戒”，出自《诗经・周南・关雎・序》：“言之者无罪，闻之者足以戒。”这是古人对待他人批评的正确态度，蕴含着无穷的智慧。这一古训是中国共产党在延安时期从严治党实践中发扬光大的。“惩前毖后、治病救人”这一方针原则，是毛泽东在延安整风中创造性地提出来的。最早出自毛泽东 1942 年 2 月在中央党校开学典礼上所作的《整顿党的作风》的演讲。毛泽东在演讲中指出：“我们反对主观主义、宗派主义、党八股，有两条宗旨是必须注意的：第一是‘惩前毖后’，第二是‘治病救人’。对以前的错误一定要揭发，不讲情面……以便使后来的工作慎重些，做得好些。这就是‘惩前毖后’的意思。但是我们揭发错误、批判缺点的目的，好像医生治病一样，完全是为了救人……对待思想上的毛病和政治上的毛病，决不能采用鲁莽

① 《刘少奇论党的建设》，北京，中央文献出版社 1991 年版，第 378 页。

② 中共中央文献研究室、中央档案馆：《建党以来重要文献选编（1921—1949）》第 22 册，北京，中央文献出版社 2011 年版，第 535 页。

的态度，必须采用‘治病救人’的态度，才是正确有效的方法。”[①]这个方针在延安时期被普遍地运用于党内批评教育，得到边区和根据地党员干部高度认可，后来这一方针被写到党的七大政治报告中。延安整风运动就是在“言者无罪、闻者足戒”“惩前毖后、治病救人”这样的方针原则指导下进行的。整风期间，全党上下开展广泛而深刻的批评与自我批评，许多同志如博古、张闻天等都能够虚心接受他人批评，达到了团结同志、治病救人的效果，维护了党的良好政治生态。当然，不可否认的是，在延安整风进入审查干部阶段时，党内批评一度没有很好贯彻“言者无罪、闻者足戒”“惩前毖后、治病救人”方针，对一些犯过错误的同志无情打击、冷嘲热讽，进行过火的斗争。打击面一度过大，许多没有犯错误的同志也被迫去“交代问题”。康生在审查干部中搞“抢救失足者”运动，就违背了这一方针，导致一部分党内同志遭受错误打击。毛泽东发现问题后，对此进行了及时纠偏。1944 年 3 月，毛泽东在中央政治局会议上重申“惩前毖后、治病救人”方针，认为我们党在对待犯错误同志的问题上，要帮助他们分析犯错误的思想根源与社会历史根源，不能以现在的环境来推论过去，对犯错误的同志更不能“一掌推开”，那就达不到“治病救人”的目的了。

此外，延安时期，形成了党中央的坚强领导集体。遵义会议之前，党的事业出现了几次比较大的挫折，固然有很多主客观原因，但有一个至关重要的因素，就是没有形成一个稳定的、坚强的领导集体。遵义会议虽然确立了毛泽东在党内的实际领导地位，但王明的“左”的思想在党内仍有很大的影响，毛泽东曾对李维汉说“我的命令不出这个窑洞”。到党的六届六中全会时，才真正明确了毛泽东在党内的领袖地位。为了强化党中央集中统一领导，1942 年，中国共产党建立了一元化领导体制，规定全党要向中央基准看齐，这些规定为党内良好政治生态的形成提供了制度保障，到党的七大召开时，党内政治生态大为改观，出现了全党“团结得像一个和睦的家庭一样”的良好局面。

二、孕育了党的优良作风

我们党的一些良好的传统和作风，大多数都是在延安时期孕育形成的。这些优良传统和作风，奠定了党的先进性、纯洁性的根基，对党的事

---

① 《毛泽东选集》第 3 卷，北京，人民出版社 1991 年版，第 827~828 页。

业发展具有极为重要的意义。

延安时期，形成了理论联系实际的工作作风。在思想路线和认识路线方面，我们党坚持“实事求是”思想路线，能够自觉做到把马克思主义理论与中国革命的具体实际相结合，用马克思主义的立场、观点和方法去观察问题、分析问题和解决问题。全党十分注重调查研究，灵活运用马克思列宁主义理论，不照搬、不盲从。延安时期，毛泽东极力提倡调查研究，将其视为根本的工作方法，他指出：“认识世界，不是一件容易的事。马克思、恩格斯努力终生，作了许多调查研究工作，才完成了科学的共产主义。列宁、斯大林也同样作了许多调查。中国革命也需要作调查研究工作，首先就要了解中国是个什么东西（中国的过去、现在及将来）。”[①] 延安整风期间，之所以批判主观主义，就是针对党内还个别存在着的不深入实际、不调查研究、主观臆断的工作作风。1941 年 9 月，毛泽东在给《关于农村调查》写的序中强调，共产党人不仅要“昂首望天”，还要“眼睛向下”，要给人民群众“当学生”。所谓“眼睛向下”，就是立足于实际，实事求是。所谓“当学生”，就是要站在人民群众的立场上，向人民群众学习，向人民群众请教，才能真正了解实际情况。毛泽东指出，能不能搞好调查研究，“主要的一点是要和群众做朋友，而不是去做侦探，使人家讨厌。群众不讲真话，是因为他们不知道你的本意，究竟是否于他们有利……群众不讲真话，不怪群众，只怪自己”[②]。1941 年，工作人员向毛泽东请示以什么作为中央党校的校训，毛泽东说了 8 个字：“实事求是，不尚空谈”，1945 年毛泽东在“七大”纪念册上的题词是“实事求是，力戒空谈”，由此可见以毛泽东为核心的党中央对调查研究和实事求是的重视。也正是得益于这种重视，延安时期，我们党能够自觉做到一切从实际出发，去解决工作中的一切问题。

延安时期，形成了密切联系群众的良好作风。党中央到陕北后，利用抗日战争进入战略相持阶段的实际，在全党开展学习运动、大生产运动以及整风运动，通过这些运动的充分开展，全党系统反思了此前在革命运动中的成功经验和失败教训，牢牢站稳人民立场，坚定了只有依靠人民才能胜利的观念，紧密同人民群众团结在一起。《中共中央为抗战六周年纪念宣言》中要求：“共产党员应该紧紧地和民众在一起，保卫人民，犹

① 《毛泽东农村调查文集》，北京，人民出版社 1982 年版，第 21 页。

② 《毛泽东农村调查文集》，北京，人民出版社 1982 年版，第 27 页。

如保卫你们自己的眼睛一样，依靠人民，犹如依靠自己的父母兄弟姊妹一样。”[①] 毛泽东是密切联系群众的极力提倡者，他指出：“一切问题的关键在政治，一切政治的关键在民众，不解决要不要民众的问题，什么都无从谈起。要民众，虽危险也有出路；不要民众，一切必然是漆黑一团。”[②] 毛泽东在延安时期，结交了一批农民朋友，与人民群众打成一片，老百姓的疾苦，他是熟知的。甚至当他得知陕甘宁边区有一个小村子里有很多妇女生不出孩子的事情后，就立即找来延安地委书记张汉武询问，要求他调查清楚，看看是不是这个村子老百姓吃的水有问题，请中央医院的专家去化验一下，解决这一问题，并郑重告诫：共产党要关心老百姓传宗接代的大事。1939 年，毛泽东了解到枣园老百姓吃蔬菜都困难，原因是延安缺少水利设施，种粮种菜只能靠天收。延河水虽然穿城而过，但多数时候水位较低，无法引流灌溉。了解到这一实际情况后，毛泽东就动员边区政府和中央机关干部帮助群众修了裴庄水渠，1939 年动工，1941 年建成，全长 5 公里，采用自流灌溉的方式，可灌溉枣园周围 6 个村庄 1500 亩土地，解决了这些村庄的种粮种菜问题。不仅仅是毛泽东，朱德、刘少奇、陈云、林伯渠等党、政、军的领导人也都是密切联系群众的典范。延安时期，由于中国共产党能够做到密切联系群众，所以，党群关系非常和谐。中共中央转战陕北时，“我们的重要物资二百多驮（其中包括黄金十多万两，是用木箱盛的）放在清涧靠黄河边上的一个村子里，由郭林森带一个班看守。好险呀，敌人到了离这个村子五里路的地方。由于当地群众掩护，没有走漏一点风声，敌人没有进这个村子，在前面那个村子宿了一夜营，第二天便收缩到蟠龙做工事”。[③] 这是当时党与人民群众和谐关系的真实写照。

延安时期，形成了批评与自我批评的良好作风。这一时期，党之所以大力提倡批评与自我批评，主要目的就是要通过这种方法和手段解决党内的矛盾。众所周知，延安时期，中国共产党党员来源是多元的，大量的农民和小资产阶级构成了这一时期党员成分的主体，他们的加入，必然将大量的非无产阶级思想带到党内来，怎样解决党内的思想问题，主要的措施有二：一是加强学习，用马克思主义思想来统一全党；二是开展批评与自我批评。毛泽东在《矛盾论》一文中指出：“矛盾着的双方，依据一定的

① 《毛泽东文集》第 3 卷，北京，人民出版社 1996 年版，第 45 页。
② 《毛泽东文集》第 3 卷，北京，人民出版社 1996 年版，第 202 页。
③ 中共盐池县党史办公室：《陕甘宁边区概述》，银川，宁夏人民出版社 1988 年版，第 205 页。

条件，各向着其相反的方面转化。”[①] 党内的非无产阶级思想和无产阶级思想就是矛盾的统一体，在一定条件下，非无产阶级思想是可以转化为无产阶级思想的。因而，毛泽东在《矛盾论》中明确指出：“共产党内的矛盾，用批评和自我批评的方法去解决。”[②] 中国共产党在土地革命战争时期曾经对党内批评做过初步探索，但不成熟，更没有制度化。在延安整风时期，我们党创造性地提出了“惩前毖后、治病救人”的方针，并将其具体化为一个公式：团结——批评——团结，即整风运动是从团结的愿望出发，通过批评或斗争，达到新的团结。延安时期，不但形成了党内批评与自我批评的制度化，更为重要的是形成了批评与自我批评的良好氛围。美国记者斯诺在《红星照耀中国》中写道：“最使人感兴趣的是红军所办的墙报，里面有黑栏（批评栏）和红栏（表扬栏），在红栏中，人们称赞个人或者集体的勇敢、无私、勤劳和其他美；在黑栏中，同志之间互相批评，并指名道姓地批评他们的军官。”[③] 朱德告诉他，“军队里任何一个战士都可以直接向总司令告状——而且也常常这样做。”[④]1945 年召开的党的七大，从预备会到正式会议，全部过程都贯穿着批评与自我批评，很多同志在发言中都深刻剖析了自己在工作中所犯的一些错误，丝毫不回避，并虚心接受大家的批评。

对于延安时期形成的党的良好作风，毛泽东在党的七大上所作的《论联合政府》的政治报告中做了概括，即“理论和实践相结合的作风，和人民群众紧密地联系在一起的作风以及自我批评的作风”。[⑤] 这些好的作风减少了我们党在工作中的失误，加强了党与人民群众的联系，提高了群众对党的认同感，在千千万万人民群众中产生了良好的影响。毛泽东曾感慨地说：“只要我们党的作风完全正派了，全国人民就会跟我们学。”[⑥]

三、确立了党的干部路线和干部政策

党内政治生态的好坏，与干部因素有很大关系，作风正派、廉洁奉公的好干部可以带动一个地方良好政治生态的形成，相反，贪污腐化、道德

① 《毛泽东选集》第 1 卷，北京，人民出版社 1991 年版，第 327 页。

② 《毛泽东选集》第 1 卷，北京，人民出版社 1991 年版，第 311 页。

③ 〔美〕埃德加·斯诺著：《红星照耀中国》，董乐山译，北京，人民文学出版社 2016 年版，第 291 页。

④ 〔美〕埃德加·斯诺著：《西行漫记》，董乐山译，北京，东方出版社 2010 年版，第 357 页。

⑤ 《毛泽东选集》第 3 卷，北京，人民出版社 1991 年版，第 1094 页。

⑥ 《毛泽东选集》第 3 卷，北京，人民出版社 1991 年版，第 812 页。

败坏的腐败分子，会污染一方政治净土。延安时期之所以能成为党的历史上良好政治生态的标杆，与这一时期党的干部选拔和培养有很大关系。抗战爆发后，中国共产党身上肩负着更为重要的历史使命，同时，党员队伍也迅速发展壮大，革命事业的发展，对干部的需求激增，如何选拔和培养一批优秀的干部，是党的组织工作的一项极为重要的任务。时任中共中央组织部部长的陈云提出了“广招天下士，诚纳四海人”的政策，从全国各地来延安以及其他根据地的各类优秀人才中选拔干部，到抗战结束的时候，我们党的干部队伍已经达到40万人的规模，这是执行“诚纳四海人”政策的直接效果。同时，延安时期，中共中央还作出了《关于吸收知识分子的决定》，大量吸收知识分子进入党内，很多知识分子被充实到领导岗位上，比如，中央组织部仅在1938年到1940年间，就充实了七八位知识分子，他们在工作岗位上发挥了重要作用。1938年，毛泽东在《论新阶段》一文中提出了“任人唯贤”的干部路线，并对这个干部路线的具体内涵做了阐释。此后，毛泽东又提出了选拔干部的“德才兼备”标准和“五湖四海”原则。毛泽东认为，所谓“德才兼备”，就是“坚决地执行党的路线，服从党的纪律，和群众有密切的联系，有独立工作的能力，积极肯干，不谋私利”。[①]“五湖四海”原则是指选拔干部不要局限于某一地区、某一成分，要破除地域观念，破除身份歧视，广泛选拔干部。延安时期还制定了较为具体的干部政策，包括要全面考察干部、实行党管干部的原则、规范干部选拔任用程序、大胆提拔知识分子干部等等。

延安时期，党在领导中国人民的革命事业中，经过不断探索，形成了较为完整的干部路线、干部标准和较为具体的干部政策。实践证明，这一时期我们党的干部队伍建设是非常成功的，大批优秀人才被不拘一格地选拔出来，通过对干部的教育培养、通过在实践中的锻炼，使得我们党具有一批政治过硬、作风优良的高素质干部，这些干部对党的革命事业的不断胜利，对风清气正的政治生态的形成，发挥了至关重要的作用。

四、营造了“只见公仆不见官”的政治风气

延安时期，中国共产党坚持从严治党，严格党的规章制度，严明党的纪律要求，对党员比对一般群众的要求要高。早在1937年10月10日，毛泽东在一份处理黄克功案件材料的批语中就明确指出：“共产党与

① 《毛泽东选集》第2卷，北京，人民出版社1991年版，第527页。

红军，对于自己的党员与红军成员不能不执行比一般平民更加严格的纪律。”[①]延安时期，在纪律方面有两个突出特点：一是严，而且是对党员干部更严；二是平等，即在纪律面前人人平等，没有特殊人物，即便是毛泽东、朱德、刘少奇、周恩来、陈云等领导人物，即便是工作繁忙、日理万机，对于党内的纪律要求，也是要不折不扣地执行的。而且，延安时期，全体党员干部不仅是在纪律面前一律平等，在日常的生活中，也时时刻刻反映出同志间的平等关系。民主人士黄炎培曾访问过延安，他后来在《延安归来》一书中写道：在延安，“公务人员不论男女都穿制服，女子学生装短发，都代表十足的朝气”，“至于中共重要人物毛泽东先生，依我看来是一位思想丰富而精锐又勇于执行者。朱德先生一望而知为长者。此外，轰轰烈烈的贺龙、彭德怀、聂荣臻、林彪、刘伯承……诸位先生（徐向前先生在病中没有能相见）在一般人想象中，一定脱不了飞扬跋扈的姿态。料不到，这几位先生都是从沉静笃实中带着些文雅，一点没有狙犷傲慢样子，天天见面笑谈，真是古人所说‘如坐春风中’。这一点太出我们意外了。”[②]可以说，延安时期，只有全心全意为人民服务的公仆，没有当官做老爷的“官”，这一点，与国民党的官僚政治相比，给任何一个初到延安的人，都会带来清新的感受。毛泽东多次说：“我们一切工作干部，不论职位高低，都是人民的勤务员。”[③]在延安，老百姓与共产党的各级官员距离是最近的，各级政治机关门口没有警卫，老百姓可以自由进入。

延安时期的官民平等，不仅体现在地位方面，更难能可贵的是，还体现在待遇方面。自古以来，官员的地位和待遇要比一般民众高很多，这是古今中外司空见惯的普遍现象。然而，共产党领导下的边区和抗日根据地却更多地呈现出另外一番新气象。1939 年 1 月，林伯渠在《陕甘宁边区政府对边区第一届参议会的工作报告》中指出：“在我们的制度下，各级政府工作人员不发薪俸，实行津贴制度，收入不得超过普通工人工资的水平，可是工作中却能表现出自己是群众的模范，现在在边区行政长官每月最高的津贴也只五元”，“凭我们过去一贯的艰苦奋斗的作风，我们能够自我牺牲，在少拿钱多做事，甚至不拿钱也做事的原则之下，为抗日的事

① 张静如等主编：《中国共产党通志》第 2 卷，北京，中央文献出版社 2001 年版，第 535 页。

② 谭虎娃：《延安精神新论》，北京，人民出版社 2015 年版，第 220 页。

③ 《毛泽东文集》第 3 卷，北京，人民出版社 1996 年版，第 243 页。

业及人民的利益而奋斗。”[①]1941年4月，林伯渠在《陕甘宁边区政府工作报告》中再次总结道：“三年来的进步，表现在各级政府机关的平民化，他们和老百姓食宿在一起，劳作在一起……尤其是边区经济已经改善，政府工作人员仍然是每天一斤四两小米。七分洋钱柴菜，每月一元或二三元的津贴，还常常几个月不能按发。一般说，老百姓生活比党政工作人员生活要好的多。”[②]有些到延安考察的参观者，看到延安的这种情景，不由感慨：“天下竟有这样的官！”

延安时期，中国共产党在严酷的环境中，坚持从严管党治党，保持了党的先进性与纯洁性，“建设一个全国范围的、广大群众性的、思想上政治上组织上完全巩固的布尔什维克化的中国共产党”。[③]培育了良好的政治生态，形成了健康的社会风尚，使得延安时期党领导的根据地和边区政府成为当时全国最进步的地方，毛泽东将这种政治生态和社会风尚概括为“十个没有”，即：一没有贪官污吏，二没有土豪劣绅，三没有赌博，四没有娼妓，五没有小老婆，六没有叫花子，七没有结党营私之徒，八没有萎靡不振之气，九没有人吃磨擦饭，十没有人发国难财。[④]

第二节　锻造了一个成熟的马克思主义政党

延安时期，中国共产党通过从严加强自身建设，实施党的建设伟大工程，将马克思列宁主义的党建理论与自身发展状况以及中国革命实际相结合，不断推动马克思主义中国化，成功地将中国共产党建设成为一个成熟的、团结的、有战斗力的、先进的马克思主义政党，使得中国革命有了坚强的组织领导，不仅为抗日战争和解放战争的胜利奠定了强大的组织基础，也对后来中国社会主义建设和改革开放产生了深远影响。

① 中共陕西省委党史研究室、陕西省档案馆：《红色档案——延安时期文献档案汇编（陕甘宁边区政府文件选编）》第1卷，西安，陕西人民出版社2013年版，第129页。

② 中共陕西省委党史研究室、陕西省档案馆：《红色档案——延安时期文献档案汇编（陕甘宁边区政府文件选编）》第3卷，西安，陕西人民出版社2013年版，第173页。

③ 《毛泽东选集》第2卷，北京，人民出版社1991年版，第602页。

④ 《毛泽东选集》第2卷，北京，人民出版社1991年版，第718页。

一、确立了毛泽东思想为党的指导思想

毛泽东思想之所以在党的七大上被正式确立为党的指导思想，是与延安时期从严治党尤其是延安整风对党员干部的思想认识的统一密不可分的。

回顾党的历史，可以清晰地看出，至党的七大召开之前，党在各个时期的成就与挫折、胜利与失败，从根子上说，均与党对待马克思列宁主义的态度有关，而这种态度又往往与党对马克思列宁主义的认知有关。党在幼年时期，一度存在着把马克思主义教条化、把苏联经验神圣化、把共产国际决议指示绝对化的问题，把马克思主义与中国革命实际割裂开来，从而使党的事业遭受严重挫折。

当时，党内很多同志都明白“十月革命一声炮响，给中国送来了马克思列宁主义”的道理，但绝大多数人不明白“马克思主义基本原理要同中国具体实际相结合”的道理，马克思主义的本本里没有中国革命的现成答案。这个道理现在看似简单，但在新民主主义革命时期，却困扰了中国共产党人很久。

毛泽东在党内是较早认识到要结合中国实际去运用马克思主义的先进代表。在大革命时期，毛泽东就曾深入湖南农村，考察农民运动的情况，了解农村各阶级阶层对于革命的认识和态度。土地革命战争时期，在党内教条主义、经验主义盛行的现实条件下，毛泽东等人开创了“农村包围城市、武装夺取政权的革命道路”，确立了“思想建党、政治建军”的原则，明确地提出要把马克思主义基本原理同中国具体实际相结合。1930年5月，他在《反对本本主义》一文中指出：“我们的斗争需要马克思主义”，“但是必须同我国的实际情况相结合。”[①] 当然，需要指出的是，毛泽东的这些正确的思想认识在当时还未得到“左”倾思想占统治地位的党中央的认可，反而受到了不公正的批判。

遵义会议结束了“左”倾路线在中央的统治，确立了毛泽东在党和红军中的领导地位，使党和革命事业由挫折走向胜利，党中央和红军胜利到达陕北。自此，中国共产党经历了“两次失败、两次胜利”的艰巨考验。此外，到达陕北之后的有利革命条件和革命形势，也使得中国共产党人有必要对中国革命进行理论上的深入思考，而其中最为关键的问题是怎么认

① 《毛泽东选集》第1卷，北京，人民出版社1991年版，第111、第112页。

识和看待马克思列宁主义的问题，怎么认识苏联经验的问题，以及怎么对待共产国际指示的问题。

为了帮助党员干部形成科学的马克思主义观，毛泽东在陕北写下了《矛盾论》《实践论》等哲学著作，从认识论和方法论的根本上系统批判教条主义错误，阐发了辩证唯物主义思想路线。之后，他在《中国共产党在民族战争中的地位》中又进一步强调："马克思主义必须和我国的具体特点相结合。"[①]1938年，毛泽东在党的六届六中全会上明确提出了"马克思主义中国化"的命题，1939年，毛泽东又提出"马克思列宁主义的理论和中国革命的实践相结合"[②]的要求，这些思想理论上的科学认识，推动了马克思主义中国化的进程。

抗日战争时期，毛泽东运用马克思主义基本原理，研究中国新民主主义革命问题，先后撰写了《抗日游击战争的战略问题》《论持久战》《战争和战略问题》《〈共产党人〉发刊词》《中国革命和中国共产党》《新民主主义论》等著作，这些理论著作，系统回答了新民主主义革命的性质、步骤、对象、动力、领导权、前途、策略等一系列根本问题，标志着中国化的马克思主义——毛泽东思想已经形成并走向成熟。

当然，尽管中国化的马克思主义已经形成了较为丰富的内容体系，但是，距离它成为中国共产党的指导思想，用它来统一全党的思想认识，还有一定的距离。延安时期的从严治党，推动了把毛泽东思想确立为党的指导思想的进程。

从实践发展历程看，尽管在渐趋成熟的毛泽东思想指导下，中国共产党成功实现了由"第五次反'围剿'失败到抗日战争兴起"的转变，但在延安时期，许多党员干部，甚至是党的高级干部，在思想认识上都还没有摆脱主观主义和教条主义的束缚，这对于确立毛泽东思想的地位而言，无疑是非常不利的。解决问题的办法就是通过从严治党，在党员干部思想认识上来一次彻底的大清算，清除他们头脑中的非马克思主义思想认识，用中国化的马克思主义统一全党认识，武装全党。

延安整风便是解决这一问题的重要动因。毛泽东认为，在全党范围内开展马克思主义理论的学习，使党员干部了解马克思主义的基本理论和思想方法，并自觉主动做到把马克思主义的基本原理同中国具体实际相结

① 《毛泽东选集》第2卷，北京，人民出版社1991年版，第534页。

② 《毛泽东选集》第2卷，北京，人民出版社1991年版，第611页。

合。整风运动分高级干部的整风和全党干部的普遍整风两个层面交叉进行。两个层面整风的共同要求是，总结党的历史经验教训，消除王明路线的影响，通过批判教条主义和经验主义两种形态的主观主义，教育全党干部学会运用马克思主义的立场观点方法来研究和解决中国革命的具体问题。整风的方法步骤是，认真阅读文件，联系个人思想和工作实际，自我反省，开展批评与自我批评，提高认识，总结经验，逐步取得思想认识的一致，增强党性，改进工作。

延安整风是中国共产党建设史上的伟大创举，它用彻底的革命精神，清除了党员干部思想认识上的错误，提高了全党的马克思主义理论水平，使全党的思想认识达到高度统一。在延安整风的基础上，中国共产党作出了百年党史上的第一个历史决议——《关于若干历史问题的决议》，在此基础上，胜利召开党的七大，正式确立了毛泽东思想在全党的指导地位。

二、形成了以毛泽东为核心的党的第一代中央领导集体

延安时期之前，中国共产党始终没有形成一个稳定的领导集体，更没有形成一个坚强的领导核心。一般认为，党的第一代领导集体形成的开端是遵义会议，这个说法在史学界尽管有些争议，但绝对是一个主流观点，其最主要的标志是遵义会议解决了军事路线和军事领导问题，确立了毛泽东在党和红军中的实际领导地位。关于党的领导集体的形成，邓小平后来有个判断，他说："在历史上，遵义会议以前，我们的党没有形成过一个成熟的党中央。从陈独秀、瞿秋白、向忠发、李立三到王明，都没有形成过有能力的中央。我们党的领导集体，是从遵义会议开始逐步形成的，也就是毛刘周朱和任弼时同志。"①"以前的领导都是很不稳定，也很不成熟的"。②2021年11月，党的十九届六中全会通过的《中共中央关于党的百年奋斗重大成就和历史经验的决议》指出，"一九三五年一月，中央政治局在长征途中举行遵义会议，事实上确立了毛泽东同志在党中央和红军的领导地位，开始确立以毛泽东同志为主要代表的马克思主义正确路线在党中央的领导地位，开始形成以毛泽东同志为核心的党的第一代中央领导集体"。③这些权威的论断均表明，遵义会议在党的第一代成熟领导

---

① 《邓小平文选》第3卷，北京，人民出版社1993年版，第309页。

② 《邓小平文选》第3卷，北京，人民出版社1993年版，第298页。

③ 《中共中央关于党的百年奋斗重大成就和历史经验的决议》，北京，人民出版社2021年版，第6页。

核心形成过程中起着至关重要的作用。从遵义会议的结果看，毛泽东当选常委进入党中央核心领导层，在党的重要决策中发挥核心作用，此后，在领导党和军队进行革命斗争的实践中，形成了以毛泽东为核心的稳定的、成熟的党中央领导集体。

党中央稳定的领导集体的形成是在延安时期，这一时期最为关键的3个时间节点分别是：党的六届六中全会、延安整风和党的七大，而这3个重要的时间节点，都与延安时期从严治党密切关联。

1938年9月至11月召开的党的六届六中全会在党的历史上有着极为重要的地位，被称为"决定中国命运"的一次会议，此前，尽管在1937年8月召开的洛川会议上，毛泽东提出必须坚持抗日民族统一战线中的独立自主原则、一定要实行党对抗战的领导、一定要在统一战线中"保持独立性"等正确主张，并强调"必须坚决地反对投降主义"，[①]但是，1937年11月从共产国际回国工作的王明却带着共产国际的指示，主张"一切经过统一战线"，"一切服从统一战线"，"不要讲谁领导谁的问题，要共同领导，共同负责"，王明是带着"尚方宝剑"回国的，而且他回国后即以马克思主义理论家自居，因此，他大讲特讲"两个一切"的错误主张在党内造成很大的影响。1937年"十二月会议"后，毛泽东对到访的李维汉抱怨说，"我的命令不出这个窑洞"。[②]他事后曾回忆说："而我是孤立的。当时，我别的都承认，只有持久战、游击战、统战原则下的独立自主等原则问题，我是坚持到底的。"[③]后来，随着共产国际对中国抗日战争情况的了解越来越多，对抗战爆发以来中国共产党所采取的路线、方针和政策是赞成的。王稼祥从共产国际带回了新的指示：肯定了抗战以来"中共中央的政治路线是正确的"，同时也肯定了中共中央的领导机关要"以毛泽东为首"。此后，党的六届六中全会召开，肯定了以毛泽东为代表的党的政治路线，进一步明确了毛泽东在党内的领导地位。

遵义会议和党的六届六中全会分别解决了军事路线和军事领导、政治路线和组织路线问题，但是在思想路线问题上，在党的团结统一问题上仍存在一些问题尚待解决，表现为主观主义、教条主义、宗派主义等问题，这些问题能不能得到解决，关涉是以主观主义、教条主义的态度对待马克思主义，还是以实事求是、理论与实践相结合的态度对待马克思

① 《毛泽东选集》第2卷，北京，人民出版社1991年版，第392页。

② 曾志刚、袁俊、蔡泉水：《红色旅程·延安》，北京，人民出版社2013年版，第252页。

③ 《毛泽东传（1893—1949）》，北京，中央文献出版社2004年版，第687页。

主义，最终决定着中国革命的前途命运。中国共产党解决党内思想认识统一问题的方法是整风运动。尽管全党范围内的整风运动始于1942年，但事实上，从党的六届六中全会后，党中央和毛泽东就开始酝酿和筹备这项工作，因为一方面，思想认识上的问题有一个转化的过程，不可能一蹴而就；另一方面，毛泽东提出的正确的思想认识也要有一个检验过程，只有在实践中得到充分验证，才能让党员干部接受与认可。正如毛泽东本人所言："非经过各种步骤，使大家觉悟成熟不可。"① 在1940年12月召开的中共中央政治局会议上，毛泽东在发言中指出：土地革命战争中出现的错误，导致军队和苏区损失十分之九，"这些错误，是由于马列主义没有和实际联系起来"，② 是路线上的错误。毛泽东这个判断，在党内高级领导干部中并未获得一致赞同，包括1941年5月毛泽东所作的《改造我们的学习》的报告，也没引起太多的重视，这说明党的高级干部的思想认识都还没有解决，更不要说一般党员干部，为解决这些问题，中共中央组织高级干部学习毛泽东主持编辑的《六大以来》，这对高级干部统一认识非常有帮助，通过学习，许多同志转变了思想认识，在1941年中央召开的"九月会议"上，大多数同志表示赞同毛泽东的意见。1942年年初，全党范围的整风运动开始。延安整风运动是成功的，是中国共产党历史上从严治党的典范，经过延安整风运动，全党的马克思主义理论水平上了一个大台阶，全党的思想认识实现了高度统一，实事求是的思想路线得到最终确立，全党达到了空前的团结，这些成就，在延安整风运动前是从来不曾有过的。

在延安整风运动取得成功的基础上，召开了党的七大，选举产生了以毛泽东为核心的中央领导集体，并且将毛泽东思想作为中国共产党的指导思想写进党章。对于毛泽东思想的科学认识，也是在延安整风时期形成的。1943年7月王稼祥提出："毛泽东思想，便是马克思列宁主义与中国革命运动实际经验相结合的结果。"③ 刘少奇提出："应该用毛泽东同志的思想来武装自己。"④ 这些有代表性的认识，为党的七大确立毛泽东思想的地位打下了基础。

---

① 胡乔木：《胡乔木回忆毛泽东》（增订本），北京，人民出版社2014年版，第290页。

② 《毛泽东传（1893—1949）》，北京，中央文献出版社2004年版，第650页。

③ 《王稼祥选集》，北京，人民出版社1989年版，第350页。

④ 《刘少奇选集》上卷，北京，人民出版社1981年版，第300页。

三、党在政治、组织、思想和群众路线上达到成熟

所谓党的路线，是指党为了完成一定时期的历史任务，依据其基本的政治纲领而确定的党的指导原则和根本方针，主要包括党在一定时期内的政治任务、奋斗目标以及由此而采取的手段和方法。按照内容和作用的不同，党的路线可以分为政治路线、组织路线、思想路线和群众路线，四者是一个统一体，为实现党的纲领，践行党的宗旨，指明了方向、道路和基本要求。

党的政治路线，是党在一定时期为解决社会主要矛盾、完成党的主要任务而制定的总方针、总政策，是制定各项具体方针政策的根本指南。党的正确政治路线的成熟是党在政治上成熟的重要标志。中国共产党在延安时期，提出了正确的政治路线，这个政治路线是在经历了中国革命的两次胜利、两次失败的革命实践中逐渐形成，是党领导中国人民进行革命斗争取得的政治成果，按照毛泽东的话说，党的政治路线“也是中国人民用脚踩成的”。[①] 党的一大制定的党纲规定中国共产党要领导中国人民进行社会主义革命，实现共产主义。党的二大提出中国共产党人当下要领导中国人民进行反帝、反封建的民族民主革命，党的四大提出中国共产党要取得中国革命的领导权。总体上看，中国共产党在成立之初，对新民主主义革命的政治路线的认识是一个逐步深入的过程，在这个过程中，对中国革命的对象、动力、领导力量、性质与前途等一系列基本问题，有一个由浅入深的认识过程，1935 年召开的瓦窑堡会议，批判了党内长期存在的“左”倾关门主义，制定了建立抗日民族统一战线的策略总方针。1945 年 4 月至 6 月，在世界反法西斯战争和中国的抗日战争即将取得胜利之际，中国面临着两种前途、两种命运的斗争。为争取光明的前途，彻底打败日本帝国主义，建立新中国，中共在延安召开了第七次全国代表大会，制定了“放手发动群众，壮大人民力量，在中国共产党的领导下，打败日本侵略者，解放全国人民，建立一个新民主主义的中国”的政治路线，为争取抗日战争的最后胜利和新民主主义革命在全国的胜利奠定了基础。1948 年 4 月，毛泽东《在晋绥干部会议上的讲话》中，完整地提出了中国共产党的新民主主义革命的总路线，即：无产阶级领导的、人民大众的、反对帝国

---

① 《毛泽东在七大的报告和讲话集》，北京，中央文献出版社 1995 年版，第 117 页。

主义、反对封建主义和反对官僚资本主义的革命。[①]

党的组织路线是由政治路线决定的，主要包括党的组织原则、组织纪律、选拔任用干部的标准、党内政治生活原则等，最核心的内容是培养、选拔和使用干部的思想原则和组织原则。土地革命战争时期，受“左”倾思想的影响，党的干部路线一度出现过偏差，在干部任用方面存在着宗派主义和任人唯亲的情况，影响了党的干部队伍的健康发展，使一些有着坚定政治立场、丰富斗争经验、能力素质过硬的优秀干部受冷落，甚至受排挤、受打击。1938 年 10 月 14 日，毛泽东在党的六届六中全会上作的《论新阶段》的政治报告中提出要坚持正确的选人用人导向，并明确提出我们党的干部路线是“任人唯贤”，选拔干部的标准是“德才兼备”。在具体的干部工作中，中共中央组织部门又制定了“按照才干，按照需要，同时兼顾”的干部使用政策。党的干部路线的形成、干部选拔和使用政策的制定，标志着党的组织路线走向成熟。

党的实事求是思想路线的成熟，也是发生在延安时期。这一时期，中国共产党在领导中国革命的实际工作中，经历了两次胜利和两次失败的洗礼，逐渐认识到教条式地对待马克思主义和苏联经验的危害性，同时，也逐渐认识到把马克思主义理论和中国实际相结合的重要性。毛泽东一直是实事求是的倡导者，他一直不盲从苏联革命的经验，也不教条式地对待马克思主义，他坚信要从中国革命实际出发，用马克思主义来指导中国革命实践。1938 年 10 月，毛泽东在党的六届六中全会上提出“实事求是”的概念，他指出：“共产党员应是实事求是的模范，又是具有远见卓识的模范。因为只有实事求是，才能完成确定的任务；只有远见卓识，才能不失前进的方向。”[②] 他认为，“马克思列宁主义和中国革命的关系，就是箭和靶的关系……马克思列宁主义之箭，必须用了去射中国革命之的”[③]。毛泽东既是一位伟大的革命家，更是一位伟大的思想家，他善于从思想认识根源的角度来总结中国革命的经验教训，这一点是难能可贵的。延安时期之前，中国革命经历了一些重大挫折，在党内和红军中，很多同志只认识到我们的军队打败仗了，在当时敌我力量悬殊的背景下，这似乎也不可避免，很少有人从主观主义、经验主义、教条主义危害的角度去总结教训，甚至负有主要领导责任的王明、博古等人也是这样的认识，1937 年

① 《毛泽东选集》第 4 卷，北京，人民出版社 1991 年版，第 1287 页。

② 《毛泽东选集》第 2 卷，北京，人民出版社 1991 年版，第 522~523 页。

③ 《毛泽东选集》第 3 卷，北京，人民出版社 1991 年版，第 819~820 页。

11月王明从苏联回到延安后，依然趾高气扬，狂妄自大，说明他根本没有认识到过去存在着思想路线的问题。1940年1月，毛泽东在《新民主主义论》中指出："科学的态度是'实事求是'，'自以为是'和'好为人师'那样狂妄的态度是决不能解决问题的。"① 这句话是有明确指向的。延安整风，从某种意义上说，就是要集中解决党的思想路线问题。延安整风的第一阶段是高级干部整风，核心问题是解决高级干部的"马克思主义思想方法"问题以及如何认识"中国共产党20年历史"的问题，整风学习材料包括学习列宁的《共产主义运动中的"左派"幼稚病》，艾思奇翻译的《新哲学大纲》第八章，李达、雷仲坚翻译的《唯物辩证论教程》第六章，还有毛泽东组织编撰的《六大以来》等。在打通高级干部思想认识这一关键环节后，1942年2月，转入全党范围普遍整风，党政机关、军队、学校、文艺界迅速掀起整风运动高潮，为确保学习效果，中央规定了22个必学的重点文件，其中大多是与党的思想路线有关的文件。在整风运动中，党中央将实事求是作为基本的党性要求，指出："没有科学的态度，即没有马克思列宁主义的理论和实践统一的态度，就叫做没有党性，或叫做党性不完全。"② 通过延安整风，党内的主观主义和教条主义思想、不从实际出发的作风，得到比较彻底的解决，实事求是的思想路线得以确立。这一思想路线的确立，对于党的自身建设乃至党的全部事业，具有极为重要的意义。实事求是是中国共产党人世界观、方法论的基石，思想路线正确了，中国共产党人认识中国革命的基本问题，分清敌友，判断对错，加强党性修养等便有了认识基础。遵循这一思想路线，中国共产党人学会了运用马克思主义的基本原理并结合中国实际来观察问题和分析问题，从根子上解决了党内长期存在的主观主义、经验主义、教条主义的问题。

党的群众路线是我们党最根本的领导方法和工作方法。1943年，毛泽东在《关于领导方法的若干问题》中，对党的群众路线的内涵做了方法论层面的解读，他指出："在我党的一切实际工作中，凡属正确的领导，必须是从群众中来，到群众中去。"③ 党的七大对党的群众路线做了完整概括：即一切为了群众，一切依靠群众，从群众中来，到群众中去。这一路线的理论基础是马克思主义的群众史观。延安时期，以毛泽东为代表的中国共产党人，自觉把马克思主义的这一基本原理运用到根据地各项建

---

① 《毛泽东选集》第2卷，北京，人民出版社1991年版，第662~663页。

② 《毛泽东选集》第3卷，北京，人民出版社1991年版，第800页。

③ 《毛泽东选集》第3卷，北京，人民出版社1991年版，第899页。

设事业中，取得了不俗的成就。在经济工作中，人民群众是生产者和创造者；在政治领域中，人民群众是中国共产党的有力支持者；在军事工作中，人民群众是人民军队克敌制胜的坚强后盾。正是由于中国共产党在延安时期从严治党的过程中，充分认识到了人民群众的力量，才放手发动群众，取得了各项工作的胜利。

四、党在战略策略上达到成熟，能独立自主地应对困难和挑战

延安时期，中国共产党在战略策略上走向成熟，最根本的原因在于，通过这一时期从严治党，使全党认识到了自觉运用马克思主义理论解决中国革命问题的极端重要性。中国共产党在领导革命的早期，党内的教条主义和经验主义问题比较严重，加之中共隶属于共产国际的一个支部，很多重要决策要受共产国际的左右，而共产国际远在万里之外，对中国革命的实际缺乏充分了解，因而，一些重要的决策往往不符合中国革命实际情况，这也是党领导中国革命出现重大挫折的根本原因。中国共产党早期革命所坚持的中心城市武装起义的道路，带有强烈的俄国革命色彩。第一次国共合作期间，面对国民党右派的反革命活动，而未能采取坚决有效的斗争策略，一方面是由于中国共产党处在幼年时期，对如何处理大革命统一战线中的独立自主问题和与国民党的反革命活动问题，缺乏斗争经验；另一方面，也与共产国际的指导有很大关系。中国共产党早期在战略策略上的不成熟，与共产国际对中国革命的误判是分不开的。20 世纪二三十年代，共产国际对国民党和资产阶级在中国革命中的作用做了过高的估计，对于中国共产党则主要定位为“配角”。1926 年 1 月，共产国际驻中国代表鲍罗廷在一次讲话中指出，“国民党是唯一救中国的党”。维经斯基后来反思大革命失败的教训时也承认，共产国际对农民的革命性估计不足，对资产阶级革命性估计过高。基于这样的背景，在大革命中，以陈独秀为首的中共中央独立领导中国革命的实际权力和工作范围是很有限的，大量工作实际上是在“国苏合作”的前提下进行的。[①] 在第五次反“围剿”以及此后的长征中，中国共产党也很难独立自主地制定和执行自己的战略和策略，在很大程度上听命于共产国际的战略安排。

1935 年 1 月，在长征途中召开的遵义会议，解决了当时最为紧迫的军事路线问题，使中国革命转危为安，遵义会议是中国共产党独立自主解

---

① 唐宝林：《重评共产国际指导中国大革命的路线》，《历史研究》2000 年第 2 期，第 77 页。

决自身问题的起点，也是中国共产党走向战略策略成熟的起点。1935年年底召开的瓦窑堡会议，确定了党的基本战略任务是建立广泛的抗日民族统一战线，组织全民族的力量去反对日本帝国主义和蒋介石。全面抗战爆发后，中国共产党从战略高度制定了人民战争的路线。1937年8月，党的洛川会议决定既要与国民党合作抗日，又要保持党在统一战线中的独立性和领导权，红军要改变作战原则，必须从正规战转向游击战，创建根据地，牵制并消灭敌人。在抗日战争进入战略相持阶段后，国民党开始积极“反共”，破坏统一战线，并炮制了震惊中外的皖南事变，在处理这个重大事件的问题上，中国共产党始终坚持以民族大义为重，在军事上采取守势，在政治上和舆论上采取攻势，保住了抗日民族统一战线，赢得了全国人民的支持和拥护。抗日战争时期，中国共产党制定了“发展进步势力，争取中间势力，孤立顽固势力”的策略总方针，在抗日民族统一战线中坚持“有理、有利、有节”的斗争原则，将统一战线、武装斗争和党的建设这“三大法宝”有机统一起来，维护了统一战线的存在，也打破了蒋介石“反共”“溶共”的意图。在党的七大上，毛泽东作了《论联合政府》的政治报告，提出成立由各党派和无党派人士参加的联合性质的民主政府，这一战略主张受到社会各界的热烈拥护。抗战胜利后，国内形势发生很大的变化，国民党以谈判为幌子，为布局内战争取时间。对此，中国共产党制定了“蒋谈则谈，蒋打则打”的战略策略。全面内战爆发后，党中央和毛泽东科学地提出了新民主主义革命纲领，发出“打倒蒋介石，解放全中国”的伟大号召，提出“联合工农兵学商各被压迫阶级、各人民团体、各民主党派、各少数民族、各地华侨和其他爱国分子，组成民族统一战线”[①]的战略主张。这些都是党根据我国革命的实际情况，独立自主地作出的重大战略思想和战略决策，体现了我们党在战略上和策略上的成熟。

第三节　增强了人民群众对中国共产党的政治认同

政治认同与政党认同是产生于人类社会政治生活中的概念，是政治客体对现存政治体系的主观评价和行为感知，体现在政治心理和政治实践

① 《毛泽东选集》第4卷，北京，人民出版社1991年版，第1237页。

两个方面。[①] 根据《中国大百科全书》的词条解释，所谓政治认同，是指"人们在社会政治生活中产生的一种情感和意识上的归属感"，[②] 主要表现为公民对政治体系的接受和认可，政治认同度高，则政治体系就稳定，反之，就会引发社会动乱，会导致政治衰败。政党认同与政治认同既有一致性，又有差异性，一般而言，政党认同偏重于在选举过程中，选民对政党的信任与依赖。政党认同在很大程度上决定了党执政的合法性。政治认同和政党认同都属于意识形态，加强这一方面的建设，能够使公民在心理上和情感上认同执政党，对政党的政治理念和执政路线、方针、政策表现出忠诚性。

中国共产党在延安的 13 年，通过不断加强自身建设，全面从严治党，使得中国共产党赢得了社会各阶级、各阶层人士的拥护与支持。这一时期，党的路线、方针、政策以及实际作为，都获得了抗日根据地和边区人民群众的认可和支持，党的公信力也在这一时期得到了空前的提升。

延安时期，中国共产党赢得人民群众的高度认同，是中国共产党从严治党的必然结果。

一、中国共产党大力发展边区经济，筑牢政治认同的经济基础

马克思指出，人类"第一个历史活动就是生产满足这些需要的资料，即生产物质生活本身"。[③] 人们对一个政治系统的认可尽管取决于这个政治系统的价值追求，但最终取决于这个政治系统能否有效回应人们的利益关切。如能有效回应，则广大民众会对现行政治系统自愿地认可、支持和服从。普列汉诺夫也指出，决定上层建筑的包括"一部分由经济直接所决定的，一部分由生长在经济上的全部社会政治制度所决定的社会中的人的心理"。[④] 社会的变革既是经济基础的变革过程，也是人们社会心理的变迁过程。土地革命战争时期，中国共产党在根据地之所以能够广泛动员农民，一个重要的原因在于土地革命改变了根据地的经济基础，让广大无地和少地的农民获得了土地，这是实实在在的物质利益。

① 徐行、杨鹏飞：《社会转型背景下政治认同与政党认同功能研究》，《学习与实践》2013 年第 10 期，第 14 页。

② 《中国大百科全书·政治学》，北京，中国大百科全书出版社 1992 年版，第 501 页。

③ 《马克思恩格斯选集》第 1 卷，北京，人民出版社 1995 年版，第 79 页。

④ 《普列汉诺夫哲学著作选集》第 3 卷，刘亦宇等译，北京，生活·读书·新知三联书店 1962 年版，第 195 页。

延安时期，中国共产党借鉴土地革命战争时期的成功经验，大力发展边区经济，给广大边区民众看得见的物质利益，千方百计满足民众的基本需求。由于地理位置原因以及历史原因，在抗战之前，边区经济发展一直处于落后状态，很多地方的工业基础几乎为零，农业生产薄弱，手工业和小商业也极为不发达，基本上还处于自然经济时代，甚至连锅、碗这样的日常生活用品都要依赖外部的输入。党中央认识到，要凝聚边区群众的革命力量，必须改变这种贫穷落后状况，通过发展经济，让民众看到实实在在的变化，得到实实在在的利益，同时还要通过发展经济，保障抗战军民的供给。

抗日战争初期，党中央根据边区的实际状况，把“争取外援、休养民力，恢复救济，积蓄力量”[①]作为抗战初期边区的基本经济政策。这一基本政策的主要着力点是争取外援。之所以这样定位，是因为，一方面，边区生产力太落后，短时间内难以通过自身力量发展起来；另一方面，国共合作后，在边区的中共政权以及中共所领导的军队拥有合法地位，有了很大的争取外援余地。此外，最为关键的是，由于中共的抗日主张以及坚决态度得到广大中外进步团体和进步人士的高度认可，他们不断地给边区以物质上和经济上的援助。1937 年陕甘宁边区财政收入的 77.2%，1939 年的 85.97%，直到 1940 年陕甘宁边区财政收入的 56% 仍靠外援。[②]有了外援的支持，边区民众的财政负担也大大地降了下来，废除了一切苛捐杂税，只征收少量的公粮，1938 年，陕甘宁边区征收公粮 15972 石，每人负担大约 1.2 升，征收对象主要是地主、富农和中农，贫雇农不征收。这样的政策给予农民看得见的实惠，调动了农民发展生产的内在潜能。在边区工商业方面，实行“保护私营工商业”的政策，允许自由贸易，免收私营工商业捐税，也提升了工商业者的生产和经营积极性。随着边区生产和经济的恢复与发展，边区民众对中国共产党的政治认同也在不断地提升。

抗战中后期，边区实行“发展经济，保障供给”的经济政策，多手段发展经济，使边区由困难走向胜利。抗战中后期，边区生产和经济陷入困境，主要原因有三：一是国民党对共产党采取“防共、限共、溶共、反共”的反动方针，不断制造“反共”摩擦，停发八路军军饷，对边区进行经济封锁，不准一斤棉花、一粒粮食、一尺布进入边区。二是 1940 年

① 雷云峰:《陕甘宁边区史（抗日战争时期）》(上)，西安，西安地图出版社 1993 年版，第 142 页。

② 陕甘宁边区财政经济史编写组、陕西省档案馆:《抗日战争时期陕甘宁边区财政经济史料摘编》第 6 编，西安，陕西人民出版社 1981 年版，第 241 页。

至1942年，边区出现了严重的自然灾害，使边区民众生活更加困难。三是为坚持持久抗战，中央从前线撤回一些部队，使边区非生产人员比例扩大，边区负担加重。这些因素的叠加效应使得1939年之后的边区财政经济和生产生活面临严重困难。为应对困难，党中央提出边区实行“发展经济，保障供给”的经济政策，并采取诸多行之有效的应对措施，主要有：一是开展大生产运动，这个运动始于1939年，参与度高，效果好，到1945年，农业生产实现了“耕三余一”或“耕二余一”的目标；[①] 二是遵循公私兼顾、军民兼顾原则，及时调整经济政策，纠正单纯注重财政的偏向；三是充分发挥金融手段的作用，通过金融机构向生产领域发放贷款来支持边区工业和农业的发展；四是重视科技的作用。

延安时期，党采取的发展边区经济的措施取得了良好的发展绩效。至抗战结束前，公营工商业在边区经济中占据了主导地位，实现了快速发展，1945年，边区公营工厂数量比1937年增长了30倍左右，职工人数增长了20倍左右，达到近4000人。[②] 许多工业品在边区能够实现自给自足。私营工商业也得到恢复和发展，到1945年，边区私营工商业的数量、规模和从业人员较之1937年都有数倍的增长。农业经济发展成就最为突出，到1945年，陕甘宁边区耕地面积扩大到1500多万亩，较战前增长80%；牛驴繁殖到45.4万头，较战前增长200%到300%；羊繁殖到将近200万只，较战前增长300%。[③]

二、中国共产党充分发扬民主，给人民以真实的民主权利

人民群众不仅有物质上的期望，也有政治上的要求。延安时期，中国共产党不仅切实解决人民的物质基础问题，还切实保障人民的民主权利。毛泽东曾指出：“新民主主义的政治，实质上就是授权给农民。”[④] 延安时期，实行的是参议会制度，依此来保障人民的民主权利。边区政府建立了边区、县、乡三级参议会，参议员由人民群众直接选举产生，他们代表人民表达自己的诉求，参政议政，参与边区各项事务的管理。边区的民主选

① 王东方：《中国革命的延安之路》，北京，人民出版社2019年版，第242页。

② 王晋林、秦生：《新民主主义模型——陕甘宁革命根据地史》，北京，中共党史出版社2007年版，第179~180页。

③ 王维远：《抗日战争时期陕甘宁边区发展农业的政策和措施》，《辽宁师范大学学报》1991年第5期。

④ 《毛泽东选集》第2卷，北京，人民出版社1991年版，第692页。

举是直接的、普遍的选举，“选举人的资格，没有任何限制，任何那个普通人都有选举权和被选举权”。[①]在选出的数万名各级参议员中，有工人、农民，也有地主、乡绅和商人。边区的农民虽然大多为文盲，但他们参与选举参议员的积极性非常高，有的偏远地区农民骑着毛驴，翻山越岭，跑几十里山路去参加选举。许多农村妇女对待选举非常认真，像是参加一个隆重的仪式一样，要梳头洗脸，穿衣打扮。很多农民不识字，选举组织单位用“投豆子”“画圆圈”等办法，让农民选出自己的代言人。边区政府实行的参议会制度，具有开创性意义，是近代中国民主政治的雏形。千百年来，生活在社会最下层的广大农民，深受专制思想的束缚，没有政治参与的机会，只有逆来顺受的“认命”，因而，他们大多对政治是冷漠的。中国共产党和边区政府的这一制度安排，改变了广大人民群众传统的政治观，激发了他们的政治参与积极性。边区政府不仅保证人民的选举权，还建章立制，保障人民的被选举权。1939 年边区政府制定的《陕甘宁边区选举条例》规定：除了汉奸、经法庭判决被剥夺公民权和精神病患者以外，“凡居住在陕甘宁边区区域的人民，在选举之日，年满 16 岁的，无男女、宗教、民族、财产、文化的区别，都有选举权和被选举权”。[②]1939 年 1 月，林伯渠在《陕甘宁边区政府对边区第一届参议会的工作报告》中指出：边区选举各级议员时，一般地方民众的参加都在 80% 至 90%，“安塞蟠龙除看家、外出、有病的，以及个别小脚妇女外，差不多全数参加；只有少数地方到的较少，但也都在半数以上”。[③]1941 年 6 月 16 日《解放日报》的社论这样评价道：“边区正在展开着的选举运动，是真正地动员了各阶级人民来参加的伟大的民主运动。”[④]更为可贵的是，陕甘宁边区的这种直接民主的做法，不仅激发了人民群众的参与热情，而且保障了党的全心全意为人民服务的宗旨意识能够落到实处，在选举中，那些不能很好为人民服务的、工作能力差的、无所作为的不称职干部就会落选。据陕甘宁革命根据地的史料记载：在 1941 年的乡级政府改选中，有一半干部落选，基本原因是这些干部不称职或不能胜任。延安县乡政府 218 名委员中，新当

① 陕西省档案馆、陕西省社会科学院：《陕甘宁边区政府文件选编》第 6 辑，北京，档案出版社 1988 年版，第 38 页。

② 黄正林：《陕甘宁边区社会经济史（1937—1945）》，北京，人民出版社 2006 年版，第 59 页。

③ 中共陕西省委党史研究室、陕西省档案馆：《红色档案——延安时期文献档案汇编（陕甘宁边区政府文件选编）》第 1 卷，西安，陕西人民出版社 2013 年版，第 128 页。

④ 《边区目前的选举运动》，《解放日报》1941 年 6 月 16 日，第 1 版。

选的 85 人；安定县 70% 是新当选的；绥德县有 100 名干部落选。[①]

边区群众不仅享有民主选举的权利，还享有出版、集会、结社、言论自由，边区政府力所能及地保障这些权利和自由落到实处。1941 年年底，林伯渠指出：“对于尊重人民的言论、出版、集会、结社、信仰、居住的自由，我们已切实的作到，并且在物质上保证了它的实现”。[②]

三、中国共产党注重民生，让人民群众有切实的获得感

从人民群众的角度看，中国共产党之所以是先进的党，除了其指导思想是科学的理论外，还有很重要的一点是，中国共产党能给广大人民群众带来实实在在的物质利益。毛泽东曾说过：“一切空话都是无用的，必须给人民以看得见的物质福利。”[③] 在陕北地区的农村，农民占人口总数的比例在 80% 以上。中共中央到陕北前，陕甘宁地区约有 140 万人，其中，地主和富农占 12%，但在土地占有上却拥有 46%的土地，而且地主和富农的地租很高，一般在五五之上，农民负担非常重。中共中央到陕北后，既要切实解决农民的土地问题，又要团结一切力量共同抗日，因而实施了“双减双交”（即“地主减租减息，农民交租交息”）的土地政策，正确处理“给”和“要”的关系，解决了农民最切身的物质利益问题，极大地动员了农民参加抗战的政治积极性。毛泽东说：“在抗战期中我们发动了广大农民的积极性，那何愁没有人上前线，何愁没有钱抗战！”[④] 新中国成立前，陕北地区是非常贫穷落后的，在美国记者斯诺的笔下，这里是他见过的中国最为贫穷的地方之一。尤其是在抗日战争期间，日寇的扫荡加上国民党的经济封锁，又加上越来越多的爱国人士不断涌入延安，投入抗日救亡运动中，非生产人员的数量迅速增加，1937 年陕甘宁边区政府成立时，党政军脱产人员仅 1.4 万人，1941 年边区脱产人员达到 7.3 万人，占边区人口总数的 5.4%。脱产人员猛增，边区财政支出随之大幅增加，使得延安地区人民群众的负担加重，“鱼大水小”的矛盾十分突出，老百姓生活更加困难，毛泽东说：“我们曾经弄到几乎没有衣穿，没有油吃，没有

---

① 王晋林、秦生：《新民主主义模型——陕甘宁革命根据地史》，北京，中共党史出版社 2007 年版，第 60 页。

② 中共陕西省委党史研究室、陕西省档案馆：《红色档案——延安时期文献档案汇编（陕甘宁边区政府文件选编）》第 4 卷，西安，陕西人民出版社 2013 年版，第 264 页。

③ 《毛泽东文集》第 2 卷，北京，人民出版社 1993 年版，第 467 页。

④ 中共中央文献研究室：《毛泽东年谱（1893—1949）》（修订本）中卷，北京，中央文献出版社 2013 年版，第 79 页。

纸，没有菜，战士没有鞋袜，工作人员在冬天没有被盖。”[①] 为了解决党、军队和人民群众的生活困难，中共中央号召边区军民开展大生产运动，来增加生产人员数量，减轻农民负担。毛泽东指出：我们“不但要组织农民生产，而且要组织部队和机关一齐生产。由于是农村，由于是经常被敌人摧残的农村，由于是长期战争的农村，部队和机关就必须生产。”[②] 通过大生产运动，边区的党政机关、部队、学校基本能够做到自给自足，这样不仅减轻了人民群众的负担，而且，边区民众的生活也因大生产运动而有了很大改善。党与政府在解决人民群众生活的问题上，还实行了其他较为有效的措施，比如“精兵简政”，通过缩减机关工作人员、精简队伍等措施，减少非生产人员，以降低公粮收购数额。经边区政府副主席李鼎铭等人提议，自 1942 年 1 月至 1943 年年底，边区政府和军队共进行 3 次机构精简，政府机关裁并了 1/4，工作人员减少了 35%，中央军委直属机关从原来的 7000 多人减少到 2000 人。[③] 这一做法使得边区征收公粮数额逐年下降，“由 1941 年征收的 20 万石，1943 年下降为 18 万石，1944 年又降为 16 万石，大大减轻了人民群众的负担”。[④] 再如，中国共产党提倡勤俭节约，与人民共渡难关。在边区生产和生活最为困难的时期，1941 年至 1945 年，边区机关和学校的粮食供应逐年下调，“1941 年为一斤半（当时边区通用 16 两秤）、1942 年为 1 斤 4 两、1943 年为 1 斤 3 两、1944 年为 1 斤。为保证部队的战斗力，部队维持 1 斤半的原标准。1945 年因自然灾害减产，机关、学校的粮食供应下调到 15 两，部队下调到 1 斤 5 两。在被服方面，尽量动员节约。”[⑤]

中国共产党不仅给予老百姓看得见的物质利益，而且切实关心老百姓的民生问题，包括上学问题、看病问题、住房问题、婚姻问题、生产问题、吃水问题、卫生问题等方方面面。延安时期，党在边区和抗日根据地创办了多所小学、中学、大学、艺术学校，开展国民教育。还创办了很多扫盲班、识字班、夜校等，帮助群众提高文化水平。党还在边区积极发展卫生事业，组织巡回医疗队为群众免费医疗。抗战期间，中央号召延

---

① 《毛泽东选集》第 3 卷，北京，人民出版社 1991 年版，第 892 页。

② 《毛泽东选集》第 3 卷，北京，人民出版社 1991 年版，第 1017 页。

③ 敖带芽：《中国共产党在陕甘宁边区的治理》，《探求》2021 年第 3 期，第 16 页。

④ 王晋林、秦生：《新民主主义模型——陕甘宁革命根据地史》，北京，中共党史出版社 2007 年版，第 147 页。

⑤ 李默海：《党在延安时期获得农民政治认同的经验探析》，《山东工商学院学报》2011 年第 1 期，第 114 页。

安的各大医院和机关卫生所，免费为群众进行诊疗和手术，有患者交不起饭费时，连饭费也免收。据1944年1月至5月统计，中央医院在5个月中，为此而开支的医药费就达246万元边币，时任中央医院院长的傅连暲说："老百姓来住院的，一年多似一年。"[①] 毛泽东要求党员干部一定要深入群众，调查研究，不能只坐机关，不了解群众的真实困难。时任江西省委书记李富春，认真执行毛泽东和党中央要求，深入实际，关心群众生产生活，帮助群众解决困难问题。他还要求省委、县委各部门一般应有2/3的时间在基层，1/3的时间留在机关处理日常工作。他本人率先垂范，一年之中就走遍了兴国、于都、乐安、石城、赣县、万泰、永丰、胜利、瑞金、宁都、公略、寻乌、南广、安远、会昌、宜黄16个县，为各级干部做出了榜样。[②] "苏区干部好作风，自带干粮去办公，日着草鞋干革命，夜走山路访贫农。"这首赣南歌谣，充分反映了当时苏区老百姓对中国共产党党员干部扎实作风的高度认可。

四、中国共产党提高党员干部自身素质，增强了人民群众的认同感

党的建设质量如何，决定了党员干部自身素质的高低，而党员干部自身素质又影响着党的形象，进而影响着人民群众对党的认同感。任何一个政党，要想实现自己的政治诉求，成就一番伟大事业，一个重要的前提条件是要解决好自身的建设问题，以良好的形象和较高的素质取信于民。中国共产党在延安时期，一方面积极抗战，一方面坚持全面从严治党，两大任务相辅相成，相互促进。从严治党，全面提高党员干部的素质，形成了良好的作风，赢得了群众的赞扬和拥护，使抗日战争有了广泛的群众基础。延安时期，提高党员干部素质，塑造党员干部良好形象的最主要措施有：一是开展整风运动，统一党的思想，解决党内的思想纯洁问题。延安整风注重从思想深处解决问题，党内之所以存在各种非无产阶级思想，与党员来源的多元化有很大关系，诸多非无产阶级出身的人员加入党内来，势必会带来大量的非无产阶级思想，不过，中国共产党不惧怕这一点，因为人的思想认识是可以改变的，用无产阶级思想的熔炉，可以改造非无产阶级思想。延安整风就是基于这样的逻辑。整风的过程一般是学习材料——深入剖析——积极整改——提高认识。学习材料主要是马克思主义

① 刘延生：《延安时期密切的党群干群关系对现实的启示》，延安人大网：http://www.yasrd.gov.cn/Item/Show.asp?m=1&d=7805。

② 陈述：《"延安作风"打败"西安作风"的历史镜鉴》，《人民论坛》2016年第12期，第45页。

基本理论，还包括党史党建和中国传统文化等，学习的主要目的是使党员干部树立马克思主义的世界观和方法论；深入剖析、积极整改是为了使党员干部从内心深处认识到自己的哪些思想和行为还不符合共产党员的要求，强化党员的党性修养，使其更加无产阶级化；提高认识是为了从思想深处认识到我们党在过去的革命过程中所犯的“左”和右的错误及其危害性，使广大党员从思想深处划清马列主义与教条主义的界限。所以，从某种意义上说，整风运动是我们党历史上的一次彻底的“清理内务”行动，以“增强自己党性的锻炼，把个人利益服从于全党的利益，把个别党的组成部分的利益服从于全党的利益，使全党能够团结得像一个人一样”。[①]二是充分发扬优良传统和作风，解决党的作风纯洁问题，使广大群众人心向党。延安时期，党形成了实事求是、调查研究、理论联系实际、密切联系群众、批评与自我批评、艰苦奋斗、勤俭节约等良好作风，这些优良传统和作风是马克思列宁主义的党建理论与中国革命具体实际相结合的产物，也是中国共产党团结和凝聚广大人民群众的有力武器。

五、中国共产党塑造了廉洁为民的良好形象，与国民党的腐败自私形成了鲜明对比

国民党的腐败自私是其自身的一大顽疾，至全面抗战时期，这种腐败自私不但没有收敛，反而更加肆无忌惮，有人投敌，有人卖国，有人发国难财，有人奢侈浪费，有人贪污受贿。“前方吃紧，后方紧吃”，老百姓对国民党党政军干部的作风极为不满。宋子文在抗日战争时期，还在大把地捞钱，甚至变本加厉，到1944年，他在美国的存款就高达4700万美元。抗战中后期，国民党党政军各级部门的大小官员，置民族大义于不顾，竟然争相敛财，吃喝享乐。从中央政府的孔祥熙等大员到地方的保甲长，都不同程度存在以权谋私、中饱私囊、挥霍浪费行为。这种贪污腐化、奢侈浪费的情况在国民党的党政军高层部门是司空见惯的。蒋介石对此情形曾痛心疾首地批评道：“舆马填塞于酒寮，柬帖纷驰于衢市……在一般社会，方苦物价之高昂，我党政军人员乃日食万钱，无稍顾惜。”[②]1945年，毛泽东对陕甘宁边区和国统区作了这样的评价：“利用抗战发国难财，官吏即商人，贪污成风，廉耻扫地，这是国民党区域的特色

① 中共中央文献研究室、中央档案馆：《建党以来重要文献选编（1921—1949）》第18册，北京，中央文献出版社2011年版，第443页。

② 李东朗：《延安作风打败西安作风》，《北京日报》2016年4月25日。

之一。艰苦奋斗，以身作则，工作之外，还要生产，奖励廉洁，禁绝贪污，这是中国解放区的特色之一。”[①] 美国记者杰克·贝尔登曾在他的书中写道：“从一位国民党将军处到另一位国民党将军处，我感到羞愧，吃着饭桌上精心摆设的特别精美的食物，而农民正在衙门外田野里寻找菜根和野草充饥。但更甚于羞愧的是，我得知，就是这些将军和国民党官员正在用拖欠的税款从饥饿农民手中大肆购买土地。”[②]

与之形成鲜明对照的是，中国共产党则纪律严明、廉洁为民。1942年12月制定的《陕甘宁边区简政实施纲要》规定，所有政府机关和政务人员都要厉行节约原则，要提倡勤俭朴素，避免铺张浪费。要减少公差公马，提倡动手动脚。要注意一张纸、一片布、一点灯油、一根火柴的节省。[③] 为将这些要求落到实处，有许多机关和部门都制定了更为具体的措施，比如晋察冀军区规定：在招待费方面，本军干部互相来往，营长到团部，营长与营长的相互来往，开一个一般的教育准备会就可以了，不必专门招待。如果招待了，就是浪费。“以后这样的花费，一个钱也不报销。有钱自己去请客，公家不允许这样的‘招待’”。[④] 可以说，延安时期，党和边区政府的各级领导与普通老百姓过着一样简朴的生活，与人民群众形成水乳交融的关系。这与国民党盘剥人民、贪腐无度、奢侈浪费的衰败形象相比，形成了强烈的反差，中国人民自然会将抗日救国、实现民族复兴的希望寄托于共产党身上，对共产党有高度的认同感。

第四节　培育了伟大的延安精神

2016年2月，习近平总书记在陕西视察时强调，“我们党是一个具有长期奋斗历史和优良革命传统的党”，“全面从严治党要继续从延安精神中汲取力量”。2020年4月，习近平总书记在陕西考察时指出：“延安精神培育了一代代中国共产党人，是我们党的宝贵精神财富。”这说明延安

---

① 《毛泽东选集》第3卷，北京，人民出版社1991年版，第1048页。

② 〔美〕杰克·贝尔登：《中国震撼世界》，纽约，哈普兄弟出版社1949年版，第83~84页。

③ 中共中央文献研究室、中央档案馆：《建党以来重要文献选编（1921—1949）》第19册，北京，中央文献出版社2011年版，第613页。

④ 中共中央文献研究室、中央档案馆：《建党以来重要文献选编（1921—1949）》第18册，北京，中央文献出版社2011年版，第144~145页。

精神对新时代全面从严治党具有重要的现实意义。延安精神与从严治党的关系体现在两个方面：一方面，延安精神是中国共产党在延安时期全面加强党的自身建设的产物；另一方面，延安精神自形成以来，一直是全面从严治党取之不尽、用之不竭的精神动力。

延安时期，中国共产党人在局部执政的过程中，在领导人民群众进行伟大的抗日斗争的过程中，在坚持发扬井冈山斗争精神、伟大的长征精神的基础上，培育形成了内涵丰富、影响深远的伟大延安精神。延安精神的核心内容包括坚定正确的政治方向，解放思想、实事求是的思想路线，全心全意为人民服务的根本宗旨和自力更生、艰苦奋斗的创业精神。延安精神是由一系列具体精神所构成的一个体系，其原生形态主要包括：坚定正确政治方向和艰苦朴素工作作风的抗大精神；“毫不利己，专门利人”品格、精益求精的工作态度、无产阶级国际主义的白求恩精神；理论联系实际、实事求是，坚持真理、修正错误，批评与自我批评的延安整风精神；完全彻底地为人民服务和为人民利益不怕牺牲的张思德精神；独立自主、自力更生、艰苦奋斗的南泥湾精神；以身作则、大公无私、勇于创新、埋头苦干的延安劳模精神；团结、民主、批评与自我批评的党的七大精神；等等。

一、从严推进党的政治建设，奠定了延安精神的思想政治基础

延安精神的形成，与党在延安时期的历史任务密不可分、与党所面临的严酷斗争环境密不可分，更与延安时期从严治党密不可分。延安时期，在从严推进党的政治建设的过程中，在科学总结党领导中国革命正反两方面经验教训的基础上，坚持以马克思主义为指导，立足中国革命实际，实事求是，确立了正确的政治路线，为延安精神的形成指明了正确方向，塑造了延安精神的不朽灵魂。延安精神的形成过程中，有一个贯穿始终的最核心的东西，那就是实事求是，它是马克思主义认识论的中国化表述，是党的认识路线，也是党的政治路线形成的思想基础。

落脚陕北之前，中国共产党在领导中国革命的过程中，既有过成功经验，也有过失败教训。对于中国革命的性质、对象、任务、前途、领导权等问题，党内有很多党员干部都缺乏科学的认识，致使我们党的革命事业长期遭受“左”和右的政治路线的干扰，也使党的革命事业遭受很大挫折。中国共产党到陕北后，严峻的革命形势和伟大的革命任务要求我们党要在思想认识上解决长期困扰中国革命的关键问题。延安精神就是在与党

内存在的主观主义、经验主义和教条主义的斗争中形成的。毛泽东在《中国革命战争的战略问题》一文中指出："历史告诉我们，正确的政治的军事的路线，不是自然地平安地产生和发展起来的，而是从斗争中产生和发展起来的。"[①] 毛泽东这里所说的斗争，就是指与我们党内"左"和右的错误思想和错误路线的斗争，"不同这些危害革命和革命战争的有害的倾向作斗争，并且彻底地克服它们，正确路线的建设和军事战争的胜利，是不可能的"。[②] 遵义会议前，我们党受王明"左"倾教条主义的影响很大，遵义会议虽然在组织上和军事上结束了王明"左"倾教条主义的领导，但全党在思想认识上的问题还没有根本解决，还要通过加强党的政治建设来清算错误思想的恶劣影响，进而形成正确的思想路线和政治路线。在抗日战争进入战略相持阶段后，中共中央决定利用这一时机，在全党开展整风运动，清算党内的错误思潮，统一全党的思想认识。事实上，在中国共产党内，毛泽东早就认识到，认清中国国情、认识中国革命的道路、对象、前途等问题，要坚持马克思主义的认识论，坚持一切从中国革命实际出发，理论联系实际，实事求是。毛泽东曾说，我们党搞延安整风运动，就是"要在党内发动一个启蒙运动，使我们同志的精神从主观主义、教条主义的蒙蔽中间解放出来"。[③] 延安整风运动前，毛泽东就多次批判主观主义，认为"这种反科学的反马克思列宁主义的主观主义的方法，是共产党的大敌，是工人阶级的大敌，是人民的大敌，是民族的大敌，是党性不纯的一种表现"。[④] 延安时期，毛泽东撰写了大量的哲学著作，如《矛盾论》《实践论》《反对本本主义》《人的正确思想是从哪里来的?》等等，在这些理论文章中，毛泽东从哲学的高度，阐释了实事求是的科学内涵。在延安整风时期，将实事求是上升到党的思想路线的高度，要求全党依此来认识和分析中国革命的一系列问题。在实事求是思想路线引领下，中国共产党制定了正确的政治路线，形成了科学的思维方法、良好的工作作风、严明的纪律要求，这些构成了延安精神的核心内容。可以说，延安精神是从严开展党的政治建设的重要成果。

延安时期，在实事求是思想路线的基础上，形成了新民主主义革命的

---

① 《毛泽东著作选读》上册，北京，人民出版社 1986 年版，第 105 页。

② 中共中央党校党史教研室：《中国共产党史稿》第二分册，北京，人民出版社 1983 年版，第 226 页。

③ 《毛泽东选集》第 3 卷，北京，人民出版社 1991 年版，第 827 页。

④ 《毛泽东选集》第 3 卷，北京，人民出版社 1991 年版，第 800 页。

政治路线，塑造了延安精神的灵魂。党的政治路线至关重要，直接决定着党的事业的成败。1935 年召开的遵义会议，解决了军事路线和组织路线问题，但没有解决政治路线问题，当时党内大多数同志都认为，我们党的问题主要是在军事路线方面，即犯了军事上的单纯防御错误。至于党的政治路线，大多数党员干部都认为，“党中央的政治路线无疑义的是正确的”，[①] 在很长一段时间内，对党的政治路线是完全肯定的，这样就使过去我们党所犯的错误无法从根本上得到纠正，而且导致土地革命战争时期的一些“左”的政策在抗日战争时期继续沿用，不利于我们党领导抗日民族统一战线工作，也不利于边区和各抗日根据地土地工作的开展。在 1940 年 2 月召开的中共中央政治局会议上，党内对这个重要问题的认识还存在很大分歧。毛泽东认为：“遵义会议的决议只说那时是军事上的错误，没有说是路线上的错误，实际上是路线上的错误，遵义会议的决议须有些修改。”[②] 不过，党内也有一些高级干部认为，土地革命战争时期，党尽管犯了“左”的错误，但都是策略层面的错误，而不是路线层面的错误。由此可见，在延安整风运动前，我们党的政治路线问题没有得到很好的解决。这个问题不解决好，抗日战争的胜利是难以实现的，这是党中央决定深入实施党的建设伟大工程的直接动因。延安时期，通过从严推进党的政治建设，尤其是通过持续 3 年多时间的延安整风运动，逐步解决了党的政治路线问题。1945 年党的七大制定了“放手发动群众，壮大人民力量，在我党的领导下，打败日本侵略者，解放全国人民，建立一个新民主主义的中国”的政治路线。1948 年 4 月，毛泽东《在晋绥干部会议上的讲话》中，又完整提出了新民主主义革命的总路线——无产阶级领导的，人民大众的，反对帝国主义、封建主义和官僚资本主义的革命。党的正确政治路线的形成，是党的政治建设的结果。党的政治路线是方向，统领党的各项工作。党的思想路线和政治路线的确立，为延安精神形成奠定了思想基础。

二、全面开展党员学习教育活动，夯实了延安精神的理论基础

延安精神的形成离不开党的学习教育活动。延安精神作为中国共产党人特有的革命精神，集中体现着中国共产党的性质、宗旨、作风、品格，其理论源头来自马克思主义。

---

① 中央档案馆：《中共中央文件选集》第 10 册，北京，中共中央党校出版社 1991 年版，第 453 页。

② 胡乔木：《胡乔木回忆毛泽东》（增订本），北京，人民出版社 2014 年版，第 191 页。

马克思主义虽然在20世纪初就传入中国，但在当时的中国思想界并未产生很大影响，俄国的十月革命，让世界的无产者看到马克思主义的科学价值，也极大地促进了马克思主义在中国的传播，中国共产党就是在这样一种背景下建立的。早期的中国共产党人数较少，大多为知识分子，他们思想比较先进，对马克思主义有一定的理解和掌握，但也没有能够自觉做到把马克思主义的世界观和方法论运用于指导中国革命实践。后来，中国共产党的工作中心转到农村，在发展党员时，大量非无产阶级出身的农民、小资产阶级进入党的队伍中，他们中的大多数文化水平偏低，很多都是文盲和半文盲，对于马克思主义更是知之甚少，更不要说运用马克思主义解决实际问题的能力了。尽管毛泽东在1929年的《古田会议决议》中就强调了“思想建党”的重要性，但那时毛泽东还不是党的领导核心，在中共中央到达陕北之前，中国共产党始终没有一个比较好的条件去解决党的思想建设问题，这导致我们党在革命实践中不可避免地会犯路线错误。

中国共产党立足陕北后，全面抗战爆发，为满足抗战的需要，1938年，中国共产党决定大力发展党员队伍，扩大组织，短短一两年内，党员数量激增。到1940年，八路军老部队的党员人数占比达到30%至40%，新部队也达到25%至30%，新四军中党员人数占比在1939年2月就已经达到40%。这一时期各地基层党组织和各类学校也大量发展党员，比如，陕北公学1937年至1938年共招学生6000多名，发展的新党员有3000多名，[①] 占一半左右。尽管党员队伍的扩大提高了党的战斗能力，但是在思想理论方面还存在着较大的问题，党在思想上的先进性和组织上的纯洁性遭受很大影响，“使党的组织与群众抗日团体之区别，在某些地方模糊起来。使民族敌人与阶级敌人，有了一些机会来进行破坏我党的阴谋”。[②] 如何解决这些问题？党中央认为，必须在全党开展学习教育活动，用马克思主义理论来武装全党，以提高党员的素质。在1938年9月召开的党的六届六中全会上，毛泽东向全党发出了开展学习竞赛的号召，他指出：“普遍地深入地研究马克思列宁主义的理论的任务，对于我们，是一个亟待解决并须着重地致力才能解决的大问题。我希望从我们这次中央全会之后，来一个全党的学习竞赛，看谁真正地学到了一点东西，看谁学的

① 中共中央党史研究室：《中国共产党历史》第1卷（1921—1949）下册，北京，中共党史出版社2011年版，第642页。

② 中共中央文献研究室、中央档案馆：《建党以来重要文献选编（1921—1949）》第16册，北京，中央文献出版社2011年版，第579页。

更多一点，更好一点。”[①]1938 年 12 月，毛泽东在中央组织部召开的会议上再次强调：要“加紧学习，学习马克思列宁主义、革命运动及中国历史，从中央委员会各级干部研究较高深的理论起，一直到各机关事务人员学习文化为止”。[②]学习运动为什么能够提高党员干部的素质呢？从学理上分析，一方面，学习运动能改变党员干部的知识结构，增加他们的知识面，提高他们的认识水平；另一方面，学习运动能提高党员干部的思维能力，恩格斯指出：“理论思维仅仅是一种天赋的能力。这种能力必须加以发展和锻炼，而为了进行这种锻炼，除了学习以往的哲学，直到现在还没有别的手段。”[③]延安时期开展全党学习运动，学习的内容是多样的，但马克思主义理论是最重要的、必学的内容，尤其是对于领导干部，马克思主义理论知识要求更高。

延安时期，党员干部学习教育运动分为 4 个阶段。第一阶段是学习运动兴起阶段，起止时间是 1938 年 1 月至 1940 年 6 月。这一阶段完成了党员干部学习教育活动的动员，发出了有关党员干部学习教育的指示，组织了 3 次大规模的党员干部学习总结检查活动。第二阶段是学习运动深入开展阶段，起止时间是 1940 年 6 月至 1941 年 5 月。这一阶段主要任务是提高党员干部学习质量，提高党员干部的独立思考能力，引导党员干部运用马克思主义世界观、方法论研究中国革命的实际问题。第三阶段是学习运动改革完善阶段，起止时间是 1941 年 5 月至 1942 年 2 月。这一阶段主要是对干部教育中存在的问题进行完善。毛泽东在《改造我们的学习》中，既肯定了干部教育的成就，也指出了存在的问题，主要是理论与实际相脱节、不注重马克思主义的实际运用，等等。毛泽东还提出了改进的具体措施：要求干部教育“应确立以研究中国革命实际问题为中心，以马克思列宁主义基本原则为指导的方针，废除静止地孤立地研究马克思列宁主义的方法”。[④]第四阶段是全党范围内的马克思列宁主义教育运动，即延安整风运动阶段，起止时间是 1942 年 2 月至 1945 年 4 月，这个阶段是全党学习教育的高潮时期，取得了巨大的成效，为抗战和解放战争的胜利，奠定的思想理论基础。

延安时期，党员干部学习教育活动的主要目的有 3 个方面：一是提高

---

① 《毛泽东选集》第 2 卷，北京，人民出版社 1991 年版，第 533 页。

② 《延安整风运动纪事》，北京，求实出版社 1982 年版，第 10 页。

③ 《马克思恩格斯全集》第 20 卷，北京，人民出版社 1971 年版，第 382 页。

④ 《毛泽东选集》第 3 卷，北京，人民出版社 1991 年版，第 802 页。

全体党员特别是各级领导干部马克思主义理论水平的需要。由于多个方面的原因，幼年时期的中国共产党在马克思主义理论水平方面一直是有欠账的，但领导中国革命客观上又要求党员干部必须有一定的理论素养。1940年，毛泽东在延安时曾说过："理论这件事是很重要的，中国革命有了许多年，但理论活动仍很落后，这是个大缺憾。要知道革命如不提高革命理论，革命胜利是不可能的。"① 二是提高各级党员干部驾驭抗战建国复杂局面能力的需要。在延安时期，毛泽东曾说过，我们党现在有一种恐慌是本领恐慌。这个判断是客观的，延安时期的中国共产党面临的任务是抗日救国和民主建国，这个任务是极为艰巨的，所面对的国内和国际形势亦是极为复杂的，这在客观上要求广大党员干部具有较高的理论水平和工作能力，这种水平和能力只能来自理论学习和工作锻炼。三是推进党的建设"伟大工程"和保持党的先进性的需要。中国共产党自身建设所处的社会环境是特殊的，从党员来源看，是多元化的；从斗争环境看，是在武装斗争的严酷环境下开展的；从外部环境看，是在作为共产国际的一个支部的条件下开展的。鉴于这些特点，毛泽东将党的建设视为一项"伟大的工程"，要完成这样的伟大工程，大规模、高效率的学习教育活动是必不可少的一个环节。同时，通过党员干部学习教育，也有利于保持党的先进性与纯洁性。

延安时期大规模学习教育运动为延安精神的形成奠定了坚实的思想基础。没有党员干部学习教育活动，党员干部的思想境界得不到高度提升，党员干部作风也不可能显著增强，也就没有延安精神的形成。

三、从严推进党的作风建设，构筑起延安精神的基本内容

延安时期，中国共产党从严推进作风建设，形成了很多好传统、好作风，这些好的传统和作风，构成了延安精神的基本内容。从世界政党史看，任何一个先进的、强大的、持久的政党都必然有好的传统和作风，否则，这个政党只能先进一时，强大一时，不会长期先进，长期强大，这应该是世界政党发展的一般规律。中国共产党作为世界上最大的政党，历经百余年岁月洗礼，可谓是先进的、强大的，而且是持久存在的政党，决定她健康长寿的基因有多个方面，其中比较重要的一个方面是她有着诸多好的传统和作风，而这些好的传统和作风，大多形成于延安时期，因而，也

① 高九江：《延安时期马克思主义中国化研究》，北京，人民出版社2014年版，第85页。

构成了延安精神的重要内容。

党的作风内涵比较宽泛，是党的组织和党员干部在政治、思想、组织、工作、学习、生活等方面所表现出来的一贯的态度和行为，是党的无产阶级性质和世界观在党的工作与活动中的表现。中国共产党的优良作风集中表现在5个方面：即理论联系实际的作风、密切联系群众的作风、批评与自我批评的作风、谦虚谨慎艰苦奋斗的作风、民主集中制的作风，这些作风，源头不一定都是发端于延安时期，但都是发展和成熟于延安时期。

1945年，毛泽东在党的七大上所作的《论联合政府》的政治报告中，概括提出了中国共产党的三大优良作风，毛泽东指出："以马克思列宁主义的理论思想武装起来的中国共产党，在中国人民中产生了新的工作作风，这主要的就是理论和实践相结合的作风，和人民群众紧密地联系在一起的作风以及自我批评的作风。"① 这些作风都是在延安时期从严治党的过程中形成的，尤其是经过延安整风运动，使得全党都能够自觉践行这些作风。延安整风在学风上是针对主观主义，在党风上是针对宗派主义，在文风上是针对党八股，尽管指向不同，但都落脚在党的作风建设上，旨在通过整顿党的作风，更好体现共产党人的先进性，更好践行全心全意为人民服务的宗旨。后来，邓小平在谈及党的作风建设时指出："我们党很完整的作风，经过延安整风已经建立起来了"。②

延安时期大力弘扬的艰苦奋斗作风，是延安精神的重要内容。中国共产党成立以来，一直在艰苦的环境中不懈地奋斗，中国革命取得的任何一项成就无不是中国共产党人艰苦奋斗来的。延安时期，中国共产党人面对日本帝国主义的侵略和国民党反动派的包围、封锁，并没有被这样的严酷环境所吓倒，而是更加激发了斗志。1937年，毛泽东把"艰苦奋斗的工作作风"作为对抗日军政大学师生的基本要求，1938年毛泽东在陕北公学开学典礼上的讲话中指出："共产党人的作风就是艰苦奋斗"，"我们要提倡艰苦奋斗，艰苦奋斗是我们的政治本色"。③ 在延安大生产运动中，毛泽东号召广大军民要发扬"自力更生，艰苦奋斗"的精神，战胜一切困难。延安时期所大力提倡的艰苦奋斗精神主要包括三种宝贵精神，一是自己动手、自力更生的创业精神；二是厉行节约、反对浪费的勤俭精神；三

---

① 《毛泽东选集》第3卷，北京，人民出版社1991年版，第1093~1094页。

② 中共中央文献研究室：《邓小平年谱（1975—1997）》（上），北京，中央文献出版社2004年版，第160页。

③ 《毛泽东文集》第7卷，北京，人民出版社1999年版，第162页。

是不怕困难，敢于斗争的拼搏精神。[①]艰苦奋斗是延安精神的突出标志，纵观中国共产党在延安的13年，上至党的主要领导人，下至普通的党员和战士，都是生活简朴，勤俭节约，未见挥霍浪费现象；面对困难，都是积极乐观，未见消极悲观、被困难所吓倒之情况。这种精神是我们党的一笔宝贵的精神财富，无论是在艰苦的战争环境中，还是在和平建设的年代，都要永远保持下去。1949年10月，毛泽东在给延安和陕甘宁边区人民的复电中，希望"全国一切革命工作人员永远保持过去十余年间在延安和陕甘宁边区的工作人员中所具有的艰苦奋斗的作风"。[②]此外，延安时期发扬艰苦奋斗精神是与坚持正确的政治方向紧密联系在一起的，毛泽东指出："没有坚定正确的政治方向，就不能激发艰苦奋斗的工作作风；没有艰苦奋斗的工作作风，也就不能执行坚定正确的政治方向。"[③]

第五节　打造了抗日民主根据地的模范标杆

延安时期，中国共产党坚持从严治党，把陕甘宁边区打造成抗日民主根据地的模范标杆。尤其是在抗日战争时期，延安成了当时中国社会各阶层中的有识之士、有志青年心目中的圣地，他们历经千辛万苦，突破重重封锁，义无反顾地奔赴延安，投身于全民族的抗日运动的洪流之中。当时，到延安去，是一句最具豪情壮志的爱国口号，成为一道独特的风景，何其芳用诗歌描述这样的情境："延安的城门成天开着，成天有从各个方向走来的青年，背着行李，燃烧着希望，走进这城门。学习，歌唱，过着紧张的快活的日子。"[④]1937年上海沦陷后，一批爱国青年从上海出发，辗转13个月，历经艰难困苦，终于到达延安。李琦一家7口，祖孙三代，都先后奔赴延安，参加革命。1938年，从河南唐河县女子师范学院毕业的王淑敏等几名同学，受进步思想的影响，准备奔赴延安，参加革命。为了路上安全，王淑敏等几个女同学还剪掉长发，脱下长裙，女扮男装，为避免露馅，在人多的公众场合一律当"哑巴"，买东西以及必要的沟通，全

① 袁宗杰、陈祥骥：《艰苦奋斗的延安精神永放光芒》，《宁夏社会科学》1994年第3期，第8页。

② 《毛泽东文集》第6卷，北京，人民出版社1999年版，第17页。

③ 中共中央文献研究室：《毛泽东著作专题摘编》下卷，北京，中央文献出版社2003年版，第2133页。

④ 张远新、吴素霞、张正光：《延安知识分子群体研究》，北京，人民出版社2015年版，第75页。

部由男同学去做，他们一路小心谨慎，历经波折，最终如愿到达心中的革命圣地。[①] 曾有一位奔赴延安的爱国青年写下誓言："打断骨头还有肉，割掉皮肉还有筋，只要还有一口气，爬也爬到延安城。"[②]1937 年至 1938 年知识分子和青年学生去延安达到一个高潮，据八路军西安办事处统计，1938 年 5 月至 8 月，经该处介绍赴延安的青年有 2288 人，全年总计有 1 万多名青年从这里赴延安。[③]1943 年 12 月，任弼时在中央书记处会议上的讲话中，对全面抗战爆发后，知识青年到延安的人数做了一个介绍，他说，这个群体很庞大，总共 4 万多人。后来，有研究人员对这一群体的构成情况作了专门研究。从文化程度看，初中毕业以上占了 71%，还有少部分是大学生，甚至有个别硕士和博士研究生。从地域分布看，包括台湾地区在内的全国绝大多数地区都有知识青年和有志之士奔赴延安，还有一些是海外华侨。从家庭出身看，知识分子家庭的占 80% 以上，中等收入以上家庭的也有 80% 以上，其中不乏有"大家闺秀"以及"豪门公子"。他们中的有些人是不惜与家庭决裂而到延安的。比如温联琛，她是复旦大学教务长温崇信的独生女儿，家境殷实，尽管从小娇惯，温联琛还是接受了进步思想，14 岁的时候就要去延安抗日报国，虽然家人不同意，但最终还是遂了她愿。吴醒柏是新加坡侨胞，也是独生子，抗战爆发后，他不愿做亡国华侨，尽管家人百般不同意，他还是来到了延安。陈明是马来西亚华侨，全面抗战爆发后，他瞒着家人，毅然回国，通过重重关卡，来到延安，当看到宝塔山高耸的宝塔时，他激动难掩，从心底迸出一句"延安，我的母亲，您的儿女终于来到了您的怀抱"，两眼就随之而模糊起来。[④]

抗日战争时期的延安和陕甘宁边区，地处西北黄土高原，虽民风淳朴，但自然条件恶劣，经济不发达，交通不便利，文化也不发达，远比不上南京、重庆、武汉等地方，但为什么大批有文化、有抱负的青年男女，放弃优越的生活条件，冒着生命危险，从四面八方涌入延安呢？答案只有一个，那就是，延安是当时最有吸引力的地方。是什么原因让延安变得如此有吸引力，答案也是再明显不过的，那就是，中国共产党自 1935 年落

① 参见任文主编《红色延安口述 · 历史：我要去延安》，西安，陕西师范大学出版总社有限公司 2014 年版，第 84~87 页。

② 黄宏主编：《延安精神》，北京，人民出版社 2005 年版，第 55 页。

③ 王晓莉：《八路军西安办事处纪念馆文字介绍》，《西安日报》2015 年 7 月 13 日，第 7 版。

④ 参见任文主编《红色延安口述 · 历史：我要去延安》，西安，陕西师范大学出版总社有限公司 2014 年版，第 126~133 页。

脚陕北以来，坚持全面从严治党，制定了正确的政治路线，打造了铁一般严明的纪律，形成了优良的传统和作风，塑造了光耀千秋的延安精神。当时的延安和陕甘宁边区是全国最民主的地方、最活跃的地方、最先进的地方、最令人向往的地方，是全国抗日民主根据地的模范标杆。

一、以延安为中心的陕甘宁边区是中国当时最民主的地方

陕甘宁边区是原西北红军根据地，西北红军是土地革命战争时期中国共产党在北方的一支重要武装力量，西北红军根据地主要是由刘志丹、谢子长开创和领导的，国共第二次合作后，经国共两党协商，将其改成陕甘宁边区。1937 年 10 月 12 日，南京国民政府承认了陕甘宁边区的合法性，此后多年，陕甘宁边区一直是中共中央所在地，也是中共抗日根据地的总后方，在抗日战争和解放战争时期，发挥了巨大的作用。

以延安为中心的陕甘宁边区是当时全国民主政治建设的典范，作为近代中国民主政治的摇篮，被诸多中外人士寄予很高的厚望，很多关心中国前途命运的人将陕甘宁边区视为“中国的希望之所在”，毛泽东更把它称为“民主中国的模型”。陕甘宁边区之所以获此赞誉，主要是因为中国共产党人在延安时期局部执政的情况下，注重加强民主政治建设，使边区到处洋溢着民主的气息，与国统区的专制制度形成了鲜明的对比。

卢梭认为：“政府的合法性来源于他们对人民意志的体现。”[①] 广大人民之所以对陕甘宁地区认可，对中国共产党局部执政拥护，从根本上说是来自民意的支持，使得中国共产党有了最权威的合法性基础。中国共产党在陕北能立足，就是通过充分发扬民主而获得了民意的支持。充分发扬民主的途径和方式主要有：一是在党内建立民主集中制原则，使党的重要决策能够得到事前的充分讨论，避免“家长制”“一言堂”情况的出现，这既确保了决策的正确性，也能培养党的各级领导干部们能够带头发扬民主精神，起到很好的示范效应。二是在党员学习、干部教育和整风运动中，加强对党员干部的民主思想教育，比如，延安整风运动时期必学的 22 个整风文件中，就有专门对党员干部进行民主和纪律教育的学习材料，即《列宁、斯大林等论党的纪律与党的民主》，还有其他一些学习材料中也涉及党内民主思想教育。三是在党内政治生活中充分发扬民主，自觉开展批评与自我批评，培养党员的民主习惯。四是赋予人民以切实的民主权

① 毛寿龙：《政治社会学》，北京，中国社会科学出版社 2001 年版，第 135 页。

利。陕甘宁边区政权与党领导的工农苏维埃政权“以党代政”的执政方式不同，边区实行党政分开的领导体制，给人民以真正的民主权利，让人民参与政权建设和社会管理。1937年6月，陕甘宁边区党委制定了《民主政府施政纲领》，规定：抗日民主政权“实行民主普选制度与议会政治，发扬前在苏维埃下已经实行的各种民主设施”，“保证人民言论集会结社出版等民主自由”。[①]1937年7月，边区开始民主选举，人民群众参与选举的意识被广泛调动起来。毛泽东对陕甘宁边区政府实行普遍的选举制度大加赞赏，认为特区（即陕甘宁边区）开了全国民主政治的先河，这“将更进一步推动全国的民主力量，围绕在特区政府周围，在活的榜样之下，为实现全国的民主制度而努力，为救亡图存而抗战到底”。[②]1939年1月，陕甘宁边区召开第一届参议会，会议通过了《陕甘宁边区各级参议会选举条例》和《陕甘宁边区各级参议会组织条例》，对民主选举的范围、形式、主体、客体、方法以及各级参议会的职权等，都作了详细规定。应该说，在抗战救亡的革命战争年代，在经济文化都比较落后的客观条件下，中国共产党领导下的边区能够做到如此民主、能够比较充分地调动人民群众政治参与积极性，是非常不易的。据林伯渠介绍，到1941年的时候，“边区各阶级百分之八十以上选民进入了运动（这里指参加民主选举的运动——引者注）”。[③]1948年8月，绥德专署呈报的“绥德专署选举工作报告及给各县的指示信”显示：“全县七万一千二百七十选民，总平均有百分之八十三参加投票，最多的百分之九十五（崔联），最少的百分之五十（双联）。共选出二千八百八十七个保参议员，共产党员占四分之一强，国民党员已知道的约二百人。六百五十个保政府委员中共产党员〈占〉五分之一，总的成份计：贫农百分之四十五，中农百分之二十，雇农百分之二点七，富农百分之五点五，地主百分之一，商〈人〉百分之四点四，工人百分之八，知识分子百分之五点四（小学教员当选三十人），妇女占百分之八点五。旧的保甲干部一千零一人落选，内旧保长落选五十六人，其余受批评的干部二百二十七人。”[④]由此可见，边区实行的普遍的民主制，不仅

① 韩大梅：《新民主主义宪政研究》，北京，人民出版社2005年版，第162页。

② 军事科学院军事历史研究部：《中国抗日战争史》中卷，北京，解放军出版社1994年版，第209页。

③ 西北五省区编纂领导小组、中央档案馆：《陕甘宁边区抗日民主根据地·文献卷》（下），北京，中共党史出版社1990年版，第135页。

④ 中共陕西省委党史研究室、陕西省档案馆：《红色档案——延安时期文献档案汇编（陕甘宁边区政府文件选编）》第4卷，西安，陕西人民出版社2013年版，第128页。

激发了边区民众政治参与热情，更加确保了各类精英、各方面人才都能充分参与到边区政治建设和社会建设中。

陕甘宁边区人民群众不仅能广泛参与民主选举，广泛参与政治，而且充分享有监督政府的权利。中国共产党对自身的定位是先锋队、是全心全意为人民服务的公仆，因此，党领导下的人民政府就要随时接受人民监督。谢觉哉在《民主政治的实际》一文中指出："人民可随时监督或贡献意见于政府，政府不会拒绝，因为这于他有益的。"[①] 为了确保人民监督政府能够更好地落实到位，边区政府制定的法律对此还作了专门的规定，1946 年 4 月，边区政府制定的《陕甘宁边区宪法原则》，重申了人民群众对政府工作人员有监督的权利，对政府机关的工作有检查的权利。

在中国共产党的领导下，陕甘宁边区以及其他边区和根据地，被建设成民主的标杆，这里官民平等、官兵平等，与国民党领导的专制腐败的国统区，形成了鲜明的对比。对此，美军观察团谢伟思评价说：在延安，"官员和人民与我们的关系，以及中国人相互的关系，都是坦诚、直率和友好的"。[②] 干部战士与人民之间是一种水乳交融的鱼水情深关系，没有高低贵贱之分，有美国记者评价说，陕甘宁"整个地区如一校园，青春活泼，民主模范，自修自觉，自评，与重庆另一世界"。[③]

二、以延安为中心的陕甘宁边区是中国当时最先进的地方

延安时期，中国共产党将从严治党与边区的经济建设、政治建设、文化建设、社会建设相结合，将党的建设贯穿于其他各项建设中，在建设一个全国性的、先进的大党的同时，也推动了边区先进文化建设、先进政治制度建设和先进的社会建设，将以延安为中心的陕甘宁边区建设成全国最先进的地方。

中国共产党在陕甘宁边区大力发展先进文化。陕甘宁地区地处中国内陆，交通不便，环境闭塞，是一个典型的落后农业地区，在中国共产党到陕北之前，陕甘宁地区从未受到近代化的冲击和影响。从文化角度看，陈腐的、落后的封建文化占据着绝对主导地位。在这里，婚姻是父母

---

① 《谢觉哉文集》，北京，人民出版社 1989 年版，第 352 页。

② 〔美〕约瑟夫·W. 埃谢里克著：《在中国失掉的机会——美国前驻华外交官约翰·S. 谢伟思第二次世界大战时期的报告》，罗清、赵仲强译，北京，国际文化出版公司 1989 年版，第 274 页。

③ 中共陕西省委党史研究室：《中外记者团和美军观察组在延安》，西安，陕西人民出版社 1995 年版，第 322 页。

包办，还有买卖婚姻，“任何一对自由恋爱的男女都有可能成为周围人长久的谈资”。宗族观念深入人心，百姓的日常生活几乎完全被封建祠堂以及士绅左右着，这种文化制约着社会的发展，使得整个社会极度固化，缺乏活力。教育事业处于极端落后状态。知识分子非常缺乏，文盲率高达99%。在陕甘宁边区政府成立之前，整个边区只有一所中学，高等教育完全是空白。即便是有极少数的知识分子，也都属于旧知识分子，他们接受的都是旧式教育，所传播的自然也是旧思想、旧文化。从某种意义上说，社会发展的动力源自文化变迁。陕甘宁边区之所以能发生翻天覆地的变化，其内在原因在于，中国共产党落脚陕北后，为这里带来全新而先进的文化。延安时期，中国共产党在陕甘宁边区大力推进文化建设，发展先进文化，主要的措施有：第一，对党员进行普遍的马克思主义教育，推进马克思主义大众化。延安时期，党中央高度重视马克思主义理论的教育和传播，创办了马列学院编译部、中央军委编译处、中共中央宣传部编译局等专门机构，翻译并出版了《马克思恩格斯丛书》《马克思恩格斯论中国》《列宁选集》《什么是列宁主义》《斯大林选集》《资本论》《共产主义同盟史》《费尔巴哈论》《辩证唯物论与历史唯物论》《实践在认识上的作用》等马克思主义著作。充分运用这些马克思主义著作，对党员干部进行分层次的马克思主义理论教育。广大文艺工作者还将马克思主义理论转化为人民群众喜闻乐见的文艺形式，如戏剧、民歌、电影、秧歌等形式。延安时期，边区文艺工作者所创作的《黄河大合唱》《兄妹开荒》《山丹丹花开红艳艳》《十月革命节》《边区生产展览会》等作品，广受边区民众的喜爱，对宣传马克思主义思想起到了极大的推动作用。第二，大力宣扬共产主义道德。毛泽东在《为人民服务》一文中高度赞扬了张思德为人民利益而死的崇高精神，指出了这种精神对于中国革命的意义。毛泽东还号召人们向白求恩同志学习，学习他的“国际主义精神”“毫不利己、专门利人的共产主义精神”以及“对工作极端负责、对同志对人民极端热忱、对技术精益求精”。[①] 通过对这些模范人物身上所表现出的共产主义道德品质进行学习来感化和教育广大党员和群众。第三，“抗日的教育政策”，提高人民群众的抗战觉悟。1937 年 8 月，在洛川会议上，中国共产党就提出实行抗日战争时期的教育政策，要求各抗日根据地要“改变教育的旧制

① 中共中央文献研究室：《毛泽东思想年编（1921—1975）》，北京，中央文献出版社 2011 年版，第 246 页。

度、旧课程，实行以抗日救国为目标的新制度、新课程”。[①]“抗日的教育政策”适用于边区所有层次的党员干部和一般群众。对于干部教育，中共中央专门成立了干部教育部，并且先后建立了抗大、陕北公学、中央党校、鲁艺等几十所干部教育学校，培养了大批高素质干部。对于国民教育，陕甘宁边区自成立以来，先后创办了鲁迅师范、边区中学、延安师范等 7 所中等学校，这些学校在抗日战争和解放战争时期为革命事业输送了 3000 多名人才。小学教育普及度更高，陕甘宁边区建立之前，边区小学只有 120 所，到 1943 年，边区小学增加到 1300 多所，1944 年以后又建立了 500 多所形式多样的民办小学。对于农民的教育，采取了不脱产的形式，实行教育与生产相结合，主要方式有识字班、夜校、冬学等形式。第四，注重自然科学，普及科学知识。延安时期，党中央和毛泽东对自然科学也是极为重视的，毛泽东指出，“自然科学是人们争取自由的一种武器”，“要老百姓不敬神，就要有科学的发展和普及”。[②]1940 年 1 月，中共中央成立了延安自然科学院。1940 年 2 月，陕甘宁边区成立了自然科学研究会，这两个机构通过举办科普展览会、学术讨论会、编辑学术刊物、开辟科学园地等形式，向人民群众宣传科普知识。1942 年 5 月，马克思主义教育家、中国青年运动的著名领导人蒋南翔在《解放日报》撰文指出：“马克思主义者虽在哲学、社会科学、文艺等学术领域内有了最光辉的建树，但在自然科学方面，还是比较幼稚，至今还未能整理出一套更完善的，完全符合与马克思主义体系的各种自然科学的学程来代替现有的学程。”[③] 由此可见，延安时期自然科学的教育依然任重而道远。

中国共产党在陕甘宁边区建立了先进的政治制度。延安时期，尽管国统区标榜实行民主制度，但众所周知的实际情况是，在国统区，本质上是大地主、大资产阶级专制制度，普通的人民群众是毫无民主权利可言的。而在陕甘宁边区以及中共领导的其他抗日根据地，却建立起先进的民主政治制度。这种先进的政治制度，首先体现在它广泛的民主性，即表现为边区全体民众都能享受到民主权利，又表现为政治上、经济上和文化上的民主。1944 年 11 月，陕甘宁边区政府秘书长谢觉哉在边区参议会上指出：“陕甘宁边区抗日根据地之所以巩固，依靠于政治上的民主，经济上的民

① 《毛泽东选集》第 2 卷，北京，人民出版社 1991 年版，第 356 页。
② 《毛泽东文集》第 3 卷，北京，人民出版社 1996 年版，第 120 页。
③ 蒋南翔：《论现在的学生运动》，《解放日报》1942 年 5 月 4 日，第 4 版。

主与文化上的民主，团结了各阶层各党派的人民成为一条心。"[①]边区政府实行定期普选制，边区、县、乡参议会均由人民群众直接选举产生，从1937年至1946年，边区共举行过3次民主选举运动，每次选举活动，竞选都非常激烈，民众参与热情也都很高涨，"连偏僻的乡镇选民也达70%到80%"。[②]其次，边区政权建设实行"三三制"原则，在边区政权建立的初期，虽然实行普遍的选举制和参议会制度，但参议员和政府委员几乎全部是共产党员。为了更好体现边区各党派、各阶层人民的意志，扩大边区政府的代表性，陕甘宁边区自1940年春开始实行"三三制"原则，使边区民主政治制度更加完善。

中国共产党在陕甘宁边区通过从严治党推动社会建设，使边区在社会治理方面走在全国的前列。陕甘宁边区建立以来，中国共产党就一直高度重视社会治理工作，通过加强各级党组织建设来带动乡村社会治理。边区党的各级组织在领导社会建设方面的主要作用是制定正确的路线方针政策并确保落实到位。在边区社会治理过程中，党组织发挥着实际的领导作用。首先是解放思想，对边区民众开展多种形式的思想政治教育，宣传党的理论，宣传新思想、新风尚，破除旧思想，移风易俗，为边区社会治理提供思想保障。其次是严格要求党员干部，发挥好模范带头作用，带头维护社会秩序，带头参加社会生产，积极参加社会教育，尤为重要的是带头贯彻执行党的路线方针政策。党员干部的带动作用是极为重要的，"村看村，户看户，群众看党员，党员看支部"，对于最基层的乡村党员干部而言，他们的带动作用最为直接。延安县金盆区三乡乡长李丕义，每有工作总是争先完成，后虽身患疾病，但对工作仍毫无懈怠，即使在弥留之际，还叮嘱乡干部爱护革命，好好完成夏征任务。[③]在生产建设方面，基层党员干部的带头作用更加突出，比如，赤水县花家洞村义仓主任林天成率领70余人利用5头牛两天开垦15.5亩；新宁县一乡乡长孙仲明带领34人利用28头牛3天开垦53.4亩；盐池县劳动英雄刘占海率71户建义仓13处，开义田310亩。[④]在边区社会治理方面，边区各级党组织十分注重

① 《谢觉哉日记》上卷，北京，人民出版社1984年版，第719页。

② 吕玉广、阎树森：《抗日战争时期陕甘宁边区的民主制度建设》，《河南师范大学学报（哲学社会科学版）》1997年第1期，第24页。

③ 陕西省档案馆、陕西省社会科学院：《陕甘宁边区政府文件选编》第6辑，北京，中国档案出版社1988年版，第396~398页。

④ 汪小宁：《陕甘宁边区社会建设研究》，北京，中国社会科学出版社2015年版，第164页。

党员干部的能力培训，1941 年 10 月，边区政府几个部门联合发出《关于办理冬学的联合指示信》，要求青救干部保证 60% 入冬学，妇救干部保证 50% 入冬学，工会干部 50% 入冬学。① 此外，上级机关还下派比较有经验的干部到基层指导工作，帮助基层党员干部提高农村工作的能力。边区党组织在领导边区社会治理的过程中，建立了严格的奖惩制度以及规范的群众监督制度，既激发了干部的工作积极性，又营造了干净、廉洁的干事环境。对在边区社会治理中表现突出，勤劳奉公，成绩卓越的干部给予表彰和适当的物质奖励，并号召党员干部向他们学习。对于表现不积极，懒政怠政的干部则予以批评和纪律惩罚。陕甘宁边区靖边县九里乡乡长、支部书记及自卫军营长共贪污赈济款 25 元，最终“决定赈济款归公，在党内给以严格之批评”。② 在边区各级党组织的正确领导下，边区社会治理工作取得了巨大成就，主要表现在：一是消灭了匪患，社会秩序安定。全面抗战爆发前，陕甘宁根据地的土匪基本被清剿了，但全面内战爆发后，八路军开赴前线抗日，根据地土匪势力又死灰复燃，先后发展到 48 股。为确保边区社会安定，中国共产党在边区开展清除匪患运动，采取“军政结合，剿抚兼施”的方针，军事上进行集中打击，同时广泛动员群众，参与剿匪锄奸活动，至 1943 年，边区境内的匪患被彻底肃清。二是对“二流子”习气进行改造，营造良好社会风气。“二流子”是指那些游手好闲、吃喝嫖赌、不务正业的无业游民和地痞流氓，边区这类人群的数量没有一个具体统计，但可以根据一些数据进行估算，根据陕西省档案馆的资料估算，在陕甘宁边区的 140 万人口中，“二流子”有 7 万人左右。③ 这些人员的存在，对边区社会风气带来极其坏的影响，边区党委和政府为此做了大量的工作，对他们进行教育转化，帮助他们找工作，如延安市转变的 50 个“二流子”中，做泥工的 13 人，摆小摊的 10 人，卖烧鸡的 3 人，种地的 1 人，女“二流子”参加纺织的 18 人。④ 中国共产党对边区“二流子”的改造是成功的，至 1943 年，边区偷盗抢劫、贪图享乐、好逸恶

① 张国茹、卜忠政：《延安时期陕甘宁边区的基层干部队伍建设》，《延安大学学报（社会科学版）》2015 年第 1 期，第 17 页。

② 陕西省档案馆、陕西省社会科学院：《陕甘宁边区政府文件选编》第 1 辑，北京，中国档案出版社 1986 年版，第 266 页。

③ 陕甘宁边区财政经济史编写组、陕西省档案馆：《抗战时期陕甘宁边区财政经济史料摘编》第 2 编，西安，陕西人民出版社 1981 年版，第 288 页。

④ 梁星亮、杨洪：《中国共产党延安时期政治社会文化史论》，北京，人民出版社 2011 年版，第 232 页。

劳之风基本消除，劳动光荣、争做先进的社会风气悄然形成。三是禁绝烟毒，保障人民身心康健。陕甘宁地区在土地革命战争前就有大量种植鸦片的情况，“陕西甘肃两省的罂粟种植面积曾分别达到农田面积的 90% 和 75%”。[①] 边区政府成立后，相继出台了 20 多个禁烟禁毒法令，广大干部做了大量艰苦的宣传教育工作，最终将陕甘宁边区打造成为禁烟禁毒的模范区。四是宣传妇女解放，提倡婚姻自由。1939 年，陕甘宁边区政府颁布了《陕甘宁边区婚姻条例》，规定“男女婚姻照本人之自由意志为原则”，并规定男女在婚姻方面是平等的，禁止包办婚姻和买卖婚姻，禁止纳妾。陕甘宁边区政府还鼓励妇女放脚，参加各种政治活动、生产活动、教育活动和社会活动，以提高妇女地位。

三、以延安为中心的陕甘宁边区是中国当时最具生机和活力的地方

抗战时期，陕甘宁边区吸引了数以万计的热血青年和有识之士，在中国共产党的领导下，把一个落后的陕北变成了一个先进的边区，变成全国最具生机和活力的地方。

在抗日战争时期，陕甘宁边区尽管物质生活困难，但人们的精神状态是饱满的，到处都洋溢着革命乐观主义的精神。在极为艰苦的革命斗争环境中，边区军民的文化娱乐活动搞得丰富多彩，这些文娱活动提高了边区军民的文化素养和道德水平，丰富了人们的精神生活，也起到凝聚力量、团结一致的作用。由于条件所限，边区最为常见的文娱活动是晚会、秧歌和周末舞会。“每逢节日（如‘五一’、新年、新春……），马列学院必举行晚会，节目丰富多彩，话剧、京剧、合唱、相声……等等应有尽有，有的甚至轰动了延安。”[②] 杨家岭的中央大礼堂是举行晚会最多的地方，“逢到晚会，除非天下大雨，或大雪与大雪之后，山路不好走，大礼堂总是挤满了人，从来不会有一个空座位”[③]。扭秧歌也是边区军民最为常见的文娱活动，1943 年，延安共有 32 个秧歌队，差不多每个机关都有一个。延安文艺座谈会后，整个边区兴起了新秧歌运动，至 1944 年，全边区共有 600 个民间秧歌队，大的有二三百人，小的也有二三十人。另据丁玲的估计，在边区人民中，每 12 个人里面必有 1 个人是扭秧歌的。[④] 新秧歌运

① 齐霁：《陕甘宁边区禁烟禁毒运动初探》，《甘肃社会科学》1999 年第 4 期，第 58 页。

② 吴介民：《延安马列学院回忆录》，北京，中国社会科学出版社 1991 年版，第 191 页。

③ 陈学昭：《延安访问记》，北京，中国国际广播出版社 2013 年版，第 207 页。

④ 赵超构：《延安一月》，北京，中国国际广播出版社 2013 年版，第 110 页。

动不仅丰富了边区民众的文化生活，同时，通过秧歌也能充分地把边区人民群众动员起来，有利于贯彻落实党的各项方针政策。

辩证唯物主义理论既强调物质的决定作用，又强调精神力量的作用，二者是一种辩证统一关系，毛泽东将其概括为“物质变精神，精神变物质”。延安时期，边区的物质之匮乏是人所共知的，但是在如此匮乏贫瘠之地，却能迸发出最激昂的革命热情，靠的就是精神的武装。在延安，人们将信仰和革命精神转化为歌声，激情传唱。抗战时期去过延安的人们都知道，延安最能感染人的是歌声与微笑。延安女子大学的詹峻在口述史中谈道，“延安是歌的世界”，“延安的歌，很有生气，很有力量，很能表达人们的内心情感和精神面貌，每唱一首歌，都使我激动、陶醉、遐想，甚至流连忘返”[①]。歌声渗透到学习和生活的方方面面。1941 年 7 月的一天，詹峻和同学田英在延河边洗衣服，洗完衣服回去的路上，不由自主地唱起歌来：

> 敬礼，战斗的布尔什维克中国共产党，
> 敬礼，伟大的毛泽东同志贤明的党中央，
> 领袖和党一样坚强。
> 八路军和新四军钢铁般坚强，
> 在二十年的斗争里你壮大成长，
> 学会了如何进攻，也知道如何防守，
> 锻炼成一支无比的力量。
> 不怕顽固派捣乱，不怕侵略者猖狂，
> 中国人民大步向前，中华民族绝不投降，
> 要努力朝前迈进，广大群众向着共产党，
> 新中国在苦难中诞生，寄生虫在烈火中灭亡！[②]

边区的生机和活力几乎感染了每一个初到陕北的人。梁漱溟于 1938 年 1 月到延安进行了实地考察访问，此前他曾与国民党军事学家蒋百里就全民族抗战问题交谈过 3 次，尽管蒋百里一再表示要竭尽全力抗战，最后的胜利一定是属于我们的，但梁漱溟却始终乐观不起来，因为他从国统

① 任文主编：《红色延安口述 · 历史：延安时期的日常生活》，西安，陕西师范大学出版总社有限公司 2014 年版，第 69 页。

② 任文主编：《红色延安口述 · 历史：延安时期的日常生活》，西安，陕西师范大学出版总社有限公司 2014 年版，第 70~71 页。

区、从蒋介石身上，看不到抗战胜利的希望。梁漱溟到延安后，与毛泽东进行了深入的交谈，同时也对延安进行了深入的考察与了解，这次延安之行的所见所闻，彻底改变了他的悲观情绪，他从边区军民身上所表现出来的积极向上和革命乐观主义精神中看到了民族抗战胜利的希望。梁漱溟在《我生有涯愿无尽》一书中这样评价边区："在极苦的物质环境中，那里的气象确是活跃，精神确是发扬。政府、党部、机关、学校都是散在城外四郊，傍山掘洞穴以成。满街满谷，除乡下人外，男男女女皆穿制服的，稀见长袍与洋装。人都很忙！无悠闲雅静之意。军队皆开赴前方，只有些保安队。所见那些穿制服的人，多数为学生。""（这些学校）花样新鲜，趣味丰富。内容组织、课程科目、教学方法、生活上各种安排，值得欣赏之点甚多……事实上证明，他们是成功的。因为许多学生来自北平、天津、上海、南洋等处。现在的起居饮食，比了从前不知苦多少倍，而求学兴趣转胜，一般身体并不见差，不是成功吗？"[①]1945 年 7 月，黄炎培等人访问了延安。延安这个充满朝气和活力的地区让黄炎培等人耳目一新。在《延安归来》一书中，黄炎培这样描写道："街道是整洁的，阶下有水道。没有看见茶馆，没有看见一个游手好闲的人……不论男女都着制服，女子留着学生装短发，都代表十足的朝气。当地老百姓衣服也都很整洁，衣料是蓝或白的土布。乡村来的妇女穿着窄而长袖的大襟白布短衣，小而圆的裤脚，不穿裙，皆是天足……这些人代表朴实和体格的健全，却从来没有发现过绅士式的男子，和涂脂抹粉、洒香水、高跟鞋等摩登装束的女子。"[②]陕甘宁边区的生机和活力，还吸引了开明绅士到延安参观访问，1941 年至 1942 年，绥德士绅参观团、三边士绅参观团、陇东士绅参观团、晋西北士绅参观团等各地士绅先后到延安参观考察。1941 年 8 月 28 日，《解放日报》报道了绥德士绅参观团对延安的评价："延安好比新发的大户人家，个个克勤克俭的创家立业，——是上升的气象。"[③]晋西北士绅参观团刘佑卿说："从我亲眼所见的事实中，我对边区不分阶级不分党派不分性别的民主政治，真是感动极了。"[④]

不仅如此，边区党政军民的精神状态以及边区的生机和活力，也让到访的外国记者和美军观察团成员极为震撼。美国记者斯诺称延安是一颗红

---

① 梁漱溟：《我生有涯愿无尽》，北京，中国人民大学出版社 2011 年版，第 158~159 页。

② 严昌洪：《20 世纪中国社会生活变迁史》，北京，人民出版社 2007 年版，第 515 页。

③ 《绥德警区士绅参观团对延安的印象》，《解放日报》1941 年 8 月 28 日。

④ 李庆刚：《晋西北士绅参观团延安访问记》，《百年潮》2003 年第 5 期。

星，正在中国上空冉冉升起。美国《时代》周刊记者白修德抗战期间在延安采访后认为，国民政府正因其道德沦丧和滥施暴政而腐朽枯萎。他把国共两党做了对比：认为国民党正“颓废衰微”，而共产党则“生气勃勃”。白修德还对延安人的精神状态印象极为深刻，他认为延安人比中国其他任何地方的人都更“强壮健康”，这里的健康强壮既是指身体上的，也是指精神上的。1944 年 11 月，美国使馆秘书戴维斯在一份给美国政府的报告中写道：“共产党的政府和军队，是中国近代史上第一次有积极的广大人民支持的政府和军队。”①

第六节　提供了从严治党的历史镜鉴

分析研判延安时期从严治党的历史，要坚持客观性原则，坚持辩证唯物主义的基本方法，坚持正确的党史观，既要肯定延安时期从严治党的伟大成就，也不能忽视在从严治党过程中出现的一些偏差；既要客观分析延安时期从严治党取得巨大成功的原因，又要搞清楚为什么会出现偏差，但绝不能将我们党在延安时期从严治党过程中出现的一些偏差扩大化，进而掩盖了伟大成就甚至否定这段历史，那样就会陷入历史虚无主义泥潭。2021 年 2 月 20 日，习近平总书记在党史学习教育动员大会上的讲话中指出，“要坚持以我们党关于历史问题的两个决议和党中央有关精神为依据，准确把握党的历史发展的主题主线、主流本质，正确认识和科学评价党史上的重大事件、重要会议、重要人物。要实事求是看待党史上的一些重大问题，既不能因为成就而回避失误和曲折，也不能因为探索中的失误和曲折而否定成就。要旗帜鲜明反对历史虚无主义”。② 事实上，无论是延安时期从严治党取得的伟大成就，还是此间出现的一些偏颇，都为今天管党治党提供了宝贵的历史镜鉴。

一、延安时期从严治党取得成功的原因分析

前文已述，延安时期从严治党取得了巨大的成功，这是不言而喻的事实。从一般意义上说，任何一个政党组织都想把自己建设成为一个坚强有

① 沙健孙主编：《中国共产党史稿（1921—1949）》第 4 卷，北京，中央文献出版社 2006 年版，第 6 页。

② 习近平：《在党史学习教育动员大会上的讲话》，北京，人民出版社 2021 年版，第 24~25 页。

力的、具有强大凝聚力和战斗力的政治组织，从而更好地完成自己的历史使命，实现自身的政治目标。然而，中外历史中很少有像中国共产党这样通过自我革命、从严治党来发展壮大自己的政党。这说明，中国共产党从严治党的成功绝不是偶然的，而是一种历史的必然。延安时期从严治党之所以取得伟大成就，一是因为从严治党始终是在党的集中统一领导下进行的；二是坚持为人民服务为从严治党提供了正确价值导向；三是整风运动的扎实推进强化了从严治党的成效；四是延安精神的形成与从严治党的推进形成了良性互动；五是解放战争时期农村基层整党巩固了从严治党的成果；六是坚持系统思维推进全面从严治党。

（一）延安时期从严治党始终在党的集中统一领导下进行

坚持党要管党，全面从严治党，是党的建设一以贯之的方针，我们现在称之为“自我革命”。既然是一场持续的革命，就要搞清楚革命的领导力量是谁，革命的对象是谁。党的十八大以来，习近平总书记在多个场合多次谈到自我革命这一命题，2016 年 7 月 1 日，他在庆祝中国共产党成立 95 周年大会上的讲话中指出，“全党要以自我革命的政治勇气，着力解决党自身存在的突出问题，不断增强党自我净化、自我完善、自我革新、自我提高能力”。[①]2021 年 2 月 20 日，他在党史学习教育动员大会上的讲话中提出“以新时代党的自我革命引领新的伟大社会革命”的要求，党的十九届六中全会通过的《中共中央关于党的百年奋斗重大成就和历史经验的决议》将“坚持自我革命”概括为党百年奋斗的重要历史经验。自我革命，从哲学的角度讲，就是主体自觉进行自我扬弃的过程，是党自我反思、自我批判的过程。从核心要义角度讲，就是习近平总书记提出的“四个自我”，即自我净化、自我完善、自我革新、自我提高，这意味着中国共产党自我革命的主体与客体都是党自身，即各级党组织和广大党员，不是其他政治团体，也不是广大人民群众。也正是在这个意义上，在新时代全面从严治党实践中，习近平总书记始终强调各级党组织及其负责人都是从严治党的责任人，要自觉担负起主体责任。回顾延安时期从严治党历史，可以清晰地发现，整个过程是在党的集中统一领导下进行，党的各级组织很好地担负起主体责任。主要体现在：

第一，延安时期，党始终在总结经验教训，加强党的政治建设，强化

---

① 习近平：《在庆祝中国共产党成立 95 周年大会上的讲话》，《人民日报》2016 年 7 月 2 日，第 1 版。

党的集中统一领导。党中央是全党领导核心，是决策的核心，党中央制定的路线方针政策，是统一全党思想和行动，进而完成党的政治任务的根本保证，无产阶级政党要坚决地执行党中央的决议和指示，这是革命取得成功的政治保证。1938 年 9 月，毛泽东之所以在扩大的中共六届六中全会上提出“个人服从组织、少数服从多数、下级服从上级、全党服从中央”的基本要求，就是总结经验教训得出的重要结论。1937 年 3 月 31 日，中央总结张国焘的严重错误，作出《关于张国焘同志错误的决定》，决定指出：“张国焘同志对于中国共产党在领导中国革命胜利中的决定的作用，是忽视的。因此他在他的工作过程中轻视党，忽视地方党的组织的创造，在红军中不注意政治委员制度、政治工作与党的工作的建立，相反的，他用全力在红军中创造个人的系统。他把军权看做高于党权。”[①]这对于全党而言，应该是一个严重的教训。1937 年全面抗战爆发后，王明从苏联回到延安，下车伊始便以“钦差大臣”自居，藐视党中央权威。1937 年 12 月，南京沦陷后，中央派王明去武汉中共长江局工作，王明在汉工作期间，经常凌驾于中共中央之上，越过中央，擅自发表一些指示和命令，在党内产生了极为恶劣的影响。总结此类教训，毛泽东认为，党要管党、从严治党的前提条件是党中央要有权威，唯其如此，才能加强对从严治党的领导，才能很好担负起从严治党的主体责任。党的六届六中全会后，随着党的各项事业的迅速发展，管党治党任务更加艰巨，为统一全党思想和行动，更好履行从严治党主体责任，党建立了一元化领导体制，明确规定：“在两次中央全会之间，中央政治局担负领导整个党工作的责任，有权决定一切重大问题。”[②]凡是重大的问题，必须在政治局会议上进行讨论，中央书记处作为党中央的日常办事机关，要向政治局报告工作。

第二，从严治党的一系列决议、指示和规定都是党的组织领导机构作出的，边区各级政府制定的一系列法规、条例和制度，也都是在党的领导下作出的。1938 年 3 月 15 日，中共中央作出《关于大量发展党员的决议》，很快党员人数以数十倍的速度增长。1938 年 11 月，党的六届六中全会制定了《关于中央委员会工作规则与纪律的决定》《关于各级党委暂行组织机构的决定》《关于各级党部工作规则与纪律的决定》等重要文件，

① 中共中央文献研究室、中央档案馆：《建党以来重要文献选编（1921—1949）》第 14 册，北京，中央文献出版社 2011 年版，第 121~122 页。

② 中共中央文献研究室、中央档案馆：《建党以来重要文献选编（1921—1949）》第 20 册，北京，中央文献出版社 2011 年版，第 173 页。

为党组织工作立下“严规矩”。1939年8月25日，中央作出《关于巩固党的决定》，强调对党进行马克思列宁主义教育、阶级教育和党性教育。1940年1月3日，中央发出《关于干部学习的指示》，把对干部的马克思主义理论教育当作“有头等重要意义”的事情来抓。1941年11月29日，中央军委发布了《关于高级军事干部学习的决定》，提升军队干部的党性修养和综合能力。1940年8月，中央发出了《中共中央关于审查干部问题的指示》，1941年7月，中央政治局通过了《中共中央关于增强党性的决定》，对提高党员的党性修养、增强党的组织纪律性作出严格规定。此外，在党的领导下，陕甘宁边区各级政府颁布了各种纲领、条例和制度，对于公职人员如何规范行使权力，以及违反法律和规定的公职人员如何惩处，作了严格规定。1938年8月至1943年，陕甘宁边区政府先后制定了《陕甘宁边区惩治贪污暂行条例》《陕甘宁边区惩治贪污条例》等有关廉政建设的法规。1939年4月，陕甘宁边区发布了《陕甘宁边区抗战时期施政纲领》；1941年5月，又发布了《陕甘宁边区施政纲领》，明确规定要“厉行廉洁政治，肃清贪污腐化”，“严惩公务人员之贪污行为，禁止任何公务人员假公济私之行为，共产党员有犯法者从重治罪”。[①]

第三，延安时期从严治党实践完全是在党的领导下实施和推进的。决议、决定、指示、条例、规定等法规制度的根本价值在于是否能遵守和执行，仅仅挂在墙上的法规制度是毫无意义的。中国共产党在延安时期不但制定了多种多样的党内法规制度，最关键的在于这些规定都不折不扣地被遵守和执行，这与党的有力领导密不可分。对于违反党规党纪的党员，“不容情的洗刷出党，不可令留存党中，使党腐化”。[②]1939年1月开始，党组织先后开除刘振球、王华亭、刘善安、史桂芳、刘润华、刘力功等人的党籍。史桂芳是山西夏县人，1935年参加红军，1936年入党，1938年到延安被服厂工作，劳动技术很高超，不但月工资挣得多，还有年底分红也不少。但他在工作中逐渐放松了党性修养，一心想着自己更好地发财，暗地里在被服厂里动员几个技术骨干，准备拉几个人单干。党组织了解到情况后，9次与他谈话，但他仍不听劝告，执意离开，最后被开除党籍。再如，作为从严治党重要方法的党员干部学习教育，自始至终都是在党的领导下开展的。延安时期党在延安以及各抗日根据地先后创办了30多所

① 陕西省档案局：《陕甘宁边区法律法规汇编》，西安，三秦出版社2010年版，第5页。

② 中共中央文献研究室、中央档案馆：《建党以来重要文献选编（1921—1949）》第3册，北京，中央文献出版社2011年版，第348页。

干部培训学校，都是在党的领导下建立的，如中国人民抗日军政大学、陕北公学、马列学院、中央研究院、八路军军政学院、华北联合大学、鲁迅艺术大学、延安大学、泽东青年干部学校、陕甘宁边区党校、中国女子大学、行政学院、民族学院、延安医科大学、边区行政学院等。将整个延安建设成一个培养革命干部队伍的大学城，每个干部培训学校的定位都是党领导下的培养德才兼备的干部人才学校。如《抗大学习法》指出：不把参加抗大学习看作"镀金"，而应看作提高自己，使自己能更好地献身民族解放和阶级解放事业。陕北公学的校训为"忠诚、团结、紧张、活泼"；中国女子大学的校训为"紧张的学习，艰苦的生活，高尚的道德，互助的作风"。为更好推进干部教育工作，1939 年，中央专门设立干部教育部；1942 年 6 月，在延安整风时期还成立了总学委，毛泽东亲自领导这项工作。党政军高级领导人如毛泽东、朱德、叶剑英、刘少奇、周恩来、陈云、谢觉哉、林伯渠、任弼时、彭真等人在百忙之中抽出时间到各大干部学校授课、作报告。1937 年 4 月至 8 月，毛泽东为了给"抗大"学员讲授马克思主义哲学，专门撰写了讲授提纲《辩证法唯物论》，讲授时间累计长达 110 多个小时。后来因抗战战事紧张，《辩证法唯物论》未全部讲完。毛泽东撰写的《实践论》和《矛盾论》这著名的"哲学两论"，其主要内容就出自《辩证法唯物论》。

（二）坚持全心全意为人民服务为从严治党提供了正确价值导向

唯物史观认为，人民群众是历史发展的推动者，人民群众创造历史。无产阶级政党要始终站在最广大人民群众的立场上，能否为最广大人民群众谋利益，是无产阶级政党区别于其他政党的显著标志。延安时期从严治党取得成功的内在因素之一是党始终坚持为人民服务的价值导向，始终坚持站稳人民立场。

中国共产党成立早期，对中国革命规律的认识还不成熟，为人民服务的思想自觉尚未形成，在"为了谁，依靠谁"这一根本问题上，许多党员干部还存在模糊认识，"一部分共产党员，还不善于同党外人士实行民主合作，还保存一种狭隘的关门主义或宗派主义的作风"。[①] 还有些党员干部在为人民服务的问题上还存在"半心半意"或者"三分之二的心意"。[②] 延安时期，中国共产党为人民服务的思想自觉最终形成，在这一价值导向

① 《毛泽东选集》第 3 卷，北京，人民出版社 1991 年版，第 809 页。

② 赖聪聪：《延安时期中国共产党为人民服务思想的内涵和历史贡献》，《学理论》2022 年第 7 期，第 61 页。

下进行从严治党，赢得了广大人民的拥护和支持。

1935年10月，党中央率领工农红军进入陕北之初，就提出“不给老乡添麻烦”“不与百姓争利益”等原则要求，1939年毛泽东在致张闻天的信中首次提出“为人民服务”的命题。1942年，毛泽东在延安文艺座谈会上又强调我们的文艺是“为人民服务”的，广大文艺工作者应该站在无产阶级和广大人民群众的立场上，生产出人民所需要的文化产品，“无论高级的或初级的，我们的文学艺术都是为人民大众的，首先是为工农兵的，为工农兵而创作，为工农兵所利用的”。[①]1944年，毛泽东在纪念张思德的追悼会上作了题为《为人民服务》的讲话，第一次从理论上深刻阐明了为人民服务的思想。

坚持全心全意为人民服务为延安时期从严治党提供了明确的价值导向，这既是一个价值导向，同时也是一个价值标准。按照这个标准，凡是损害了群众利益的事情，党员干部都不能做；凡是人民群众憎恨厌恶的作风，党员干部都不能有；凡是人民群众批评指责的现象，党员干部都要认真反思；凡是脱离实际、脱离群众的决策，党政机关均不能做。根据这一价值导向和标准，党中央部署开展了大生产运动，其目的就是要减轻边区群众的负担，给百姓以看得见的实际利益。1941年，359旅“开荒11200亩，收获细粮1200石，粮食自给率达到78.5%。1942年，三五九旅耕种面积达到26800亩，收获细粮3050石”，[②]极大地减轻了边区群众的负担。延安时期，党还十分注重改善民生，通过办夜校、冬学、扫盲班等形式，帮助群众脱盲，通过办学校，进行普及免费的儿童教育；组建医疗队，进行卫生知识宣传，对民众进行免费的诊疗。根据为人民服务这一价值导向和标准，党中央确立了群众路线这一根本的工作路线，规定党的一切决策要坚持从群众中来，到群众中去。为了走好群众路线，作出科学决策，党中央作出“大兴调查研究之风”的决定，《中共中央关于调查研究的决定》指出，“我党现在已是一个担负着伟大革命任务的大政党，必须力戒空疏，力戒肤浅，扫除主观主义作风，采取具体办法，加重对于历史，对于环境，对于国内外、省内外、县内外具体情况的调查与研究”。[③]根据为人民服务这一价值导向和标准，党中央大力推进作风建设，形成了“理论联系实际、密切联系群众、批评与自我批评”三大优良作风，培育了伟

① 《毛泽东选集》第3卷，北京，人民出版社1991年版，第863页。

② 王东方：《中国革命的延安之路》，北京，人民出版社2019年版，第235页。

③ 《毛泽东文集》第2卷，北京，人民出版社1993年版，第361页。

大的延安精神，为中国革命的胜利提供了坚实的作风保证。

（三）整风运动的扎实推进强化了从严治党的成效

延安整风在中国共产党百年党建史上具有极为重要的历史地位，它既是党成立以来第一次全党范围内的马克思主义教育运动，也是一场深入持久的从严治党运动。延安整风，统一了全党的思想认识、严明了党的纪律规矩、纯洁了党的组织队伍、形成了党的优良作风。延安整风为从严治党“立信、立威、立规”，强化了从严治党的成效，锻造了一支强大的党员干部队伍，在从严治党历史上写下了浓墨重彩的一笔。时至今日，对于新时代全面从严治党，依然有着重要的借鉴意义。

第一，延安整风运动以实事求是、猛药去疴的精神为从严治党“立信”。1941 年 5 月，毛泽东在延安高级干部会议上作《改造我们的学习》报告，自此拉开延安整风的序幕。在延安整风之前，党内开展了全党大学习，旨在普遍地提高全党的马克思主义理论水平，进而提高党员干部的认识水平。众所周知，政治路线与思想路线（认识路线）密切相关，我们党早期政治路线上的问题，从根本上说是思想路线（认识路线）上的问题，是一切从中国革命实际出发，还是一切从共产国际指示和苏联经验出发，决定着中国共产党的政治路线，进而决定着中国革命的成败。那么，怎么提高全党的认识水平，端正认识路线呢？毛泽东认为，通过理论学习，提高党员干部的理论水平是最为关键的，基于此，1938 年 9 月，毛泽东在党的六届六中全会上提出要在全党来一个学习竞赛，为了提高学习效果，1940 年年初还设立了“五五党员学习节”。但学习运动的效果并不太明显，甚至还出现一些偏差，一些党员干部在学习中存在不管实际只记条文的风气，将学习马列主义原理原则与了解中国社会情况、解决中国革命问题互相脱节的恶劣现象。[①]这样的学习效果不但起不到转变思想认识的作用，甚至还可能助长脱离实际的教条主义之风，对此，毛泽东批评道：“直到现在，还有不少的人，把马克思列宁主义书本上的某些个别字句看作现成的灵丹圣药，似乎只要得了它，就可以不费气力地包医百病。这是一种幼稚者的蒙昧，我们对这些人应该作启蒙运动。”[②]为彻底解决思想认识上的问题，来一次全党范围内的马克思主义再教育运动势在必行。党员干部思想认识上的问题，反映在现实中，主要体现在党风、学风和文风

① 《毛泽东文集》第 2 卷，北京，人民出版社 1993 年版，第 362~363 页。

② 《毛泽东选集》第 3 卷，北京，人民出版社 1991 年版，第 820 页。

的问题，表现为主观主义、宗派主义、教条主义、党八股等脱离实际、脱离群众的作风。毛泽东指出："主观主义、宗派主义和党八股，这三种东西，都是反马克思主义的，都不是无产阶级所需要的，而是剥削阶级所需要的。"[①] 这一定性意味着在无产阶级革命队伍里还大量存在着剥削阶级的思想，这是极为危险的，没有实事求是、猛药去疴的精神，是解决不了问题的。延安整风自1941年5月开始，至1945年4月结束，持续时间将近4年。延安整风期间，党员干部围绕党中央和毛泽东精挑细选的22个整风文件进行学习、反省、整改，党员干部人人自查、人人自我剖析，自我批评，还要相互检查、相互批评。周恩来在1943年11月27日的政治局会议上作整风检查，光是发言提纲就写了2万多字。可以说，对每一位同志来说，延安整风都真真正正地完成了一次思想上的洗礼，达到了理想的效果。

第二，延安整风秉持"严字当头，实字托底"原则为从严治党"立规"。古训有云："不以规矩，无以成方圆。"整风运动之所以达到了良好的效果，原因之一在于立下了很多管党治党的党规党纪，并能严格执行。整风运动初期，毛泽东就提出了一个重要论断："路线是'王道'，纪律是'霸道'，这两者都不可少。"[②] 路线问题很重要，这是指导革命胜利的"王道"，延安时期，以王明"左"倾教条主义为代表的错误路线还没有得到彻底清算，实事求是的思想路线还没有完全树立起来，所以，这是个根本问题。但同时，党的建设也要靠铁的纪律来约束，党内存在的山头主义、宗派主义现象，"闹独立性、不服从决议、没有纪律的现象，必须整顿"。[③] 鉴于此种情形，在延安整风运动过程中，党中央以及各级党组织立了很多严规矩，还严格执行了整风运动前中国共产党制定的各种党规党纪。诸如：1938年党的六届六中全会通过的以《关于中央委员会工作规则与纪律的决定》为代表的一系列党规、1941年8月《中共中央关于调查研究的决定》、1942年9月《中共中央关于统一抗日根据地党的领导及调整各组织间关系的决定》、1943年6月《中共中央关于领导方法的决定》、1943年8月《中共中央关于审查干部的决定》等等。延安整风时期，党不仅立严规矩，而且更注重将这些规矩落到实处。比如，"民主集

① 《毛泽东选集》第3卷，北京，人民出版社1991年版，第833页。

② 《毛泽东文集》第2卷，北京，人民出版社1993年版，第374页。

③ 中共中央文献研究室：《毛泽东著作专题摘编》下册，北京，中央文献出版社2003年版，第1919页。

中制”这个规矩，怎么实施好党内民主，延安整风运动创造了“批评与自我批评”这种形式，达到了既解决问题，又团结同志的目的。延安整风时期的自我批评堪称党史上的标杆，据陈云回忆，“延安整风时期，毛泽东同志首先集中了几十个高级干部开了几个月的整风会议，大家面对面地指名道姓，进行批评和自我批评，认真总结建党以来的经验教训”。[①] 延安整风有两条基本宗旨：一是“惩前毖后”，二是“治病救人”，它要求对犯错误的同志要毫不留情地指出他的错误，不能讲情面，这是为了挽救同志，就像医生看病一样，摸清病根，是为了对症下药，治病救人。

第三，延安整风以“刮骨疗毒、壮士断腕”之态度为从严治党“立威”。延安整风坚持思想教育与组织清理并举，严把党员质量关。在对党员干部进行马克思主义理论教育的同时，也注重从组织上清理不合格党员干部。延安时期，毛泽东有个基本判断，有些党员组织上入党了，但思想上还未入党。那么就先解决思想上的问题，如果通过学习教育和整风教育还不能解决问题，那就要从组织上解决问题，给予相应处分，或者开除党籍，以纯洁党的组织。在延安时期，曾经在革命战争中立下赫赫战功的高级干部，如黄克功、刘振球、肖玉璧等人，因触犯了党规党纪和法律，有的被处以死刑，有的被开除党籍。党组织没有因为他们曾经的贡献而有丝毫的迁就，反而明文规定，共产党员犯错误，处理要比一般群众更严一些。安塞县的鲍立道利用职权向农民索回被分配的土地并屡教不改，被开除党籍并法办。赵文源曾经是八路军合作社的副主任，他不遵守党的纪律，结婚时不向党组织报告，并私用公款 420 元，结婚后对待新婚妻子态度恶劣，没有正确的婚姻观念；他在雇工人打窑洞时无端克扣工人工资。党组织在谈话教育无效后对其进行处分，他趁反“扫荡”之际逃跑。1943 年 6 月 22 日，第十八集团军总支委员会发出《关于开除赵文源党籍的决定》。延安整风时期，由于党和边区政府铁腕治吏，以“刮骨疗毒、壮士断腕”的态度从严处理党员干部和政府公职人员，毫不手软，极大地震慑了那些党性修养不够、自我约束能力不强的同志，为从严治党立了“威”，将边区和根据地打造成全国最干净、最有活力、最有希望的地方。陕甘宁边区的贪腐案件由 1939 年的 360 件下降到 1942 年的 153 件，老百姓送来了一面又一面“廉洁政府”的锦旗。

---

① 《陈云文选》第 3 卷，北京，人民出版社 1995 年版，第 239~240 页。

（四）延安精神的形成与从严治党的推进形成了良性互动

延安精神是中国共产党精神谱系的重要组成部分，是中国共产党宝贵的精神财富。延安精神是延安时期中国共产党领导中国人民进行新民主主义革命斗争过程中形成的内涵丰富的精神体系，延安精神包括坚定正确的政治方向、解放思想实事求是的思想路线、全心全意为人民服务的根本宗旨、自力更生和艰苦奋斗的创业精神。[①] 它培育了一代又一代优秀的中国共产党人，激励着人们干事创业的干劲和韧劲。延安精神的形成与延安时期从严治党密不可分，二者相互促进，良性互动。

延安精神是在延安时期从严治党的伟大实践中孕育产生的。延安时期从严治党是全面的，在政治建设方面表现为教育全党要坚持正确的政治方向。方向决定道路，道路决定成败，正确政治方向是党的事业取得胜利的保证。中国共产党是最高纲领和最低纲领的统一论者，党在延安时期，在吸取党的历史上“左”和右的政治路线经验教训的基础上，提出新民主主义革命的政治路线，并据此制定了正确的政策和策略。从严治党一个重要内容是对党员干部进行政治路线教育，严厉地批判那些政治上摇摆动摇，思想上、组织上不与中央保持一致的思想和行为。延安时期从严治党在思想建设上的标志性成果是确立了解放思想、实事求是的思想路线。延安时期，我们党坚持整顿党风、文风和学风，真正摆脱了主观主义的不良影响。我们党坚持既反“左”，也反右，坚持用民主的方法，积极开展党内思想斗争，牢固确立了实事求是的思想路线。全心全意为人民服务的根本宗旨是延安精神的根本价值所在，延安时期，党坚持“从群众中来，到群众中去”的工作方法，坚持“做人民群众公仆”这一根本定位。1943 年 10 月，毛泽东在《论合作社》一文中要求党员干部要“为群众服务……把群众的利益放在第一位”，[②]1944 年 9 月，在纪念张思德的讲话中，毛泽东把“为群众服务”改称为“为人民服务”，此后成为中国共产党的根本宗旨。在从严治党实践中，为人民服务的宗旨教育是一项重要内容，任何脱离群众、不为人民群众谋利益的思想和行为，都要受到严厉的批判，直至彻底转变为止。自力更生、艰苦奋斗的创业精神，亦是在延安时期从严治党的实践中形成的，它构成了延安精神的重要内容。

延安精神是从严治党的助推器。正确的政治方向，是从严治党的精神

---

① 习近平：《继承和发扬党的优良革命传统和作风，弘扬延安精神》，《求是》2022 年第 24 期。

② 中共中央文献研究室：《毛泽东著作专题摘编》下册，北京，中央文献出版社 2003 年版，第 1883 页。

坐标。延安时期为什么有那么多热血青年从祖国的四面八方奔向延安？为什么有那么多共产党人舍家别子，冒着生命危险，投入到抗日的洪流中？为什么一些国民党人放弃高官厚禄和安逸生活加入了中国共产党？为什么边区和根据地老百姓坚定不移地支持中国共产党？无数个类似的疑问，答案是相同的，那就是，中国共产党站在正义的一边，党高举抗日民族统一战线大旗，代表着正确的政治方向。坚定正确的政治方向，理想信念就不会动摇，党性修养就不会缺失，就不会迷失自我。解放思想、实事求是的思想路线，是从严治党的思想保障。延安时期，以毛泽东为主要代表的中国共产党人，坚持从中国实际出发，破除经验主义、本本主义和教条主义的束缚，大兴调查研究之风，坚持把马克思主义与中国实际相结合，在实践中检验和发展真理。中国共产党敢于坚持真理，纠正错误，形成了科学的思想路线，为中国革命的最终胜利提供了思想保证。全心全意为人民服务的根本宗旨，是从严治党的生命线。所谓生命线就是决定生死存亡的根本性的价值规定。毛泽东指出："老百姓拥护共产党，是因为我们代表了民族与人民的要求。但是，如果我们不能解决经济问题，如果我们不能建立新式工业，如果我们不能发展生产力，老百姓就不一定拥护我们。"① 所以，延安时期，中国共产党教育全体党员干部，一定要服务好人民群众，关心人民群众生产生活，体察群众疾苦，这是每一个合格共产党员都应该扎扎实实做到的。自力更生、艰苦奋斗的创业精神，是从严治党的现实要求。延安时期，陕甘宁边区和根据地被日军侵略扫荡、被国民党军队围困封锁，斗争环境异常艰苦复杂，这样的环境催生了自力更生、艰苦奋斗的创业精神。初到延安的人们惊讶地看到，中国共产党的领导人住的是破窑洞，吃的是小米饭，穿的是补丁衣，没有任何享受特殊的地方。共产党人靠着一双手，开垦了数万亩荒地，打成了数千孔窑洞，办起了上百所各类学校，不但没有被困死、饿死，反而实现了自己动手、丰衣足食。党和军队高级领导人都能做到自力更生、艰苦奋斗，在他们的领导下，管党治党、管军治军怎能不严呢？2014 年 10 月，习近平在党的群众路线教育实践活动总结大会上指出，"历史使命越光荣，奋斗目标越宏伟，执政环境越复杂，我们就越要增强忧患意识，越要从严治党"。②

---

① 《毛泽东文集》第 3 卷，北京，人民出版社 1996 年版，第 147 页。

② 习近平：《在党的群众路线教育实践活动总结大会上的讲话》，北京，人民出版社 2014 年版，第 12~13 页。

（五）解放战争时期农村基层整党巩固了从严治党的成果

解放战争时期，国民党之所以敢悍然发动内战，其仰仗的是强大的武装优势和背后帝国主义的支持，中国共产党秉持的是人民战争的思想，深信“兵民是胜利之本”，我们依靠广大人民群众，完全有打赢战争的可能性。诚如刘少奇所言：“蒋介石靠美国，我们靠老百姓。”[①] 为争取民众支持，中国共产党在解放区进行大规模土地改革，满足老百姓对土地的要求。然而，在土改运动中，也暴露出我们党自身建设方面还存在一些问题，主要有：一是一些党员干部存在脱离实际、脱离群众的官僚主义倾向，不注重调查研究，不太了解具体情况；二是有的党员干部工作作风粗暴，不善于也不愿意做耐心细致的思想政治工作。1947 年 4 月，刘少奇在《给晋绥同志的信》中指出：“在某些地方，贫苦群众要斗争某家地主或恶霸，而我们的政府或干部则以各种‘理由’不许群众去斗争，阻止群众行动；另一方面，当群众还没有起来向地主斗争时，我们的干部却硬要群众去斗争。”[②] 三是一些党员干部存在滥用职权，侵害群众利益的问题，他们在土地改革中想方设法为自己多分一点、分好一点。四是一些地主、富农、坏分子也混进了党的队伍，他们投机取巧、腐蚀干部、欺压群众，导致党群关系不融洽。五是有些党员干部阶级意识模糊，执行土改政策不坚决，甚至袒护地主、富农。

出现这些问题的原因，最主要的在于党员干部思想认识上不去。解放战争时期，党组织发展较快，至 1947 年冬，党员人数达到 270 多万人，大量的党员出身于农民和小资产阶级，他们虽然入党积极性高，但是由于没有接受过系统的马克思主义理论教育，对党的性质、宗旨、路线、方针、政策的理解不够深入，党性修养还不够高，在工作中忽“左”忽右，还不能完全适应革命形势的要求。此外，基层党组织还不同程度地存在组织不纯和作风不纯的问题，有些入党动机不纯的坏分子混进了党内，“他们在农村中把持许多党的、政府的和民众团体的组织，作威作福，欺压人民，歪曲党的政策，使这些组织脱离群众，使土地改革不能彻底。这种严重情况，就在我们面前提出了整编党的队伍的任务”。[③]

鉴于这样的新形势和新任务，党中央决定在解放区土改运动中进行基

---

① 《刘少奇选集》下卷，北京，人民出版社 1985 年版，第 395 页。

② 中国人民解放军政治学院党史教研室：《中共党史参考资料》第 11 册，北京，人民出版社 1979 年版，第 61 页。

③ 《毛泽东选集》第 4 卷，北京，人民出版社 1991 年版，第 1253 页。

层整党，解决党内突出存在的问题。1947 年 12 月，党中央在米脂县杨家沟召开中央工作会议（史称“十二月会议”），对政党工作做了全面部署。毛泽东在“十二月会议”上做了《目前的形势和我们的任务》的报告，他认为我们党过去在抗日战争时期成功进行了延安整风运动，成效是非常显著的，主要是提高了党员干部的马克思主义理论水平，把握住了马克思主义中国化的基本方向，“但是，在党的地方组织方面，特别是在党的农村基层组织方面所存在的成分不纯和作风不纯的问题，则没有获得解决”。[①]鉴于此，在土改中进行整党，是保证土地改革顺利进行以及解放战争最后胜利的“一个决定性环节”。

农村基层整党的主要内容是进行“三查”（即查阶级、查思想、查作风）和“三整”（即整顿组织、整顿思想、整顿作风），重点排查解放区农村的阶级关系，重点解决农村基层党组织中的思想不纯、组织不纯、作风不纯问题。这场整党运动前后历时 1 年多，尽管期间也一度存在一些“左”的偏向，但总体上看，取得了良好的预期效果。1948 年 4 月毛泽东在晋绥干部会议上的讲话中指出：“在土地改革和整党的伟大群众斗争中，教育了和产生了成万的积极分子和工作干部。”[②]同年 10 月他又指出，经过最近 1 年的整党和土改，“全党的政治成熟程度是大进一步了”。[③]

解放战争时期的农村基层整党，是延安时期从严治党的重要组成部分，它进一步巩固了延安时期从严治党的成果，解决了广大农村基层党组织存在的问题，密切了党群干群关系，巩固了解放区根据地的基层政权，为解放战争提供了有力的支持。

（六）坚持系统思维推进全面从严治党

尽管延安时期我们党没有明确提出“全面从严治党”管党治党方针，但可以肯定的是，在实践领域，坚持做到了全面从严治党，全面推进党的思想建设、政治建设、组织建设、作风建设、纪律建设、反腐倡廉建设，坚持系统思维，实现多方联动，强化了从严治党的效果。

思想建设为其他各方面建设提供了思想基础。延安时期，中国共产党传承了土地革命战争时期的党建经验，坚持将党的思想建设放在首位，以思想建设统领其他各方面建设。党的思想建设在党的建设中起着基础与先导作用，对党的其他各方面建设起着带动、制约和影响作用。一方面，思

① 《毛泽东选集》第 4 卷，北京，人民出版社 1991 年版，第 1252 页。
② 《毛泽东选集》第 4 卷，北京，人民出版社 1991 年版，第 1309 页。
③ 《毛泽东选集》第 4 卷，北京，人民出版社 1991 年版，第 1344 页。

想建设对政治建设起着决定性的影响，政治路线的确立、政治方向的掌控、政治权威的树立，是以党的思想认识的高度统一为基础的。同时，思想建设又为组织建设打下了必要的思想基础。另一方面，思想建设的成效还决定着作风建设的水平。一般而言，作风体现的是个人世界观的外在表现，具有什么样的世界观就会显现出相对应的作风。依此看，党的思想建设的效能在很大程度上影响着党的作风建设的情况。对此，毛泽东指出："掌握思想教育，是团结全党进行伟大斗争的中心环节。如果这个任务不解决，党的一切政治任务是不能完成的。"①

党的政治建设是根本性建设，为党的其他方面建设提供了方向保证。党的政治建设主要关涉党的政治路线、政治方向、党的领导地位、党中央权威等重大问题。众所周知，在延安时期之前，我们党在政治建设方面存在很大的缺陷，主要表现在党的政治路线出现"左"和右的偏差，党始终未能形成一个稳定的领导核心，党中央权威不足而导致的分裂党或者执行党的决议不力等情况时有发生。延安时期，中国共产党注重政治建设，很好地解决了上述问题，确立了正确的政治路线，形成了一个稳定的领导核心，也树立起了党中央的权威，加强了党对一切工作的领导。延安时期，党在政治建设方面的成就，既为党的其他方面建设规制了正确方向，同时推动了党的其他方面建设。党的路线正确了，党员干部的思想行动就比较好统一了；党中央有权威了，党的决议执行和党内规章制度落实就有了政治保障，进而党风廉政建设更容易往前推进。

党的组织建设是党的整体性建设的组织依托。延安时期，党的组织建设最主要的成就有这样几个方面：一是大力发展党员，建设一个全国性的大党。此前的中国共产党在很多地方还没有成立党组织，党员人数也不多，延安时期党的组织大发展，全国各地都成立了党组织，党员人数达到100多万，成为一个全国性大党。二是将民主集中制确立为党的根本组织原则，并且，在实践层面，党还把民主集中制贯彻到政权建设中，在边区和根据地各级政权中实行"三三制"原则。三是确立了任人唯贤的干部路线和德才兼备的干部标准。四是健全基层组织形态，强化基层党组织的战斗堡垒作用。延安时期从严加强党的组织建设，强化了党组织的政治功能和组织功能，也使得党的思想建设、政治建设、制度建设、作风建设和反贪污腐败等工作有了强大的组织依托。组织功能发挥好了，对党员干部的

① 《毛泽东选集》第3卷，北京，人民出版社1991年版，第1094页。

思想政治教育就容易组织了；组织路线贯彻好了，就能选出德才兼备的好干部，进而就能形成好的政治生态，形成好的作风。

党的作风建设对其他方面建设也有着非常明显的助推作用。延安时期是中国共产党作风建设成效最为突出的一个阶段，这一时期，中国共产党开创性地运用整风运动的形式解决党内存在的作风问题，取得了良好的效果，在理论上创造性地发展了马克思主义党建理论，在实践层面上把全党的思想作风、工作作风、领导作风推进到了一个新的水平，形成了影响深远的三大优良作风——理论与实际相结合的作风，密切联系群众的作风，批评与自我批评的作风。尤其是理论与实际相结合的作风，不仅强化了党的思想建设，也促进了党的政治建设，中国化的马克思主义——毛泽东思想，就是理论与实际相结合的产物，党的七大高举毛泽东思想的伟大旗帜，确保中国革命有科学的理论作指导，保证了党的事业的政治方向。还有密切联系群众的作风，它是三大作风的核心，不单单是一个作风问题，还关涉政治立场这一根本性问题，只要党员干部想问题、做事情始终站在最广大人民群众的立场上，就不会出现思想方面、组织方面、纪律方面、廉洁方面的问题。

此外，党的纪律建设、制度建设也对党的其他方面建设起到推动作用。总之，延安时期从严治党之所以成效显著，是党坚持系统思维推动全面从严治党的必然结果。

二、延安时期从严治党的偏差及其矫治

尽管延安时期从严治党取得了辉煌的成就，在中国共产党百余年党建史上留下了浓墨重彩的一笔。但不可否认的是，在从严治党的过程中，也一度存在一些偏差，比如在延安整风运动第二阶段的审查干部和清理队伍工作中出现了所谓“抢救运动”，使得大批知识分子和党员干部受到怀疑和审查，受到不公正对待，给党、政、军的各项事业造成很大的危害。好在党中央和毛泽东及时发现了问题，及时纠正了错误，及时挽回了损失。

对于延安时期从严治党过程中出现的偏差，要有客观公正的认识和实事求是的评价。

（一）要正确认识出现偏差的原因

学术界关于整风运动和审干运动是一回事还是两回事，存在两种观点。将其二者截然分开，也是有充分依据的。比如二者性质不一样，整风运动的定性是“一个普遍的马克思主义的教育运动”，而审干运动的主要

目的是锄奸、清查混进边区和根据地的特务；再如二者的指导方针也不一样，整风运动的方针是“惩前毖后、治病救人”，审干运动的方针是宽大和镇压相结合，以宽大政策为主。当然，将二者当成一回事也是有依据的，1943 年 4 月 3 日，中央发出《关于继续开展整风运动的决定》，要求在学完整风文件以后，转向审查每一个同志的思想与历史。1943 年 8 月 15 日，中央正式发布《关于审查干部的决定》，据此看，二者同属于整风过程。事实上，整风和审查干部，都是中国共产党从严治党的常规内容，只不过，在延安整风期间的审查干部确实存在一些问题，这与当时的斗争环境有关。早在 1937 年 8 月的洛川会议上，中国共产党在《抗日救国十大纲领》的第九条中就提出“肃清汉奸卖国贼亲日派，巩固后方”[①] 的政策要求。1941 年 5 月通过的《陕甘宁边区施政纲领》第六条和第七条中也有反奸锄奸方面的司法规定，由此推之，陕甘宁根据地的审干和反奸锄奸工作应当是党在抗战时期的工作任务要求。但在特定斗争环境中，党一度对干部中存在的问题以及特务的严重性做了过度的估计。1942 年，中央研究院文艺研究室特约研究员王实味写了两篇杂文《野百合花》和《政治家，艺术家》，主要是反映当时延安革命队伍里存在的个别官僚主义、吃喝享受等问题，发表在《解放日报》副刊上，后来被认定为这两篇文章的立场有问题，当然，在此之前，王实味也曾以其他形式批评过延安“衣分五色，食分三等”的所谓不公平现象，中央研究院据此展开对王实味的批判，这件事情后来康生插手以及被国民党利用，王实味被扣上“反革命托派奸细分子”“暗藏的国民党特务”和“反党五人集团成员”3 顶“帽子”。王实味事件后，边区保卫部门陆续查处了 50 多个国民党特务，他们都是经过特殊训练，打入陕甘宁边区党政机关、学校等部门，有一个特务小组甚至打入中央军委的机要机关。鉴于当时国民党对边区和根据地的经济封锁、政治诱降，日本军队对根据地的围攻，加之从全国各地去延安的青年知识分子过去的成分和出身较为复杂，在此情况下，中央作出审查干部的决定是合情合理的，一来弄清干部过往的历史，二来查清潜伏特务，因此，多数党员干部对此也都是赞同的。1943 年 5 月下旬，胡宗南部调动数十万军队欲进攻陕甘宁边区，国共摩擦进一步升级，在这种情况下，中央社会部对边区干部队伍不纯的情况作了过于严重的估计，尤其是对外来的知识分子不大信任，甚至认为“百分之八十的新知识分子都是特

① 《毛泽东选集》第 2 卷，北京，人民出版社 1991 年版，第 356 页。

务分子”，[①]把一些思想认识上的分歧上升为政治问题。1943 年 7 月 15 日，康生在延安干部大会上作了题为“抢救失足者”的报告，自此，审干运动出现了严重的“左”的偏差。

（二）党中央和毛泽东对“抢救运动”的偏差进行了及时纠偏

康生的报告实际上将党的干部队伍不纯洁的情况估计得极为严重，将反奸细反特务斗争与审干运动混为一谈，在方法上采取苏联斯大林时期肃反的方式以及土地革命后期根据地“肃反”的群众斗争方式，导致反特斗争严重扩大化。一时间，党政军学等团体全线开展“抢救运动”，人人过关，召开各种形式的“坦白会”“批斗会”“抢救会”，延安半个月时间内就挖出了“特嫌分子”1400 多人。[②]审干运动中，甚至搞刑讯逼供，人为制造出很多“国民党特务”“日本特务”和“红旗党”。据徐向前回忆，1943 年 10 月中旬，康生派工作组进驻抗大指导抢救运动。工作组搞了很多新花样，什么“即席坦白”“集体劝说”等，还有所谓的“照相”，让被审查人上台，大家集体盯着他，如果“面不改色”就没问题，否则就是有问题。各种形式的折腾，最后挖出所谓“特务分子”602 人，占全校排以上干部总数的 57.5%，干部队伍共有 496 人，“特务”和“特嫌分子”竟有 373 人，占 75% 以上。[③]在抗大三分校 500 多人中，后来只剩 20 多人没有被抢救。军委三局电讯学校 200 多人挖出了 170 个“特务”，中央秘书处 60 多人中，只有 20 人没被“抢救”。有的机关单位和学校因为找出的“特务和特嫌分子”少而被点名批评，被认为是不过关，有的单位实在找不出被抢救者，只好采取“抓阄”的形式，抓着谁，谁上台“坦白”。有的被群众揭发检举为“特务”的原因令人啼笑皆非，有的是因为会外语而被怀疑，甚至有的女同志因为长得漂亮而被怀疑为特务。

毫无疑问，“抢救运动”犯了严重扩大化的错误，在被抢救的所谓“失足者”中，有 90% 多的同志历史是清白的，对党是忠诚的。那么，这场“抢救运动”是怎样终止的呢？主要原因有两个方面，一是对于“抢救运动”中出现的偏差，毛泽东有所耳闻，在听了陈云、李克农等人的汇报后，毛泽东意识到康生等人制造的“抢救运动”已经偏离了干部审查的正确轨

① 胡乔木：《胡乔木回忆毛泽东》，北京，人民出版社 1994 年版，第 279 页。

② 中共中央党校教育史研究组：《延安中央党校的审干工作》，北京，中央文献出版社 2003 年版，第 38 页。

③ 任文主编：《红色延安口述 · 历史：我所亲历的延安整风》下册，西安，陕西师范大学出版总社有限公司 2014 年版，第 128 页。

道，明确指示要区分审干和"肃反"，重申审查干部一定要坚持"九条方针"，[①]"必须拿这种实事求是的方针去和内战时期曾经损害过党的主观主义方针完全区别开来，这种主观主义方针就是逼、供、信三个字。"[②]二是经过大半年的"抢救运动"，各单位基本上"没有潜力可挖"了，最关键的是"抢救运动"严重影响了机关单位和学校的工作、生产和学习，有的工作都无法正常开展了。这些情况陆陆续续被通过各种渠道反映到中央政治局，在经过调查研究之后，毛泽东认定"抢救运动"存在严重的偏差，至1944年年初开始对被"抢救"人员进行甄别平反，绝大多数受到错误对待的同志都得到了平反，还他们以清白，毛泽东还在中央党校、行政学院召开大会，会上，他把手举到帽檐处，向大家致歉说："大水冲了龙王庙，自家人不认自家人了，党中央相信大家都是好同志，我请大家原谅。如果不原谅，我的手就不放下来。"[③]毛泽东代表党中央的诚恳道歉得到人们的谅解，他们欢呼雀跃，激动地拥抱在一起，仿佛数月以来的委屈，一下子就消失了。对审干运动中出现的偏差，毛泽东主动承担责任，从不回避和推诿，彰显了他勇于担当的伟人风范。毛泽东在《在中国共产党第七次全国代表大会上的结论》中说："审干中搞错了许多人，这很不好，使得有些同志心里很难过，我们也很难过。""为什么搞错了呢？应该是少而精，因为特务本来是少少的，方法本来是精精的而不是粗粗的，但我们搞的却是多而粗，错误就是在这个地方。"毛泽东还说，在审干中，"整个延安犯了很多错误，谁负责？我负责，因为发号施令的是我"。[④]

① 1943年8月15日，中央正式发布的《关于审查干部的决定》中规定，审查干部之方针为：一、首长负责；二、自己动手；三、领导骨干与广大群众相结合；四、一般号召与个别指导相结合；五、调查研究；六、分清是非轻重；七、争取失足者；八、培养干部；九、教育群众。

② 沙健孙主编：《中国共产党史稿（1921—1949）》第4卷，北京，中央文献出版社2006年版，第630页。

③ 修来荣：《陈龙传》，北京，群众出版社2011年版，第97页。

④ 任文主编：《红色延安口述·历史：我所亲历的延安整风》下册，西安，陕西师范大学出版总社有限公司2014年版，第84页。

第五章　延安时期从严治党的当代启示

治党是治国的前提保障，从严则是治党的必然要求。习近平总书记曾说："管党治党，必须严字当头，把严的要求贯彻全过程，做到真管真严、敢管敢严、长管长严。"[①]中国共产党作为中国唯一的执政党，党的自身建设，不仅关系到自身的存亡，而且关系到国家的稳定与富强。中国共产党在延安时期从严治党的历史是波澜壮阔的、是光辉灿烂的、是成就显著的、是特点鲜明的。回顾这一时期从严治党的历史，可以明确地看出，延安时期管党治党的理念是明确的，从严治党的决心是一以贯之的。延安时期，党始终注重严抓党的政治建设，制定了正确的政治路线，维护了党中央权威和集中统一领导；始终注重严抓党的思想建设，拧紧了思想建设这个"总开关"，坚定了党员干部的理想信念；始终注重严抓党的作风建设，形成了许多好的传统和作风，保持了党与人民群众的血肉联系；始终注重严抓党的制度建设，"扎紧制度的笼子"，确保权力在阳光下运行；始终注重严抓党的干部队伍建设，严管领导干部这一关键少数，使领导干部率先垂范成为一种普遍要求；始终注重反腐倡廉斗争，以"零容忍"态度惩治腐败，建设廉洁政治。

回顾党的十八大以来全面从严治党的历程，我们可以发现，延安时期的一些好的经验和做法，在新时代全面从严治党的实践中得到运用，这充分说明，延安时期从严治党对当下正在推进的新时代全面从严治党具有重要的启示意义。党的二十大报告明确指出："全面从严治党是党永葆生机活力、走好新的赶考之路的必由之路。"[②]因此，研究和总结延安时期从严治党的理论和实践经验，对新时代新征程中全面从严治党的实施与推进具

① 习近平：《在庆祝中国共产党成立95周年大会上的讲话》，《人民日报》2016年7月2日，第1版。

② 习近平：《高举中国特色社会主义伟大旗帜　为全面建设社会主义现代化国家而团结奋斗——在中国共产党第二十次全国代表大会上的报告》，北京，人民出版社2022年版，第70页。

有重要的现实意义。

第一节　把政治建设放在首位是从严治党的核心

延安时期，中国共产党人在极其困难险恶的环境下，带领中国人民勇敢抗击日本帝国主义的侵略，并最终取得战争的胜利。之后，在武器装备及军队人数均处于劣势的解放战争中，反击并粉碎了国民党的反动统治。中国共产党在风云变幻、惊涛骇浪的历史长河中，领导广大人民群众乘风破浪，砥砺前行。而中国共产党能够取得如此辉煌的成就，主要归功于以毛泽东为核心的党中央的正确领导，制定并坚持了正确的政治路线。1945年，党的七大在延安召开，会议将毛泽东思想确立为党的指导思想并写入党章，党的七大对毛泽东在中国共产党的领导地位作了充分肯定，即全党自觉地在毛泽东思想的指导下，紧密地团结在以毛泽东为首的党中央周围。以毛泽东为核心的党中央，在新民主主义革命期间，领导中国人民战胜了一个又一个困难，将马克思列宁主义和中国实际第一次实现了有机结合。在延安时期，中国革命形势和局面实现了历史性的发展，为中国共产党夺取新民主主义革命胜利奠定了基础。

在延安时期从严治党实践中，虽然没有明确提出把党的政治建设放在首位的要求，但从严治党的实践客观上起到了强化党的政治建设，把政治建设放在首位的重要作用。通过全面从严治党，我们党在延安时期成功解决了党的领导核心问题、党的思想旗帜问题、党的政治路线问题、党中央权威和集中统一领导问题，这些问题就是党的政治建设所要解决的核心问题。延安时期全面从严治党的实践充分昭示，新时代全面从严治党，要把党的政治建设放在首位，以政治建设统领党的其他建设。要始终坚持党的政治路线，始终做到“两个维护”，深刻领悟“两个确立”的决定性意义，坚定不移维护党中央权威和集中统一领导。

一、新时代全面从严治党要始终做到“两个维护”

政治建设是党的根本性建设。旗帜鲜明讲政治，是马克思主义政党的根本要求。中国共产党成立100年来，在革命、建设和改革的各个时期，都始终坚持把党的政治建设放在重要位置。

在科学社会主义发展史上，马克思、恩格斯历来主张无产阶级政党要有核心、党的领导要有权威。他们在总结巴黎公社革命的教训的时候认为，没有形成领袖核心和权威领导是巴黎公社革命失败的重要原因。他们认为，无产阶级政党强调绝对民主，“把权威原则说成是绝对坏的东西，而把自治原则说成是绝对好的东西，这是荒谬的”。[①]列宁在《我们运动的迫切任务》中也指出，“在历史上，任何一个阶级，如果不推举出自己的善于组织运动和领导运动的政治领袖和先进代表，就不可能取得统治地位”[②]。

中国共产党对核心与权威的问题也有着较为正确的认识。毛泽东在党的七大预备会上的讲话中曾指出：“要知道，一个队伍经常是不大整齐的，所以就要常常喊看齐，向左看齐，向右看齐，向中看齐。我们要向中央基准看齐，向大会基准看齐。看齐是原则，有偏差是实际生活，有了偏差，就喊看齐。”[③]邓小平也曾明确指出：“任何一个领导集体都要有一个核心，没有核心的领导是靠不住的。第一代领导集体的核心是毛主席。因为有毛主席作领导核心，‘文化大革命’就没有把共产党打倒。第二代实际上我是核心。因为有这个核心，即使发生了两个领导人的变动，都没有影响我们党的领导，党的领导始终是稳定的。”[④]

新时代，我们党面临新的党建场域，担负新的重大使命，这种使命尽管与党在新民主主义革命时期以及社会主义革命时期的具体要求不一样，但有一个前提要求是一致的，那就是必须在维护党的核心、维护党中央权威和集中统一领导下才能完成。

中国共产党是中国革命和中国特色社会主义事业的坚强领导核心，在任何时期，都必须毫不动摇地坚持党的领导。党的十八大以来，习近平总书记多次指出党中央权威的重要性，2016年12月26日，习近平总书记在中央政治局民主生活会上的讲话中指出：“党的历史、新中国发展的历史都告诉我们：要治理好我们这个大党、治理好我们这个大国，保证党的团结和集中统一至关重要，维护党中央权威至关重要。”[⑤]2017年10月18日，习近平总书记在党的十九大上阐述新时代中国特色社会主义基本方略时指出，“必须增强政治意识、大局意识、核心意识、看齐意识，自

---

① 《马克思恩格斯选集》第3卷，北京，人民出版社2012年版，第276页。

② 《列宁选集》第1卷，北京，人民出版社2012年版，第286页。

③ 中共中央文献研究室：《毛泽东著作专题摘编》下册，北京，中央文献出版社2003年版，第2000页。

④ 《邓小平文选》第3卷，北京，人民出版社1993年版，第310页。

⑤ 《习近平谈治国理政》第2卷，北京，外文出版社2017年版，第188页。

党维护党中央权威和集中统一领导，自觉在思想上政治上行动上同党中央保持高度一致”。[①] 在部署全面从严治党时强调：“保证全党服从中央，坚持党中央权威和集中统一领导，是党的政治建设的首要任务。”[②]2019 年 1 月 31 日出台的《中共中央关于加强党的政治建设的意见》中提出，加强党的政治建设，必须增强“四个意识”，坚定“四个自信”，“坚决维护习近平总书记党中央的核心、全党的核心地位，坚决维护党中央权威和集中统一领导”。[③]

在中共百余年党史中，党的历代中央领导集体之所以再三强调党的核心以及党中央权威和集中统一领导，是因为：第一，历史证明，领导核心的确立是党的事业兴衰的关键。一个政党必须有一个坚定的领导核心，进而才能形成一个领导集体。没有一个公认的核心，就无法统一全党意志，集中全党智慧，凝聚全党力量。在中国共产党的历史上，从中国共产党的成立到遵义会议以前，党的革命进程和事业持续遭遇挫折，最主要的原因就是在当时的历史时期，中国共产党党内没有形成一个成熟而具有权威的中央领导集体，尤其没有一个坚强有力的领导核心。遵义会议以后，中国共产党内逐渐形成了以毛泽东同志为核心的党的第一代中央领导集体，创造性地提出并实施了一系列正确的方针策略，中国革命逐渐走向胜利。长征途中，张国焘个人野心膨胀，意欲分裂党和红军，图谋另立中央，如果张国焘的阴谋得逞，那将给中国革命造成不可挽回的损失。1935 年 8 月上旬，中共中央政治局召开“沙窝会议”，对张国焘进行耐心说服，希望他能维护中央的决策。8 月下旬，中共中央政治局召开“毛儿盖会议”，通过了《关于目前战略方针之补充决定》，会议对张国焘的错误主张进行了批评。9 月 12 日，中共中央政治局在俄界召开扩大会议，作出《关于张国焘同志的错误的决定》，要求张国焘改正错误，率领红四方面军北上，但张国焘一直执迷不悟，置党的革命事业大局于不顾，决然率军南下，并在卓木雕另立中央，后在南下的过程中，红四方面军受重挫，才不得不宣布取消“第二中央”。现在看来，正是由于党中央认识到党的领导核心的

① 习近平：《决胜全面建成小康社会　夺取新时代中国特色社会主义伟大胜利——在中国共产党第十九次全国代表大会上的报告》，北京，人民出版社 2017 年版，第 20 页。

② 习近平：《决胜全面建成小康社会　夺取新时代中国特色社会主义伟大胜利——在中国共产党第十九次全国代表大会上的报告》，北京，人民出版社 2017 年版，第 62 页。

③ 中共中央党史和文献研究院：《十九大以来重要文献选编》（上），北京，中央文献出版社 2019 年版，第 768 页。

重要性，认识到党中央权威和集中统一领导的重要性，与张国焘分裂主义的错误进行坚决斗争，才维护了以毛泽东为核心的党中央权威和集中统一领导，才有了后面抗日民族统一战线的建立，才有了抗日战争和解放战争的胜利。还有抗日战争时期王明也严重违反了党的政治纪律和组织纪律，不服从组织安排，不与中央保持一致，公然挑战中央权威，对此行为，以毛泽东为核心的党中央进行了坚决的斗争，很好地维护了党中央权威和统一领导。正是因为我们党在历史上有过这方面的教训，所以，在后来党领导我国社会主义建设和改革开放的实践中，十分注重党的团结统一，注重维护党中央权威和集中统一领导。

第二，维护党中央权威和党的集中统一领导是全面从严治党的迫切需要。延安时期，党中央十分重视党领导一切的原则，保持党的领导的权威性。为达到此目的，一方面，党中央从严加强政治建设，制定正确的政治路线，明确党中央是全党的最高领导，明确党的领导核心是毛泽东，明确“全党要向中央看齐”，坚持和健全民主集中制原则，这些原则和要求在维护党的团结统一、维护党中央的统一领导方面，发挥了重要作用。另一方面，为了树立党中央的形象和权威性，中国共产党要求党员干部既要严明政治纪律和工作纪律，又要严明生活纪律，尤其是党的各级领导干部要以身作则，以此在全党树立党中央的权威，并教育全党全军。党中央刚到延安时，衣食紧缺，毛泽东坚持与广大红军战士同呼吸共患难，不搞特殊化，坚持粗茶淡饭，衣服烂了就打上补丁继续穿。到延安访问的各界人士见到毛泽东、朱德、林伯渠、陈云等党的领导人，都惊叹于他们的艰苦朴素，在这里，人们看到的是官民平等、官兵平等。在延安时期的13年里，中国共产党始终坚持这样的原则和要求，在人民群众中树立了很高的威信，使得党的路线、方针、政策能够通达“最后一公里”，得到贯彻落实。改革开放以来，党中央带领全国各族人民，开拓进取、锐意创新，党的各项事业都呈现出一派蒸蒸日上的繁荣景象，广大党员干部在思想上和行动上与党中央保持了高度一致性。但是，不可否认的是，尽管在总体上党中央在领导中国改革开放的实践中能够保持权威性，党的路线、方针、政策也基本上得到贯彻落实，在维护党中央权威和党的统一领导上依然存在很多问题：极少数党员干部在涉及重大政治问题上，与党中央没有保持高度一致，擅自公开散布或发表相反的言论，一些领导干部没有有效地落实和贯彻党的方针政策，阳奉阴违，我行我素。还有些不负责任的人，道听途说，编造政治谣言，在干部群众中产生了极为恶劣的影响。“特别是高级干部中极少数人政治野心膨胀、权欲熏心，搞阳奉阴违、结党营私、团团伙伙、拉帮结派、谋取权位等政治阴谋活动。这些问题，严重侵蚀党的思想道德基础，严重破坏党的团结和集中统一，严重损害党内政治生态和党的形象，严重影响党和人民事业发展。”①上述行为对于维护党中央权威和集中统一领导是非常不利的。鉴于此种情况，党的十八大以来，党高度重视严抓政治建设，坚决维护党的团结统一，坚决维护党中央权威和集中统一领导，将党的领导提升到中国特色社会主义本质的高度。习近平总书记在党的十九大报告中指出，“中国特色社会主义最本质的特征是中国共产党领导，中国特色社会主义制度的最大优势是中国共产党领导，党是最高政治领导力量”。②坚决维护党中央权威，保证全党令行禁止，在任何时期，都关乎于党和国家的前途和命运。当前，中国共产党是拥有9800多万名党员的世界第一大党，如果不能保证令行禁止，全党上下必将人心涣散，变成一盘散沙，失去凝聚力和战斗力。与此同时，也无法在人民心目中树立威严，得到广大人民的拥护和爱戴。想要治理好这样一个大党，得到百姓的认可，维护党中央权威和集中统一领导，是最为重要的。

第三，始终坚持“两个维护”是完成新时代党的历史使命的根本保证。1978年，中国社会主义建设开启了改革开放之门，自此，中国特色社会主义建设步入快速发展的通道。经过40多年的高速发展，我国的生产力发展水平显著提高，人民群众的需求发生了巨大变化，呈现出明显的多元性、多层次性的特征，由此也决定了新时代我国社会主要矛盾发生了变化。党的十九大报告指出：“我国社会主要矛盾已经转化为人民日益增长的美好生活需要和不平衡不充分的发展之间的矛盾。”③新矛盾决定了我们党在新时代面临新的历史任务，要求我们党要把工作重点放在解决发展不平衡不充分的问题上，提升发展的质量和效益，不断满足人民对美好生活的需求。新时代，党中央规划了“两个100年，两个15年”的发展战略，在2020年全面建成小康社会的基础上，再奋斗15年，基本实现现代化，然后再奋斗15年，到新中国成立100年时，把我国建设成为富

---

① 《关于新形势下党内政治生活的若干准则 中国共产党党内监督条例》，北京，人民出版社2016年版，第3页。

② 习近平：《决胜全面建成小康社会 夺取新时代中国特色社会主义伟大胜利——在中国共产党第十九次全国代表大会上的报告》，北京，人民出版社2017年版，第20页。

③ 习近平：《决胜全面建成小康社会 夺取新时代中国特色社会主义伟大胜利——在中国共产党第十九次全国代表大会上的报告》，北京，人民出版社2017年版，第11页。

强、民主、文明、和谐、美丽的社会主义现代化强国，实现中华民族伟大复兴。新时代赋予的历史使命是伟大光荣的，但是这个历史使命“绝不是轻轻松松、敲锣打鼓就能实现的”，[①]必须集全党之力，集全国人民之力，才能完成这一使命。“坚持党中央集中统一领导，确立和维护党的领导核心，是全党全国各族人民的共同愿望，是推进全面从严治党、提高党的创造力凝聚力战斗力的迫切要求，是保持党和国家事业发展正确方向的根本保证。”[②]在实现中华民族伟大复兴的历程中，要凝聚中华民族的强大力量，凝聚亿万人民的集体智慧，党中央必须有权威性，才能发挥好领导核心作用，才能更好形成党的强大领导力。

二、新时代全面从严治党必须坚定拥护“两个确立”

2021 年 11 月 11 日，党的十九届六中全会通过的《中共中央关于党的百年奋斗重大成就和历史经验的决议》中提出：党确立习近平同志党中央的核心、全党的核心地位，确立习近平新时代中国特色社会主义思想的指导地位，反映了全党全军全国各族人民共同心愿，对新时代党和国家事业发展、对推进中华民族伟大复兴历史进程具有决定性意义。[③]可以说，“两个确立”是党的十九届六中全会最重大的政治判断，最突出的政治成果。

就全面从严治党而言，“两个确立”更加意义非凡。全党没有核心或者党中央没有权威和集中统一领导，全面从严治党不可能取得成功，这一点，人们从百年党史，尤其是从延安时期这段历史中能够深刻感悟到。

首先，始终维护全党核心、党中央的核心地位，全面从严治党就有了定盘星。党的核心是全党政治上的旗帜、思想上的灵魂、行动上的统帅。从延安时期全面从严治党的实践来看，这一宏大叙事自始至终都是在党的领导下进行的，党的领导核心在这一过程中发挥了关键作用。1938 年党的六届六中全会以后，中国共产党开始大规模的、系统的全面从严治党，从政治上、思想上、组织上、作风上、制度上、廉洁上都做出许多新决议、新指示和新要求，并严格落实，产生了非常好的实践效果。中国共产

① 习近平：《决胜全面建成小康社会　夺取新时代中国特色社会主义伟大胜利——在中国共产党第十九次全国代表大会上的报告》，北京，人民出版社 2017 年版，第 15 页。

② 《习近平谈治国理政》第 2 卷，北京，外文出版社 2017 年版，第 20 页。

③ 《中共中央关于党的百年奋斗重大成就和历史经验的决议》，北京，人民出版社 2021 年版，第 26 页。

党自成立以来，在党纲、党章以及党的决议中，对党的组织、纪律以及入党条件等，都有着严格的规定，但总体上看，还是不系统、不全面的。究其原因，一是与党早期所处的复杂斗争环境有关，没有稳定的根据地和大后方。二是与党一直没有形成一个稳定的领导集体与领导核心有关。关于党的第一代中央领导集体，邓小平有一个权威判断，他说，“从毛刘周朱开始，中国共产党才真正形成了一个稳定的成熟的领导集体。以前的领导都是很不稳定，也很不成熟的。从陈独秀起，一直到遵义会议，没有一届是真正成熟的……我们党的历史上，真正形成成熟的领导，是从毛刘周朱这一代开始。”[①]“第一代领导集体的核心是毛主席。”[②]关于党的领导核心，一个普遍的认识是，遵义会议是中国共产党历史上的伟大转折，确立了毛泽东在党和红军中的领导地位。对这一认识不能机械地去理解，事实上，领导核心的形成不是一蹴而就的，它有一个过程。毛泽东成为我们党的核心，自然也会经历一个过程，遵义会议是一个重要的转折点，标志着毛泽东的核心地位开始形成，党的七大的胜利召开，标志着毛泽东全党核心地位最终确立，得到全党的一致认同和拥护。自遵义会议到党的七大，历经10年才最终完成。其间，1938年9月底至11月初在延安召开的党的六届六中全会是一个重要的时间节点。这次会议对毛泽东全党核心地位的形成，起着至关重要的作用。2021年11月8日至11日召开的党的十九届六中全会通过的《中共中央关于党的百年奋斗重大成就与历史经验的决议》指出，“一九三五年一月，中央政治局在长征途中举行遵义会议，事实上确立了毛泽东同志在党中央和红军的领导地位，开始确立以毛泽东同志为主要代表的马克思主义正确路线在党中央的领导地位，开始形成以毛泽东同志为核心的党的第一代中央领导集体”。[③]这一权威表述表明，遵义会议只是确立毛泽东核心地位的一个良好开端，中间也经历了曲折过程。1937年11月，王明从苏联回到延安，以“钦差大臣”自居，下车伊始便急于取代毛泽东的领导地位，挑战毛泽东的核心地位，否定毛泽东制定的政治路线和军事路线，将自己凌驾在党中央之上，在党内造成极大的思想混乱。关于毛泽东与王明之间的分歧与纷争，党中央派任弼时去苏联向共产国际汇报，顺便接替王稼祥担任中共驻共产国际代表团团长。1938

① 《邓小平文选》第3卷，北京，人民出版社1993年版，第298页。

② 《邓小平文选》第3卷，北京，人民出版社1993年版，第310页。

③ 《中共中央关于党的百年奋斗重大成就与历史经验的决议》，北京，人民出版社2021年版，第6页。

年8月，王稼祥从苏联回国，带回了共产国际明确指示："应该告诉全党，应该支持毛泽东同志为中国共产党的领导人，他是在实际斗争中锻炼出来的领袖。其他的人如王明，不要再争当领导人了。"① 有了共产国际指示这个"尚方宝剑"，毛泽东主持召开了党的六届六中全会，提出了"马克思主义中国化"这一重大命题。这次会议对于维护毛泽东的核心地位以及此后树立起"毛泽东思想"这面思想旗帜，至关重要。当然，仅此一次重要会议，还远远解决不了党的核心问题和稳定的领导集体问题。此后，在以毛泽东为核心的党中央领导下，开展全党大学习，推进全面从严治党，进行延安整风，锻造了一个"全中国的强固的共产党"。② 逻辑地看，全党有了核心，从严治党就有了"定盘星"和坚强的领导，相应地，全面从严治党也在强化党的领导核心地位。毛泽东充分认识到核心之于党的事业的重要性，对于领导核心，他曾有一个形象的比喻："一个桃子剖开来有几个核心吗？不，只有一个核心。"③1943年12月14日，他在中共中央西北局高级干部会议上的讲话中说："实行一元化的领导很重要，要建立领导核心，反对'一国三公'。"④ 党的十八大以来，中国特色社会主义进入新时代，开启了全面从严治党的新征程，在政治建设、思想建设、组织建设、作风建设、纪律建设、制度建设和反腐败斗争方面都取得了非常突出的成绩，使党的面貌发生巨大变化，人民群众对从严治党的满意度逐步提升。党的十九届六中全会作出的"第三个历史决议"中有这样的结论："党的十八大以来，经过坚决斗争，全面从严治党的政治引领和政治保障作用充分发挥，党的自我净化、自我完善、自我革新、自我提高能力显著增强，管党治党宽松软状况得到根本扭转……党在革命性锻造中更加坚强。"⑤ 这样巨大成绩的取得，是以习近平同志为核心的党中央正确领导的结果。试想，如果我们党没有核心，或者党中央没有权威，我们全面从严治党的方针政策能够得到有效落实吗？

其次，始终坚持习近平新时代中国特色社会主义思想的指导地位，全面从严治党就有了根本指针。习近平新时代中国特色社会主义思想是党坚

① 中共中央文献研究室：《任弼时传》下册，北京，中央文献出版社2014年版，第525页。

② 《毛泽东文集》第2卷，北京，人民出版社1993年版，第59页。

③ 中共中央宣传部理论局：《全面从严治党面对面——理论热点面对面·2017》，北京，学习出版社、人民出版社2017年版，第12页。

④ 《毛泽东文集》第3卷，北京，人民出版社1996年版，第69页。

⑤ 《中共中央关于党的百年奋斗重大成就与历史经验的决议》，北京，人民出版社2021年版，第33页。

持把马克思主义基本原理同中国具体实际相结合、同中华优秀传统文化相结合，解放思想，实事求是，守正创新，在新时代中国特色社会主义建设实践中形成并不断发展的科学理论，这一思想体系内容丰富、博大精深，涵盖了经济、政治、文化、社会、生态、党建、外交、国防、安全、祖国统一等改革发展稳定、内政外交国防、治党治国、治军的方方面面。根据党的十九届六中全会的权威表述，构成这一思想体系的核心内容是“十个明确”，其中关于全面从严治党的第十个明确是：“明确全面从严治党的战略方针，提出新时代党的建设总要求，全面推进党的政治建设、思想建设、组织建设、作风建设、纪律建设，把制度建设贯穿其中，深入推进反腐败斗争，落实管党治党政治责任，以伟大自我革命引领伟大社会革命。”[①] 这意味着，在新时代如何推进全面从严治党，是习近平新时代中国特色社会主义思想的核心内容。作为当代中国的马克思主义、21 世纪马克思主义，习近平新时代中国特色社会主义思想是中华民族伟大复兴的行动指南，民族复兴大任的领导者是中国共产党，而这个党必须是先进的、纯洁的、讲政治的、组织性纪律性强的、作风优良的、廉洁的执政党，否则将无法完成民族复兴大业。所以，在习近平新时代中国特色社会主义思想体系中，关于如何全面从严治党，打造全世界最先进、最强大政党组织的内容是十分丰富的。党的十八大以来全面从严治党的成就已充分证明这一思想的科学性。

全面从严治党需要有科学的理论做指导，是延安时期从严治党带来的深刻启示之一。毛泽东思想日臻成熟并被确立为党的指导思想的过程，也是中国共产党从严治党渐入佳境的过程。延安时期，在马克思列宁主义和毛泽东思想的指导下，中国共产党形成了独特鲜明的从严管党治党模式。该模式的主要特征有：一是以民主集中制和党的一元化领导为特征的政治路线管党模式。1938 年毛泽东总结管党治党的经验教训，在党的六届六中全会上提出“四个服从”，强调“必须更加集中”，要求全体党员要做到“个人服从组织，少数服从多数，下级服从上级，全党服从中央”。[②]1942 年 9 月 1 日，中央政治局通过了《中共中央关于统一抗日根据地党的领导及调整各组织间关系的决定》，确立了党的一元化领导体制，明确规定党委是最高领导机关，重申要严格执行民主集中制。二是以党管

① 《中共中央关于党的百年奋斗重大成就与历史经验的决议》，北京，人民出版社 2021 年版，第 23 页。

② 《毛泽东文集》第 2 卷，北京，人民出版社 1993 年版，第 228 页。

干部原则为特征的组织路线管党模式。毛泽东深知干部在革命斗争中的领导作用和带动作用，干部自身既要有能力，又要信仰坚定、作风优良，能影响和带动他人。因此，党的事业要想取得成功，党必须把干部选拔好、培养好、使用好、教育好、监督好，他们是革命事业的关键群体。三是以马克思列宁主义理论教育为特征的思想路线管党模式。延安时期，党面临的斗争环境极为复杂，党员的来源多为农民和小生产者，他们的马克思主义理论水平不高，分析问题、认识问题的能力不足，对当时党内存在的错误思想认识的鉴别力不够。鉴于此种情况，毛泽东认为必须在全党开展马克思主义理论教育，提高广大党员的认识水平。延安时期，党的马克思主义理论教育开展得非常扎实，尤其是在延安整风的第一阶段，在全党范围内开展理论教育，取得了非常好的学习教育效果。四是以严明党规党纪为特征的制度治党模式。延安时期，党制定了很多有关从严治党的条例和规章制度，如《中共中央关于增强党性的决定》《陕甘宁边区施政纲领》《陕甘宁边区政务人员公约》等，这些严明的纪律制度，将边区和根据地政府打造成全国最廉洁、最高效的政府。

历史经验和当代实践都表明，从严治党离不开领导核心的正确领导，离不开科学理论的正确指导，新时代全面从严治党，必须坚定拥护“两个确立”，坚决维护习近平同志党中央核心、全党核心地位，坚定不移地坚持以习近平新时代中国特色社会主义思想为指导，从严治党才能也必将取得更大的胜利。

三、全面从严治党必须扎实推进政治建设这一根本性建设

从中国共产党从严治党的历程看，党成立的初期，是将政治建设作为党的建设在政治方面的要求来对待的。比如党的二大明确提出了对党员的政治方面的要求，“个个党员的言论，必须是党的言论，个个党员的活动，必须是党的活动”。[①] 到了延安时期，随着党对自身建设认识进一步提升，党的政治建设被纳入党的建设总目标中，1939 年 10 月，毛泽东在《〈共产党人〉发刊词》中提出了新民主主义革命时期党的建设总目标，把“政治上完全巩固”同“思想上完全巩固”以及“组织上完全巩固”并提，这意味着党对政治建设重要性的认识进一步提高。不仅如此，毛泽东

① 中共中央文献研究室、中央档案馆：《建党以来重要文献选编（1921—1949）》第 1 册，北京，中央文献出版社 2011 年版，第 163 页。

还明确提出："党的建设要紧紧围绕党的政治路线来进行。"[①]党的政治路线决定了党的事业前进和发展的方向。方向决定成败，从这个意义上说，党的政治建设就是党的根本性建设。1938 年，毛泽东在抗大演讲的时候指出，"坚定正确的政治方向，艰苦奋斗的工作作风，加上灵活的战略战术"，[②]是红军打败敌人的三样武器。党的十八大以来，政治建设不但被纳入党建总体布局，而且被放在党建总布局的首位，作为统领其他建设的根本性建设。可以说，政治建设在新时代的全面从严治党中发挥着根本性的作用，因此，新时代必须采取扎实有效措施，抓好党的政治建设。

首先，必须强化党章权威，自觉遵守党章，按照党章办事。习近平总书记指出："党章就是党的根本大法，是全党必须遵循的总规矩。"[③]党章是党的总章程，集中体现了党的性质和宗旨，是全党必须共同遵守的根本行为规范。中国共产党在建党百余年来的奋斗历程中高度重视党章的制定和完善。中国共产党始终认真总结革命建设改革和新时代任一时期的经验教训，及时把党在实践、理论、制度各方面的创新成果体现在党章当中，从而使党章在加强党的自身建设，推进党的中国特色社会主义事业上，发挥了重要的指导作用。因此，全党上下各级同志要认真学习党章，全面了解和掌握党章的各项内容，严格遵守党章的各项规定。习近平总书记指出："认真学习党章、严格遵守党章，是加强党的建设的一项基础性经常性工作，也是全党同志的应尽义务和庄严责任，对强化全党党章意识，增强党的创造力、凝聚力、战斗力具有极为重要的作用。"[④]2016 年 2 月，中共中央办公厅印发了《关于在全体党员中开展"学党章党规、学系列讲话，做合格党员"学习教育方案》，并发出通知，要求各地区各部门认真开展"两学一做"学习教育，面向全体党员深化党内教育。通过"两学一做"学习教育，使全党同志对党章学习内化于心，落实到各项工作和行动中去。学习党章的目的，就是遵守党章的各项规定，有利于保持发展党的先进性和纯洁性，使各级党员干部更好地为广大人民群众谋福利，谋幸福。所以，每位党员都要自觉用党章规范自己的一言一行。

其次，必须坚持民主集中制。延安时期我们党就充分认识到民主集中制是指导各项活动的根本制度，形成了在民主基础上的集中和集中指导下

① 《毛泽东选集》第 2 卷，北京，人民出版社 1991 年版，第 602 页。
② 《毛泽东文集》第 2 卷，北京，人民出版社 1993 年版，第 117 页。
③ 习近平：《认真学习党章　严格遵守党章》，《人民日报》2012 年 11 月 20 日。
④ 习近平：《认真学习党章　严格遵守党章》，《人民日报》2012 年 11 月 20 日。

的民主的思想，并长期以来有效地贯彻落实到党的建设之中。坚持民主集中制就是坚持“四个服从”：即少数服从多数，个人服从集体，下级服从上级，全党服从中央。延安时期，毛泽东认为应当坚持民主集中制，正确对待党内各种不同的意见，并且予以鼓励，让不同的新思想相互碰撞，然后将这些意见统一起来，最后全党集中讨论，得出最后的决定。坚持民主集中制时，还要发扬民主，接受人民和党外同志的监督。毛泽东认为出现任何问题都可以进行讨论交流，经过大家的讨论最后做出的决定才能征服广大人民群众。坚持民主集中制是党提升凝聚力和号召力的有力武器。坚持民主集中制既是党的组织建设的重要原则，也是政治建设的重要内容，是党内政治生活的法宝。诚如习近平总书记所言：“民主集中制是我们党的根本组织制度和领导制度，它正确规范了党内政治生活、处理党内关系的基本准则，是反映、体现全党同志和全国人民利益与愿望，保证党的路线方针政策正确制定和执行的科学的合理的有效率的制度。”① 坚持党的民主集中制，有利于在党内形成优良的政治局面和健康的政治生活，有利于加强党的政治领导，更有利于全面从严治党目标的达成。

再次，增强“四个意识”、坚定“四个自信”，坚决维护党中央权威和集中统一领导。2016 年 12 月 26 日，习近平总书记在中共中央政治局民主生活会上强调：“要牢固树立政治意识、大局意识、核心意识、看齐意识，坚持以党的旗帜为旗帜、以党的方向为方向、以党的意志为意志，当政治上的明白人。”② 中国特色社会主义进入新时代，全体党员干部要以新的精神风貌，要有切实的使命感，要有高度的政治敏感性和洞察力，提高政治站位，坚决防止和反对个人主义、宗派主义、自由主义和山头主义，反对码头文化、圈子文化，自觉在思想上政治上行动上同党中央保持高度一致，自觉维护以习近平同志为核心的党中央权威。2016 年 10 月，党的十八届六中全会通过的《关于新形势下党内政治生活的若干准则》对“看齐意识”的解释是，全体党员和各级党的组织，都要“向党中央看齐，向党的理论和路线方针政策看齐，向党中央决策部署看齐，做到党中央提倡的坚决响应、党中央决定的坚决执行、党中央禁止的坚决不做”。③ 而

① 国家行政学院：《做政治的明白人：与党员干部谈守纪律讲规矩》，北京，人民出版社 2016 年版，第 124 页。

② 《习近平谈治国理政》第 2 卷，北京，外文出版社 2017 年版，第 188 页。

③ 《关于新形势下党内政治生活的若干准则　中国共产党党内监督条例》，北京，人民出版社 2016 年版，第 13 页。

核心意识，就是要坚决听从党中央的决策部署，坚决维护习近平总书记全党的核心、党中央的核心地位，广大党员干部要始终在思想上政治上行动上同以习近平同志为核心的党中央保持高度一致。牢固树立“四个意识”是维护党中央权威和集中统一领导的根本要求。延安时期，中国革命事业取得成功，离不开以毛泽东为核心的党中央正确领导。邓小平曾指出：“没有毛主席，至少我们中国人民还要在黑暗中摸索更长的时间。”[①]这句话充分说明了党中央权威和领导核心的重要性，这对我们当前全面从严治党，有着重要的启示意义。

最后，必须严明党的政治纪律，与破坏中央权威和党的统一的行为作坚决的斗争。延安时期，我们党先后出现过一些错误思想。尤其是以王明为代表的“左”倾教条主义思想，错误引导了中国共产党的革命方向，给革命事业带来了巨大的消极影响。1942 年的整风运动及时整顿并消除了党内错误思想，当时，对于违反党的纪律的行为和现象的党中央领导，给予严厉的惩处，没有因为其功绩和地位而包庇姑息。毛泽东屡屡告诫全党，“党的纪律是带着强制性的”，“身为党员，铁的纪律就非执行不可”。严明的党纪，是中国共产党强大凝聚力和战斗力的核心要求，也为中国共产党夺取革命胜利提供了制度保障，保证了全党革命行动的统一，有效地推进了党的事业和中国革命的进程。在新时代全面从严治党实践中，我们党要维护党中央权威和集中统一领导，同样也要严明党的政治纪律和政治规矩，这样才能保证全党上下步调一致。《关于新形势下党内政治生活的若干准则》规定，“政治纪律是党最根本、最重要的纪律，遵守党的政治纪律是遵守党的全部纪律的基础。全党特别是高级干部必须严格遵守党的政治纪律和政治规矩。党员不准散布违背党的理论和路线方针政策的言论，不准公开发表违背党中央决定的言论”。[②]党的十八大以来，中国共产党在管党治党实践中，加大了政治巡视的力度，实现巡视监察全覆盖。2017 年 7 月 1 日，重新修订的《中国共产党巡视工作条例》规定，党内巡视的首要的内容便是：党员干部是否违反政治纪律和政治规矩，是否存在违背党的路线方针政策的言行，是否存在有令不行、有禁不止，是否存在阳奉阴违、结党营私、团团伙伙、拉帮结派，以及落实意识形态工作

---

① 《邓小平文选》第 2 卷，北京，人民出版社 1994 年版，第 345 页。

② 《关于新形势下党内政治生活的若干准则　中国共产党党内监督条例》，北京，人民出版社 2016 年版，第 16 页。

责任制不到位等问题。[①] 这些问题，一经发现线索，必须巡查到底，整改到位。

第二节　拧紧思想“总开关”是从严治党的关键

党的十九大对党的建设布局做了一些新的调整，一个最为重要的变化是，根据党建的自身规律和形势发展的需要，强调把党的政治建设放在首位。在此之前的几十年里，中国共产党在党的自身建设方面，一直把思想建设放在首位。从历史上看，党的思想建设放在首位，虽不是始于延安时期，却是成熟于延安时期。可以说，思想建设是延安时期党的建设的统领，是这一时期党建工作的核心和灵魂。

一、延安时期始终把思想建党放在管党治党的突出位置

延安时期，中国共产党管党治党取得巨大成功的一个重要原因是始终坚持把思想建党放在管党治党的突出位置。从历史方位看，延安时期，中国共产党处在民族革命与民主革命相互交织的历史场域中；从地理方位看，延安时期，中国共产党处在落后贫瘠的西北地区；从政治环境看，延安时期，中国共产党处于被国民党封锁包围、被日寇轰炸扫荡的环境中。在这种艰苦的、复杂的环境中，中国共产党要想在陕北立足，要想领导中国革命，必须大力发展壮大自己的力量。全面抗战爆发后，中国共产党在短时间内吸纳了大批党员，他们大多出身于农民和小资产阶级，在思想上还不免带有一些非无产阶级思想意识，这些非无产阶级思想不清除，将直接影响到党的先进性、纯洁性，影响到党的团结统一，进而最终影响党的事业成败，这是我们党强调着重从思想上建设的直接原因。

为加强党员的思想理论教育，1939 年 8 月，中共中央政治局作出了《关于巩固党的决定》，强调，“巩固党的中心一环，就是加强党内马克思列宁主义的教育、阶级教育与党的教育”。[②]1938 年，毛泽东在党的六届六中全会上号召全党进行学习马克思主义理论的竞赛，以提高党员，尤其是领导干部的马克思主义理论水平。1939 年 10 月，毛泽东在

---

① 《中国共产党巡视工作条例》，北京，人民出版社 2017 年版，第 11 页。

② 中共中央文献研究室、中央档案馆：《建党以来重要文献选编（1921—1949）》第 16 册，北京，中央文献出版社 2011 年版，第 580 页。

《〈共产党人〉发刊词》中提出了要抓好党的建设这一“伟大工程”，完成“建设一个全国范围的、广大群众性的、思想上政治上组织上完全巩固的布尔什维克化的中国共产党”[①]的目标任务。为达到此目标，自 1942 年春开始，在全党范围内开展整风运动，这场运动实际上是一场全党范围内的马克思主义教育运动。通过整风运动，端正了党的思想路线，提升了全党的马克思主义理论水平，使全体党员干部认识到把马克思主义理论与中国革命实际相结合的重要性。周恩来曾这样评价延安整风运动的成效：“党内思想从来没有象今天这样解放。这是毛泽东同志领导整风学习的结果，是思想上很大的进步。”[②]毛泽东也认为，延安整风“是一般地收到了成效的。这种成效，主要地是在于使我们的领导机关和广大的干部和党员，进一步地掌握了马克思列宁主义的普遍真理和中国革命的具体实践的统一这样一个基本的方向。在这点上……大进一步了”。[③]

延安时期，党之所以注重严抓思想建设，除了党内存在非无产阶级思想这一现实原因外，还有一个非常重要的原因，就是毛泽东所说的“掌握思想领导是掌握一切领导的第一位”。[④]毛泽东这里所说的思想领导，是指党在思想理论方面要有高度的话语权，作为党的指导思想的马克思主义理论以及中国化的马克思主义理论要在思想领域占据主导地位，掌握思想领导，才能统一全党认识，凝聚全党力量。延安时期，党在思想领导方面抓得很成功，主要的做法有：一是把全党变成一个大学校，各级党员都要接受学习教育。1939 年毛泽东在一次讲话中指出：“要把全党变成一个大学校。学校的领导者，就是中央。各地方党部，八路军、新四军、游击队，都是这个大学的分校。全党同志以及非党的战士们，都须进这个学校。”[⑤]党员学习的内容很宽泛，但最为重要的还是学习马克思主义理论，因为马克思主义理论教育既能坚定党员干部的理想信念，又能教会人们科学运用马克思主义解决中国革命的实际问题，达到用马克思主义之“矢”去射中国革命之“的”之目的。二是开展思想斗争，以无产阶级思想去反对各种非无产阶级思想。三是重视干部教育，党的干部不仅是革命工作的领导者，也是对党员和群众进行思想政治教育的承担者。“教育者必须首

① 《毛泽东选集》第 2 卷，北京，人民出版社 1991 年版，第 602 页。
② 《周恩来选集》上卷，北京，人民出版社 1980 年版，第 157 页。
③ 《毛泽东选集》第 4 卷，北京，人民出版社 1991 年版，第 1252 页。
④ 《毛泽东文集》第 2 卷，北京，人民出版社 1993 年版，第 435 页。
⑤ 《毛泽东文集》第 2 卷，北京，人民出版社 1993 年版，第 185 页。

先受教育”，才能发挥好带头作用，教育好他人。

二、全面从严治党要拧紧思想“总开关”，补足共产党人精神之“钙”

中国共产党早在瑞金时期就认识到思想建党的重要性，但早期的认识主要集中于思想路线方面，大革命失败的教训让部分中国共产党人认识到，我们党需要一条“从斗争中创造新局面的思想路线，”① 至于是一条什么样的思想路线，尚需探索。到延安时期，中国共产党经历了两次胜利和两次失败，总结其中的成功经验和失败的教训，中国共产党人认识到了这个“从斗争中创造新局面的思想路线”就是要把马克思主义理论与中国革命的具体实际相结合的路线，也就是实事求是的思想路线。这个思想路线引领党员干部自觉用马克思主义理论解决中国实际问题。毛泽东说：“一个中国的马克思主义者，如果不懂得从改造中国中去认识中国，又从认识中国中去改造中国，就不是一个好的中国的马克思主义者。”② 在延安时期，党用思想路线引领党的思想建设，与此同时，还高度重视党员干部的理想信念教育和思想道德建设，在党建理念上，由过去的“成分建党”向“思想建党”转变。非无产阶级出身的人，只要愿意为党的主张而奋斗，都可以加入中国共产党组织。但在他们加入党的队伍后，要帮助他们克服非无产阶级思想认识，加强党性修养，坚定理想信念，将他们锻造成为无产阶级革命战士。如果说党的思想路线和政治路线是针对全党这个整体而言的，那么党性修养和党性教育主要是针对每一个党员个体而言，当然也是十分重要的。刘少奇在《论共产党员的修养》中指出：“我们共产党员，不但要在革命的实践中改造自己，锻炼自己的无产阶级思想意识，而且要在学习马克思列宁主义理论的过程中改造自己，锻炼自己的无产阶级思想意识。”③ 刘少奇所强调的无产阶级意识，就是共产党员理想信念、道德觉悟的“总开关”。延安时期，关于党员的理想信念和道德觉悟方面，毛泽东、周恩来、刘少奇、朱德、陈云等领导人都进行了强调，并且他们都率先垂范、以身作则，以较高的党性修养标准严格要求自己。回顾历史，可以看出，延安时期，在从严治党实践中，对党员干部理想信念和道德觉悟这个“总开关”，一直拧得较紧，维护了党的先进性与纯洁性，保

---

① 《毛泽东选集》第1卷，北京，人民出版社1991年版，第116页。

② 中共中央文献研究室、中央档案馆：《建党以来重要文献选编（1921—1949）》第18册，北京，中央文献出版社2011年版，第801页。

③ 《刘少奇选集》上卷，北京，人民出版社1981年版，第112页。

证了党的事业胜利。邓小平曾说："光靠物质条件，我们的革命和建设都不可能胜利。过去我们党无论怎样弱小，无论遇到什么困难，一直有强大的战斗力，因为我们有马克思主义和共产主义的信念。有了共同的理想，也就有了铁的纪律。无论过去、现在和将来，这都是我们的真正优势。"①

新时代，全面从严治党要吸取延安时期思想建党的历史经验，要拧紧思想"总开关"，补足共产党人精神之"钙"。思想建设是党的基础性建设，正如习近平总书记在党的十九大报告中所言，"把坚定理想信念作为党的思想建设的首要任务，教育引导全党牢记党的宗旨，挺起共产党人的精神脊梁，解决好世界观、人生观、价值观这个'总开关'问题"。②思想建设是"总开关"这个定位，即是其基础性作用的最好诠释。改革开放以来，中西方文化和价值观不断交融与碰撞，市场经济的交换原则在一定程度上被泛化，特别是苏东地区10个社会主义国家相继演变为资本主义国家，致使国际共产主义运动陷入低潮。在此背景下，部分党员干部的世界观、人生观、价值观悄然发生改变，一些党员干部理想信念动摇，对共产主义心存疑虑，对社会主义前途命运丧失信心。个别党员干部在没弄懂马克思主义精神实质的情况下就盲目怀疑马克思主义的科学性，不信马列信鬼神，从封建迷信、宗教信仰中寻求精神慰藉。还有一些党员干部放松了自我要求，经不住金钱、美色的诱惑，以权谋私，贪污腐化。还有的党员干部为人民服务的宗旨意识淡化，忘记了自己的"公仆"身份，为追求个人利益，甚至不惜危害人民群众利益，走上违法犯罪的道路。部分党员干部身上出现这样一些问题，既有外在的原因，也有内在的原因，内在原因就是这些党员干部思想出问题了，思想"总开关"没拧紧，才导致行为越轨。2014年10月8日，习近平总书记在党的群众路线教育实践活动总结大会上的讲话中指出："对党员、干部来说，思想上的滑坡是最严重的病变，'总开关'没拧紧，不能正确处理公私关系，缺乏正确的是非观、义利观、权力观、事业观，各种出轨越界、跑冒滴漏就在所难免了。"③也正是在这个意义上，习近平总书记在庆祝中国共产党成立95周年大会上的讲话中指出："理想信念动摇是最危险的动摇，理想信念滑坡是最危险的滑坡。"他将理想信念看作共产党人精神之"钙"，理想信念动摇，就

① 《邓小平文选》第3卷，北京，人民出版社1993年版，第144页。

② 《习近平谈治国理政》第3卷，北京，外文出版社2020年版，第49页。

③ 中共中央文献研究室：《十八大以来重要文献选编》（中），北京，中央文献出版社2016年版，第94~95页。

会导致精神"缺钙"，就会得"软骨病"，就会向金钱、美色、权势、地位低头弯腰，不能挺起胸膛做人。

加强理论学习是拧紧思想"总开关"的重要途径。延安时期，党员干部理想信念坚定，很大程度上得益于全党的理论学习抓得严、抓得实。毛泽东特别注重全党的理论学习，在土地革命战争时期没有学习的条件，党中央和红军在陕北立足后，毛泽东就组织人员翻译马克思主义著作，并要求全党学习。我们党的高级领导干部在学马列方面都下过苦功夫，所以，老一辈无产阶级革命家都是理想信念极为坚定的。毛泽东去世后，身边工作人员在清理他床头遗物时发现不同版本的6本《共产党宣言》。王震同志说，他把《共产党宣言》读了80遍到100遍。原轻工部部长徐运北说，他把《资本论》不知读了多少遍，装订线都折断了，最后送到印刷厂重新装订。[①]新时代，中国共产党全面从严治党，也比较注重抓党员学习教育。习近平总书记在多个场合的讲话中，都要求党员干部将马克思主义基本理论作为领导干部的看家本领，要原原本本学习和研读经典著作。通过学习教育，来坚定党员的理想信念，补足党员的精神之"钙"。

拧紧思想"总开关"，还要牢牢掌握党对意识形态的领导权和话语权。关于意识形态的重要性，习近平总书记在2013年8月19日召开的全国宣传思想工作会议上做了着重强调：意识形态关乎旗帜，关乎道路，关乎国家政治安全，"经济建设是党的中心工作，意识形态工作是党的一项极端重要的工作"。"宣传思想工作就是要巩固马克思主义在意识形态领域的指导地位，巩固全党全国人民团结奋斗的共同思想基础"。[②]维护意识形态安全，不仅仅是各级党委的责任，也是每一个党员干部的责任和义务。在新时代全面从严治党实践中，坚持马克思主义在思想领域的指导地位，自觉维护意识形态安全，敢于同错误的言论和思潮进行斗争，是思想领域从严治党的题中应有之义。在互联网时代，信息传播的门槛大大降低，许许多多错误思想和言论通过网络大肆传播，不仅对一般群众的思想认识会造成不好的影响，也会给党员干部的思想认识带来危害。尤其是近年来泛滥成灾的历史虚无主义思潮，往往打着学术研究的幌子，大肆扭曲党史和国史，否定重大历史事件，抹黑领袖人物和英雄模范人物，试图搞乱人心，动摇中国共产党执政根基，以达到"乱史改道"的目的。从历史

---

① 张全景：《新时代党的建设要以思想建设为基础》，《理论与评论》2018年第2期，第8页。

② 《习近平谈治国理政》第1卷，北京，外文出版社2018年版，第153页。

上看，“一个政权的瓦解往往是从思想领域开始的，政治动荡、政权更迭可能在一夜之间发生，但思想演化是个长期过程，思想防线被攻破了其他防线就很难守住”。[①] 对于历史虚无主义的危害性，以习近平同志为核心的党中央是高度警惕的，习近平总书记要求广大党员干部，“在事关大是大非和政治原则问题上，必须增强主动性、掌握主动权、打好主动仗，帮助干部群众划清是非界限、澄清模糊认识”。[②] 要把坚定“四个自信”作为建设社会主义意识形态建设的关键，宣传部门、新闻舆论要注重政治导向，要传播好中国声音，讲好中国故事。哲学社会科学工作者要坚持以马克思主义为指导，坚持“为人民做学问”的理念，努力构建中国特色社会主义哲学社会科学体系。2021 年 2 月 20 日，习近平总书记在党史学习教育动员会上的讲话中指出，“树立正确党史观”，“要坚持以我们党关于历史问题的两个决议和党中央有关精神为依据，准确把握党的历史发展的主题主线、主流本质，正确认识和科学评价党史上的重大事件、重要会议、重要人物”，[③] 要旗帜鲜明反对历史虚无主义。因此，党员干部要有明辨是非的能力，在纷繁复杂的思想中要保持政治上的清醒，不但要有政治定力，还要敢于同错误思想斗争。

三、坚持不懈用习近平新时代中国特色社会主义思想凝心铸魂

只有理论上清醒，才有行动上的自觉。因此，思想建设在党的建设中具有特殊重要地位。延安时期，中国共产党能够做到高度团结统一，主要得益于这一时期通过从严推进党的思想建设，用马克思列宁主义教育全党，用中国化的马克思主义——毛泽东思想武装全党。

为挽救中华民族危局，实现民族复兴之大任，自鸦片战争以来，中国各种政治力量纷纷登上历史舞台，尝试过各种不同的救国方案，但均告失败，唯有社会主义的方案获得了成功，指引中华民族正在快速实现民族复兴。应当说，马克思主义指导下的社会主义方案的成功绝非是偶然的，其根本原因在于这一思想理论是先进的理论，是科学的理论。马克思在《〈黑格尔法哲学批判〉导言》一文中说：“理论一经掌握群众，也会变成物质的力量”，这表明科学理论能够武装人，能够转化为强大的物质力量。

---

① 中共中央文献研究室：《十八大以来重要文献选编》（上），北京，中央文献出版社 2014 年版，第 465 页。

② 《习近平谈治国理政》第 1 卷，北京，外文出版社 2018 年版，第 155 页。

③ 习近平：《在党史学习教育动员大会上的讲话》，北京，人民出版社 2021 年版，第 24 页。

中国共产党之所以能够领导中国人民实现民族复兴，其原因也在于我们党始终高举马克思主义这面旗帜，在遇到任何困难和危机的时候都没有动摇过。2017 年 9 月 29 日，习近平总书记在主持十八届中央政治局第 43 次集体学习时的讲话中指出："回顾党的奋斗历程可以发现，我们党之所以能够不断历经艰难困苦创造新的辉煌，很重要的一条就是我们党始终重视思想建党、理论强党，坚持用科学理论武装广大党员、干部的头脑，使全党始终保持统一的思想、坚定的意志、强大的战斗力。"①

党的十八大以来，中国特色社会主义进入新时代。经过改革开放 40 多年的高速发展，我国经济社会的发展取得历史性成就，发生历史性变革，迈上了一个新的大台阶。与此同时，国际格局和国际体系正在发生深刻调整，世界正经历百年未有之大变局。当下，世界经济版图正在发生深刻变化，世界经济中心正在加快"自西向东"位移；新一轮科技革命和产业革命正在重塑国际格局和国际体系，旧的全球治理体系的不适应性加剧，全球治理正朝着更加公正合理方向发展。这样的国际和国内形势给我们党领导的中国特色社会主义建设提出了 3 个新的时代课题，即"新时代坚持和发展什么样的中国特色社会主义、怎样坚持和发展中国特色社会主义，建设什么样的社会主义现代化强国、怎样建设社会主义现代化强国，建设什么样的长期执政的马克思主义政党、怎样建设长期执政的马克思主义政党"。② 时代是思想之母，实践是理论之源。对于这些时代课题，党中央在坚持马克思主义、毛泽东思想、中国特色社会主义理论体系为指导的前提下，紧紧围绕这一时代课题，进行理论探索，取得了一系列理论创新成果，形成了习近平新时代中国特色社会主义思想。这一思想秉持人民至上，彰显历史自觉，坚持实事求是，突出问题导向，强化战略思维，发扬斗争精神，是马克思主义中国化的最新理论成果，是实现中华民族伟大复兴的行动指南，也是建设美好世界的中国智慧和中国方案，必须长期坚持。

新时代，全面从严治党要总结延安时期用马克思主义、毛泽东思想武装全党的历史经验，注重抓好党员干部的思想理论教育。当前，要把学习贯彻习近平新时代中国特色社会主义思想作为党员干部教育的重要任务来抓。随着改革开放的深入发展，我国社会在经济成分、就业岗位、利益分配关系、社会成员的思想观念和行为方式等方面愈益呈现出多元化的特

① 《习近平谈治国理政》第 2 卷，北京，外文出版社 2017 年版，第 67 页。

② 《中共中央关于党的百年奋斗重大成就和历史经验的决议》，北京，人民出版社 2021 年版，第 25 页。

点，一些党员干部在市场经济的大潮中迷失了方向，理想信念出现动摇，思想道德开始滑坡，丢掉了党的优良传统和作风，甚至走上违法违纪的迷途。究其原因，从根源上说是思想上出问题了，理想信念动摇了，一些党员干部长期不注重理论学习，缺乏马克思主义理论素养，对纷繁复杂的思想观念缺乏辨别能力。延安时期，也是一个各种思想观念碰撞交融的时期，国共合作建立统一战线后，国民党对共产党实行“又打又拉”的政策措施，对共产党人进行拉拢腐蚀，许以高官厚禄，进行各种诱惑。对此，我们党采取的应对措施就是加强理论学习，用科学理论武装党员干部头脑，使他们保持理论上的清醒，在政治上自然就坚定了。

恩格斯指出，“一个民族要想站在科学的最高峰，就一刻也不能没有理论思维。”[①] 马克思也说：“任何真正的哲学都是自己时代的精神上的精华。”[②] 习近平新时代中国特色社会主义思想就是中国化的马克思主义的最新成果，是当代中国马克思主义，是21世纪马克思主义。当前，严抓党的思想建设的首要任务就是抓好理论学习，用习近平新时代中国特色社会主义思想武装全体党员干部的头脑，通过扎扎实实的学习教育，使理论的力量转化为强大的物质力量，转化为对马克思主义的坚定信仰和对中国特色社会主义的坚定信念，转化为对中国特色社会主义的理论自信、道路自信、制度自信和文化自信，转化为服务于人民群众的宗旨意识，转化为本领过硬的工作能力。

党的二十大在部署深入推进新时代党的建设新的伟大工程时，将“坚持不懈用新时代中国特色社会主义思想凝心铸魂”[③] 作为一项重要的战略部署。回顾延安时期从严治党的历程，可以得出一个可靠的结论：党的事业取得成功的思想条件是思想认识要统一，唯其如此，才能做到行动一致。坚持用党的创新理论来武装全党，是全面从严治党的重要举措。新时代新征程，要抓好思想武装这一战略性举措，“用新时代中国特色社会主义思想统一思想、统一意志、统一行动”，[④] 这是取得全面建设社会主义现代化国家伟大胜利的思想保证。

---

① 《马克思恩格斯选集》第3卷，北京，人民出版社2012年版，第875页。

② 《马克思恩格斯全集》第1卷，北京，人民出版社1995年版，第220页。

③ 习近平：《高举中国特色社会主义伟大旗帜　为全面建设社会主义现代化国家而团结奋斗——在中国共产党第二十次全国代表大会上的报告》，北京，人民出版社2022年版，第65页。

④ 习近平：《高举中国特色社会主义伟大旗帜　为全面建设社会主义现代化国家而团结奋斗——在中国共产党第二十次全国代表大会上的报告》，北京，人民出版社2022年版，第65页。

第三节　保持同人民群众的血肉联系是从严治党的根本要求

马克思主义政党理论认为，政党是有阶级性的，任何一个政党都代表一定阶级的利益，都有其赖以存在的阶级基础。从阶级属性上看，中国共产党是无产阶级政党，代表中国工人阶级利益。但中国工人阶级的利益与广大中国人民以及中华民族的利益是一致的，除此而外，他没有自己特殊的利益。因而，在延安时期的瓦窑堡会议上，中国共产党就对党的性质做出了科学的定位：即“中国共产党是中国无产阶级的先锋队……同时中国共产党又是全民族的先锋队”。① 这个定位意味着中国共产党要时时刻刻依靠人民群众，时时刻刻与人民群众在一起，一刻也不脱离人民群众，只有这样，党才能够获得人民群众的强烈支持，获得不竭的力量。1939 年 2 月，毛泽东为抗大学员杨海泉的题词是这样一句朴实而深刻的话：“与民众在一道，一刻也不脱离民众，中国革命就一定能够胜利。” ② 中国共产党在延安时期坚持全面从严治党，坚持站稳人民立场，赢得了人民群众的信任与支持，可以说，这是延安时期从严治党取得成功的根本原因之一。延安时期之所以能形成“只见公仆不见官”的和谐局面，其根本原因在于党始终坚持了群众路线，始终保持了良好作风，始终践行了党的根本宗旨。

一、党在延安时期的成功，最根本的原因在于赢得了最广大人民群众的支持

古今中外的历史已经无数次证明，“得民心者昌，失民心者亡”。1935 年，党中央和红军到达陕北的时候，只剩下几万党员和几万军队，赖以立足的陕北也是地瘠民贫，经济落后。可就在这样的革命条件下，中国共产党在短短的 13 年时间竟然创造了奇迹，实现了由小到大、由弱变强的转变，令国人和世人都大为赞叹。美国记者在《中国的惊雷》一书中这样写道：“一九三七年抗战爆发。中共只不过是驻扎在陕北沙丘地带的

---

① 中共中央文献研究室、中央档案馆：《建党以来重要文献选编（1921—1949）》第 12 册，北京，中央文献出版社 2011 年版，第 549 页。

② 中共中央文献研究室：《毛泽东年谱（1893—1949）》（修订本）中卷，北京，中央文献出版社 2013 年版，第 111 页。

一个微弱的集团……可是当一九四四年夏天时，我们却发现，他们已经掌握着三十万平方英里的中国土地，在那里居住着九千万人民，用来保卫他们的已经是一支拥有近百万的正规军、再配合这数目两倍以上的民兵的一支强大军队了。他们的党员数目亦已差不多从二十万增加到了一百万。他们这样的发展毋宁说是一种暴发。"[①] 中国共产党何以能做到这一点呢？秘诀在于赢得了最广大人民群众。"人民"这个概念是针对"敌人"而言的，其外延，在不同的历史时期，有着不同的范围，但总是占最大多数的人。毛泽东指出："在抗日战争时期，一切抗日的阶级、阶层和社会集团都属于人民的范围，日本帝国主义、汉奸、亲日派都是人民的敌人。"[②] 而人民群众的根本利益，在不同的历史时期也有不同的具体体现，延安时期，人民群众根本利益主要体现在"实现中华民族的解放"和"建立人民民主国家"这两个方面，当时，国内主要矛盾也集中在这两大问题上。正如毛泽东在 1940 年所言："现在我们全国人民所要的东西，主要的是独立和民主，因此，我们要破坏帝国主义，要破坏封建主义。"[③]

延安时期，中国共产党的路线、纲领、方针、政策都是围绕这两大任务而展开的。1939 年 10 月，毛泽东指出："十八年来，党的建设过程，党的布尔什维克化的过程，是这样同党的政治路线密切地联系着。"[④]1935 年 12 月，瓦窑堡会议确定了建立抗日民族统一战线的策略路线。1937 年 8 月，全面抗战爆发后，中央政治局在洛川召开会议，制定了全面抗战路线，并强调在抗日民族统一战线中必须坚持独立自主的原则。1945 年，党的七大提出了党在这一时期的政治路线，即"放手发动群众，壮大人民力量，在我党的领导下，打败日本侵略者，解放全中国，建立一个新民主主义的中国"。抗战胜利后，国民党在民主建国的问题上毫无诚意，并于 1946 年挑起全面内战。1947 年 12 月，中共中央在陕北召开扩大会议，提出了这一时期的基本政治纲领，其核心内容是"打倒蒋介石独裁政府，成立民主联合政府"。

由上述分析可知，延安时期，中国共产党的路线、纲领、方针、政策始终聚焦于中国最广大人民的根本利益，因而赢得了人民。与之形成鲜明对照的是，国民党在抗战时期和解放战争时期的纲领和政策，在很大程度

① 〔美〕白修德、贾安娜著：《中国的惊雷》，端纳译，北京，新华出版社 1988 年版，第 95 页。
② 《毛泽东文集》第 7 卷，北京，人民出版社 1999 年版，第 205 页。
③ 《毛泽东选集》第 2 卷，北京，人民出版社 1991 年版，第 731 页。
④ 《毛泽东选集》第 2 卷，北京，人民出版社 1991 年版，第 605 页。

上偏离了广大人民的根本利益，所以，最终被人民所抛弃。

在新时代的全面从严治党实践中，中国共产党对于代表人民群众根本利益的问题是高度重视的。新时代，人民群众的根本利益主要聚焦于“美好生活”和“中华民族伟大复兴”这两大方面。习近平任中共中央总书记伊始，就明确提出“人民对美好生活的向往就是我们的奋斗目标”以及“实现中华民族伟大复兴，就是中华民族近代以来最伟大的梦想”。这两大目标，也是统领新时代全面从严治党的指针。在党的思想建设方面，强调始终将人民放在最高位置，以习近平同志为核心的党中央要求广大党员干部要“坚定理想信念，始终把人民放在心中最高的位置”。[①]在党的组织建设方面，强调“从严治吏”，选拔和培养干部上，必须“着力培养选拔党和人民需要的好干部”。[②]习近平总书记提出新形势下好干部的标准是：“信念坚定、为民服务、勤政务实、敢于担当、清正廉洁。”[③]并要求党员干部要自觉“做到心中有党、心中有民、心中有责、心中有戒，把为党和人民事业无私奉献作为人生的最高追求”。[④]在作风建设方面，强调要始终保持党的优良传统和作风，与人民群众保持血肉联系。对于老百姓反映强烈的党内不正之风，要下决心解决。为了更好地满足人民群众的需求，党的十九大对新时代我国社会主要矛盾作了重新表述，“人民日益增长的美好生活需要和不平衡不充分的发展之间的矛盾”是我国社会的主要矛盾。主要矛盾决定了工作重点，对我国社会主要矛盾的新判断，意味着今后党的工作要更加聚焦于更好满足人民对美好生活的需求，让人民群众有更多的幸福感、获得感和满足感，这就是代表人民根本利益在新时代的具体体现。在实现民族复兴的伟大征途上，也要不断开展从严治党，这是民族复兴的重要保障。党的十九大报告指出：“实现伟大梦想，必须建设伟大工程。”只有坚定不移地从严治党，才能不断增强党的凝聚力和战斗力，才能更好组织群众和发动群众，才能汇聚实现中华民族伟大复兴的磅礴力量。

---

① 《习近平谈治国理政》，北京，外文出版社2014年版，第43页。

② 中共中央文献研究室：《十八大以来重要文献选编》（上），北京，中央文献出版社2014年版，第336页。

③ 中共中央文献研究室：《十八大以来重要文献选编》（上），北京，中央文献出版社2014年版，第337页。

④ 《习近平谈治国理政》第2卷，北京，外文出版社2017年版，第45页。

二、全面从严治党，必须充分发挥密切联系群众这一政治优势

中国共产党力量在民，根基在民。延安时期管党治党的历史经验告诉我们，不论党的力量有多么弱小，只要我们党能够始终代表人民群众利益，与人民群众保持密切联系，她就能够由小变大、由弱变强。美国研究中国史的著名学者费正清教授在其著作《伟大的中国革命》一书中研究过这样一个问题："1928 年中国的希望似乎在国民党一边，为什么 20 年后形势颠倒了呢?"他的回答是："国民党的领导变得陈腐了"，"因而失掉民心"；而中国共产党的领导者们则"都是极热诚忠于他们的事业，并充当开路先锋，为一个伟大民族的奋起秣马厉兵"。[①] 这是一个西方学者得出的公正结论。新中国成立后，在社会主义革命和建设中，毛泽东更加重视党与人民群众的关系，他告诫全党："党群关系好比鱼水关系。如果党群关系搞不好，社会主义制度就不可能建成；社会主义制度建成了，也不可能巩固。"[②] 在改革开放以来的党建历程中，加强党风建设，密切党群关系一直是党的自身建设的重要内容。党的十六大报告指出："我们党的最大政治优势是密切联系群众，党执政后的最大危险是脱离群众。"[③] 只要始终与人民群众紧密联系在一起，再大的困难也能够克服。习近平总书记在庆祝中国共产党成立 95 周年大会上的讲话中指出："党与人民风雨同舟、生死与共，始终保持血肉联系，是党战胜一切困难和风险的根本保证，正所谓'得众则得国，失众则失国'。"[④] 在庆祝中国共产党成立 100 周年大会上的重要讲话中，习近平总书记进一步提出"江山就是人民、人民就是江山"的重要论断。他指出："打江山、守江山，守的是人民的心。中国共产党根基在人民、血脉在人民、力量在人民。"[⑤]

密切联系群众，就要严抓党的作风建设。2012 年 11 月 17 日，习近平在主持十八届中央政治局第一次集体学习时的讲话中指出："密切党群、干群关系，保持同人民群众的血肉联系，始终是我们党立于不败之地的根

① 习近平：《摆脱贫困》，福州，福建人民出版社 1992 年版，第 11 页。

② 中共中央文献研究室：《建国以来毛泽东文稿》第 6 册，北京，中央文献出版社 1992 年版，第 547 页。

③ 《江泽民文选》第 3 卷，北京，人民出版社 2006 年版，第 572 页。

④ 习近平：《在庆祝中国共产党成立 95 周年大会上的讲话》，北京，人民出版社 2016 年版，第 18 页。

⑤ 习近平：《在庆祝中国共产党成立 100 周年大会上的讲话》，北京，人民出版社 2021 年版，第 11 页。

基。一个政党，一个政权，其前途和命运最终取决于人心向背。”① 苏联共产党作为一个大党、老党，在执政了 74 年之后，亡党亡国，尽管其中的原因较为复杂，但从根本上说，还是苏联共产党自身建设没搞好。在亡党之前，苏联共产党的腐败问题、官僚主义问题、脱离群众问题都非常严重。苏联解体前，苏联社科院曾进行过一次社会调查：被调查者中，认为苏共仍能代表工人阶级的占 4%，代表全体人民的占 7%，代表全体党员的也只占 11%，而认为苏共代表官僚和机关、干部的竟高达 85%。这一调查数据足以说明，苏联共产党在亡党之前，已经严重脱离群众，绝大多数老百姓认为苏共已不代表人民群众的利益了。改革开放以来，中国共产党在领导中国特色社会主义建设的实践中，面临着各种危险和考验，也出现了部分党员干部理想信念动摇、道德滑坡、脱离实际、脱离群众、贪污腐化、奢侈浪费、贪图享乐等问题，人民群众反映较为强烈。这些问题如不解决，积少成多，会逐步动摇党的执政根基，疏离党群关系。习近平总书记指出：“工作作风上的问题绝对不是小事，如果不坚决纠正不良风气，任其发展下去，就会像一座无形的墙把我们党和人民群众隔开，我们党就会失去根基、失去血脉、失去力量。”② 党的十八大以来，中央有针对性地出台了“八项规定”，开展了为期 1 年的党的群众路线教育实践活动，之后又在领导干部层面开展了“三严三实”（即严以修身、严以用权、严以律己，又谋事要实、创业要实、做人要实）专题教育。经过持之以恒的抓党风建设，党内的“四风”（即形式主义、官僚主义、享乐主义和奢靡之风）问题，得到遏制，党群关系进一步密切。以中央八项规定为例，非常具体，非常“接地气”，中央要求党的各级机关和党员干部要改进调查研究，改进会风、文风，要规范出访活动、警卫工作和新闻报道，要严格文稿发表和厉行勤俭节约。这些问题都是人民群众反映比较强烈的，中央从这些非常具体的问题入手，严抓工作作风，自中央八项规定出台以来，这个“紧箍咒”越来越紧，工作作风得到根本好转，党与人民群众的联系日益密切。

密切联系群众，就要严格坚持群众路线。党的群众路线成熟于延安时期，是中国共产党的生命线和根本工作路线，几十年来，正是靠着这个工作路线，中国共产党才不断地赢得人民群众的支持，可以说，群众路线

① 《习近平谈治国理政》第 1 卷，北京，外文出版社 2018 年版，第 15 页。

② 《习近平谈治国理政》第 1 卷，北京，外文出版社 2018 年版，第 387 页。

是中国共产党的重要传家宝，任何时候都是不能丢的。从严治党的目的是让党始终保持先进性与纯洁性，传承好的作风，保持优良传统，让人民群众始终相信党，始终能从中国共产党身上看到国家和民族的希望。延安时期，为什么那么多老百姓把共产党看成是“救星”，为什么那么多老百姓死心塌地地跟共产党走？就是因为我们党已经完全取得了人民群众的信任，靠的是什么？靠的是中国共产党代表了人民的利益，靠的是党始终与人民群众在一起，这其中，群众路线发挥了重要的纽带作用。自2013年6月开始，中国共产党开展了为期1年的党的群众路线教育实践活动，活动的宗旨是改进党的作风，密切党与群众的血肉联系，活动的主要内容是“为民务实清廉”。活动开展之初，习近平总书记就提出了明确要求，要见具体成效，不能走过场，成效好不好，要人民群众说了算，“群众满意”是教育活动的评判标准。通过党的群众路线教育实践活动，强化广大党员干部“为人民服务”的宗旨意识。习近平总书记指出，践行党的群众路线，“最重要的问题是要教育引导全党始终坚持全心全意为人民服务的根本宗旨，不断赢得人民群众的信任和拥护，保持同人民群众的血肉联系”。[①]

密切联系群众，就是要坚持权为民所用。中国共产党的党员干部必须树立正确的权力观。关于权力的来源和归属问题，在不同的社会形态中，有着不同的解读和认知。在奴隶制时代和封建社会时期，一般认为权力的来源是上天的意志，即“君权神授”，统治者们对权力的行使是在表达“天意”，这种思想在古代社会一直是占主导地位的权力观。到了近代，封建专制主义思想慢慢淡出历史舞台，被资产阶级思想所取代。在权力来源这个核心问题上，新兴资产阶级思想家提出了“公共权力”的概念，这一概念淡化权力的主体和客体，只是强调权力是公共的，但是这个公共的范围是模糊的，因而，并未说明“权力究竟属于谁”这一根本问题。马克思主义权力观毫不回避权力的真实来源问题，认为在阶级社会里，权力都是有阶级性的，不可能属于全体人民。相对于广大人民来说，阶级社会的“公共权力”始终都是统治阶级的私权。马克思一针见血地指出：“即使你把‘人民’和‘国家’这两个词联接一千次，也丝毫不会对这个问题的解决有所帮助。”[②]只有在消灭了剥削阶级的社会主义社会，公共权力才真正属于全体人民。因而，中国共产党在建立了国家政权之后，一直

① 中共中央文献研究室：《论群众路线——重要论述摘编》，北京，中央文献出版社2013年版，第152页。

② 《马克思恩格斯选集》第3卷，北京，人民出版社2012年版，第373页。

坚持“权为民所赋”“权为民所用”的理念，深得人民群众的信任与支持。但在我们的党员干部队伍中，也有一少部分人忘记了这些基本理念，把人民赋予的权力当作个人私权，用以谋取个人利益，对此类现象，人民群众深恶痛绝，极大地损害了党的形象，也疏离了党与人民群众的关系。密切联系群众，必须坚持“权为民所用”这一根本的理念原则。关于如何践行“权为民所用”，习近平总书记在中纪委十八届五次全会上的讲话中作出10个方面的具体要求，即敬畏权力、慎用权力、为公用权、依法用权、履责用权、务实用权、刚直用权、阳光用权、廉洁用权、公正用权。

第四节　“扎紧制度的笼子”是从严治党的保障

所谓制度治党，是指依靠、运用制度的功能与机制，调节党内关系，解决党内问题，规范党的行为，从而稳定有序地推进党的建设、管理和监督，促进党的自我净化、自我完善、自我革新、自我提高。[①]中国共产党早期的制度治党，依据主要是党章的有关规定。中国共产党成立之初，就是一个十分注重纪律的政党，这也是我们党的一个鲜明特色。由于客观历史条件所限，党的一大没有制定党章。1922年党的二大制定了中共历史上的第一个党章，一共分6章，其中第四章为“纪律”。在早期的革命活动中，党主要依据党章，对在实际工作中违反纪律、不符合标准的党员予以严肃处理。

延安时期，由于革命斗争形势的需要，也因为有了相对稳定的根据地，中国共产党在制度治党方面有了很大的进步，也取得了很好的效果。1938年召开的党的六届六中全会在我们党的历史上有着极为重要的地位，这次会议在制度治党方面，具有界标意义。刘少奇在此次会议上作了《党规党法的报告》，他指出：“要保证党的团结与统一，除政治上思想上之统一外，条文上亦应规定法律上非团结不可，以避免个别人破坏党的团结与统一。并以此党规党法去教育同志。”[②]这个报告表明，中国共产党人在实际斗争中充分认识到党的制度建设的重要性和紧迫性。在这一认识的基础上，党的六届六中全会通过了《关于中央委员会工作规则与纪律的决

① 刘启春：《制度治党的提出背景、实现途径和基本思路——基于习近平有关论述的分析》，《党的文献》2016年第2期，第15页。

② 《刘少奇论党的建设》，北京，中央文献出版社1991年版，第46页。

定》《关于各级党部工作规则与纪律的决定》《关于各级党委暂行组织机构的决定》，1939 年 6 月，中共中央书记处又作出《关于严格建立财政经济制度的决定》，1945 年党的七大通过的新党章，对制度治党作了更进一步的规定，强调"四个服从"，完善民主集中制。延安时期，制度治党的成功为新时代全面推进从严治党提供了宝贵的历史借鉴。

一、制度治党是新时代党的建设面临的新形势和新任务的客观要求

在中国共产党的历史上，尽管早已开启了制度治党的实践，注重制度建设对党的组织和党员个体的行为约束，但我们党没有提出过制度治党这一概念。2014 年 10 月 8 日，习近平总书记在党的群众路线教育实践活动总结大会上的讲话中提出了"制度治党"这一概念，之后，习近平总书记在多个重要场合又多次强调制度治党问题，中共中央也相继修订或新出台了一批党的制度法规，强化全面从严治党的制度供给，使从严治党有更充足的制度依据。

强调制度治党，是对全面深化改革和全面依法治国的深刻回应。新时代，中国特色社会主义建设渐次形成了"四个全面"（即全面建设社会主义现代化国家、全面深化改革、全面依法治国、全面从严治党）战略布局，在"四个全面"中，全面从严治党为其他几个方面提供了政治保证。全面深化改革，必然涉及一些深层次的变革，对党的执政能力提出更高更新的要求，如何在全面深化改革中坚持科学执政、民主执政、依法执政，是党的建设必须要解决的问题。正如习近平总书记所说："全面深化改革，对党的执政能力和领导水平是一个新的考验，对做好党的建设各项工作提出了新的更高的要求。"① 制度治党也是全面依法治国的重要保障。依法治国的主体是人民群众，但只有在党的领导之下，依法治国才能够实现，如果党自身缺乏法律和制度的约束，则很难保障依法治国的全面推进。诚如邓小平所言："没有党规党法，国法就很难保障。"② 所谓"治国必先治党"，也是这个道理。党的法规和制度，既是管党治党的重要依据，也是全面依法治国的有力保障。没有严格的纪律制度，党的组织和党的领导干部就有了以言代法、徇私枉法空间，依法治国就难以落到实处。也正是在这个意义上，习近平总书记指出："我们党要履行好执政兴国的

① 中共中央文献研究室：《习近平关于全面深化改革论述摘编》，北京，中央文献出版社 2014 年版，第 146 页。

② 《邓小平文选》第 2 卷，北京，人民出版社 1994 年版，第 147 页。

重大历史使命、赢得具有许多新的历史特点的伟大斗争胜利、实现党和国家的长治久安，必须坚持依法治国与制度治党、依规治党统筹推进、一体建设。”[①]在新时代中国特色社会主义建设实践中，中国共产党既注重依法治国，也注重依规治党，摆正了二者之间的关系。党的十九大报告指出，要“坚持依法治国和以德治国相结合，依法治国和依规治党有机统一”。[②]

强调制度治党，是推进国家治理体系和治理能力现代化的必然要求。中国特色社会主义的发展，不仅体现在经济层面、文化层面、社会层面，也体现在制度层面。新时代全面深化改革的总目标是完善和发展中国特色社会主义制度，推进国家治理体系和治理能力现代化。要通过深化改革，使中国特色社会主义各项制度更加成熟和定型，为政治现代化和社会现代化的实现打好制度基础。国家治理现代化的实现也有赖于制度治党的保障，政党治理与国家治理虽然是两个不同的治理体系，但是二者也有一致性的一面。无论是政党治理还是国家治理，现代化的衡量标准都是制度化和法治化。就政党治理而言，其现代化的重要标志是依规治党的成熟，“政党的内部治理有赖于制度而非个别领袖，通过制度手段来重构党的组织、干部、作风、反腐和思想建设，全面提升执政党的价值扩散、组织整合、社会渗透、自我净化和政党适应等治理能力”[③]。就国家治理而言，其现代化的标志之一是法治化的成熟。党的十八届三中全会以来，习近平总书记多次强调构建中国特色的国家治理体系，至于如何构建这一体系，习近平总书记主要强调两个方面：一是全面深化改革，增强和改善制度供给；二是通过法治化，增强治理的稳定性。他强调：“推进国家治理体系和治理能力现代化，当然要高度重视法治问题，采取有力措施全面推进依法治国，建设社会主义法治国家，建设法治中国。在这点上，我们不会动摇。”[④]对于执政党而言，政党治理和国家治理有着极为密切的联系，政党治理现代化是国家治理现代化的前提条件和政治保证。

强调制度治党，也是解决党内存在的突出矛盾和问题的客观要求。毫

---

① 中共中央宣传部、中央全面依法治国委员会办公室：《习近平法治思想学习问答》，北京，人民出版社、学习出版社 2023 年版，第 230 页。

② 习近平：《决胜全面建成小康社会　夺取新时代中国特色社会主义伟大胜利——在中国共产党第十九次全国代表大会上的报告》，北京，人民出版社 2017 年版，第 22 页。

③ 陈家喜、黄慧丹：《制度治党的概念缘起与实施路径》，《特区实践与理论》2015 年第 3 期，第 35 页。

④ 中共中央文献研究室：《习近平关于全面依法治国论述摘编》，北京，中央文献出版社 2015 年版，第 3 页。

无疑问，中国改革开放后，随着市场经济的发展，社会发生剧烈转型，各种非社会主义的价值观念或从内部滋生，或从外部输入，冲击和影响着人们的信仰和价值判断，在此背景下，一些党员干部出现理想信念动摇，价值观错位，道德滑坡，行为失范，触犯了党规党纪乃至法律。这些问题如不解决，将极大损害党的形象。延安时期，部分党员干部身上也存在一些问题，虽然在性质上和新时期存在的问题不尽相同，但解决问题的办法是相通的，一靠教育，二靠制度，也就是思想建党和制度治党相结合，二者同时同向发力，达到最佳效果。事实上，延安时期从严治党，也是将二者结合在一起。新时代，在解决党内存在的突出问题方面，中共中央既坚持抓好党员教育，又抓好制度治党。习近平总书记指出，解决、防范党内存在的突出矛盾和问题，“很重要的一条就是要完善规范、健全制度，扎紧制度的笼子”。[①]

二、增强和改善制度供给是制度治党的前提条件

延安时期，加强党的制度建设是从增强和改善制度供给开始的，为了规范党组织和党员个体的行为，延安时期，根据党的建设自身需要，中共中央制定了很多党内法规。中国共产党成立以来，取得的成就是多方面的，既有经济、社会层面的，也有制度层面的。在管党治党方面，中国共产党构建起了一套制度体系，在规范党组织和党员的行为、保障组织运行的规范化和科学化方面发挥了巨大作用。

改革开放以来，中国经济社会发展步入快车道，过去所没有的新矛盾和新问题不断产生，中国特色社会主义建设所面临的形势和任务也在不断发生变化，这在客观上要求我们党的理论要不断创新，制度要不断创新，政策要不断调整，方能适应形势发展需要。这就是习近平总书记不断强调“改革永远在路上”“改革开放只有进行时，没有完成时”的原因。党的制度建设也要不断适应经济社会发展和党自身发展的需要。随着形势的发展，原有的党内法规已不能完全涵盖党的建设的现实状况，既有的党内法规可能无法约束有些党组织和个体党员的行为，需要对原有的党内法规进行及时修订，删除一些失去现实意义的条款，增加一些新的条文，才能更好适应新的形势。党的十八大以来，中共中央加大了党的制度

---

① 中共中央党史和文献研究院：《十八大以来重要文献选编》（下），北京，中央文献出版社2018年版，第410页。

建设的力度，相继颁发了《中国共产党党内法规制定条例》《中国共产党党内法规和规范性文件备案审查规定》《中央党内法规制定工作五年规划纲要（2013—2017年）》《中央党内法规制定工作规划纲要（2023—2027年）》等文件，这些文件为制定高质量的党内法规做好了顶层设计。在党的领导和组织建设方面，先后制定了《中国共产党地方委员会工作条例》《中国共产党党组工作条例》《中国共产党统一战线工作条例》《党政领导干部选拔任用工作条例》《党政领导干部职务任期暂行规定》《关于实行党政领导干部问责的暂行规定》，完善了《中国共产党农村基层组织工作条例》。在思想建设和作风建设方面，先后制定了《关于改进工作作风、密切联系群众的八项规定》《党政机关厉行节约反对浪费条例》，修订了《干部教育培训工作条例》。在反腐倡廉方面，先后修订《中国共产党党内监督条例》《中国共产党巡视工作条例》《中国共产党廉洁自律准则》《中国共产党纪律处分条例》《中国共产党问责条例》《中国共产党纪律检查机关处理党员申诉工作规定》《领导干部报告个人有关事项规定》和《领导干部个人有关事项报告查核结果处理办法》，出台了《中华人民共和国监察法》和《公职人员政务处分法》等法律。在党的机关工作方面，先后制定了《党政机关公文处理工作条例》《党政机关国内公务接待管理规定》《中央和国家机关差旅费管理办法》《关于全面推进公务用车制度改革的指导意见》《中央和国家机关会议费管理办法》《中央和国家机关培训费管理办法》。[①] 党的十八大以来截至2021年，共制定修订中央党内法规156部，占现行有效中央党内法规的70.5%，为新时代制度治党提供了完备的制度架构。为确保党内法规和制度的落实，中央还经常性地出台一些配套性的政策和措施，比如为配合中央八项规定的落实，中央先后下发了《关于制止豪华铺张、提倡节俭办晚会的通知》《关于落实中央八项规定精神坚决刹住中秋国庆期间公款送礼等不正之风的通知》《关于严禁公款购买印制寄送贺年卡等物品的通知》《关于严禁元旦春节期间公款购买赠送烟花爆竹等年货节礼的通知》《关于务实节俭做好元旦春节期间有关工作的通知》等等。这些党内法规，贯穿着“全面”和“从严”这两个关键词，更进一步释放出全面从严治党的重要信号，具有极强的现实针对性，使得制度治党有了更加完善、更加科学、更有可操作性的制度依据，对于遏制奢

① 参见陈东琼、刘紫璇《论新时代制度治党的鲜明特色》，《山东社会科学》2019年第3期，第168~169页。

侈浪费、请客送礼等不正之风，起到很好的作用。党的十八大以来，党内政治生态的明显好转，与这些法规和制度的制定或修订，有着密不可分的关系。更为引人关注的是，党的二十大历史性地提出健全全面从严治党体系，把从严治党推向深入，要完善党的自我革命制度规范体系，“坚持制度治党、依规治党，以党章为根本，以民主集中制为核心，完善党内法规制度体系，增强党内法规权威性和执行力”，[①] 强化党内法规制度的供给和执行。

三、强化制度执行力，是从严治党的关键

制度的执行力，最能体现制度的实际价值。有了制度而不严格执行，就会形成“破窗效应”，导致制度失效。在此意义上，习近平总书记强调指出：“一分部署还要九分落实。”[②] 如果有制度而不执行，制度“就会成为‘稻草人’、‘纸老虎’，不仅不能产生应有作用，反而会损害法规制度的公信力”。[③] 制度的制定与制度的执行是一个问题的两个方面，二者相辅相成，制度制定时要充分考虑到制度能否落实到位，如果制度制定得很粗略、很大而化之，不具体，则很难落实。因此，在制定或修订党内法规制度时，习近平总书记要求：“不管建立和完善什么制度，都要本着于法周延、于事简便的原则，注重实体性规范和保障性规范的结合和配套，确保针对性、操作性、指导性强。”[④] 制定党内法规和制度，还要考虑到法规制度的可行性，要立足现实，确保大多数人都可以做得到，如果一项制度只有极少数党员干部能做到，那么它在当下是不适用的。因而，中央还明确要求，“制度规定要具体可行，使大多数人做得到”。[⑤] 延安时期，中国共产党制定的党的纪律和党内法规，既有很强的现实针对性，也有很强的现实可行性，上至毛泽东、刘少奇、周恩来、朱德、陈云等党的主要领

---

① 习近平：《高举中国特色社会主义伟大旗帜 为全面建设社会主义现代化国家而团结奋斗——在中国共产党第二十次全国代表大会上的报告》，北京，人民出版社 2022 年版，第 66 页。

② 中共中央文献研究室：《习近平关于严明党的纪律和规矩论述摘编》，北京，中央文献出版社 2016 年版，第 81 页。

③ 中共中央文献研究室：《习近平关于全面从严治党论述摘编》，北京，中央文献出版社 2016 年版，第 444 页。

④ 本书编写组：《习近平总书记系列讲话精神学习读本》，北京，中共中央党校出版社 2013 年版，第 176 页。

⑤ 中共中央文献研究室：《十八大以来重要文献选编》（上），北京，中央文献出版社 2014 年版，第 737 页。

导人，下至普通的党员干部，都能自觉做到按纪律要求和党内法规制度办事。

首先，强化制度的执行力，要通过教育使党员干部养成规矩意识，自觉遵守纪律、规矩和制度。从制度供给的数量看，我们党的法规和制度是不少的，但由于各种原因，很多法规制度仅仅是写在纸上、挂在墙上，在实践中难以贯彻落实，久而久之，一些党员干部对党内法规制度也就没有了敬畏感，进而发展到缺乏规矩意识，在工作和生活中随心所欲，无所顾忌。从这个角度看，党的法规制度不是太少了，而是太多了。所以，习近平总书记说，制度不在于多，而在于精，在于管用，能解决实际问题。2012 年 6 月，中央首次集中清理党内法规和规范性文件，在 1178 件党内法规和规范性文件中，有 322 个文件被废止，有 369 件被宣告失效；剩余继续有效的 487 件还有 42 件需要进行适当修改。① 事实表明，如果缺乏明确的现实针对性，文件越多，反而越没有约束力，形成一个恶性循环。改变这种状况，除了精简和修改党内法规制度外，还有一个重要措施是加强党员干部教育，使他们形成纪律意识和法规意识，在全党“形成尊崇制度、遵守制度、捍卫制度的良好氛围”。②

其次，强化制度的执行力，要加强对权力运行的监督。既然权力为人民所赋，就理所应当地接受人民群众的监督，也只有在阳光下用权，才不至于腐化变质。习近平总书记指出：“权力是一把‘双刃剑’，在法治轨道上行使可以造福人民，在法律之外行使则必然祸害国家和人民。”③早在延安时期，中国共产党就高度重视人民群众对党和政府的监督。1941 年 11 月，毛泽东在一次演讲中说：“共产党是为民族、为人民谋利益的政党，它本身决无私利可图。它应该受人民的监督，而决不应该违背人民的意旨。它的党员应该站在民众之中，而决不应该站在民众之上。”④1945 年，毛泽东在延安与黄炎培会谈时，也强调要让人民来监督政府，才能跳出“历史周期率”。汲取延安时期从严治党的经验，在新时代的全面从严治党实践中，习近平总书记高度重视人民群众对党员干部的监督，他说，

---

① 《中央党内法规和规范性文件集中清理工作全部完成》，《人民日报》2014 年 11 月 18 日，第 4 版。

② 中共中央党史和文献研究院：《习近平关于全面从严治党论述摘编（2021 年版）》，北京，中央文献出版社 2021 年版，第 444 页。

③ 《习近平谈治国理政》第 2 卷，北京，外文出版社 2017 年版，第 128~129 页。

④ 《毛泽东选集》第 3 卷，北京，人民出版社 1991 年版，第 809 页。

"人民群众中蕴藏着治国理政、管党治党的智慧和力量，从严治党必须依靠人民"，要"织密群众监督之网，开启全天候探照灯，各级党组织和党员、干部的表现都要交给群众评判"[①]。

再次，强化制度执行力，还要"扎紧制度的笼子"。延安时期从严治党的成效是十分显著的，原因在于这一时期我们党将"制度的笼子"扎得很紧，严格执纪，无论任何人，只要违反了党纪党规，不论他为革命作出多大的贡献，都要受到严厉惩处。延安时期，党对黄克功、刘振球、刘力功等党员干部的处理，充分体现了党严格执纪的自我要求。新时代，在反腐倡廉建设方面，习近平总书记多次强调，从严治党要扎紧制度的笼子，把权力关进制度的笼子里。权力如果失去了制度的约束，必然会被滥用。孟德斯鸠在《论法的精神》一书中指出："一切有权力的人都容易滥用权力，这是万古不易的一条经验。有权力的人们使用权力一直到遇有边界的地方为止。"[②]孟德斯鸠这里所说的边界其实就是指法律和制度，只要法律和制度得到严格执行，权力的使用是不会跑偏的。事实上，习近平总书记所强调的把权力关进制度的笼子里，也是这样的意思。习近平总书记指出："把权力关进制度的笼子里，就是要依法设定权力、规范权力、制约权力、监督权力。"[③]为了更好地约束权力，还要处理好权力和"笼子"的关系，既要把笼子造结实，又要把笼子扎紧，2013年7月，习近平总书记在河北调研时指出："要把笼子扎紧一点，牛栏关猫是关不住的，空隙太大，猫可以来去自如。"[④]

最后，强化制度执行力，还要运用好执纪监督的"四种形态"。2015年9月，时任中央政治局常委、中纪委书记王岐山在福建调研时提出监督执纪的"四种形态"，即经常开展批评和自我批评、约谈函询，让"红红脸、出出汗"成为常态；党纪轻处分、组织调整成为违纪处理的大多数；党纪重处分、重大职务调整的成为少数；严重违纪涉嫌违法立案审查的成

① 习近平：《在党的群众路线教育实践活动总结大会上的讲话》，北京，人民出版社2014年版，第27、第28页。

② 全国干部培训教材编审指导委员会：《提高党的建设科学化水平》，北京，人民出版社2015年版，第199页。

③ 《习近平谈治国理政》第2卷，北京，外文出版社2017年版，第129页。

④ 中共中央文献研究室：《习近平关于党的群众路线教育实践活动论述摘编》，北京，中央文献出版社2014年版，第70页。

为极少数。[①]在之后的从严治党实践中，运用“四种形态”批评教育帮助和处理了许多违纪违法的党员干部，也警示教育了更多的党员干部，被实践证明是非常成功的。党的十九大以来，纪检监察机关加大执纪监督力度，运用执纪监督“四种形态”批评教育和处理党员干部的人数逐年增长，2017 年 131.6 万人次、2018 年 173.7 万人次、2019 年 184.9 万人次、2020 年 195.4 万人次，2021 年 212.5 万人次。执纪监督从注重“处理”，转变为“批评教育帮助”和“处理”兼顾，取得了更好的政治效果和社会效果。

第五节　严管领导干部是从严治党的重点

延安时期从严治党的一个重要特点就是严管领导干部，在管党治党的很多方面，对领导干部的要求都要比普通党员高一些。比如，在作风建设方面，党中央要求领导干部要以身作则、率先垂范。延安时期，党的高级领导干部生活都是很简朴的，吃的、穿的、住的，都和普通人一样。不仅不搞特殊化，反而要求更严。毛泽东点灯的煤油总是省了又省，一个旧信封正面写了又反面写；朱德天不亮就背起粪筐去拾粪，穿得极其朴素。边区政府主席林伯渠在生活上常常睡觉枕包裹、麻绳做裤带，厉行节约，全部家当就是一堆书和一个铺盖卷。延安整风运动中，始终坚持把各级领导干部，特别是中高级领导干部作为整风的主要对象。毛泽东明确说，整风运动虽然是全党范围内的，但“主要与首先的对象是中高级干部，特别是高级干部”。再比如，在反腐倡廉方面，领导干部贪污腐败，要从严从重处罚，这是写到法规条例上的。把领导干部这一“关键少数”抓好了，会对一般党员形成强大的示范效应。这是延安时期从严治党的一个重要经验。

一、从严治党要抓好领导干部这一“关键少数”

办好中国的事情，关键在党。党的领导干部在党的组织体系中具有十分重要的作用。抓好领导干部这个“关键少数”，是我们管党治党的宝贵

① 中共中央党史和文献研究院：《十九大以来重要文献选编》（上），北京，中央文献出版社 2019 年版，第 587 页。

经验。早在延安时期，毛泽东就指出，“政治路线确定之后，干部就是决定的因素”。[①] 邓小平也说过：“中国问题的关键在于共产党要有一个好的政治局，特别是好的政治局常委会。只要这个环节不发生问题，中国就稳如泰山。”[②] 在新时代全面从严治党的过程中，习近平总书记多次强调要严管领导干部，抓好“关键少数”，他指出：“从严治党，重在从严管理干部。”“从严治党，关键是要抓住领导干部这个‘关键少数’，从严管好各级领导干部。”[③]

领导干部之所以是从严治党的“关键少数”，原因在于：一是他们承担着重要的社会政治角色，担负着党组织的重托，担负着某个地方经济社会发展的重任，他们职责特殊、岗位关键，他们的一言一行，往往会起到引领示范作用。领导干部这个“关键少数”抓得好，就能够造福一方，抓得不好，则有可能祸害一方。从近年来反腐败工作的实际情况看，一个地方或者一个领域的主要领导干部如果出现作风败坏、贪污腐化问题，会导致这个地方的政治生态都被污染。2013 年年底，中央巡视组进驻山西，逐渐揭开了山西“系统性、塌方式腐败”的盖子，省部级干部就有 7 人落马，省会太原连续 3 任市委书记、3 任公安局长均被调查，山西省各级纪检监察机关全年处分违纪党员干部 15450 人。安徽省、四川省、南京市、广州市等地方均发生过“塌方式”腐败，还有一些重点领域，如中石油、煤炭系统、金融系统、国土资源系统、铁路系统等也都出现过这样的问题。这些触目惊心的“系统性、塌方式腐败”的发生，在很大程度上与这一地方或者领域的主要领导干部有关，这些“关键少数”用权不严，腐化脱落，起到很坏的“带头作用”。二是领导干部的党性修养引领着工作作风和社会道德风尚。古语道：打铁还需自身硬。领导干部如果党性强、作风硬，一般党员干部就不敢胡作非为。领导干部党性弱、作风软，则很难服众。正所谓“其身正，不令而行；其身不正，虽令不从”[④]。延安时期，党的优良作风的形成和保持，与党的领导干部特别是高级领导干部的率先垂范有着直接的关联。中国共产党的多次整风教育，都是把领导干部作为重点的。习近平总书记指出：“既然选择了当干部，就要自觉遵守当干部

① 《毛泽东选集》第 2 卷，北京，人民出版社 1991 年版，第 526 页。

② 《邓小平文选》第 3 卷，北京，人民出版社 1993 年版，第 365 页。

③ 中共中央党史和文献研究院：《习近平关于全面从严治党论述摘编（2021 年版）》，北京，中央文献出版社 2021 年版，第 259、第 264 页。

④ 出自《论语·子路》。

的规矩……对干部要求严一点，是党和人民事业发展的必然要求，也是我们改进作风、管理队伍的基本着眼点。"[①]三是一部分领导干部身上确实存在着比较严重的问题。改革开放以来，一部分领导干部抵制不住各种各样的诱惑，放松了对自己的要求，丧失原则，甚至丧失了法律和道德的底线，脱离实际、脱离群众、滥用权力、买官卖官、腐化堕落，极大地损害了党的形象，引起人民群众的强烈不满。因此，从严治党关键是要抓好领导干部这一"关键少数"，这关系到从严治党的成败。抓好了领导干部这一"关键少数"，也就抓住了全面从严治党的"牛鼻子"。

抓好"关键少数"，首先要把好领导干部的理想信念关。领导干部理想信念坚定，才能保持应有的政治本色。中国共产党在其百余年的发展过程中，选拔领导干部时，首先看的是这一条。党的十八大以来，习近平总书记提出了好干部的"五条标准"，其中第一条就是信念坚定。他形象地将理想信念比喻成党员干部的精神之"钙"，理想信念不坚定，就会得"软骨病"。理想信念坚定，主要表现为对马克思主义的坚定信仰和对中国特色社会主义的高度自信。2016 年 6 月 28 日，习近平总书记在主持中共中央政治局第 33 次集体学习时强调，"引导党员特别是领导干部筑牢信仰之基、补足精神之钙、把稳思想之舵，坚定中国特色社会主义道路自信、理论自信、制度自信、文化自信"。[②]从已经查处的领导干部来看，他们的蜕变往往是从理想信念动摇、忘记初心开始的。把好领导干部的理想信念关，要加强对领导干部的马克思主义理论教育，强化思想武装。

其次，把好领导干部选拔关，坚持忠诚、干净、担当的标准，选贤任能。延安时期，我们党制定了"任人唯贤"的干部路线和"德才兼备"的干部选拔标准，成功地选拔和培养了一大批优秀干部。中共中央组织部长陈云提出了更为具体的选拔任用干部的标准，即"德才并重，以德为主"，并且将这个标准又细化为 4 条，其中排在第一条的是"忠实于无产阶级事业，忠实于党"。这就是中国共产党所坚持的忠诚标准，几十年后的今天，我们党选拔干部，首先考察是否对党忠诚，对人民忠诚。习近平总书记指出，好干部要做到"四个有"——心中有党、心中有民、心中有责、心中有戒。干净是指领导干部要清正廉洁、清白做人、清心干事，这是领导干部必须坚守好的底线。一个干净的领导干部，必然有正确的权力观和政绩

① 中共中央纪律检查委员会、中共中央文献研究室：《习近平关于严明党的纪律和规矩论述摘编》，北京，中央文献出版社 2016 年版，第 80 页。

② 习近平：《严肃党内政治生活　净化党内政治生态》，《人民日报》2016 年 6 月 30 日，第 1 版。

观，必然能坚持权为民所用，敬畏党纪、敬畏国法，自觉接受人民监督。担当是指领导干部要想干事、能做事、有作为。空谈误国，实干兴邦，领导干部更要“干”字当头。习近平总书记要求，各级领导干部要“积极进取，奋发有为，做出经得起实践、人民、历史检验的实绩”。[①]

最后，把好领导干部作风关。作风问题直接关涉党与人民群众的联系。延安时期，人民群众之所以选择跟着共产党走，除了他们接受了共产党用接地气的语言宣传的先进理论，更在于他们看到了共产党好的作风，尤其是党的领导干部以身作则的表率。《陕甘宁边区实录》这样记载：“他们处处都要以身作则。酗酒聚赌、流连荒唐的公务人员在边区是站不住脚的。如缴纳救国公粮，捐款优待抗日军人家属，救济难民，出钱出粮，公务人员都要比老百姓出的更多更快；政府所号召的植树开荒，各级政府公务人员都要首先参加而且首先完成，甚至超过了自己的任务。”[②]习近平总书记指出：“党的作风是党的形象，是观察党群干群关系、人心向背的晴雨表。”[③]党的十八大之后，在党的领导干部范围内开展的“三严三实”（即严以修身、严以用权、严以律己；谋事要实、创业要实、做人要实）教育，就是对领导干部作风建设的进一步升华。领导干部是主要的决策者，更要做到理论联系实际，不空谈，也不能妄谈，任何脱离实际的决策都要受到实践的惩罚，都会给人民群众的利益带来损害。领导干部也要更加注重密切联系群众。密切联系群众是中国共产党的一大政治优势，任何时候都不能放松这方面的要求。领导干部因其位置的特殊性，与人民群众的接触可能会少些，久而久之，有些领导干部密切联系群众的意识会逐渐淡化，看不到人民群众的真实生活，听不到人民群众的实际诉求，怎么能为人民群众服务好？还有批评与自我批评的作风，领导干部这方面更要带好头，习近平总书记将其视为“我们党强身治病、保持肌体健康的锐利武器”。[④]党的十八大以来，我们党在这方面要求越来越严，做得越来越实。此外，把好领导干部作风关，还要抓好领导干部的家风。良好的家风对领导干部健康成长和更好地开展工作至关重要。有相当一部分领导干部出问题就出在没有管好家人和身边人上。2016 年 1 月，习近平总书记在中纪

---

① 《习近平谈治国理政》，北京，外文出版社 2014 年版，第 399 页。

② 转引自郝坤安《延安时期“政治清明”的政治生态建设探析》，《行政科学论坛》2021 年第 4 期，第 45 页。

③ 《习近平谈治国理政》第 2 卷，北京，外文出版社 2017 年版，第 44 页。

④ 《习近平谈治国理政》第 2 卷，北京，外文出版社 2017 年版，第 182 页。

委会议的讲话中要求："每一位领导干部都要把家风建设摆在重要位置，廉洁修身、廉洁齐家。"[①]除了管好家属子女，在工作时间以外也要严格要求自己，做到在外在家一个样，不做"双面人"。

二、从严治党更要抓好"关键少数"中的"关键"

一般而言，全面从严治党要抓好的"关键少数"是指党的各级领导干部。在我国，各级党委和政府的领导干部本身也是一个群体，在领导干部这个群体中，还有更为关键的"少数"，比如各级党委政府的"一把手"、核心决策层等。因此，在管党治党的实践中，我们党对高级别领导干部和单位"一把手"的要求更高、更严。之所以这样做，是因为这个"少数中的关键"往往位置重要，责任重大，他们承担着党和国家事业发展的重要任务。解决中国的问题，关键在党，关键在领导干部这个"少数"，更关键的是"少数中的关键"。延安时期，毛泽东和党中央对高级别领导干部的要求更高，他认为只有这样，才能达到更好的效果，事实也的确如此，比如在党员干部学习教育时，毛泽东要求高级领导干部要读更多的书，要写更多的读书笔记和心得体会。在大生产运动中，高级领导干部即使是工作十分繁忙，生产任务也要完成。党的十八大以来，在落实全面从严治党工作中，习近平总书记多次提到"关键少数"中的"关键"，这个"关键"指的是哪一部分人，有人理解为党的高级领导干部，有人理解为各级部门"一把手"，有人理解为各级党委常委。综合习近平总书记有关讲话精神看，这个"关键少数中的关键"，首先是指党的领导决策核心，包括中央委员会、中央政治局、中央政治局常委会。在党的十八届六中全会审议通过的《关于新形势下党内政治生活的若干准则》和《中国共产党党内监督条例》中，多处强调了要以高级干部为重点。习近平总书记在对这两个党内法规所作的说明时说："主要考虑是加强党的建设必须抓好领导干部特别是高级干部，而抓好中央委员会、中央政治局、中央政治局常委会的组成人员是关键。"[②]在党的十八大以来的全面从严治党实践中，习近平总书记明确要求，从严治党要从中央政治局抓起。十八届党中央领导集体一上任，就给自己立规矩，给自己戴"紧箍咒"，习近平总书记在研究中央八项规定的政治局会议上明确强调："党风廉政建设，要从领导干部做

---

① 《习近平谈治国理政》第2卷，北京，外文出版社2017年版，第165页。

② 中共中央文献研究室：《习近平关于全面从严治党论述摘编》，北京，中央文献出版社2016年版，第45~46页。

起，领导干部首先要从中央领导做起。”[①]2013年1月22日，习近平总书记在十八届中纪委第二次全会上的讲话中要求：“各级领导干部要以身作则、率先垂范，说到的就要做到，承诺的就要兑现，中央政治局同志从我本人做起。”[②]此外，在党的政治建设方面、理论学习方面、党内外监督方面，习近平总书记都强调中央领导干部要走在前面做表率。

“关键少数中的关键”，也包括省部级干部和其他中管干部。在中国共产党的领导体系中，省部级干部和中管干部也属于高级领导干部之列，他们在中国政治体系中处于承上启下的特殊地位。这个层级的领导干部的思想和作风，往往对地方政治生态起到引领作用，尤其是他们中的“一把手”，作为地方大员，在政治思想、工作作风、清正廉洁、个人品行等方面如果从严要求，地方的政治生态就会风清气正，反之，地方的政治生态就会受到污染，进而会影响到地方经济社会的发展。2015年1月13日，习近平总书记在十八届中纪委第五次全会上的讲话中指出“一把手位高权重，一旦出问题，最容易带坏班子、搞乱风纪……我们必须用刚性制度把一把手管住，保证一把手正确用权、廉洁用权。这不是对干部要求苛刻，而是爱护和保护干部”[③]。高级领导干部，都是党组织一步一步培养出来的，是党和国家宝贵的组织财富，党中央对他们委以重任，更是寄予厚望，同时，党和人民也赋予他们很大的权力，当然，更希望他们审慎地用好权力。

“关键少数中的关键”，还包括县委书记这个群体。“郡县治则天下安”，“官之至难者，令也”。这是古人对中国县域治理重要性的认识。今天，县委书记这一角色在中国县域治理中承担了更为重要的职责，他们是县级领导班子的“班长”，是党的路线、方针、政策在基层的贯彻执行者。习近平总书记在会见全国优秀县委书记时的讲话中指出：“县委是我们党执政兴国的‘一线指挥部’，县委书记就是‘一线总指挥’，是我们党在县域治国理政的重要骨干力量。”[④]从经济社会发展的角度说，县委书记是县域发展的主要决策者；从全面从严治党的角度说，县委书记是县

① 中共中央文献研究室：《习近平关于全面从严治党论述摘编》，北京，中央文献出版社2016年版，第147页。

② 中共中央文献研究室：《习近平关于全面从严治党论述摘编》，北京，中央文献出版社2016年版，第149页。

③ 中共中央纪律检查委员会、中共中央文献研究室：《习近平关于严明党的纪律和规矩论述摘编》，北京，中央文献出版社2016年版，第100页。

④ 习近平：《做焦裕禄式的县委书记》，北京，中央文献出版社2015年版，第67页。

域管党治党的第一责任人，他们在党的事业和国家发展中发挥着举足轻重的作用。“如果把国家喻为一张网，全国三千多个县就像这张网上的纽结。‘纽结’松动，国家政局就会发生动荡；‘纽结’牢靠，国家政局就稳定。”① 正是基于此，习近平总书记对如何做合格的县委书记提出过很多具体要求，将他们视为全面从严治党的“关键少数中的关键”。

三、领导干部要做全面从严治党的带头人

中国共产党自成立以来，一直有一个良好的传统，那就是无论在革命战争年代，还是在和平建设时期，在党的建设的各个方面，对领导干部的要求都要高于一般党员。这是符合党的建设一般规律的。就党的建设来看，领导干部是党的建设的风向标。推进全面从严治党，领导干部带好头是关键，能够起到事半功倍的效果。古语曰：风成于上，俗形于下。领导干部风清气正，对下属起到良好的示范带动作用，领导干部作风败坏，也会带来不良的示范效应。正所谓“上有所好，下必甚焉。上有不好，下必效焉”。

首先，领导干部要带头增强“四个意识”。从延安时期从严治党的历程来看，中共中央在面临各种复杂局面的情况下，解决了党的政治路线问题，解决了党中央权威和集中统一领导问题，从而保证了中国革命道路的正确方向，同时也保证了中国革命始终在中国共产党的领导之下。新时代，以习近平同志为核心的党中央提出全党要增强“四个意识”，维护党中央权威和集中统一领导。党的十八届六中全会通过的《关于新形势下党内政治生活的若干准则》规定：党的各级组织、全体党员特别是高级干部都要向党中央看齐，向党的理论和路线方针政策看齐，向党中央决策部署看齐。② 习近平总书记明确要求，领导干部尤其要在这方面带好头，特别是中央政治局的同志，更要有政治意识、大局意识、核心意识和看齐意识，要带头维护中央权威，做政治上的明白人，在思想上政治上行动上同党中央保持高度一致。

其次，领导干部要在党性修养上带好头。良好的党性修养能够使党员干部时时刻刻保持政治上的清醒，保持优良作风和优秀品格。因此，领导干部的党性修养至关重要。党员领导干部加强党性修养，就是要加强对党

① 习近平：《摆脱贫困》，福州，福建人民出版社 1992 年版，第 24 页。

② 《关于新形势下党内政治生活的若干准则》，北京，人民出版社 2016 年版，第 13 页。

章的学习，做遵守党章的模范。2012 年 11 月 16 日，习近平任总书记以来发表的第一篇署名文章就是《认真学习党章　严格遵守党章》，他要求“各级领导干部要把学习党章作为必修课，走上新的领导岗位的同志要把学习党章作为第一课，带头遵守党章各项规定。凡是党章规定党员必须做到的，领导干部要首先做到；凡是党章规定党员不能做的，领导干部要带头不做”。[①] 党员领导干部加强党性修养，就是要对党绝对忠诚，不折不扣地执行党的决议，“不随物流、不为境转”，在任何时候都能保持政治定力，站稳政治立场。在党言党、在党忧党、在党为党，在重大原则问题上旗帜鲜明、立场坚定，永远忠诚于党。领导干部加强党性修养，还要加强理论武装，自觉用马克思主义理论，尤其是用习近平新时代中国特色社会主义思想武装头脑。

最后，领导干部要在严格自律上带好头。孔子曰：政者，正也。子帅以正，孰敢不正？[②] 对于一个国家和社会的治理，就是要让其走上正道。那么，谁来带头？就是为政者要带头。只要为政者做得正，整个社会的风气自然就正了。这是古人讲的治国理政的道理，今天依然闪烁着真理和智慧的光芒。延安时期，毛泽东、刘少奇、朱德、陈云等领导人都严格自律，这对延安时期良好政治生态的形成，起到非常好的带动作用。新时代，党的组织和党员人数比革命战争年代增长了数十倍，党的执政环境更加复杂，党的奋斗目标也更加宏伟，由此决定了从严治党的任务也更加繁重，因此就更要发挥好领导干部带头这个传统。党的十八大以来，习近平总书记在有关从严治党的讲话中，多次强调领导干部要在严格自律方面带好头。2014 年 10 月 8 日，习近平总书记在党的群众路线教育实践活动总结大会上的讲话中指出：“各级干部要从我做起、从小事做起，带头坚守正道、弘扬正气，努力营造良好从政环境。”[③]2015 年 6 月 30 日，习近平总书记在会见全国优秀县委书记时的讲话中指出：领导干部要“带头依法办事，带头廉洁自律，带头接受党和人民监督，带头清清白白做人、干干净净做事、堂堂正正做官，真正做到事事带头、时时带头、处处带头，真正做到率先垂范、以上率下”。[④]

---

① 《十八大党章学习读本》，北京，人民出版社 2012 年版，第 39 页。

② 张燕婴译注：《论语》，中华书局 2015 年版，第 160 页。

③ 中共中央文献研究室：《十八大以来重要文献选编》（中），北京，中央文献出版社 2016 年版，第 100 页。

④ 习近平：《做焦裕禄式的县委书记》，北京，中央文献出版社 2015 年版，第 68 页。

第六节　“零容忍”惩腐是从严治党的要义

2015年春，解放军报两位记者采访红军老战士顾昌华，顾老曾是毛泽东的警卫战士，周恩来的随身副官，但他从未因为有特殊功劳向组织上提任何要求。两位记者问及“对于当前的转作风反腐败，您怎么看？有什么建议”时，顾老激动地说：“习主席抓反腐败工作抓得好！抓作风建设就是要一抓到底。”“延安时期，党对腐败就是零容忍，现在更不能大意！”[①]时隔多年，人们对延安时期的从严治党依然印象深刻，想起那个时期的廉洁政治，人们依然由衷敬佩，对那个时期严惩腐败分子的做法，人们依然高度赞赏。延安时期对贪污腐败的惩处坚持从严从重的原则。1938年8月陕甘宁边区抗日民主政府制定并颁布的《陕甘宁惩治贪污条例》规定：（1）贪污数目在一千元以上者，判处死刑；（2）贪污数目在五百元以上者，判处五年以上之有期徒刑或死刑；（3）贪污数目在三百元以上五百元以下者，判处三年以上五年以下之有期徒刑……除依法判处刑罚外，必须追缴其赃款赃物、没收罪犯财产以及罚金。[②]此外，1941年11月，陕甘宁边区第二届参议会通过的《陕甘宁边区施政纲领》还特别规定：“厉行廉洁政治，严惩公务人员之贪污行为，禁止任何公务人员假公济私之行为，共产党员有犯法者从重治罪。”[③]延安时期，我们党对腐败采取的是零容忍的态度，无论涉及谁，只要贪污腐化，都要受到严厉惩处。陕甘宁边区高等法院对肖玉璧挪用公款案、黄克功私情枪杀案、肖积金贪污挥霍案、冯维贤渎职贪污案、崔风鸣贪污案、史桂芳贪污侵占案等案件的判决，反映了我们党坚决清除腐败的态度。肖玉璧案判决后，《解放日报》于1942年1月5日专门发表评论：“肖玉璧被判处死刑了，因为他贪污，开小差，为升官发财以至叛变了革命……我们一定要做到：在‘廉洁政治’的地面上，不容许有一个肖玉璧式的莠草生长！有了，就拔掉它！”[④]

---

① 《毛泽东卫士顾昌华赞习主席反腐抓得好：延安时期就是零容忍》，《解放军报》2015年3月22日，第1版。

② 陕西省档案馆、陕西省社会科学院：《陕甘宁边区政府文件选编》第1辑，北京，档案出版社1986年版，第498页。

③ 中共陕西省委党史研究室、陕西省档案馆：《红色档案——延安时期文献档案汇编（陕甘宁边区政府文件选编）》第5卷，西安，陕西人民出版社2013年版，第3页。

④ 谭虎娃：《历史的转折：中共中央在延安十三年》，北京，人民出版社2018年版，第104页。

延安时期的反腐倡廉，给我们党留下了宝贵的经验。今天，尽管党的执政环境发生了很大的变化，党内存在的腐败问题也比过去更复杂，但是，我们依然应该从过去的历史经验中获取智慧，打好新时代反腐败斗争这一硬仗。2013 年 4 月 19 日，习近平总书记在主持十八届中央政治局第五次集体学习时指出："研究我国反腐倡廉历史……可以给人以深刻启迪，有利于我们运用历史智慧推进反腐倡廉建设。"①

一、坚持思想教育与警示教育相结合，养成廉洁从政的意识

延安时期，党的思想政治教育工作做得极为成功。思想政治教育的内容包括马克思主义理论教育、民族精神教育、历史国情教育以及党性修养教育。这些教育内容蕴含着丰富的勤俭节约、廉洁从政、大公无私等思想。延安时期，一少部分党员干部之所以出现贪腐现象，原因是多方面的，诸如旧社会"升官发财"的思想遗毒尚未消除，国民党用各种手段对我们的党员干部进行拉拢腐蚀，此外，陕甘宁边区干部思想觉悟的参差不齐也是一个重要原因。全面内战爆发后，随着党的事业的发展，对干部的需求量非常大。在提拔的干部中，大多是工人和农民出身，他们的文化水平和思想理论水平参差不齐，非无产阶级思想还在一部分党员干部的头脑中顽固地存在。因此，对党员干部进行思想政治教育是非常有必要的，延安时期，这方面的教育始终没有放松过。延安时期的党员教育坚持"干部教育重于一般党员群众教育"的原则，同时还将警示教育融入思想政治教育中。黄克功案件判决时，毛泽东在给审判长雷经天写信中要求，"一切共产党员，一切红军指战员，一切革命分子，都要以黄克功为前车之戒"。② 肖玉璧案判决后，《解放军报》随即发表评论，警示教育全党。1944 年，毛泽东号召全党学习《甲申三百年祭》，警示党员干部不要因贪污腐化而导致革命事业的失败。由此可见，延安时期，中国共产党非常注重打好廉洁政治的思想基础，从思想根基处反腐倡廉，这样才能达到最佳效果，这对我们今天的反腐败斗争，有着深刻的启示意义。

新时代，中国共产党在反腐败斗争中也沿袭了延安时期一些比较成功的做法，注重党员干部的思想政治教育和廉洁警示教育，并将二者有机融合在一起。2013 年 1 月 22 日，习近平总书记在十八届中纪委第二次全体

① 《习近平谈治国理政》第 1 卷，北京，外文出版社 2018 年版，第 390 页。

② 《毛泽东文集》第 2 卷，北京，人民出版社 1993 年版，第 39 页。

会议上的讲话中指出，“要加强反腐倡廉教育和廉政文化建设，督促领导干部坚定理想信念，保持共产党人的高尚品格和廉洁操守，提高拒腐防变能力，在全社会培育清正廉洁的价值理念，使清风正气得到弘扬”；“扬汤止沸，不如釜底抽薪。要从源头上有效防治腐败”。[①] 从源头上治理腐败，是治本之策。这个源头在哪？可以从体制机制上找，也可以从社会风气方面找，但最根本的还要从思想深处找。一个理想信念坚定的党员干部，一定也是一个严格自律的党员干部。习近平总书记指出：“一个人能否廉洁自律，最大的诱惑是自己，最难战胜的敌人也是自己。一个人战胜不了自己，制度设计得再缜密，也会‘法令滋彰，盗贼多有’。”[②] 尤其是领导干部，所受到的各种诱惑要比一般党员多，没有坚定的理想信念和高尚的道德品质，很容易在诱惑面前丧失自我，进而变成自己的“对立面”，站到腐化堕落者的队伍里面去。新时代，党尤其注重加强党员干部的党性修养、筑牢党员干部的信仰之基，为廉洁从政打好思想根基。2017 年 10 月 25 日，习近平总书记在党的十九届一中全会上的讲话中指出，“理想信念不是拿来说、拿来唱的，更不是用来装点门面的，只有见诸行动才有说服力。要知行合一、言行一致，保持对理想信念的激情和执着，牢固树立正确的世界观、权力观、事业观”。[③] 养成廉洁从政意识，要尽早抓，就像对人的思想政治教育要从小学生抓起是一样的道理。中央党校每年春季和秋季举办两期中青年干部培训班，自 2019 年以来，每一次中青班开学典礼，习近平总书记都会亲自参加并发表重要讲话，对中青年干部提要求，提希望，希望年轻干部敬畏党、敬畏人民、敬畏法纪，扣好廉洁从政“第一粒扣子”。

二、坚持反腐制度与监督机制相结合，织密廉洁政治的“笼子”

延安时期，中国共产党在反腐败工作的制度供给和监督机制建设方面，做了大量的工作，织密了延安时期廉洁政治的“笼子”。在党的领导之下，边区政府制定了大量的法规和制度，确保党员干部廉洁从政有法可依。在行政立法方面，制定了《陕甘宁边区施政纲领》，制定并颁布了

---

① 中共中央党史和文献研究院：《习近平关于全面从严治党论述摘编（2021 年版）》，北京，中央文献出版社 2021 年版，第 358 页。

② 中共中央党史和文献研究院：《习近平关于全面从严治党论述摘编（2021 年版）》，北京，中央文献出版社 2021 年版，第 364 页。

③ 《习近平在党的十九届一中全会上的讲话》，《求是》2018 年第 1 期。

《陕甘宁边区宪法原则》《陕甘宁边区惩治贪污暂行条例》《关于惩治贪污浪费行为》第 26 号训令、《陕甘宁边区惩治贪污条例（草案）》等法律法规；在财务制度方面，制定了《公产管理办法》和《各县市地方财政收入暂行章程》等法规，全面堵塞财务漏洞，确保贪污腐败者无机可乘；在监督机制方面，建立了上下结合、内外结合的监督机制。上级对下级的监督主要采取“两三个月一次小检查、一年一次大检查”的方式。下级对上级要定期报告工作，使得上级机关能够及时掌握下级机关及其党员干部的工作情况。在党内，建立了巡视监察制度，1938 年 9 月，党的六届六中全会通过的《关于各级党委暂行组织机构的决定》规定，在“区党委之下，得设监察委员会”，全面监督党的各级机关。也在边区政府机关内部，设立专门的监督机构，对边区机关的财务、税收等事项进行审计监督。此外，外在监督的渠道也是畅通的，延安时期，“人民则有用无论何种方式控告任何公务人员非法行为之权利”。[①] 同时，党的领导机关和政府机关还欢迎来自新闻媒体和民主党派的监督。

新时代，以“零容忍”的态度进行反腐败斗争，也要从延安时期汲取这方面的经验，织密新时代反腐倡廉的制度“笼子”。首先，从制度上解决侵害人民群众切身利益的问题。改革开放以来，公款吃喝、公款送礼、公车私用、吃拿卡要、铺张浪费等问题一度较为突出，老百姓办事难，有些公务人员不得好处不作为，得了好处乱作为，“门难进、脸难看、事难办”的现象时有发生，人民群众对此极为不满，这些现象和问题如不彻底解决，必然助长腐败分子的气焰，也必然引发人民群众的激愤。党的十八大以来，在党的制度建设方面，清理了一些与当前实际相脱节的陈旧性制度，重新修订或者制定了一系列新的制度，这些制度的制定直接针对现实问题，简单易行，可操作性强，从实施效果看，非常明显。中央八项规定自实施以来，不走过场，不搞“运动式”作风建设，而是一抓到底，善始善终，党风廉政方面明显好转，得到了广大干部群众衷心拥护。在党内监督和党外监督方面，也取得了实质性成就。其次，强化党内巡视的监督作用。党的十八大以来，党中央把全面从严治党放在协调推进中国特色社会主义战略布局的重要位置上，把用好党内巡视监察制度作为重要抓手。2013 年 4 月 25 日，习近平总书记在中央政治局常委会上指出：“巡视是

① 中共中央文献研究室、中央档案馆：《建党以来重要文献选编（1921—1949）》第 18 册，北京，中央文献出版社 2011 年版，第 242 页。

党章赋予的重要职责，是加强党的建设的重要举措，是从严治党、维护党纪的重要手段，是加强党内监督的重要形式。”[①]2013年6月，中共中央制定了《中央纪委中央组织部关于进一步加强巡视工作的意见》和《中央巡视工作2013—2017年规划》，2015年8月，中共中央修订和完善了《中国共产党巡视工作条例（试行）》，这些制度的制定和完善为党内巡视制度提供了制度和法规依据。在实践层面，十八届党中央组织巡视组开展了12轮巡视，发现了一批领导干部违纪违法线索，对腐败分子形成强大的震慑作用。新时代，党内巡视在巡视范围上实现了全覆盖，在巡视方法上实行常规巡视、专项巡视与“回头看”相结合，在巡视重点上突出对“一把手”的监督和对中央八项规定的落实问题以及对领导干部是否存在以权谋私、贪污腐化问题的巡视。据统计，党的十八大以来中央纪委立案审查的中管干部案件中，超过60%的问题线索来自巡视。[②]最后，加强社会监督。社会监督内容很宽泛，包括人民监督、媒体监督、舆论监督等。社会监督具有影响面广、反映问题迅速、透明性强等特点，在监督公职人员的权力行使、工作作风和道德品行等方面发挥着不可替代的作用。毛泽东曾说过：“人是贱骨头，要互相监督，监督的紧就谨慎，就觉悟，监督的越紧，觉悟程度也越高。”[③]近年来，随着人民群众的政治参与意识的不断提升以及互联网技术的快速发展，社会监督在防止和反对腐败的工作中发挥着越来越大的作用。

三、坚持“零容忍”与长震慑相结合，打赢反腐败斗争攻坚战持久战

延安时期，在惩治腐败分子方面坚持“零容忍”的态度，只要被发现有贪腐行为，无论是谁，一定会一查到底，并严厉惩处。陕甘宁边区法院枪毙黄克功、严惩肖玉璧等人，对公职人员形成了强大的震慑作用。从边区政府司法部门查处公职人员贪腐案件的数量看，严惩贪污犯的震慑作用，使得贪污案件发生数量明显递减。边区政府司法部门1939年查处

① 中共中央纪律检查委员会、中共中央文献研究室：《习近平关于党风廉政建设和反腐败斗争论述摘编》，北京，中央文献出版社、中国方正出版社2015年版，第107页。

② 李胜凯：《全面从严治党视域下党内巡视制度创新研究》，《廉政文化研究》2018年第3期，第62页。

③ 陕西省档案馆、陕西省社会科学院：《陕甘宁边区政府文件选编》第9辑，北京，档案出版社1990年版，第393页。

贪污案360起，1940年查处贪污案644起，到1941年上半年查处贪污案153起。[①]

党的十八大以来，党中央直面党内的腐败问题，回应人民群众强烈反映的问题，坚持“老虎”“苍蝇”一起打，坚持以“零容忍”的态度惩治腐败，猛药去疴，重典治乱，全力打造廉洁政治，重塑风清气正的政治生态，赢得了人民群众的高度赞誉。2016年7月1日，习近平总书记在庆祝中国共产党成立95周年大会上的讲话中指出：“我们党作为执政党，面临的最大威胁就是腐败。”[②]中国共产党的初心是为人民谋幸福，党的宗旨是全心全意为人民服务，腐败是用公共权力谋取私利的行为，与党的初心相悖，与党的宗旨亦相悖，因此，腐败不除，人民不会答应，久而久之，党的执政根基就会动摇。习近平总书记告诫全党：“大量事实告诉我们，腐败问题越演越烈，最终必然会亡党亡国！”[③]“如果不坚决纠正不良风气，任其发展下去……我们党就会失去根基、失去血脉、失去力量。”[④]“不得罪成百上千的腐败分子，就要得罪十三亿人民。”[⑤]腐败问题是古今中外治国理政中的一大难题，是侵害执政党健康肌体的毒瘤，在历史上，很多国家的执政党因为腐败的侵蚀而导致人亡政息。中国共产党“零容忍”惩治腐败的决心，反映出党在这方面的高度清醒。习近平总书记指出，要坚决打赢反腐败斗争这场战争，开弓没有回头箭，不打胜仗决不收兵。正是本着对党对人民高度负责的态度，党中央持之以恒地“零容忍”反腐败，取得了非常了不起的成绩：党的十八大至十九大的5年，共立案审查省军级以上党员干部及其他中管干部440人，其中十八届中央委员、候补委员43人，中央纪委委员9人；厅局级干部8900余人，县处级干部6.3万人。处分基层党员干部27.8万人。追回外逃人员3453名，“百名红通人员”48人落网。[⑥]党的十九大之后，反腐败斗争依然保持高压态势，来自中央纪委国家监委网站的权威资料显示：2018年，全国纪检监察机关共对52.6万名党员作出党纪处分；2019年立案61.9万件，给予党纪政务处分58.7

① 汪世荣等：《新中国司法制度的基石——陕甘宁边区高等法院（1937—1949）》，北京，商务印书馆2011年版，第34页。

② 《习近平谈治国理政》第2卷，北京，外文出版社2017年版，第44页。

③ 《习近平谈治国理政》第1卷，北京，外文出版社2018年版，第16页。

④ 《习近平谈治国理政》第1卷，北京，外文出版社2018年版，第387页。

⑤ 中共中央文献研究室：《习近平关于全面从严治党论述摘编》，北京，中央文献出版社2016年版，第186页。

⑥ 数据来自中纪委副书记杨晓渡在2017年10月19日举行的记者招待会上的讲话。

万人；2020年，立案61.8万件，处分60.4万人；2021年，立案63.1万件，处分62.7万人。[①]

新时代的反腐败斗争，坚持了“零容忍”与长震慑相结合。严惩少数腐败分子，对大多数党员干部形成了强大的震慑。党的十八大以来，被立案查处的官员上至正国级，下至基层党员干部，在党纪国法面前，没有谁是特殊人物。人们欣喜地看到，中国共产党的党风正在好转，良好的政治生态正在形成，习近平总书记在党的十九大报告中总结：“不敢腐的目标初步实现，不能腐的笼子越扎越牢，不想腐的堤坝正在构筑，反腐败斗争压倒性态势已经形成并巩固发展。”[②]当然，尽管中国共产党的反腐败斗争取得了阶段性成果，但这并不意味着我们可以停下来喘口气、歇歇脚。反腐败不是一劳永逸的事情，要一直严下去，一旦放松反腐，将会功亏一篑。这一点，以习近平同志为核心的党中央领导层是十分清楚的。

关于新时代新征程反腐败斗争的目标任务，党的二十大报告的最新表述是“坚决打赢反腐败斗争攻坚战持久战”，[③]这意味着反腐败是艰巨的、长期的、持久的，只要产生腐败的土壤和条件还存在，反腐败斗争就一刻也不能停。腐败是一种顽疾，根治的难度很大，但绝不能因其困难而退缩，必须始终保持一种高压的态势，以零容忍的态度打击和惩治腐败行为，坚定必胜信念，最终必将打赢这场攻坚战持久战。

---

① 数据来自中央纪委国家监委网站。

② 习近平：《决胜全面建成小康社会　夺取新时代中国特色社会主义伟大胜利——在中国共产党第十九次全国代表大会上的报告》，北京，人民出版社2017年版，第8页。

③ 习近平：《高举中国特色社会主义伟大旗帜　为全面建设社会主义现代化国家而团结奋斗——在中国共产党第二十次全国代表大会上的报告》，北京，人民出版社2022年版，第69页。

结语　以伟大自我革命引领伟大社会革命

勇于自我革命是中国共产党的鲜明政治品格，也是我们党的优势所在。放眼当代世界，林林总总尚有5000多个政党组织，这其中，建党超过100年的政党组织只有60多个，而连续执政超过70年的政党更是凤毛麟角。中国共产党作为政党中的佼佼者，能够脱颖而出，绝非偶然。除了其自身的先进性、纯洁性品格外，勇于自我革命，不断保持其肌体的健康，是一个不可忽视的因素。

中国共产党的百年历史，既是一部英勇奋斗、百折不挠的社会革命史，也是一部激浊扬清、刮骨疗毒的自我革命史。

1921年7月，党的一大通过的中国共产党第一个党纲规定，“党的根本政治目的是进行社会革命”，同时，这份党纲还对党的自身建设作了具体的规定。1922年党的二大通过了党历史上的第一个《党章》，即对入党条件、党的组织、党的纪律、党员权利和义务等作了极为严格的规定。可以说，建党以来，在党纲和党章中虽然只明确提出“社会革命”的政治目标，但从党纲和党章的具体要求看，“自我革命”这一目标任务是伴随着党的创立和发展全过程的。在革命和建设实践中，中国共产党既致力于社会革命，又注重自我革命，“两个革命”并驾齐驱，相辅相成。马克思主义政党所致力的革命是彻底的革命，不是一般的社会改良，没有不断进行自我革命的意志和品格，党是不可能完成这样任务的。马克思恩格斯在《德意志意识形态》中指出：“革命之所以必需，不仅是因为没有任何其他的办法能够推翻统治阶级，而且还因为推翻统治阶级的那个阶级，只有在革命中才能抛掉自己身上的一切陈旧的肮脏东西，才能胜任重建社会的工作。”[①]这一论断深刻揭示了社会革命与自我革命之间的内在关联。在中外历史上，无论是一个政党还是一个群体，在取得政权之后往往都难以摆脱治乱兴衰的历史周期率。中国强大的秦王朝历经二世而亡；汉唐盛世原本政治清明、经济文化繁荣、人民安居乐业，到后期无不政治腐败、信仰崩塌、人民水深火热；清朝末期，统治者昏庸无能，朝廷上下腐败成风，拥有近 200 万清兵，却任由不到 2 万的八国联军长驱直入。凡此种种，究其根源，皆在于没有解决好如何对待人民、如何用好权力的问题。即便是一些马克思主义执政党，也没有处理好这样的根本问题，最后落得亡党亡国的下场。如何避免这样的所谓“历史周期率”的支配，毛泽东给出的答案是民主——即让人民来监督政府，就不会人亡政息，习近平总书记给出的第二个答案是自我革命——即刀刃向内、刮骨疗毒，及时切除掉腐烂部分，永远保持肌体的健康。习近平总书记在十九届中央纪委六次全会上的重要讲话中指出：“一百年来，党外靠发展人民民主、接受人民监督，内靠全面从严治党、推进自我革命，勇于坚持真理、修正错误，勇于刀刃向内、刮骨疗毒，保证了党长盛不衰、不断发展壮大。”[②]事实上，这两个破解“历史周期率”的答案具有内在一致性。1945 年 4 月，毛泽东在《论联合政府》一文中指出：“难道我们还欢迎任何政治的灰尘、政治的微生物来玷污我们的清洁的面貌和侵蚀我们的健全的肌体吗？”[③]延安整风运动就是一次较为集中的自我革命，清扫党员干部在政治上、思想上、作风上、廉洁上的灰尘，使全党精神焕发、一尘不染，大大提高了党组织的活力和战斗力。在“进京赶考”前的党的七届二中全会上，毛泽东语重心长地提出“两个务必”的要求：“中国的革命是伟大的，但革命以后的路程更长，工作更伟大，更艰苦。这一点现在就必须向党内讲明白，务必使同志们继续地保持谦虚、谨慎、不骄、不躁的作风，务必使同志们继续地保持艰苦奋斗的作风。”[④]新中国成立初期，党中央开始部署以践行“两个务必”为主要内容的整党整风运动，清除肌体中的毒瘤，1952 年年初严肃处理了刘青山、张子善等人，毛泽东亲自批示，判处二人死刑。事实上，新中国成立初期，尚未形成完备的法律体系，新中国最早的《中华人民共和国惩治贪污条例》1952 年 4 月才出台，对于贪污数额较大的对革命有

① 《马克思恩格斯文集》第 1 卷，北京，人民出版社 2009 年版，第 543 页。

② 《习近平在十九届中央纪委六次全会上发表重要讲话》，《人民日报》2022 年 1 月 19 日，第 1 版。

③ 《毛泽东选集》第 3 卷，北京，人民出版社 1991 年版，第 1097 页。

④ 《毛泽东选集》第 4 卷，北京，人民出版社 1991 年版，第 1438~1439 页。

功的高级干部如何惩治，当时尚无专门的法律条文，如何处理刘青山、张子善二人，中共河北省委请求中央指示，毛泽东在同其他中央领导同志朱德、周恩来、刘少奇等充分交换意见的基础上，作出明确指示，判处二人死刑，并且不准任何人说情。毛泽东说："正因为他们两人的地位高，功劳大，影响大，所以才要下决心处决他们。只有处决他们，才可能挽救二十个，二百个，二千个，二万个犯有各种不同程度错误的干部。"[①]

党的十一届三中全会是党的历史上一次伟大转折，它不仅开启了改革开放的新历程，也开启了百年党史中最具历史意义的自我革命。党的十一届三中全会果断终止了"以阶级斗争为纲"的政治路线，实现思想路线的"拨乱反正"，重新确立解放思想、实事求是的思想路线，全面纠正"文化大革命"的错误，大量平反冤假错案，实现党的工作重心的转移。在邓小平的亲自主持下，制定了中国共产党历史上的第二个"历史决议"，对文化大革命做了全面否定，对毛泽东的功过是非做出客观公正的评价，对毛泽东思想做出了科学解释，维护了毛泽东的核心地位，维护了毛泽东思想的指导地位，对建党以来，尤其是新中国成立以来，我们党历史上的重大问题、重要历史人物，做出了科学的评价。历史地看，这是一次极为重要的自我革命，通过这次自我革命，改革开放才得以推进，中国特色社会主义由此发轫，实现了中华民族由站起来向富起来的伟大飞跃。党的十一届三中全会后，中国社会主义建设进入新的历史方位，在经济全球化的外部环境中，开启改革开放的尝试，开始社会主义市场经济方向的改革探索，其难度不亚于一场革命，因此被邓小平称为"第二次革命"。改革开放涉及对原有的生产资料所有制关系、分配关系等重要生产关系的重新建构，从这个意义上说，它也是一场社会革命，能否完成这一社会革命，对中国共产党是一大考验。改革开放拓展了人们获得财富的渠道和空间，激发了人们创造财富的热情，很快就有一部分头脑灵活、善于经营的人发家致富，也有一部分人拉拢腐蚀党员干部为他们搞生产经营提供便利和帮助，从而获取更多的财富，当然，还有一些党员干部利用自己的权力，吃拿卡要、索贿受贿，还有一些公职人员钻监管漏洞的空子，贪污侵占公有财产，还有个别党员干部在市场经济大潮中丧失信仰、迷失方向，道德败坏、生活糜烂。党员干部队伍中出现的问题，绝非小事，没有自我革命的精神，何以担当社会革命的大任？1982 年 4 月，邓小平在《坚决打击经

① 《毛泽东传（1949—1976）》上册，北京，中央文献出版社 2003 年版，第 218 页。

济犯罪活动》的讲话中指出："现在是什么形势呢？我们自从实行对外开放和对内搞活经济两个方面的政策以来，不过一两年时间，就有相当多的干部被腐蚀了。"[①] 对于改革开放过程中，党要进行自我革命，邓小平有着清醒的认识，并提醒广大党员干部，这是一个长期的过程。邓小平在讲话中还明确指出："对有严重问题的党员，开除党籍，开除公职……贪污分子，贪污数量很大的，就是坦白从宽，再宽大，党籍总要开除吧……这是一个经常的斗争，经常的工作。否则，社会主义道路怎么坚持呀？"[②] 除了从严处理有问题的党员干部，这一时期党的自我革命还有两个重要抓手：一个是抓精神文明建设，一个是抓制度建设。邓小平认为，制度问题是带有根本性、全局性的问题，"制度好可以使坏人无法任意横行，制度不好可以使好人无法充分做好事，甚至会走向反面"。[③]

党的十八大以来，中国特色社会主义进入新时代，党的自我革命面临新的历史方位，从严治党面临新的考验。党的十八大报告指出："新形势下，党面临的执政考验、改革开放考验、市场经济考验、外部环境考验是长期的、复杂的、严峻的，精神懈怠危险、能力不足危险、脱离群众危险、消极腐败危险更加尖锐地摆在全党面前。"要"增强自我净化、自我完善、自我革新、自我提高能力，……确保党始终成为中国特色社会主义事业的坚强领导核心"。[④] 新时代，党的自我革命始终坚持"两条腿走路"，一是开展党性教育，提高党员干部的党性意识、纪律规矩意识，净化党的政治生态，保持党员干部优良作风。党的十八大以来，先后开展了群众路线教育实践活动、"三严三实"教育、"两学一做"、"不忘初心，牢记使命"主题教育、党史学习教育，这些党性教育都取得了良好的实践效果。二是强力推进全面从严治党，高压反腐，将自我革命推向深入。

新时代，习近平总书记关于党的自我革命作出了一系列重要论述。关于自我革命的重要意义，习近平总书记指出："我们党为什么能够在现代中国各种政治力量的反复较量中脱颖而出？为什么能够始终走在时代前列、成为中国人民和中华民族的主心骨？根本原因在于我们党始终保持了自我革命精神，保持了承认并改正错误的勇气，一次次拿起手术刀来革除

① 《邓小平文选》第 2 卷，北京，人民出版社 1994 年版，第 402 页。
② 《邓小平文选》第 2 卷，北京，人民出版社 1994 年版，第 404 页。
③ 《邓小平文选》第 2 卷，北京，人民出版社 1994 年版，第 333 页。
④ 中共中央文献研究室：《十八大以来重要文献选编》（上），北京，中央文献出版社 2014 年版，第 38~39 页。

自身的病症，一次次靠自己解决了自身问题。”[①]像其他政党一样，中国共产党也会犯错误，事实上我们党在革命和建设时期也确实出现过这样和那样的问题，有的问题还比较严重，但中国共产党有着其他政党所难以企及的自我革命品格，有自我纠正的勇气，所以才能始终赢得人民群众的认同和支持，才能干成别的政党干不成的大事、难事。关于对待自我革命的态度，习近平总书记要求，“凡是损害党的先进性和纯洁性的病症都要彻底医治，凡是滋生在党的健康肌体上的毒瘤都要坚决祛除”。[②]历史表明，政党对待错误的态度非常重要，如果遮遮掩掩，不敢公开承认错误，那么其组织成员在错误问题上越走越远；如果心慈手软，不敢刀刃向内，那也达不到健强肌体的目标。正是在这个意义上，习近平总书记指出：“坚持自我革命精神，关键要有正视问题的自觉和刀刃向内的勇气。”[③]关于自我革命的主体，习近平总书记认为，要抓好领导干部这一“关键少数”，也要管好广大党员这一“绝大多数”。“关键少数”都在各级领导岗位上，他们的一言一行，一举一动，都具有强烈的示范效应，对党风政风的影响是最直接的，所以，这个群体至关重要。延安时期，正是因为党政军的高级领导人以身作则、率先垂范，在党性修养方面严格要求自己，在工作和生活作风方面起到了很好的带动作用。毛泽东作为党的最高领导人，从不搞任何特殊，朱德总司令始终保持艰苦朴素的作风，周恩来在大生产运动中带动很多机关单位的领导干部积极参加生产，刘少奇在党性修养方面提出更高要求。正是这些“关键少数”带动了全党，使全党在延安时期形成了一个好的政治生态。这个宝贵的历史经验，在新时代党的自我革命中再一次被发扬光大。当然，广大党员这一“绝大多数”也不能忽视，这一点，党始终是清醒的，比如，在反腐败斗争中，始终坚持“老虎”“苍蝇”一起打。关于自我革命的方法手段，习近平总书记要求：一是把党的政治建设放在首位，要求广大党员干部要牢固树立“四个意识”，坚定“四个自信”，自觉做到“两个维护”，强化党的全面领导；二是坚持思想建党和制度治党相统一，二者一刚一柔，同时同向发力。2015 年 10 月，

① 中共中央党史和文献研究院：《十八大以来重要文献选编》（下），北京，中央文献出版社 2018 年版，第 590 页。

② 中共中央纪律检查委员会、中共中央文献研究室：《习近平关于党风廉政建设和反腐败斗争论述摘编》，北京，中央文献出版社、中国方正出版社 2015 年版，第 9 页。

③ 中共中央党史和文献研究院：《十八大以来重要文献选编》（下），北京，中央文献出版社 2018 年版，第 591 页。

中央出台了《中国共产党廉洁自律准则》，为党员干部廉洁自律制定了明确的标准；2015 年 10 月修订印发了《中国共产党纪律处分条例》，2018 年 8 月，根据党的建设实际需要，再次修订了这一条例，为党员干部的政治纪律、组织纪律、工作纪律、生活纪律、廉洁纪律划定了"红线"和"底线"；2016 年 10 月，制定了《关于新形势下党内政治生活的若干准则》，2016 年 6 月制定、2019 年 9 月修订了《中国共产党问责条例》，2016 年 10 月修订并通过了《中国共产党党内监督条例》，这些准则和条例，对党员干部如何开展党内政治生活、如何对党员进行党内监督、对违纪失职渎职党员如何问责，都做了非常具体的规定。此外，为管好"关键少数"这个群体，2021 年 3 月，中央制定了《中共中央关于加强对"一把手"和领导班子监督的意见》。这些党内法规，进一步扎紧了从严治党、自我革命的制度笼子，使权力在"探照灯""聚光灯"下规范运行。三是零容忍高压反腐，坚决切除影响肌体健康的一切毒瘤。据统计，自 2012 年 12 月至 2022 年 4 月底，全国纪检监察机关共立案审查调查 438.8 万件、470.9 万人；查处违反中央八项规定精神问题 72.3 万起，给予党纪政务处分 64.4 万人。党的十九大以来，全国共有 7.4 万人主动向纪检监察机关投案。[①] 这其中，不乏像周永康、薄熙来、令计划、苏荣、徐才厚、郭伯雄、孙政才这样的正、副国级领导干部，打破了所谓的"刑不上大夫"的规则，向国人和世人昭示了中国共产党"不论什么人，不论其职务多高，只要触犯了党纪国法，都要受到严肃追究和严厉惩处"[②] 的自我革命的决心。自中央八项规定开始实施以来，中纪委连续 105 个月通报全国查处违反中央八项规定精神问题的情况，截至 2022 年 4 月 30 日，全国纪检监察机关运用"四种形态"批评教育帮助和处理 1134.4 万人次。[③] 起到了非常好的警示效果。

恩格斯在《英国工人阶级状况》中指出："伟大的阶级，正如伟大的民族一样，无论从哪方面学习都不如从自己所犯错误的后果中学习来得快。"[④] 一个伟大的政党从不讳疾忌医，只有这样，才能不断保持健康，不断成长壮大。中国共产党第二次组织的发展壮大是在延安时期，由于种种原因，党在思想认识上、组织上、作风上、廉洁上出现了一些问题，中国

① 《数说全面从严治党这十年》，《中国纪检监察》2022 年第 13 期，第 15 页。
② 《习近平谈治国理政》第 1 卷，北京，外文出版社 2018 年版，第 388 页。
③ 《数说全面从严治党这十年》，《中国纪检监察》2022 年第 13 期，第 15 页。
④ 《马克思恩格斯选集》第 1 卷，北京，人民出版社 2012 年版，第 79 页。

共产党的态度是直面这些问题，从不回避，最后的结局是，党组织发展壮大的同时，党的肌体越来越健康，党的影响力越来越大，成为全国人民的主心骨，承载着抗战胜利的希望。而反观国民党，党员干部中相当一部分人信仰崩塌、作风凋敝、脱离群众、贪污腐化、阳奉阴违，在抗日战争这样艰苦的条件下，一些国民党党员干部、军官将领仍然过着纸醉金迷的生活。这样的情况，作为国民党党首的蒋介石不可能不了解，在抗战初期，蒋介石曾要求国民党党员“不容再有丝毫因循泄沓，更须发挥实干精神”，但没有采取严厉的措施来根治多年以来形成的积弊，最为关键的是，国民党内高层人物自身也做不到严格要求自己，结果上行下效，积重难返。1940 年 3 月，回国考察国内抗战情况的著名爱国华侨陈嘉庚在重庆看到国民党的情况时让他深感震惊：许多官员“身居要职，但都假公行私，贪污舞弊，生活奢华”；“各处办事员多者百余人，少者数十人，月费各以万计，不知所干何事”；吃喝盛行、花天酒地，“酒楼菜馆林立，一席百余元，交际应酬，互相征逐”。[①] 对此，蒋介石自己也扼腕叹息，悲观失望，他认为，使国民党再回到像同盟会时代那样受人尊敬仰慕已经是不可能了，“无论用什么办法，无论叫什么人来领导，都不能发生起死回生的效果了。”同样是政党，为什么国民党对自己的未来悲观失望，而共产党始终对自己的光明前景充满信心呢？答案是显而易见的，中国共产党敢于纠正自己的错误，善于从自己所犯错误中学习，而国民党则讳疾忌医，缺乏自我革命的勇气，这就是延安时期从严治党给我们带来的宝贵经验启示。

“明镜所以照形，古事所以知今”。2018 年 1 月，习近平总书记在新进中央委员会的委员、候补委员和省部级主要领导干部学习贯彻党的十九大精神研讨班开班式上的讲话中指出：“历史和现实都告诉我们，一场社会革命要取得最终胜利，往往需要一个漫长的历史过程。只有回看走过的路、比较别人的路、远眺前行的路，弄清楚我们从哪儿来、往哪儿去，很多问题才能看得深、把得准。”[②] 中国共产党现在正在从事的中国特色社会主义现代化建设，实现中华民族伟大复兴，也是一场伟大的社会革命，也要经历一个漫长的历史过程。在此期间，我们党既要向前看，明确奋斗的目标，制定正确的路线，同时，也需要回看历史，总结经验。历史是中国共产党人最好的营养剂和清醒剂，回看历史，才能够更好地把握大势。

---

① 李东朗：《延安作风打败西安作风》，《北京日报》2016 年 4 月 25 日，第 5 版。

② 《习近平谈治国理政》第 3 卷，北京，外文出版社 2020 年版，第 70 页。

党的二十大报告指出："全面建设社会主义现代化国家、全面推进中华民族伟大复兴，关键在党。我们党作为世界上最大的马克思主义执政党，要始终赢得人民拥护、巩固长期执政地位，必须时刻保持解决大党独有难题的清醒和坚定。"[①] 新时代新征程，完成伟大使命，必须从延安时期从严治党中汲取智慧和经验，时刻保持大党的清醒和坚定。为此，党的二十大还明确提出了"全面从严治党永远在路上，党的自我革命永远在路上"[②] 的要求，以确保党永远不变质、不变色、不变味。

延安时期，中国共产党以伟大的自我革命引领伟大的社会革命，取得了抗日战争的伟大胜利，也为解放战争的胜利和新中国的建立打下了坚实的基础。今天，我们学习研究延安时期从严治党的历史，旨在从中汲取智慧和力量，在新的"赶考"路上，保持自我革命的清醒，保持肌体上的健康，以伟大的自我革命引领新时代伟大社会革命。我们完全有理由相信，只要我们党继续弘扬延安时期从严治党精神，将新时代全面从严治党推向深入，我们党将无往而不胜。无论前进道路上遇到什么样的风险和挑战，一定能克服困难，披荆斩棘，走向胜利！

① 习近平：《高举中国特色社会主义伟大旗帜　为全面建设社会主义现代化国家而团结奋斗——在中国共产党第二十次全国代表大会上的报告》，北京，人民出版社 2022 年版，第 63 页。

② 习近平：《高举中国特色社会主义伟大旗帜　为全面建设社会主义现代化国家而团结奋斗——在中国共产党第二十次全国代表大会上的报告》，北京，人民出版社 2022 年版，第 64 页。

参考文献

一、著作

[1]《马克思恩格斯全集》第 2 卷，北京，人民出版社 1957 年版。
[2]《马克思恩格斯全集》第 4 卷，北京，人民出版社 1958 年版。
[3]《马克思恩格斯全集》第 8 卷，北京，人民出版社 1961 年版。
[4]《马克思恩格斯全集》第 10 卷，北京，人民出版社 1972 年版。
[5]《马克思恩格斯全集》第 17 卷，北京，人民出版社 1963 年版。
[6]《马克思恩格斯全集》第 18 卷，北京，人民出版社 1964 年版。
[7]《马克思恩格斯全集》第 29 卷，北京，人民出版社 1972 年版。
[8]《马克思恩格斯全集》第 34 卷，北京，人民出版社 1972 年版。
[9]《马克思恩格斯全集》第 36 卷，北京，人民出版社 1975 年版。
[10]《马克思恩格斯全集》第 37 卷，北京，人民出版社 1971 年版。
[11]《马克思恩格斯选集》第 1—4 卷，北京，人民出版社 2012 年版。
[12]《马克思恩格斯文集》第 1—10 卷，北京，人民出版社 2009 年版。
[13]《列宁全集》第 6、第 7、第 37、第 38、第 39、第 41 卷，北京，人民出版社 1986 年版。
[14]《列宁全集》第 13、第 43 卷，北京，人民出版社 1987 年版。
[15]《列宁全集》第 24、第 60 卷，北京，人民出版社 1990 年版。
[16]《列宁全集》第 33、第 34、第 35 卷，北京，人民出版社 1985 年版。
[17]《列宁选集》第 1—4 卷，北京，人民出版社 1995 年版。
[18]《毛泽东选集》第 1—4 卷，北京，人民出版社 1991 年版。
[19]《毛泽东文集》第 1—8 卷，北京，人民出版社 1993—1999 年版。
[20]《毛泽东著作选读》上、下册，北京，人民出版社 1986 年版。
[21]《刘少奇选集》上、下卷，北京，人民出版社 1981、1985 年版。
[22]《周恩来选集》上、下卷，北京，人民出版社 1980、1984 年版。
[23]《陈云文选》第 1—3 卷，北京，人民出版社 1995 年版。
[24]《任弼时选集》，北京，人民出版社 1987 年版。
[25]《张闻天选集》，北京，人民出版社 1985 年版。

[26]《胡乔木文集》第 2 卷，北京，人民出版社 2012 年版。
[27]《王稼祥选集》，北京，人民出版社 1989 年版。
[28]《谢觉哉文集》，北京，人民出版社 1989 年版。
[29]《邓小平文选》第 1—2 卷，北京，人民出版社 1994 年版。
[30]《邓小平文选》第 3 卷，北京，人民出版社 1993 年版。
[31]《江泽民文选》第 1—3 卷，北京，人民出版社 2006 年版。
[32]《胡锦涛文选》第 1—3 卷，北京，人民出版社 2016 年版。
[33]《习近平谈治国理政》第 1 卷，北京，外文出版社 2018 年版。
[34]《习近平谈治国理政》第 2 卷，北京，外文出版社 2017 年版。
[35]《习近平谈治国理政》第 3 卷，北京，外文出版社 2020 年版。
[36]《习近平谈治国理政》第 4 卷，北京，外文出版社 2022 年版。
[37] 习近平:《决胜全面建成小康社会　夺取新时代中国特色社会主义伟大胜利——在中国共产党第十九次全国代表大会上的报告》，北京，人民出版社 2017 年版。
[38] 习近平:《在庆祝中国共产党成立 100 周年大会上的讲话》，北京，人民出版社 2021 年版。
[39]《中共中央关于党的百年奋斗重大成就和历史经验的决议》，北京，人民出版社 2021 年版。
[40] 习近平:《高举中国特色社会主义伟大旗帜　为全面建设社会主义现代化国家而团结奋斗——在中国共产党第二十次全国代表大会上的报告》，北京，人民出版社 2022 年版。
[41]《列宁专题文集：论无产阶级政党》，北京，人民出版社 2009 年版。
[42]《毛泽东传（1893—1949）》，北京，中央文献出版社 2004 年版。
[43]《毛泽东农村调查文集》，北京，人民出版社 1982 年版。
[44]《刘少奇传（1898—1969）》上册，北京，中央文献出版社 2008 年版。
[45]《周恩来传》，北京，中央文献出版社 1998 年版。
[46]《陈云传》，北京，中央文献出版社 2005 年版。
[47] 刘少奇:《论共产党员的修养》，北京，人民出版社 2002 年版。
[48]《刘少奇论党的建设》，北京，中央文献出版社 1991 年版。
[49] 习近平:《做焦裕禄式的县委书记》，北京，中央文献出版社 2015 年版。
[50] 习近平:《摆脱贫困》，福州，福建人民出版社 1992 年版。
[51] 王沪宁:《政治的逻辑：马克思主义政治学原理》，上海，上海人民出版社 2012 年版。
[52] 胡乔木:《胡乔木回忆毛泽东》，北京，人民出版社 1994 年版。

[53] 李维汉:《回忆与研究》，北京，中共党史资料出版社 2013 年版。
[54] 沙健孙:《中国共产党通史》第 1—5 卷，长沙，湖南教育出版社 1996—2000 年版。
[55] 张静如等主编:《中国共产党通志》第 2—3 卷，北京，中央文献出版社 2001 年版。
[56] 中共中央党史研究室:《中国共产党的九十年》，北京，中共党史出版社、党建读物出版社 2016 年版。
[57] 周仲秋、钟义凡:《恩格斯的政党观》，北京，解放军出版社 2014 年版。
[58] 肖光荣:《列宁的政党观》，北京，解放军出版社 2014 年版。
[59] 蒋国海:《毛泽东的政党观》，北京，解放军出版社 2014 年版，第 106 页。
[60] 郑东艳:《列宁文化观研究》，北京，人民出版社 2017 年版。
[61] 黄炎培:《延安归来》，北京，中央党校出版集团 2021 年版。
[62] 梁星亮、姚文琦:《中共中央在延安十三年史》，北京，中央文献出版社 2016 年版。
[63] 梁星亮:《延安时期中国共产党局部执政研究》，太原，山西人民出版社 2019 年版。
[64] 梁星亮、杨洪:《中国共产党延安时期政治社会文化史论》，北京，人民出版社 2011 年版。
[65] 谭虎娃:《历史的转折——中共中央在延安十三年》，北京，人民出版社 2018 年版。
[66] 谭虎娃:《延安精神新论》，北京，人民出版社 2015 年版。
[67] 李新杰、屠凤莲:《党建理论的历程：从马克思恩格斯到江泽民》，北京，中国物价出版社 2003 年版。
[68] 蔡国英、有林:《延安整风与新时期党的建设》，北京，华艺出版社 2014 年版。
[69] 钟龙彪:《从严治党的历史与现实研究》，北京，国家行政学院出版社 2015 年版。
[70] 王关兴、陈挥:《中国共产党反腐倡廉史》，上海，上海人民出版社 2001 年版。
[71] 陈燕楠主编:《延安时期党的建设研究》，北京，中央文献出版社 2011 年版。
[72] 刘家栋:《陈云在延安》，北京，中央文献出版社 1996 年版。
[73] 罗平汉主编:《中国共产党群众路线思想史》，北京，人民出版社 2013 年版。
[74] 黄正林:《陕甘宁边区社会经济史（1937—1945）》，北京，人民出版社 2006 年版。
[75] 刘东社、刘全娥:《陕甘宁边区政府史话》，北京，社会科学文献出版社 2011 年版。

[76] 张政编著:《红船初心——红船精神的理论与实践》，北京，人民出版社 2019 年版。

[77] 黄修荣、刘宋斌:《中国共产党廉政反腐史记》，北京，中国方正出版社 1997 年版。

[78] 李忠全、马广荣、马朝琦:《中国共产党延安时期廉政建设史论》，北京，中央文献出版社 2011 年版。

[79] 徐求真、郑志发:《井冈山精神与中华民族精神的弘扬与培育》，北京，人民出版社 2014 年版。

[80] 王晋林、秦生:《新民主主义模型——陕甘宁革命根据地史》，北京，中共党史出版社 2007 年版。

[81] 秦位强:《延安时期任弼时党建思想与实践研究》，北京，人民出版社 2022 年版。

[82] 任文主编:《红色延安口述 · 历史：我所亲历的延安整风》，西安，陕西师范大学出版总社有限公司 2014 年版。

[83] 任文主编:《红色延安口述 · 历史：国际友人在延安》，西安，陕西师范大学出版总社有限公司 2014 年版。

[84] 中国延安干部学院:《延安时期的党内政治生活》，北京，党建读物出版社 2020 年版。

[85] 高九江:《延安时期马克思主义中国化研究》，北京，人民出版社 2014 年版。

[86] 张远新、吴素霞、张正光:《延安知识分子群体研究》，北京，人民出版社 2015 年版。

[87] 张社争:《延安时期党的思想政治教育工作的理论与实践》，北京，中国社会科学出版社 2018 年版。

[88] 高璐佳:《延安时期党的学风建设》，北京，光明日报出版社 2021 年版。

[89] 黄宏主编:《延安精神》，北京，人民出版社 2005 年版。

[90] 李奕霏:《延安时期中国共产党的人民利益观研究》，北京，中国社会科学出版社 2015 年版。

[91] 汪小宁:《陕甘宁边区社会建设研究》，北京，中国社会科学出版社 2015 年版。

[92] 范平、姚桓主编:《延安时期毛泽东建党思想》，西安，陕西人民出版社 1993 年版。

[93] 吴介民:《延安马列学院回忆录》，北京，中国社会科学出版社 1991 年版。

[94] 陈学昭:《延安访问记》，北京，中国国际广播出版社 2013 年版。

[95] 陈文胜:《延安时期中国共产党反腐倡廉建设研究》，北京，中国社会科学出版社 2013 年版。

[96] 钟佩君:《延安时期党的思想政治教育研究》，北京，社会科学文献出版社 2014 年版。
[97] 李霞:《红色资源与思想政治教育》，北京，人民出版社 2015 年版。
[98] 高新民、张树军:《延安整风实录》，杭州，浙江人民出版社 2000 年版。
[99] 华世俊、胡育民:《延安整风始末》，上海，上海人民出版社 1985 年版。
[100] 王敬:《延安〈解放日报〉史》，北京，新华出版社 1998 年版。
[101]〔美〕埃德加・斯诺著:《西行漫记》，董乐山译，北京，解放军文艺出版社 2002 年版。
[102]〔美〕埃德加・斯诺著:《西行漫记》，董乐山译，北京，东方出版社 2010 年版。
[103]〔美〕白修德、贾安娜著:《中国的惊雷》，端纳译，北京，新华出版社 1988 年版。
[104]〔美〕冈瑟・斯坦著:《红色中国的挑战》，马飞海等译，上海，上海译文出版社 1999 年版。
[105]〔美〕埃德加・斯诺著:《红星照耀中国》，董乐山译，北京，人民文学出版社 2016 年版。
[106] 张燕婴译注:《论语》，北京，中华书局 2015 年版。

二、资料汇编

[1] 中央档案馆:《中共中央文件选集》第 1—18 册，北京，中共中央党校出版社 1989—1992 年版。
[2]《建国以来毛泽东文稿》第 1—13 册，北京，中央文献出版社 1987—1998 年版。
[3]《建党以来重要文献选编（1921—1949）》第 1—25 册，北京，中央文献出版社 2011 年版。
[4]《毛泽东思想年编（1921—1975）》，北京，中央文献出版社 2011 年版。
[5]《毛泽东著作专题摘编》上、下册，北京，中央文献出版社 2003 年版。
[6]《毛泽东年谱（1949—1976）》第 1—6 卷，北京，中央文献出版社 2013 年版。
[7]《中国共产党第七次全国代表大会档案文献选编》，北京，中共党史出版社 2015 年版。
[8] 中共陕西省委党史研究室、陕西省档案馆:《红色档案——延安时期文献档案汇编》(第 1—60 卷)，西安，陕西人民出版社 2013 年版。
[9] 陕西省档案馆、陕西省社会科学院:《陕甘宁边区政府文件选编》第 1 辑，北京，档案出版社 1986 年版。

［10］陕西省档案馆、陕西省社会科学院：《陕甘宁边区政府文件选编》第5、6辑，北京，档案出版社1988年版。

［11］陕西省档案馆、陕西省社会科学院：《陕甘宁边区政府文件选编》第9辑，北京，档案出版社1990年版。

［12］陕甘宁边区财政经济史编写组、陕西省档案馆：《抗日战争时期陕甘宁边区财政经济史料摘编》，西安，陕西人民出版社1981年版。

［13］陕西省档案馆：《陕甘宁边区政府大事记》，北京，档案出版社1990年版。

［14］中央档案馆、陕西省档案馆：《中共中央西北局文件汇集（1941—1945）》，西安，陕西人民出版社1994年版。

［15］中央统战部、中央档案馆：《中共中央抗日战争时期统一战线文件选编》上、中、下册，北京，档案出版社1985年版。

［16］江西省档案馆、中共江西省委党校党史教研室：《中央革命根据地史料选编》下册，南昌，江西人民出版社1982年版。

［17］中共陕西省委党史研究室：《西北革命根据地》，北京，中共党史出版社1998年版。

［18］中国延安干部学院：《延安时期资料选编》，延安，延安干部学院出版社2011年版。

［19］中国延安干部学院：《延安时期大事记述》，北京，中央文献出版社2010年版。

［20］甘肃省社会科学院历史研究室：《陕甘宁革命根据地史料选辑》第1辑，兰州，甘肃人民出版社1981年版。

［21］彭明：《中国现代史资料选辑》，北京，中国人民大学出版社1989年版。

［22］中共中央文献研究室：《十八大以来重要文献选编》（上），北京，中央文献出版社2014年版。

［23］中共中央文献研究室：《十八大以来重要文献选编》（中），北京，中央文献出版社2016年版。

［24］中共中央党史和文献研究院：《十八大以来重要文献选编》（下），北京，中央文献出版社2018年版。

［25］中共中央党史和文献研究院：《十九大以来重要文献选编》（上），北京，中央文献出版社2019年版。

［26］中共中央党史和文献研究院：《十九大以来重要文献选编》（中），北京，中央文献出版社2021年版。

［27］《关于新形势下党内政治生活的若干准则　中国共产党党内监督条例》，北京，人民出版社2016年版。

［28］《中国共产党巡视工作条例》，北京，人民出版社2017年版。

[29] 中共中央文献研究室:《习近平关于全面依法治国论述摘编》，北京，中央文献出版社 2015 年版。

[30] 中共中央文献研究室:《习近平关于全面从严治党论述摘编》，北京，中央文献出版社 2016 年版。

[31] 中共中央文献研究室:《习近平关于严明党的纪律和规矩论述摘编》，北京，中央文献出版社 2016 年版。

[32] 中共中央党史和文献研究院:《习近平关于全面从严治党论述摘编（2021 年版）》，北京，中央文献出版社 2021 年版。

三、期刊论文

[1] 陈朋:《延安时期党如何推进廉政建设》,《党课参考》2022 年第 7 期。

[2] 陈浩:《延安时期刘少奇对党的政治建设的探索》,《党的文献》2022 年第 2 期。

[3] 苏程、燕云捷:《延安时期民主政治建设坚持人民至上的理论逻辑、历史创造及时代价值》,《毛泽东思想研究》2022 年第 4 期。

[4] 佘湘、王亚妮:《延安时期加强和维护党中央权威和集中统一领导的历史经验》,《中共中央党校（国家行政学院）学报》2022 年第 3 期。

[5] 孙小利、张俊国:《延安时期党凝聚党心民心路径与经验的启示》,《毛泽东思想研究》2022 年第 3 期。

[6] 王佳、鲁宽民:《延安时期党的建设的历史经验与深刻启示》,《学校党建与思想教育》2022 年第 7 期。

[7] 刘红曼:《延安时期中国共产党这样从严治党》,《党史文汇》2022 年第 4 期。

[8] 焦晓云:《延安时期党的政治建设及其现实启示》,《北京社会科学》2021 年第 5 期。

[9] 曹泳鑫、徐帆:《代表谁、不代表谁：新时代党的性质的进一步昭示》,《毛泽东邓小平理论研究》2021 年第 7 期。

[10] 冯颜利:《百年大党推进“刀刃向内”自我革命的逻辑理路》,《人民论坛》2021 年第 21 期。

[11] 冯志宏、苗文录:《延安时期从严治党的实践与新时代军队廉政建设》,《延安大学学报（社会科学版）》2021 年第 1 期。

[12] 高志伟:《延安时期陕甘宁边区法治建设的历史经验》,《人民论坛》2021 年第 29 期。

[13] 欧阳松:《百炼成钢的中国共产党——关于百年党的建设史的几个问题》,《中共党史研究》2021 年第 3 期。

[14] 郝坤安:《延安时期“政治清明”的政治生态建设探析》,《行政科学论坛》

2021 年第 4 期。
[15] 焦晓云、彭普秀:《延安时期中国共产党的政治建设经验与启迪》,《思想理论教育导刊》2020 年第 10 期。
[16] 居兴波:《延安时期中国共产党加强纪律建设的基本经验》,《潍坊学院学报》2020 年第 2 期。
[17] 张伟:《自我革命：中国共产党革命话语的核心要义》,《社会主义研究》2020 年第 1 期。
[18] 渠彦超、张晓东:《新时代中国共产党自我革命的多维论析》,《思想教育研究》2020 年第 1 期。
[19] 石仲泉:《中共百年视域下延安时期党的政治建设》,《中国延安干部学院学报》2019 年第 1 期。
[20] 张淳:《延安时期中国共产党加强领导制度建设论析》,《山东社会科学》2019 年第 4 期。
[21] 郑永年:《中国共产党的“自我革命”——中共十九大与中国模式的现代性探索》,《全球化》2018 年第 2 期。
[22] 朱雪平:《延安时期中国共产党政治纪律建设的基本思想探析》,《人文杂志》2018 年第 2 期。
[23] 吕砚川:《浅谈延安时期党的作风建设对我国新时代党建的启示》,《改革与开放》2018 年第 14 期。
[24] 白清平、任晓伟:《论全面从严治党的历史逻辑》,《学校党建与思想教育》2018 年第 19 期。
[25] 李彦龙:《浅析延安时期从严治党主要举措及启示》,《世纪桥》2018 年第 11 期。
[26] 张全景:《新时代党的建设要以思想建设为基础》,《理论与评论》2018 年第 2 期。
[27] 余守萍:《延安时期毛泽东“着重从思想上建党”思想的文本解读》,《党的文献》2017 年第 1 期。
[28] 康小怀:《抗战时期陕甘宁边区侨务工作探析》,《甘肃社会科学》2017 年第 6 期。
[29] 肖小华:《新民主主义时期中国共产党从严治党的历史回顾及启示》,《南昌师范学院学报》2017 年第 1 期。
[30] 柴奕:《延安时期陈云的群众路线思想与党内政治生活建设》,《中国浦东干部学院学报》2017 年第 6 期。
[31] 崔建周:《延安时期党内政治生活正常化的经验与启迪》,《马克思主义研究》

2016 年第 4 期。
[32] 刘国成:《延安时期从严治党的实践及现实启示》,《党史博采》(理论)2018 年第 4 期。
[33] 刘启春:《制度治党的提出背景、实现途径和基本思路——基于习近平有关论述的分析》,《党的文献》2016 年第 2 期。
[34] 张俊生:《延安时期党风廉政建设经验的当代价值》,《思想理论教育导刊》2016 年第 12 期。
[35] 肖贵清、王然:《民主革命时期中共从严治党考察》,《中国高校社会科学》2016 年第 4 期。
[36] 周建明:《延安时期毛泽东领导党的建设的历史经验及其启示》,《毛泽东邓小平理论研究》2016 年第 2 期。
[37] 刘宁宁、汪海燕:《论“全面从严治党”思想的理论与实践》,《马克思主义研究》2015 年第 7 期。
[38] 崔智林、谭虎娃:《党在延安时期建设了“一个好的政治生态”》,《红旗文稿》2015 年第 16 期。
[39] 王万江:《延安时期中国共产党从严治党的实践及启示》,《理论观察》2017 年第 3 期。
[40] 陈燕楠:《延安时期党的建设的经验启示》,《中国延安干部学院学报》2011 年第 3 期。
[41] 蒯正明:《马克思恩格斯关于密切党群关系的思想与现实启示》,《求实》2014 年第 3 期。
[42] 王毅:《陈云与延安时期的中央组织建设》,《党史文苑》2015 年第 22 期。
[43] 陈再生:《论延安整风运动时期党的纯洁性建设》,《闽南师范大学学报》2015 年第 2 期。
[44] 丁俊萍、胡永干:《刘少奇党性修养思想及其当代价值》,《理论学刊》2015 年第 3 期。
[45] 南晨:《毛泽东的从严治党之路》,《文史博览》2016 年第 12 期。
[46] 李朝阳:《延安时期党的纯洁性建设及其启示》,《学习论坛》2015 年第 7 期。
[47] 黄远声、李国兴:《延安时期加强党的思想建设的路径探析》,《延安大学学报(社会科学版)》2013 年第 6 期。
[48] 张喜德、关晓颖:《延安时期党的组织建设的重大突破与马克思主义中国化》,《河北师范大学学报(哲学社会科学版)》2012 年第 4 期。
[49] 陈东辉:《新民主主义革命时期党对反腐倡廉建设的探索》,《中州学刊》2012 年第 5 期。

[50] 马广荣:《延安时期党的建设的历史特点》,《中国延安干部学院学报》2011 年第 3 期。

[51] 付建成:《延安时期党的建设的历史贡献》,《中国延安干部学院学报》2011 年第 3 期。

[52] 蔡世忠:《中国共产党延安时期"厉行廉洁政治"的制度设计考论》,《理论导刊》2014 年第 11 期。

[53] 高宝琴:《马克思恩格斯党内民主思想及其启示》,《中国特色社会主义研究》2013 年第 3 期。

[54] 何玉芳、徐黎:《党在延安时期的学习经验及其对建设马克思主义学习型政党的启示》,《马克思主义研究》2011 年第 6 期。

[55] 黄正林:《社会教育与抗日根据地的政治动员——以陕甘宁边区为中心》,《中共党史研究》2006 年第 2 期。

[56] 王进芬:《列宁关于俄共(布)在执政条件下如何保持自身先进性的理论与实践》,《求实》2005 年第 9 期。

[57] 袁宗杰、陈祥骥:《艰苦奋斗的延安精神永放光芒》,《宁夏社会科学》1994 年第 3 期。

索 引

后 记

延安时期从严治党这个论题非常之大，也非常之重要，尽管对这个问题很感兴趣，在日常的教学和科研工作中，也有意识地去收集和整理一些这方面的资料，尤其是比较珍贵的一手史料，但真要对这一宏大的课题进行系统的学术研究，还真不是一下子就下定决心着手干起来的。后来，在与学界同仁的学习交流中得到一些启示，将之前积累的一些史料和一些思考加以系统化和体系化，形成一个整体的研究框架，将这个“心仪已久”的研究课题做了起来。

书稿初成，恰逢国家社科基金后期资助项目申报期，按照申报要求，我将本课题的研究成果提交申报国家社科基金后期资助项目，有幸于2019年10月获得立项。拿到立项通知书以及同行专家的评审意见后，我感到责任更大、任务更重了，项目立项以来，我对书稿进行了进一步修改和完善，力求拿出一部得到学界认可的学术著作。现在，呈现给读者的就是我主持的2019年度国家社科基金后期资助项目“延安时期从严治党及其当代启示研究”的最终成果。

在书稿写作、项目申报以及书稿的修改和完善过程中，谷曼、杨延杰、赵璐、包怡澜做了大量的资料收集、文献整理、注释校对等方面的工作，分担了我一些科研负担，感谢他们的付出。

本书的出版，得到河南大学马克思主义学院和学习出版社的大力支持和帮助，在此深表谢意。

本书的出版并不意味着我对“延安时期从严治党”这一课题研究的完结，而是一个新的开始。由于本人学术功底还不够深厚，本书还难免出现一些需要进一步斟酌完善的地方，恳请同行专家和读者朋友们提出宝贵的批评意见。

欧 健

2023年12月于开封